许俊——著

荆棘满途亦能洞悉明辨

拿破仑传

远方出版社

图书在版编目（CIP）数据

拿破仑传／许俊著. —— 呼和浩特：远方出版社，
2020.1（2023.6重印）

ISBN 978 – 7 – 5555 – 1216 – 5

Ⅰ.①拿… Ⅱ.①许… Ⅲ.①拿破仑（Napoleon,
Bonaparte 1769 – 1821） – 传记 Ⅳ.①K835.655.2

中国版本图书馆 CIP 数据核字（2019）第 297653 号

拿破仑传
NAPOLUN ZHUAN

作　者	许　俊	
责任编辑	董美鲜　奥丽雅　刘向武	
责任校对	张利君	
封面设计	VIOLET	
版式设计	赵艳霞	
出版发行	远方出版社	
社　址	呼和浩特市乌兰察布东路 666 号　邮编：010010	
电　话	（0471）2236473 总编室　2236460 发行部	
经　销	新华书店	
印　刷	天津中印联印务有限公司	
开　本	170mm×240mm　1/16	
字　数	416 千	
印　张	29	
版　次	2020 年 1 月第 1 版	
印　次	2023 年 6 月第 2 次印刷	
标准书号	ISBN 978 – 7 – 5555 – 1216 – 5	
定　价	68.00 元	

【序言】

荆棘满途亦能洞悉明辨

有人说，在法国，人们不需要专门找个日子来纪念拿破仑，因为在巴黎市区随处可见拿破仑的影子：以他指挥的著名战役命名的街道，埋葬他遗体的荣军院，收藏他军装和武器的军事博物馆，悬挂他登基画像的罗浮宫，在旺多姆圆柱顶上耸立的拿破仑铜像……法国人时时刻刻都能感觉到拿破仑的存在。

拿破仑一生中建立了很多不朽的功绩。他建立了法兰西第一帝国，以摧枯拉朽之势横扫整个欧洲大陆的旧制度，开创了以他的名字命名的时代——拿破仑时代；他先后多次打垮了欧洲各个封建君主国组织的"反法同盟"，捍卫了由法国资产阶级掀起的法国大革命的胜利果实，并在欧、非各战场上进行了针对欧洲各封建国家的战争，削弱了欧洲大陆的封建势力；他不但善于夺取政权，更善于将其执政的理念法律化，颁布了《拿破仑法典》，确立了资本主义社会的立法规范，这部法典至今仍发挥着重要作用……

作为一代"军事巨人"，拿破仑戎马一生，亲自指挥过的战役有60次之多，比著名的军事统帅亚历山大、汉尼拔和恺撒指挥过的战役数量总和还要多。他的政治才华影响了世人的命运，使法兰西共和国的影响波及全球；他个人传奇式的奋斗和成长经历，成为鼓舞后人成才、成功的励志经典。他的一生不仅改写了欧洲历史，而且影响了世界历史的进程。一个人凭借自信与勇气、激情与幻想、勤奋与意志所能得到的，拿破仑全得到了。人们曾经这样评价他："这个最终把无数人的向往与思念引向圣赫勒拿岛的人，必将永远立于人类历史上英名永存者的最前列。"

法国著名历史学家、文艺理论家泰纳说："他不仅是非凡的，而且是无与伦比的；从他的气质、想象力、情感、道德、精神上来看，他似乎是用另一种金属组成，在不同于他的本国人和同时代人的独特的模子里浇铸出来的。显而易见，他不是一个法兰西人，也不是一个18世纪的人，他是属于另一个种族和另一个时代的人；乍一着眼，就可以在他身上辨别出一些外国的东西——意大利的和另外的某种东西，难以类比或全不相似的东西……"

英国历史学家罗斯曾经写道：拿破仑在治理国家、焕发人民才智、运用战争艺术等方面完全是超群绝伦、伟大至极的。没有伟大的人物出现的民族，是世界上最可怜的生物之群；有了伟大的人物而不知拥护、爱戴、崇仰的国家，是没有希望的奴隶之邦！拿破仑不信奉任何宗教，一生中不相信什么显灵奇迹。他把自己的一切成就，归功于人类健全的理解力、勇敢、组合能力、洞察人的心理与想象力！

在人们更加重视人的能力而不是出身的时代，锦绣前程将属于那些努力奔跑的"追梦人"。因此，拿破仑仍然是我们追求成功与卓越的榜样。

本书是一部拿破仑的全传，能让读者全面深刻地了解一位天才军事家横扫千军的神奇卓越，领略一位野心政治家力挽狂澜的无畏气魄，体验一位英雄帝王高踞万邦之首的绝世荣耀，感受一位伟大男人的爱恨情仇。本书以拿破仑的成长经历与情感为线索，以当时历史条件下的政治、军事冲突为背景，多角度、生动、客观、全面地对拿破仑的军事才能、政治主张及情感生活进行了细腻的叙述。读者在知晓拿破仑传奇与伟大一生的同时，还可以领略他"有志者事竟成"的人生信条与顽强不屈、无比勇敢的坚毅品质。这在竞争日益激烈的今天，可以给每一个追求成功的人带来诸多借鉴与启迪。

目　录

Contents

第一章　科西嘉雄狮 / 1

雨中降生 / 1

生性勇悍 / 3

进入军校 / 8

第二章　才能初显扬 / 16

初涉军旅 / 16

忙于家计 / 18

逃离家园 / 20

威名初显 / 27

第三章　政变与爱情 / 32

身陷政变 / 32

经历初恋 / 36

才高运蹇 / 43

第四章　情定约瑟芬 / 45

天选之人 / 45

邂逅真爱 / 50

喜结连理 / 53

第五章　鏖战意大利 / 57

旗开得胜 / 57

占领米兰 / 63

激战正酣 / 66

大获全胜 / 71

第六章　进军维也纳 / 74

围追堵截 / 74

爱情煎熬 / 77

明争暗斗 / 80

荣归巴黎 / 83

第七章　东方梦破碎 / 88

远征东方 / 88

攻克开罗 / 91

寻欢猎艳 / 100

兵败阿克 / 103

第八章　手握法兰西 / 108

策划政变 / 108

成功夺权 / 115

野心尽显 / 120

第九章　群起而攻之 / 125

再次伐奥 / 125

风云变幻 / 133

矛盾重重 / 135

第十章　家国难齐治 / 139

　　改革立法 / 139

　　家事烦心 / 142

　　终身执政 / 146

　　拈花惹草 / 149

第十一章　野心无止境 / 153

　　逐梦海上 / 153

　　计划失败 / 159

第十二章　法兰西大帝 / 163

　　危机四伏 / 163

　　登基称帝 / 166

　　家族不和 / 170

　　生性风流 / 172

第十三章　伟大的元帅 / 179

　　乌尔姆大捷 / 179

　　海上惨败 / 183

　　打败俄奥 / 191

第十四章　脚踏德意志 / 200

　　耶拿会战 / 200

　　征服柏林 / 210

　　再胜俄国 / 213

第十五章　剑指伊比利亚 / 219

一往无前 / 219

半岛失利 / 223

和谈破裂 / 227

第十六章　鸾凤终分飞 / 231

婚姻破裂 / 231

家务事烦 / 236

法奥再战 / 240

决心废后 / 247

第十七章　第二任皇后 / 251

迎娶新后 / 251

终得皇嗣 / 254

第十八章　统治的危机 / 258

国库空虚 / 258

兄弟反目 / 264

第十九章　欲征俄罗斯 / 269

沙皇反击 / 269

深入俄国 / 274

浴血千里 / 278

第二十章　千里大溃退 / 282

进退两难 / 282

死伤惨重 / 287

第二十一章　四面皆楚歌 / 295

爱恨情仇 / 295

反法联盟 / 300

再战联军 / 304

第二十二章　停战也枉然 / 308

家族不和 / 308

喘息之机 / 314

奥国奸计 / 317

第二十三章　兵败如山倒 / 322

疲于追击 / 322

决策失误 / 329

第二十四章　奋战到最后 / 336

宁死不屈 / 336

孤掌难鸣 / 341

力不从心 / 345

第二十五章　别了法兰西 / 352

法国失陷 / 352

英雄悲壮 / 356

含恨离乡 / 360

第二十六章　流亡厄尔巴 / 364

放逐生活 / 364

思念成疾 / 368

第二十七章　傲返法兰西 / 372

卷土重来 / 372

重新掌权 / 379

雄狮再起 / 383

第二十八章　兵败滑铁卢 / 388

决一死战 / 388

百日王朝 / 400

第二十九章　时代的结束 / 404

阶下之囚 / 404

孤岛余生 / 407

囚禁生活 / 410

第三十章　辉煌成过往 / 415

不甘受困 / 415

银器计谋 / 420

各奔东西 / 424

第三十一章　魂丧龙坞宫 / 429

抱恨黄泉 / 429

一代英魂 / 436

死亡之谜 / 442

附录　拿破仑大事年表 / 448

后　记 / 452

第一章　科西嘉雄狮

雨中降生

1769 年 8 月 15 日是科西嘉岛归属法国王室一周年的日子，也是天主教的圣母升天节。小小的阿雅克肖城在和煦的晨曦中，迎来了一个热闹非凡的日子。人们衣着艳丽，三五成群地去教堂做弥撒。莱蒂齐亚·拉莫利诺尽管身怀六甲、行动艰难，但圣母升天节是天主教的四大瞻礼①之一，而且她觉得有必要为即将出生的孩子祈祷，因此也去阿雅克肖教堂做弥撒。弥撒结束后，她随着人群缓缓地向自家前行，一刻也不敢停留，因为她已推算过时间，孩子就要出世了。当她快到家门口时，忽然一声霹雳，但见空中乌云滚滚，狂风席卷而来。云层越积越厚、越压越低，转眼间阿雅克肖城已天昏地暗，似乎有什么灾难即将降临。紧接着，一道强烈的闪电将云团撕裂，伴随着隆隆声，倾盆大雨挟着黄沙泼洒下来。

莱蒂齐亚安全到家后，惊魂未定，突然，一阵剧痛向她袭来。

此时，卡洛·马里亚·迪·波拿巴正在家里和约瑟夫·费舍神甫谈话，传来的阵阵雷声让他紧张起来。"不好！"他轻叫一声，担心即将临盆的妻子被暴雨所困而提早生产。

他焦急地冲向大门，莱蒂齐亚正好跌进他的怀里，她的身后跟着两

---

① 天主教的四大瞻礼：分别为圣诞节、复活节、圣神降临节以及圣母升天节。

位女邻居："她要生产了……"他忙把妻子扶到床上，问道："能坚持住吗，莱蒂齐亚？不要怕，会顺利的。"两位女邻居手忙脚乱地做着接生准备。

莱蒂齐亚面色惨白，卡洛一边擦着她额头上的汗珠，一边轻声安慰道："放松些，亲爱的，痛就喊出来吧，或许会好一点儿。"

突然，一道闪电照亮了整个屋子，光亮持续了数秒之久，雷声却迟迟未至。莱蒂齐亚紧紧地抓住卡洛的手，突然，她一挺身子，大叫道："哎呀，疼！孩子要出来了！"

"哇——"婴儿响亮的啼哭声终于抢在雷声到达之前，随后传来阵阵雷声。

雷声与这高亢、尖锐而又稚气的哭声相比，显得有些低沉。这哭声极具穿透力，仿佛空气也产生了共鸣，它借助风雷之势，冲破雨幕，久久地回荡在阿雅克肖城的上空。

在场的人都惊诧道："上帝！这是一个初生婴儿的哭声吗？"良久，人们才回过神来，纷纷议论道："简直是宙斯下凡！"

卡洛兴奋地从屋内冲出来，高声喊道："祝贺我吧！我又有了一个儿子！雄狮般的儿子！"

费舍神甫走到屋里，看着这个刚刚出生的男婴，喃喃道："上帝啊，这简直是头雄狮！我真幸运，亲历了一头狮子的降生。"

卡洛激动地对费舍神甫说："费舍神甫，请您赐个名字吧！"

费舍神甫是孩子的舅父，他久久地凝视仍在号哭的外甥，十分肯定地说："这孩子挟着电闪雷鸣而生，将来一定会成为一个比他的英雄叔叔更勇敢的英雄。愿上帝保佑这头狮子茁壮成长，就叫他拿破仑·比欧拿巴特吧！"

卡洛夫妇看着这个刚刚出生、头颅硕大的男婴，都觉得这个名字再合适不过了，其他人也齐声称好。

在人们的赞叹声中，小拿破仑渐渐停止了啼哭，暴风雨肆意地释放了淫威之后也扬长而去。街上的幌子、小摊和行人都仿佛被暴风卷走了，只剩下硕大的棕榈树随风轻舞。一道绚丽的彩虹横跨在阿雅克肖城上空。翠绿的树叶上不时有水珠滴落，清新的空气中弥漫着鲜花的芬芳，这一切又给酷热的阿雅克肖城带来了些许清凉和惬意。

与此同时，远在巴黎的波旁王朝君主路易十五①似乎也感觉到今天有些不同寻常。在一年前，也就是 1768 年，热那亚与法国签订了科西嘉归属法国的秘密协定，把对科西嘉名存实亡的"权力"出售给法国。法国波旁王朝以此为借口，派马比夫将军率领 3 万强大的远征军，征服了该岛的沿海城镇和居民，并于 8 月 15 日将它正式划入法兰西王国的版图。

路易十五站在他那豪华的宫殿窗前，向南凝视着遥远天际缓缓飘动的一朵白云，思绪也随着飘向地中海上那个风景秀丽的小岛科西嘉……

此刻的他无论如何也想不到，一个注定要埋葬路易家族的巨人在科西嘉岛上诞生了。这些骄奢淫逸的君主贵族的欢笑声，终将淹没在新生儿的啼哭声中。

生性勇悍

科西嘉岛位于法国南部美丽浩瀚的地中海内，形状如同漂浮在水中的鸡蛋。这个人口最少但也许是最可爱的地中海岛屿，有着浓郁的意大利风情和奇异的自然景观：沙滩、山洞和渔村被怪石嶙峋的岬角和斜卧在水中的礁石环绕着；岛上山峦起伏、岩石环绕，顶峰有清澈的池塘和溪流；有栗子树、松树、橄榄树和热带仙人掌等，还有葡萄园、柑橘林，甚至还有一片干旱的小沙漠。

科西嘉岛上居住着一个桀骜不驯的民族。18 世纪上半叶，岛民在领袖帕斯奎尔·保利的领导下，赶走了热那亚人，成立了科西嘉独立政府。然而 1768 年 5 月 15 日，热那亚人与法国签订了科西嘉归属法国的

---

① 路易十五（1710—1774）：太阳王路易十四的曾孙，勃艮第公爵之子。执政早期受到法国人民的喜爱，但他无力改革法国君主制及其在欧洲的绥靖政策，从而失去了人民的支持，成为法国最不得人心的国王之一。

秘密协定，把对科西嘉的统治权出售给了法国。岛上的居民不喜欢热那亚统治者，更不喜欢他们的新主人。在保利的指挥下，他们又展开了反抗入侵者的斗争。

拿破仑的父亲卡洛是保利的副官。1769 年 6 月，保利战败，带着几百名亲信逃到意大利，后又逃往英国。7 月，卡洛因寡不敌众，带着一队人马向法国侵略者投降。法国人在岛上站稳了脚跟，也给予当地贵族种种好处，但民族的骄傲与自尊却遭受重创，这也给波拿巴家族带来了前所未有的耻辱。

波拿巴家族来自意大利著名城市佛罗伦萨，原本姓威廉。13 世纪中叶，由于受到派别斗争的困扰，威廉家族逃难到托斯卡纳的萨尔察纳村定居下来，并改姓"波拿巴"。1520 年，波拿巴家族迁居科西嘉岛，并与意大利一个更加强悍的分支结为姻亲。这样，波拿巴家族不仅具有在美第奇影响下形成的那种精明强干、孤傲而狡猾的品质，还增添了一些刚强的性格特征。尽管从先祖到卡洛这一代都没有贵族头衔，也没有贵族生活的经历，但许多人都视这一家族为贵族。如 1652 年，热那亚的元老院在一个文件中曾经称呼卡洛的祖父热罗姆·波拿巴为"尊贵的检察官热罗姆·波拿巴阁下"。卡洛的上几代人都是律师和辩护士。到了卡洛这一代，波拿巴家族在阿雅克肖城已经有了举足轻重的地位：拿破仑的叔父吕西安·波拿巴在该市当助理大主教；卡洛本人年轻时在罗马学过法律，回来后成了当地有名的律师。

卡洛是个杰出的科西嘉爱国主义者，虽然生性疏懒，却不断地为政府的发展设计新的项目、制定新的规划，以提高自己的地位，他本人也因此得以跻身阿雅克肖城议会 12 名议员之列，并被授予侍从武官的官衔，不过他的年薪只有 900 法郎。卡洛在阿雅克肖城有一栋大宅子：幽暗的客厅里挂着法国总督的画像，这得益于拿破仑那个疾病缠身的叔父吕西安。这位助理大主教没有家室，于是将全部遗产馈赠给卡洛。如果说波拿巴家族算得上贵族的话，那也是一个十分没落的贵族了。

在一系列的爱国斗争中，卡洛遇上了莱蒂齐亚·拉莫利诺。莱蒂齐亚的先祖出身于佛罗伦萨的贵族世家，她的生父是国家道路和桥梁监察官。生父去世后，家道中落，她的母亲后来嫁给一个名叫费尔的银行家。莱蒂齐亚的童年基本上是在贫困中度过的。

1764 年，卡洛和莱蒂齐亚在内乱最激烈的时期仓促成婚。当时卡洛 18 岁，莱蒂齐亚 15 岁。卡洛几乎身无分文，但他们却成了一对非常恩爱的伴侣。

莱蒂齐亚是一个身材苗条、个子不高、肤色黝黑、鲜有笑容的女子，她端庄贤淑又十分精干。因从小就吃苦耐劳，她的性格坚强刚毅，遇到困难从不屈服。

莱蒂齐亚的文化程度不高，基本上不看书。她经常目睹科西嘉岛上最落后和野蛮的习俗，家族间盛行仇杀，而岛上几乎没有什么文化教育事业。

岛上特殊的生活环境使莱蒂齐亚拥有远超实际年龄的坚强意志，她那果敢刚毅、坚韧不拔的性格和旺盛的精力，使她度过了新婚后那段艰难的岁月。她养成了生活节俭的习惯，居住的房子里只有几件家具，连一块地毯也没有，这一切预示着她将是一位严酷的母亲。

莱蒂齐亚带有浓重的意大利口音，科西嘉语说得不是很好，她自身的教养根本满足不了以后对孩子的教育。她对法语一点也不感兴趣——法国对她来说是仇人。但是，科西嘉岛已归属法国，她和丈夫回到阿雅克肖城，不得不服从法国人的统治，加入了法国国籍。

卡洛因与征服者握手言和，反倒成了法国总督马比夫的座上宾。谦和温厚的学者风度和潇洒气质，使他与不少法国贵族及夫人们成了好朋友。这引起了法国贵族的极大兴趣，他们知道要征服科西嘉人，必须先笼络像卡洛这样的精英人物。

在马比夫的举荐下，卡洛被任命为国王的参事和阿雅克肖城的陪审员，还让他管理一片桑树苗圃和一片菜地。当尊贵的法国总督来岛上时，他便不惜一切代价大种桑树。后来，他终于以科西嘉三级会议代表的身份，随代表团专程前往巴黎凡尔赛，向国王路易十五表示效忠，并向他陈述新省份的需求，受到了国王路易十五的重视。他声称自己出身于意大利一个古老的贵族家族，法国当局终于在1770年承认了他的贵族血统。在法国大革命前的社会和政治制度下，这就等于对他们家族许以了特权。他从凡尔赛回来后，更加死心塌地地依附法国，因为他现在看清了，凡尔赛可以给他带来荣华富贵、高官厚禄。他善于应酬、巧于辞令，熟谙人情世故，颇讨法国人喜欢。他为筹措经费、寻欢作乐或者处理诉讼案件而到处奔忙，将大部分时间都花在旅途上，很少有时间与家人团聚。而莱蒂齐亚婚后的世界仅限于家里，她总是在家并承担看家理财的责任。

拿破仑的诞生，为卡洛夫妇带来了许多欢愉和新的希冀，尽管18个月前，他们已经有了长子约瑟夫·波拿巴，但他们似乎更喜欢拿破仑。婴儿时期的拿破仑，脑袋硕大，两腿粗壮，行为表现奇特，他不爱啼哭也不多嬉笑，饿了、渴了或者不舒服时，只是一个劲地手足乱舞、踢被蹬床，用行动来表示一切。到四五岁时，他虽然个头矮小，但体格结实粗壮，经常能把大他一岁半的哥哥打哭。同时，这位霸王似的小拿破仑，虽言语不多，但心机较重，继承了阿雅克肖人的狡黠性格，鬼点子特别多。有一次，他和哥哥约瑟夫一起到奶妈家玩，奶妈烤了两块鲜美的肉饼给他们吃。拿破仑望着美味的肉饼，眼珠子滴溜溜一转，悄声附在哥哥耳边说道："约瑟夫，你猜奶妈还有三块肉饼藏在哪里？"

约瑟夫摇摇头表示不解，拿破仑故作神秘地说："那几块肉饼就放在厨房的碗柜里！"

约瑟夫信以为真，赶紧跑到厨房去找。他刚走，拿破仑抓起桌上的两块肉饼，又冲奶妈调皮地眨眨眼睛，便跑到门外狼吞虎咽地吃起来。等约瑟夫发现上当时，肉饼早已成了拿破仑的腹中之物。

诸如此类的事情多了，卡洛不禁对拿破仑刮目相看，觉得这个孩子不愧有着波拿巴的血统，硕大的脑袋里装的全是智谋。他对妻子说："他的脑袋里装满了智慧，他有力的双腿是顶天立地的支柱，我们的儿子生来就是拯救世界的巨人！"

不过，莱蒂齐亚对拿破仑的要求很严格，见到拿破仑顽皮就严加训斥，有时还要打他。拿破仑经常嘲弄费舍外婆，因为她老态龙钟、弯腰弓背，走路时摇摇晃晃，像要散架似的。小拿破仑觉得既好笑又好玩，于是就跟在她身后，模仿她走路的笨拙姿态。莱蒂齐亚看见了，追出来要打他，他却逃到奶妈那里避难去了。第二天，他回来亲吻母亲，莱蒂齐亚立即把他推开，并狠狠地惩罚了他。对于母亲的严厉管教，拿破仑长大后仍心怀感激："我的母亲虽为女性，看似柔弱，但心胸和头脑绝不亚于男子汉大丈夫。我之所以有今日，全是母亲的大力栽培。"

拿破仑自小便显露出军事组织才能。他经常组织邻居家的孩子玩打仗的游戏，将他们划分为敌对两方展开有趣的"战争"，每次他都自任元帅，并且指挥较弱的一方，向对方发起进攻。对打时他常常一马当先，冲锋在前，使起拳脚来又重又狠，每次"战争"都是他指挥的一方获胜。久而久之，孩子们都把他当成胜利的标志，争先恐后地想当他的部下，每当这个时候，拿破仑的心中便充满了自豪感。

不过，除了打仗游戏，拿破仑的童年并没有太多值得回忆的欢乐时光。他从小性格孤僻，沉默寡言，不甚合群。当他的兄弟姐妹在花园里或草地上兴高采烈地做游戏并发出一阵阵愉快的呼喊声时，他经常悄悄地来到一个岩石洞里，这是他喜爱的隐居地。他斜靠着洞口的岩石，拿着书，但并没有认真读，而是长时间地凝视辽阔的地中海和蓝色的天空，谁也不知道他的小脑袋里究竟在想些什么。稍稍懂事后，拿破仑说："我最爱海浪，因为它蕴藏着无比的威力，可以吞掉无数细小的沙粒，可以用柔软的唇吻碎坚硬的岩石。我就要做那海浪，把世界踏在脚下！"

拿破仑生性好斗，邻居们似乎都烦透了这个野蛮的孩子，但同时又羡慕卡洛夫妇拥有一个典型的科西嘉人性格的勇敢儿子。7岁时，拿破仑上学了，他依然沉迷在玩乐打斗中。但有一次，约瑟夫说了一句刺激他的话，竟使他的性情大大转变了。约瑟夫给拿破仑出了一道简单的数学题来考他，拿破仑因荒废学业，一时答不上来。约瑟夫讥讽道："喂，拿破仑，这么简单的题都做不出来，看来你只是比我勇敢罢了！”

这句话深深地刺伤了拿破仑的自尊心，他忽然感到自己并没有真正征服约瑟夫。从那天起，他开始认真学习功课。莱蒂齐亚看到拿破仑的变化，十分高兴，同时教育他：“拿破仑，你现在明白了吗？一个人光有蛮力还不行，只有拥有远大志向又具备扎实知识的人，才能征服别人，做一个真正的强者！”母亲的话使拿破仑茅塞顿开。经过一段时间的刻苦努力，他的学业大有长进。卡洛还特意为他砌了一间小房子，并在房子外边围上了篱笆，在墙壁上写满不同色彩的数学题，精心营造一种学习氛围，专门让拿破仑在里边演算数学题。

之后，拿破仑变得更加沉默寡言，他更愿意与枯燥的数学题打交道。这个矮小孤僻的孩子十分喜欢这个小天地，如果哪个孩子入侵这里，他就会毫不留情地把人家赶出去。9 岁那年，拿破仑通过了中学入学考试，准备进入法国的奥顿中学读书。

进入军校

1778 年 12 月 17 日，卡洛在科西嘉岛上的阿雅克肖港登上海船，把10 岁的长子约瑟夫、9 岁的次子拿破仑及其内弟约瑟夫·费舍一起送往法国。约瑟夫将进入奥顿神学院，准备将来当牧师；拿破仑将进入奥顿中学。

在法国奥顿将孩子送下船后，卡洛匆匆赶往凡尔赛，为拿破仑进入布里埃纳军校能获得全额奖学金而奔走，但他遭到了昔日战友的冷嘲热讽。深夜独坐时，他为前途所困扰，甚至想到逃亡英国，但他也能想象到仍未放弃抗争的保利对他的“背叛”而雷霆大发的样子。对此他并不惭愧，他别无选择。他的兄弟（拿破仑的叔叔）为保卫科西嘉岛献出了生命，他和年轻的妻子也为科西嘉的自由事业付出了很多，更何况他必须让波拿巴家族长达数百年的血脉和家业延续下去，他有权选择自己要走的道路。

1779年2月，约瑟夫和拿破仑要分开了。临别时，约瑟夫止不住号啕大哭，而拿破仑只是偷偷地流了几滴眼泪……如果说约瑟夫在很大程度上继承了父亲的仁慈，那么拿破仑则继承了母亲的刚毅。不满10岁的拿破仑远离家乡和父母，来到一个陌生的生活环境，不免有些紧张、拘束，而且他生长在科西嘉岛，法语基础极差，他时常感到自己是外国人。他以科西嘉人永不服输的性格战胜了困难，在奥顿中学的3个月间，这个孤独落寞的孩子，夜以继日地啃着一本本费解的教科书。

奥顿中学是所教会学校，卡洛对此并不十分满意。他坚信拿破仑一定能成大器，给波拿巴家族带来前所未有的荣誉，这一信念直至他39岁去世时仍未改变。他很了解自己的两个儿子，约瑟夫聪明但胆小，应该读文科，将来担任神职；而拿破仑威猛不羁，最适合当军官。

5月15日，拿破仑（已改名为拿破仑·波拿巴）进入了地处法国香巴里的布里埃纳军校。当时，法国有12所类似的皇家军校，专供贵族子弟接受预备教育，以获得军官委任状。这里是拿破仑此后近6年的居住地。高墙围绕的军校内，只有寥寥几栋石头建成的破旧低矮的房子，瓦上长满苔藓，还有一座年久失修的寺院。但总体来讲，军校环境幽雅，生活条件也不错。

军校大约有100名学员和12位教师。学员一半是自费生，一半是公费生。公费生须通过考试入学，公费生的膳食费和学费都从王室费用中开支。军校里的行政由教会管理，教师大都由教会中的修士担任。学校的管理相当严格，在5年多的学习时间里，除非有十分特殊的理由，一般不准请假回家。学校场地很多，校长贝尔通神甫别出心裁地给每个寄宿生划分了一块园地，作为业余活动的场地，让学员们自己栽花种草。军校的课程包括写作、法语、拉丁语、日耳曼语、历史、地理、数学、图画、舞蹈和剑术。

拿破仑是一个聪明勤奋的学生，在数学、历史和地理方面的表现尤为突出。他的第一志愿是参加海军，因为他非常喜爱大海，但由于母亲的劝阻，他决定攻读炮兵课程。

　　远离家乡和亲人的拿破仑，更加沉默寡言，加之秉性清高、人缘不好，常常产生落寞之感。他的法语因略带科西嘉口音，常常引起同学们的讥笑；他的父亲官场不顺，又爱挥霍，不能给他提供零用钱，使他经常囊中羞涩；他的名字"拿破仑"在法语里有点怪异，所以同学们也喜欢挖苦他那颇为勉强的贵族身份，轻蔑地称他为"科西嘉蛮子"。他给同学的印象是：一个半开化的野人，至少是一个怪异的外国人。

　　拿破仑讨厌法国人的傲慢，但并不反感这个绰号，相反，他骨子里倒希望自己成为一个斯巴达式的英雄。因此，他对所有的嘲弄都不屑一顾，而是全力以赴地埋头学习。

　　他讨厌拉丁语，对法语比较喜爱。他沉迷于古代史，常常如饥似渴地阅读西塞罗、维吉尔①、泰西塔斯、斯维托尼亚、贺瑞斯②和普鲁塔克③的译本。在阅读历史著作时，他对两本传记产生了浓厚的兴趣，一本是普鲁塔克所著《传记集》的法文译本，他从中读到了古希腊的里昂尼达斯、柯尔蒂尼斯和古罗马的辛辛纳塔斯等英雄的事迹。另一本书是恺撒的《高卢战记》。年少的拿破仑对恺撒顶礼膜拜，这位古罗马英雄精力充沛、意志刚强，具有敏锐的洞察力，能够深谋远虑。恺撒的这些本领，正是拿破仑想要拥有的。通过阅读这些古希腊、古罗马英雄的事迹，他产生了将来也要当一名伟大英雄的想法。不过，他那时最大的抱负还只是想成为像保利那样的民族英雄。

　　学员们轮流应邀去与校长贝尔通神甫共同进膳。一天，轮到拿破仑享受这种恩典，同桌的一些教授知道他崇拜保利，故意在言谈中流露出对保利的失敬之处。"保利，"拿破仑答道，"他是个伟人，他爱国。我永远不能原谅我的父亲，当过他的副官，竟会同意科西嘉并入法国，他应该与保利共命运，而不是投降。"

――――――――――

　　① 维吉尔：奥古斯都时代的古罗马诗人，《牧歌集》《农事诗》和史诗《埃涅阿斯纪》是他的三部杰作。

　　② 贺瑞斯：古罗马诗人、批评家。

　　③ 普鲁塔克：罗马帝国时代的希腊作家，以《比较列传》一书闻名后世。

　　每每想到父亲，他便想到入学之初，同学们对他父亲"变节"的嘲弄而给他带来的耻辱。"你父亲算什么东西！"这句话深深地刺痛了他，他虽然想用拳头解决问题，但最终还是忍住了。因为真正能解决问题的不是拳头，而是某种权力。如果不是父亲"变节"，他就不可能享受贵族特权，公费进入这所军校，这使他对权力有了一些现实的认识。当然，在很长一段时间里，这句伤人的话一直在他的耳边回响，父亲的"变节"行为成为他内心挥之不去的阴影。他感到十分矛盾，不自觉地对漂泊海外的科西嘉英雄保利产生了难以名状的愧疚，觉得有责任代替父亲帮助保利完成他的事业，使父亲重新获得荣誉。"等着瞧吧，看我长大以后怎么收拾你们法国人！"

　　目标、动机是学习的最大驱动力。拿破仑深知进入这所学校的不易，因而非常珍惜这个能挤入法国军官阶层的机会，他如饥似渴地沉浸在书的海洋里。

　　但这里的学习环境是艰苦的，校舍破旧，纪律严格，同学一个比一个坏。在12个教师（修士）中，大部分教师起初也对他怀有敌意，冷眼相看，甚至动辄训斥、惩罚他。有一次，拿破仑不服从管教，教师命令他脱下制服，换上一身褴褛的衣衫，当着109名窃笑的同学的面跪在地上吃晚饭。"我要站着吃，先生，绝不下跪！"他抗议道，"在我家，我们只对上帝下跪！"他顽强地站着，招来了一顿暴打，他鼻青脸肿、浑身发抖，失去控制地呕吐起来。后来校方撤销了处罚，亢奋的拿破仑被带回寝室。

　　很长一段时间，拿破仑面容憔悴，莱蒂齐亚来探望他时，竟一时认不出站在面前的是她日思夜想的儿子。她心疼儿子，嘱咐他要注意身体。拿破仑倔强地说："我不能屈从于他人之下！"当时，各个军校的放荡行为在蔓延，布里埃纳的裸体女神塑像都一一被起了下流的外号。拿破仑对此嗤之以鼻，不肯随波逐流。他生性纯洁、刚强，渐渐赢得了几位教师的称赞，也消除了同学们对他的敌意，与他建立了某种友谊，首先是布列纳，接着是居丹和南苏蒂。

军校里的教师因偶然的一次军事游戏，对拿破仑潜在的军事组织才能刮目相看。那是 1783 年冬天，大雪纷飞，道路封闭，积雪深达 8 英尺①，百无聊赖之际，拿破仑混在同学们中，在一间宽大的厅堂里来回散步。为摆脱这种单调乏味的踱方步，他指挥大家在院子的雪地上扫出通道，建立角堡，挖掘壕沟，垒起胸墙。工程完成后，他说："我们可以分成两拨，演习一种围攻，这种新游戏是我发明的，所以由我指挥进攻。"同学们高兴地接受了他的倡议。大家用雪球当武器，时而进攻，时而防御，"战斗"异常激烈。拿破仑高高地站在用雪筑成的碉堡上，俯首下令，挥起手臂，宛如一位主帅在指挥千军万马。旁观的教师目睹了这场雪战，不由得对这场"战役"的指挥者拿破仑大为赞叹。一位教师当时评价说："拿破仑具有非凡的军人素质，将来一定前途无量！"

拿破仑已经有 5 年没回家看望父母兄弟了，他和家里完全断了音讯，因为他没有钱回科西嘉，连暑假也在学校度过。不过，1784 年 7 月，卡洛又来到法国，带大女儿埃利兹到圣西尔上学，顺便到奥顿看了看长子约瑟夫，并带走了三儿子吕西安，吕西安一年前来跟约瑟夫一起上学。

随后，卡洛顺便来到布里埃纳。拿破仑跟父亲一起度过了好几天，第一次讨论了一家人的前途问题。拿破仑讲话有板有眼，虽然不到 15 岁，但口吻已经像个大人了。

卡洛患了胃溃疡，而且越来越严重，一直心情忧郁，他寄希望于拿破仑，认为他将是全家的顶梁柱。拿破仑对父亲也表现出特别的关心，他不希望父亲生活痛苦。卡洛讲到约瑟夫不愿当牧师而想当兵时，拿破仑觉得不妥。他认为，约瑟夫擅长文科，对数学一窍不通，而且举止轻浮，最好还是让他当律师。

卡洛很赞赏儿子的看法，他离开布里埃纳到巴黎去看医生，后来又和约瑟夫一起回到科西嘉。

---

① 1 英尺 ≈0.305 米。

与父亲的短暂会面，唤起了拿破仑内心深处的科西嘉情结。望着父亲远去的身影，他对父亲的"变节"行为似乎有所理解，心结不觉解开了，他已经长大了。

不久，拿破仑的军事才能被前来视察布里埃纳军校的一位军官看中了。这位军官在给上司的报告中写道："拿破仑的体质与健康状况甚佳；诚实可靠，知道感恩，很守规矩，能服从命令；一直以勤于研习数学而表现突出，史地知识尚可，才艺方面很弱。他会成为一名优秀的军官，值得送进巴黎军事学校。"这段评语对拿破仑的前途起到了不小的作用。

1784 年 10 月 19 日，15 岁的拿破仑进入巴黎皇家军官学校，他脱下旧制服，换上了红色衣领、袖口绣有银条纹的新军装。现在，他是"军官候补生"，要过真正的军训生活了。3 年后，他将成为皇家陆军炮兵军官。

巴黎皇家军官学校由国王路易十五奠基，建于 1751 年。校园是一座宫殿，未来的军官们在这里可以享受很好的待遇，这里伙食不错，仆从难以计数，还有昂贵的驯马场。学员被分配到各个不同的部门，富有的学员则被推荐为骑兵军官。拿破仑由于具备扎实的数学功底，成了14 名精选出来的非贵族炮兵学员之一。比起布里埃纳军校，这里简直就是天堂了。拿破仑可以常常离开校园外出聚会，例如和佩尔蒙家的人待上一两天。佩尔蒙夫人和拿破仑的母亲是同乡兼老友，她在巴黎相当豪华的府第里专门为拿破仑准备了一间客房。

巴黎皇家军官学校由陆军大臣掌管，与布里埃纳相对松懈的生活相比，这里确实更严格、更规范。学员们在破晓之际便要匆匆离开修道院般的单间——勉强放得下一张铁床、一把木椅和一个衣柜。早上 6 点要在小教堂做祈祷和弥撒，每次用餐前也要祈祷。晚上 8 点 30 分，一天的活动结束后，学生才能回到寝室。4 名教官和 8 名操练军士使这些年轻学员得不到一刻喘息的机会。没几天，拿破仑便发现每天在石头大庭院里操练是最不堪忍受的事，教官和军士常因为他的松懈惰怠和无精打采而冲着他大声咆哮，但他的思绪始终不在操练上。兵器教范也令人生厌，他每周都要受到处罚。

在这里，拿破仑结识了亚历山大·德·马吉斯，马吉斯对他关怀备至、体贴入微，两人很快成了好友。

一天，拿破仑心不在焉，别的学员做"举枪致敬"时，拿破仑却做"枪放下"；别人做"枪放下"时，他却做"举枪致敬"。做错了动作，挨了教官一枪托后，他竟然以牙还牙，回敬了教官一枪托。众学生吓得面面相觑，以为拿破仑一定会受到严惩，不料教官只是大声对亚历山大·德·马吉斯命令道："你来驯化这个危险的岛民！"俗话说，"物以类聚，人以群分"，他俩凑在一起天南地北地聊了起来，把操练要领抛到九霄云外去了。

经过一段时间的考察，拿破仑以军事操练倒数第二名的成绩被编入炮兵班，在班上继续受人嘲笑。但是，他的其他科目的成绩却十分突出，而且依然顽固地保留着他的科西嘉情结。有一次，一位教员训斥他道："波拿巴先生，你是国王的学生，请记住这一点，不要只惦记科西嘉，须知它毕竟属于法兰西！你身上的佩剑也属于法兰西！"拿破仑指着佩剑，反驳道："只有剑鞘是属于法兰西的，而剑却由我自己掌握！"学员每个月要参加一次忏悔，指导神甫又提到他热爱科西嘉一事，拿破仑突然站起来大声说道："我来这里不是为了谈科西嘉，作为牧师，你无权在这方面训斥我！"

除历史、地理、文学和德语外，拿破仑还要学习高等数学、物理、法律、哲学以及防御工事构筑和制图课程，他最喜欢的是数学、防御工事构筑以及炮术。教官们对他的评语各执一词，有的称他为"从国籍到性格都是地地道道的科西嘉人"，同时承认"如果环境许可，他可以成才"；对他绝望的德语教官则采取放弃的态度，将他划入"坏蛋"之列。只有炮术主考官路易·蒙日透过这张少年的脸看到了真正的拿破仑，"沉默寡言、勤奋好学，学习是他心甘情愿的唯一乐趣。他博览群书，对于抽象的科学，如数学和地理他也能掌握得很扎实。他安静而孤独，反复无常，目中无人。在班上，他积极回答问题；在其他场合，他也展现了巧妙、快捷的应答才能。他最突出的特点是傲慢自大、雄心勃勃。这个年轻人值得我们关注和帮助。"

然而，生活的磨难一刻也没有停止对这位"科西嘉蛮子"的考验，1785 年 2 月底，他的父亲卡洛去世，这个噩耗给了他异常沉重的打击。卡洛在世时，多次呼唤在远方的拿破仑："儿子，你若回来，一定能驱走病魔！儿子，你什么时候归来啊？"他听到这一消息后，很长时间都沉浸在悲痛之中。

由于家庭变故，16 岁的拿破仑用不到一年的时间，学完了军校规定 3 年的课程，于 1785 年 9 月 28 日顺利通过毕业考试。他在军校的庭院里接受了炮兵少尉军官的军衔，成为科西嘉岛第一位从专业军校毕业的正式军官。当时，军校的鉴定评语如下："拿破仑·波拿巴，为人勤奋、谨慎；兴趣广泛，博览群书，酷爱抽象科学，擅长数学、地理；沉默寡言，喜欢独处；任性、高傲、自私、善辩；自尊心强，雄心勃勃，求知欲强，有培养前途。"

历史往往具有戏剧性的巧合，巴黎皇家军官学校这次授予的 56 名少尉中，有一半以上的人日后参与了推翻波旁王朝的斗争，而在授衔证书上签名的正是后来被他们送上断头台的国王路易十六①。

---

①　路易十六（1754—1793）：路易十五之孙，法兰西波旁王朝复辟前最后一任国王，也是欧洲历史上第二个被处死的国王。

第二章 才能初显扬

初涉军旅

没有想过日后要走一条怎样的道路，也不知未来的命运如何，但被任命为少尉的拿破仑一直兴奋不已，他不无骄傲地说："我是与生俱来的天才，我现在是军官啦！"甚至在称帝以后，他仍然说："我一生中最骄傲的就是接受少尉军衔的那一刻，因为今天的辉煌正是那一刻点燃的，它使我生命的航船驶入了腾达的航线。"

1785 年 11 月 6 日，拿破仑和马吉斯来到他们的第一个岗位——拉费尔炮兵团。该团当时的驻地是法国罗讷河上的瓦朗斯。

面对这个身材矮壮、脑袋硕大、肤色褐黄、言语间夹带意大利口音的少尉，军需官给他开了张住宿介绍信："致布小姐，兹有少尉军官波拿巴前去贵处居住，惠请接待。"

在去往住处的路上，拿破仑开始憧憬未来，也许在这里可以找到实现父亲愿望的机会。他第一次有了当将军的想法：有朝一日一定要去塞纳河畔的枫丹白露一饱眼福，好好欣赏那些体现皇家权力与尊严的华丽宫殿。这一念头震荡着他年轻的胸怀。

然而，现实生活并不容拿破仑过于乐观。他混杂在队伍中，毫不起眼，开始只是当炮手，接着升下士，而后升中士；他站岗放哨，担任周值星官，直到 1786 年 1 月才正式担任基层军官。至此，拿破仑的军事生涯才算真正开始。

总督马比夫一家致信给圣·吕夫修道院的院长德·塔尔迪冯大人，以此作为引荐，拿破仑与瓦朗斯社会名流建立了关系，在当地名门望族的家里受到热情的接待。他到过德·科隆比埃夫人家，还去过巴索的农庄做客。

德·科隆比埃夫人的女儿卡罗琳娜既年轻又聪明，拿破仑向这位少女大献殷勤，将那种南方人特有的激情全部倾注在她的身上。

卡罗琳娜与拿破仑同年，不算特别漂亮，但她的脸红扑扑的，浑身散发着青春活力，活泼中透出纯真。他们几次于晨曦中一起漫步在乡间小道上，孤独的少尉在这里体验了从未有过的情趣与欢乐。但不久，卡罗琳娜嫁给了她的表哥——军官布雷西奥，随他到里昂去了。

拿破仑称帝后，常常忆起樱桃园里的那一幕。他封卡罗琳娜为母亲即皇太后宫中的女嫔，任命她的丈夫为林业管理局总监。在赠给卡罗琳娜的戒指上有一幅别致细腻、生动感人的画：站在樱桃树上的一位少年，正把樱桃掷向树下一位少女张开的裙兜里。

从 1785 年 11 月到 1786 年 9 月，拿破仑在瓦朗斯的大部分时间都是在布小姐的咖啡馆楼上那间吵闹的斗室里度过的。卡罗琳娜的离去，使他陷入悲观和痛苦之中，这位愤世嫉俗的少尉在日记里写道："我曾一度坠入爱河，现在，我否认有真正的爱情存在。""确实，我甚至认为恋爱对社会有害，破坏个人幸福。"此时，他的思想也发生了病态的转变。"长年孤独，在深深的沉思之中，我想到了自杀。"他扪心自问道："是什么情绪竟使我有了自我毁灭的欲念？""无疑是因为我在这个世界上看不到自己的位置吧！"作为贵族阶层的最下层，同时又是一个"外国人"，他深感自己在法国军队中前途渺茫。

不久之后，拿破仑在书籍中找到了乐趣。他的收入太少，必须省着花钱。倘若手头只剩下一个埃居，他也要到奥雷尔书商家去买书或租书。接下来的两年，除了炮术训练之外，他手不释卷，写了几十本读书摘要和心得，后来还将它们付诸行动。他研究了 18 世纪英国首相沃波尔的著作，提出了对拉费尔军团彻底改组的意见；他撰写了四篇有关现代炮兵技术及其发展的论文，包括对他的指挥官的建议；他分析了柏拉图的《理想国》，深入研究了古代波斯政府，还研究了古希腊的地理、历史、政府、战役及其他。然后，他又不知疲倦地转而研究古埃及、迦太基乃至亚述①，同时写下了《欧洲在东西印度群岛的商业发展的哲学和政治历史》的论文。拿破仑除了研究贵族历史外，还研究梭尔邦——一个设立于13世纪的古老神学院。他无止境的好奇心似乎丝毫没有减弱，又转而研究印加帝国以及科尔特斯②对蒙提祖马的征服等。

其中对他影响最大的是卢梭，卢梭在其著作《社会契约论》中，提醒人们注意科西嘉人在捍卫其自由权利方面所显示的久远的活力。卢梭在书中还有一段惊人的预言，他说，总有一天，科西嘉这个小小的岛屿将会震惊欧洲。卢梭的平等思想，那慷慨地赋予人民反抗暴君的思想，深深地唤起了拿破仑的科西嘉情结，为他心目中的抗争英雄保利找到了有力的理论武器。就在保利生日那天，拿破仑写下了科西嘉理应摆脱法国统治而获得自由的论文。

然而，他的科西嘉同胞已对法国征服者表示屈服，他的同胞与暴君、卑鄙的朝臣已不再誓不两立了。法国人已败坏了他的同胞的道德，既然"祖国"已不复存在，忠贞的爱国志士的精神就自然死去了！他耳闻目睹的法国是何等强大，科西嘉的自由是不是如同卢梭所讴歌的"自由"，只存在于充满浪漫的梦想之中呢？

忙于家计

1786年9月，拿破仑乘炮兵团休整之机，向上司请假，重返他魂牵梦萦的故乡科西嘉。他从里昂出发，取道艾克斯到神学院，与他的舅父费舍和弟弟吕西安短聚。当时吕西安已离开布里埃纳，正为获取神甫职位而用功。之后，拿破仑匆匆向阿雅克肖城进发。9月15日，他终

---

① 亚述：古代西亚奴隶制国家，位于底格里斯河中游。
② 科尔特斯（1485—1547）：出生于西班牙，于1519年率领一支探险队入侵墨西哥，建立了城市维拉克鲁斯，先后征服了阿纳华克地区的阿兹特克人。他在墨西哥城传扬天主教思想，而后北上探索南加州，最后死于西班牙境内。

于踏上了阿雅克肖城的码头。

阔别 8 年，这是他第一次回到故乡。在旧居，他热情地拥抱母亲和弟弟妹妹们。他备受贫穷煎熬的母亲戴着顶兜帽，难得一见的笑容挂在黑黝黝的脸上。他抚摩着二弟路易，挨个抱吻波利娜、卡罗利娜和小弟热罗姆，让他们轮番在自己的大腿上又蹦又跳。除了路易外，这 3 个弟弟妹妹是他离家后才出生的。他偏宠波利娜，她有些淘气，但长得妩媚动人，讨人喜欢。在这些孩子面前，他显得既亲切又温和。他把要办的事置于脑后，沉浸在久别重逢的欢乐之中。

当狂喜的心情渐渐平静下来后，他开始考虑家庭大计。父亲的去世导致家里一贫如洗，全靠农场的产出维持生计，偶尔有几个钱到手，也被吕西安的爷爷抢去用于治病。事实上，拿破仑此行的真正目的，就是通过办理他父亲临死前留下的，其后被法国政府授权批准的最后一个项目的文件，解决家庭的经济危机。由于卡洛生前有个排干沼地并将其改造成果园的计划，拿破仑家获得了数千法郎。他的母亲、舅舅费舍和哥哥约瑟夫用这笔钱购买了两艘小船做货运生意，结果成了反抗外国势力的海盗船，他们也因此被指控有罪。拿破仑对此事的了解并不多，但他竭尽全力地为他们洗刷罪名。

这次假期结束后，他向军团申请延长假期，在科西嘉待到次年 9 月才返回法国。

1788 年 1 月，他再次回到阿雅克肖城，此时他家的生活已十分拮据。现在，如果法国政府对他的舅舅费舍和哥哥约瑟夫不肯宽容的话，那笔投机生意就可能使他家破产。拿破仑希望能从法国财政部门索取他家应得款项中的一笔钱，于是，在第二次获准延长休假之后，他从阿雅克肖城直奔巴黎，然后去凡尔赛，求见首相洛梅尼·德·布里埃纳。他向首相手下的大小官吏挨个儿求情，但事情仍久拖不决。趁空闲时间，拿破仑到圣西尔去看望他的大妹妹埃利兹，然后在巴黎游逛了一下。

来巴黎游玩是他几年前的一个梦想，他慢慢地走在街道上，望着橱窗货架出神，胡思乱想，时而兴奋，时而失落。他大胆地走进法兰西剧院、意大利剧院，驻足于卢瓦尔宫富丽堂皇的长廊。这里挤满了各个阶层的闲人雅士、赌徒无赖、妙龄女郎，他生平第一次短暂的艳遇也发生在这里。这次艳遇使拿破仑对女人有了初步认识，在往后相当长的一段时间里，他对女人很粗暴，甚至抱有蔑视的态度，再也不理睬女人的这种交易。

由于在巴黎事情没有取得任何进展，拿破仑只得回到科西嘉。他又用了半年时间在家乡收集资料，准备编写早已纳入计划的《科西嘉历史》这部著作。

为了应付家庭开支，拿破仑一边帮助岛上的老神甫管账，当他的秘书和售粮代理人，代他照看种植园，察看牧场；一边整理收集来的资料，着手编写他的《科西嘉历史》。在那间简陋不堪的小屋里，他已经编写出若干片段，并标榜他的陋室为"米莱里办公室"，这也是第一次开始他私人的工作。

科西嘉的历史及贫困的现实生活进一步激发了他的乡情，激发了他抗争的勇气，这种发自内心的情感常常会毫不掩饰地表露出来。拿破仑在书中刻画的英雄把法国人当"猛虎""怪物""强盗"看待。

1788 年 6 月，拿破仑依依不舍地回到法国，并很快随自己的团队开赴奥松城。

逃离家园

奥松城是一座被索恩河用遍地泥沼围住的城市，潮湿的气候让人感觉这个城市阴沉忧郁、落后闭塞。

拿破仑在这里与他的同学们久别重逢，心里异常高兴，但因条件所限，人们还是让这位少尉住在兵营里。潮气很快就侵袭了他，一连三四天，他高烧不止，甚至波及全团官兵。拿破仑一边与病痛抗争，一边打起精神到炮兵学校跟班上课。校长泰伊将军对拿破仑的表现和才能极为赏识，点名让他负责好几个试炮场，并任命他为研究委员会的委员。

在奥松城驻守学习期间，拿破仑一天也没有停止过他那笨拙的写作。他写了一些有关炮兵的观测的报告，并向严厉而又和蔼的泰伊将军呈上一份关于炮弹射程的备忘录，他那严谨的逻辑和巧妙的计算令将军喜出望外。

当时，法军掀起了一场战术革命，拿破仑力主集中兵力、搞突然袭击，这一决策得到将军的赏识，拿破仑被任命为军事改革委员会成员。消息传开后，全军哗然。不久，拿破仑又奉命构筑了难度极大的工事，受到了将军的嘉奖。

拿破仑有时会写些个人论文和小说。他似乎满肚子都是学问，与人谈起话来总是言辞有力、自信满满，他还花费宝贵的时间进行哲学冒险，写过一篇题为《论为使人类幸福所必备的真理和情操》的论文。然而，此后的现实生活不再容许他沉迷于理论学说之中，而必须行动起来。

就在拿破仑刻苦钻研知识和技术时，法国的局势变得动荡起来。1789 年 4 月，拿破仑随团队参与瑟尔平乱。7 月，国王路易十六召集法国议会时优柔寡断，致使国内局势一片混乱。7 月 14 日，巴黎人民攻占了封建专制堡垒——巴士底狱①。新组建的国民议会实施改革，废止了封建贵族的特权，国王被迫让步，政权转移到资产阶级制宪会议手中。8 月 23 日，拿破仑宣誓"效忠国家、国王和法律"。3 天后，《人权宣言》发表，教会财产被收归国有，国家权力归于临时执行委员会。

8 月下旬，当兵团回到奥松城时，由于受巴黎革命的影响，奥松城已是一片混乱。拿破仑对奥松城的局面毫不关心，他关心的是科西嘉的形势。这可是科西嘉同胞改变命运的千载难逢的良机！

于是，拿破仑写信给保利，信中说："将军，我生于祖国（科西嘉）沦亡之时。3 万法国人涌向我们的海岸，把自由的宝岛淹没在血浪

---

① 巴士底狱：是根据法国国王查理五世的命令，按照 14 世纪著名军事城堡的样式建造起来的。到 18 世纪末期，它成了控制巴黎的制高点和关押政治犯的监狱。

之中，这就是我降生世界后第一个扑向我眼睛的可憎景象。我们屈服的代价就是沦为奴隶，我们的同胞们在士兵、法官和税官的三重重压下生活，受尽冷眼，苦不堪言。"他对这位心目中的英雄顶礼膜拜，希望能在其麾下当一名中尉。

但保利并没有理睬他，这让拿破仑深感不安，也感到不快。乘团队纪律松懈之机，拿破仑绕道瓦朗斯，乘船第三次返回科西嘉。他发现人们对巴黎革命发生的事知之甚少，不过，人们的思想已经活跃起来，热烈地争论着一些他们关心的问题。拿破仑一眼就看出自己应当扮演什么角色，这里需要他施展才华和胆略。他把科西嘉和自己的命运联系在一起，并寄予无限的希望。何不在科西嘉建立一个行省总督，凭借氏族集团来统治这块土地？他梦寐以求的前景此时此刻正清楚地展现在他的眼前。

事不宜迟，他走访朋友，在街头巷尾与他们侃侃而谈；他提出倡议，开设一个俱乐部。他的两个兄弟——约瑟夫和吕西安成了他的左右手。他们鼓励同胞拥护民主事业，因为民主事业可以使他们迅速摆脱暴政的凌虐。

当然，革命仅靠呼吁是不够的，作为军人，拿破仑更重视军事实力，他早想从军心动摇的国王军队转到国民自卫军。但是，由于驻科西嘉岛的法国总督出面干涉，俱乐部被关闭了，国民自卫军也被迫解散。拿破仑对总督的专制行径发起了激烈的抗议活动：向总督递交请愿书；在科西嘉的首府巴斯蒂亚煽风点火，支持群众冲击法国驻军。

就在这时，一个突发事件缓和了他对法国的敌视态度。由于政治家米拉波①的辩才，法国允许1768年以来流亡在外的科西嘉岛爱国志士们回到家乡并全面享受公民权利。这项措施缓和了许多科西嘉岛人对法国征服者的情绪，也使拿破仑的心与法兰西民族的心第一次和谐地跳动在一起，他感到自己已从科西嘉人变成了法国人。这一想法的改变影响了

---

① 米拉波（1754—1792）：法国政治家，曾任法国国民议会议长。

拿破仑的一生，他以普通战士的身份到阿雅克肖城的国民自卫军服役。

1790年7月，从英国流亡归来的保利在欢呼声中登上了科西嘉岛。他号召同胞们乘大革命之机以民主、革命俱乐部和新的国民卫队取代"十恶不赦"的封建专制。保利在国民议会上被当作英雄大受拥戴。

在大选之前，拿破仑出谋划策，频频活动。尽管约瑟夫还太年轻，但拿破仑却推动哥哥参加大选，因此约瑟夫被提名为候选人。全科西嘉的代表都将到奥雷扎集会。为了去奥雷扎，同时也为了去会见英雄保利，拿破仑以生病为借口向团部请了一次假，骑马陪约瑟夫前往奥雷扎。他在那里见到了自己的偶像——保利，一个64岁、谨小慎微的老头。

保利对拿破仑十分冷淡，因为他是投敌变节分子的儿子，又是法国王朝养大的军人，现在却企图来投靠他。但表面上，他仍装着样子说："波拿巴，你一点也没有现代派头嘛，你完全属于普鲁塔克笔下的人物。"

拿破仑没有料到自己崇拜的英雄是这样一个懦弱、胆小且虚伪的人。在保利解释了他的部队当年在庞特·诺沃与法军作战的部署之后，拿破仑对他的哥哥约瑟夫冷冷地说了一句："这样的部署，当然会得到那样的后果。"

在这次不愉快的会见后，随着法国政治形势的变化发展，科西嘉岛形成了两派力量：一派是依靠当地军队和行政机构的旧制度的维护者，另一派则是法国大革命原则的坚定拥护者。拿破仑与保利在政治上也产生了严重分歧：保利主张把科西嘉从法国的占领下完全解放出来，并把英国政体的模式移植到科西嘉；拿破仑则支持法国制宪议会的决议，拥护法国的民主政体，并认为法国革命为科西嘉的发展创造了条件。

面对心目中的英雄，拿破仑开始表现出不满，这不仅是因为保利对他这个崇拜者的漠视，同时也因为保利在汹涌而至的民主革命浪潮面前仍顽固地坚持君主立宪的政见，这与拿破仑的民主情怀颇为不合。

1791年2月，拿破仑动身去奥松城，重返团队，并且带去了自己的弟弟路易，以期稍稍减轻母亲的负担。同年 6 月，拿破仑被调到瓦朗斯的格勒诺布尔炮团。他又回到老布小姐那里租下原来那间房，并在"三鸽"旅店包了伙食。他的老朋友德·科隆比埃夫人和可爱的卡罗琳娜在乡间别墅愉快地招待他。他还与军需官絮歇和德·蒙塔利韦中尉取得了联系。

这时，法国资产阶级革命在各地不断取得胜利，拿破仑对革命的热情更加高涨。他本想去革命的中心巴黎，但因经济困窘而未能成行。之后，听说制宪会议即将散会，人们要进行议会选举，于是 9 月 10 日，拿破仑第四次回到科西嘉，支持约瑟夫竞选立法议会议员。

在科西嘉仍然有同情法国大革命的党派，而保利越来越支持一个主张投靠英国、脱离法国而完全独立的派别，并反对一切忠于波旁王朝的神职人员。拿破仑不仅帮约瑟夫拉到不少选票，而且自己也成功地当上科西嘉国民自卫队的中校副司令，这一结果导致岛上发生武装冲突。1792 年 5 月，拿破仑乘乱和国民卫队士兵一道试图夺取法国驻军留守的阿雅克肖城，使混战达到最高潮。

拿破仑与保利彻底决裂了，他错误地判断了局势，结果引火烧身，现在几乎人人都在反对他，岛上到处都能听到"拿破仑是罪魁祸首"的声音。更糟糕的是，他忘记了假期到 12 月为止，也就是说 1792 年 1 月 1 日他应该返回驻地。他忘记请求续假，被列入"擅离职守者"名单，他的姓名被陆军大臣从现役军人名单上划去了。

1792 年 5 月 28 日，拿破仑来到巴黎，为挽回自己在军内的职务而加紧在各军事部门活动，同时消除阿雅克肖事件带来的不良影响。这时，奥地利皇帝和普鲁士国王因仇视法国革命，已向法国革命政府宣战。法国贵族和将军们纷纷倒戈通敌，前线虽然极其缺乏军事指挥人员，但拿破仑并没有得到任命。

巴黎正处于空前的大动荡之中。拿破仑再次冲进政治事件的浪潮里，联络政治关系，频繁地参加立法议会的会议。

通过数周的政治活动，就在获胜的巴黎人仍让路易十六保留有名无实的"国王"称号的那段时间，拿破仑不仅使所有指控他的罪名都被撤销，而且得到了上尉委任状。这是由陆军部长塞尔旺代表国王签署的委任状，正如他后来所说："官职只给有才干之人。"

对外战争期间，保皇派的军官络绎不绝地越过边疆，加入奥地利和普鲁士侵略军的行列中；而国民自卫军则成千上万地征集兵员，为的是把普鲁士、奥地利侵略军赶出法国。直到9月21日新的国民议会（人们称之为"国民公会①"）宣告法兰西第一共和国成立时，拿破仑才决心为新诞生的民主共和国赴汤蹈火。对他来说，最好是上前线与战友们并肩战斗，利用战争的机遇求得晋级，这总比再回到已被敌人统治的科西嘉岛靠政变来达到目的要有利得多。

然而，再次回到瓦朗斯第四炮兵团的拿破仑并没有变得循规蹈矩，他再次告假，理由是妹妹埃利兹所在的圣克瑞寄宿学校因革命而关闭，他必须护送她回科西嘉。

1792年10月，拿破仑带着埃利兹长途跋涉回到科西嘉，谁也没有想到，这是他最后一次作为一个满怀激情的爱国者返乡。他们辗转3个星期，总算回到了阿雅克肖城，但他们迎来的却是冷水浇头。约瑟夫绞尽脑汁想在国民公会上得到一个席位，结果一败涂地，只在法庭上捡了一个破差使。当时该岛亲法派的力量在减弱，保利正准备与法国断绝关系，而拿破仑与保利的彻底决裂已是在所难免了。

现在的拿破仑既是瓦朗斯第四炮兵团的上尉，又是科西嘉国民自卫军的中校，他必须选择其一。尽管他对保利怒气冲天，但他还是选择了中校。

这时，法国革命军已击退普、奥反动君主对法国革命的武装干涉，开始筹备对普、奥转入战略反攻。在南方，巴黎方面决定远征撒丁岛，法军计划以科西嘉为基地，占领撒丁王国的马达莱纳群岛，作为攻打撒

---

①　国民公会：法国大革命时期的最高立法机构，在法兰西第一共和国成立初期拥有行政权和立法权。

丁的跳板。拿破仑担任科西嘉国民自卫军一个营的营长，奉命参加了这次战斗。

当时，执行委员会正专注于审判国王，加之计划一改再改，与保利就科西嘉志愿军的派遣规模问题也争论不休，远征军一直拖到 1793 年 1 月 8 日才离开土伦。这支法军的兵力已减少到 4 000 名，而且是未经训练、纪律涣散的马赛志愿兵。他们一到阿雅克肖城便与当地人发生了流血冲突，直到 2 月 15 日至 16 日，远征军才向卡利亚里发动了一次海上佯攻。战斗刚打响，参战的马赛志愿兵惊慌失措，很快便撤回阿雅克肖城。2 月 22 日，远征军由保利的侄子塞沙里·科洛纳上校任指挥官，拿破仑中校任副指挥官，再次向马达莱纳群岛进发。他们轻而易举地攻克圣斯蒂法罗后，继续向马达莱纳群岛推进。他们包围了一座圆形海防石堡，迫使守敌次日就缴械投降，但来自马赛的水兵认为他们的仗已经打够了，发生哗变，强迫软弱无能的塞沙里把部队撤回船上。拿破仑被迫把他的 3 门大炮扔在海滩上，这次远征无功而返。

不久，巴黎方面派来 3 名特派员，他们被授权解散科西嘉岛的国民自卫军，把保利这个科西嘉的独裁者置于法国的意大利方面军司令官的管束下，并以议员萨利切蒂为首组织科西嘉的防御，以对付英国舰队的袭击。这时，拿破仑的弟弟吕西安已被国会议员谢蒙维尔聘请为秘书，他趁机在土伦俱乐部告发了老英雄保利，揭露他是暴君和叛徒。国民公会将这个告发抖落出来，于是，威严的大楼里一片哗然，接着投票表决逮捕保利总督及其在国民公会的代表以及波佐·迪博尔戈等人。但由于保利在当地民众中有巨大影响力，全岛掀起了反对"叛逆的波拿巴"的运动，不明真相的民众包围并袭击了位于阿雅克肖城的拿破仑宅邸。

在一场政治权术的明争暗斗中，刚从撒丁岛返回的拿破仑一不做二不休，和萨利切蒂一起策划用种种巧妙的手段试图把阿雅克肖城从保利手中夺过来，但因当地多数居民支持保利，结果又遭失败。拿破仑在科西嘉待不下去了。

1793 年 6 月 5 日，在这个伸手不见五指的夜晚，一艘帆船悄悄向普罗旺斯海岸驶去，拿破仑全家准备逃往土伦。站在船头的拿破仑感慨万千，曾经令他魂牵梦萦的"祖国"科西嘉岛抛弃了他。也许命中注定，他不属于科西嘉，他属于法国，属于全世界。

他们走后，拿破仑和舅舅费舍在科西嘉的住宅和田地，连同他母亲的住宅、财产、果园，均被岛民据为己有。他们离开科西嘉时，只剩下身上穿的几件衣服。波拿巴一家从此再也没有回到科西嘉。

威名初显

就在拿破仑活动于科西嘉期间，法国局势也发生了巨大变化，一系列重大事件改变了法国的社会及政治生活。1793 年 1 月 21 日，路易十六在革命广场被处死。仇视法国革命的欧洲封建君主国联盟以此为借口，组织了第一次反法联盟军，武装进攻法国。法军的失利、贵族的叛乱及吉伦特派的倒行逆施，引起了法国人民的强烈不满。共和主义的两派中较为开明的一派，即吉伦特派①，被对手山岳派②推翻了；后者在巴黎暴民的协助下一举夺权，代表中小资产阶级的雅各宾派③建立了革命专政。

5 月底，在巴黎发生了一起暗杀事件，政治家马拉在浴缸里被夏洛特·科黛刺杀身亡。以罗伯斯庇尔为首的雅各宾派借此颁布严厉法令，命令各地方当局逮捕一切可疑分子，严厉镇压里昂、旺代等地的叛乱者。王后玛丽亚·安东妮特被判死刑；勾结外国、镇压人民的吉伦特派遭到重创，136 名吉伦特派人被赶出国民公会，其中 22 名被处死刑；全国其他城市也有一大批吉伦特派的领袖或被处死或自杀。

---

① 吉伦特派：法国大革命时期立法大会和国民公会中的一个政治派别，主要代表当时信奉自由主义的法国工商业资产阶级。

② 山岳派：法国大革命时期国民公会的激进派议员集团。

③ 雅各宾派：法国大革命时期参加雅各宾俱乐部的激进派政治团体，成员大多数是小业主。

与此同时，在巴黎成立的救国委员会①颁布总动员令，将身强力壮的爱国志士征召入伍，以保卫共和国的神圣领土。"胜利的组织者"卡尔诺（救国委员会总参谋长）将一批批来自田间的农民，训练成一支强有力的武装力量。

拿破仑逃离科西嘉后，回到驻扎在尼斯的炮兵团，团长是他老上司的兄弟让·德·泰伊。泰伊让拿破仑做副手，在法国地中海沿岸巡察岸防炮台、组织锻造厂、准备炽热弹，以对付英国战舰，后来又派他到阿维尼翁采购火药。

拿破仑发现那些地区正大动干戈，很不太平。尽管吉伦特派被雅各宾派推翻，但法国南部同情保王党的却大有人在，尤其是在马赛、土伦等重要海防城镇。7月15日，拿破仑本该前往阿尔卑斯军团接管一个野战炮连，却临时受命指挥一支为镇压当地反革命活动而组建的炮兵（属意大利军团）。这支部队的指挥官是卡尔托将军，他并不欢迎拿破仑的到来，但拿破仑毫不介意，全身心地投入紧张的工作之中。不出一个月，法国南部大部分地区的叛乱相继被平定。

吉伦特派当时仍控制着土伦海军基地，该基地正处于英国海军舰队的严密封锁之下。8月27日到28日，土伦城发生叛乱，英国和西班牙联合舰队乘虚而入，约1.7万名西班牙人、法国保王党分子、那不勒斯人、皮埃蒙特人以及英国海军在土伦港登陆。英国海军由海军上将塞缪尔·霍德指挥，他因在美国革命时期击败法国舰队而声名远扬。

当时，土伦港由一个英国海军中队把守，城镇和要塞则交由2000名英国陆军和海军陆战队士兵把守。另有一支由1.5万名西班牙、撒丁和那不勒斯军队士兵组成的不太可靠的混合部队作为后援。

令人不安的消息频频传到巴黎，这时法国的正规军仅有几千人可供调遣。于是，巴黎国民公会指示，卡尔托将军在夺取马赛后于8月底率

---

① 救国委员会：法国大革命中雅各宾派专政时期的最高领导机构，1793年4月由国民公会创立。

部东进，以便与阿尔卑斯军团的拉波卜将军率领的来自尼斯的部队协力合围土伦城。9月7日，卡尔托的部队在土伦城以西4英里①处的奥利乌尔遭遇保王党的部队，炮兵指挥官多马尔坦在战斗中负伤。

恰在此时，拿破仑因私事到马赛拜访他在科西嘉认识的两位特派员，一位是波拿巴家族的老朋友，现任阿尔卑斯军团的特派员萨利切蒂，另一位是加斯帕里。当时，拿破仑的家人正在普罗旺斯的乡下漂泊，靠着法兰西共和国政府施舍给科西嘉流亡者的菲薄的救济金维持生活。因此，拿破仑这次到马赛是想求萨利切蒂一件事，即让他的小弟路易当上候补军官。在这个关键时刻见到拿破仑，萨利切蒂异常高兴，视之为"天赐神助"，反过来向拿破仑提出要求，让他到卡尔托的炮兵团取代受伤的指挥官。这个只有不到半打野炮的团将要面对拥有数百门大炮的英军，派谁去都会打退堂鼓，但拿破仑却将它视为一生中难得的机遇。

9月16日，德·泰伊将军得到上级通知，拿破仑被临时调往围攻土伦城的联合军团。这位新任的青年炮兵指挥官没有令人失望，他没花多少时间就看出整个要塞的关键是控制内外两港的拉塞因半岛。如果法军能占领这个岬角，不仅可以控制内港入口，而且可以迫使英国军舰在内外两港都无法立足。由于这个要点朝内陆的那一面缺乏适当防守，英军很快就构筑了一个坚固的据点，称为"马尔格雷夫堡"，而法国人则称之为"小直布罗陀"。拿破仑立即着手在英军防线的西南面构筑了13个攻城炮兵阵地，其中6个阵地的配置可以集中火力对马尔格雷夫堡实施正面打击。由于拿破仑出色的布防工作，10月19日，陆军部提升他为少校营长。

拿破仑制订攻城计划后，立刻向卡尔托将军和特派员萨利切蒂、加斯帕里报告，当即获得他们的批准，并于10月20日转呈巴黎救国委员会。

然而，收复土伦城比拿破仑预想的要艰难，因为这个计划不仅需要

---

① 1英里＝1.609公里。

上千名新炮手来编成13个炮兵连，而且需要一个新的炮兵指挥官（拿破仑只是新任营长）。骄傲的卡尔托因不称职被调离，他的继任者多佩将军原来的职业是医生，比卡尔托更加糟糕，不久也被撤职。随后调来了职业军官迪戈米埃老将军，他于11月16日正式接任土伦战役总指挥。

炮兵由杜特将军指挥，杜特身体患病，连视察阵地都必须被抬着走。他对拿破仑的作战计划和实施方式极为满意，于是让拿破仑放手去干。11月25日，迪戈米埃批准了拿破仑的进攻计划。到12月中旬，围城兵力已增加到3.8万人，一切准备就绪。

为了先攻克马尔格雷夫堡这一咽喉之地，拿破仑下令在马尔格雷夫堡附近建立一个炮兵阵地——该阵地距马尔格雷夫堡较近，完全在英军的射程之内。如果这个炮兵阵地能够开炮，对马尔格雷夫堡是致命的威胁。但是，谁能在这个阵地上开炮呢？第一天，该阵地的全部炮手都被打死或打伤。拿破仑总是和他的部下在一起，他用自己的热情鼓舞着他们。他下命令说："把它命名为'无畏勇士的炮组'！"个人荣誉感和民族荣誉感——奔放的法国人性格中最敏锐的感情被打动了，直到总攻时，那个大炮阵地的炮手仍旧前仆后继，始终保持着满员状态。

12月16日，在炮击48小时之后，法军向敌防线两侧发动了向心攻击，在主攻方向投入了6 000步兵，直指马尔格雷夫堡。次日，马尔格雷夫堡的要点以及勒吉耶蒂、巴拉古尔两座炮台均被法军攻克。拿破仑在突击中被英军刺伤。霍德的军舰拥塞在土伦狭窄的内港中仓皇撤离。

12月19日上午9点，迪戈米埃将军的革命军最终收复了土伦。拿破仑下令将大炮对准成千上万被围困在土伦大广场的"通敌者"（保王党），准备屠杀他们。这个海港城市的主要公共市政建筑被夷为平地，据说自杀身亡的保王党人多达3 000人。随后，革命军浩浩荡荡地开进土伦。领导土伦保王党反叛的首领巴蒂斯特·鲁和他的儿子等人被推到练兵场就地枪毙，幸而子弹没有击中二人要害，父子俩装死躺下，天黑后逃离危险之地。

望着土伦港熊熊燃烧的烈火，拿破仑似乎感到成功的大门正在向自已敞开。收复土伦后，杜特将军给作战部长写信称赞拿破仑道："在他的职务方面，他具备扎实的科学知识，可以说是智勇双全，拙笔无法详细描绘这位少有的骁勇善战的军官。现在他在阁下您的麾下，为共和国的光荣奉献他的才华。"

拿破仑在大败英军的战役中起到关键作用一事被四处传扬，也传到了专横的特派员耳朵里。这些特派员是被派来驯服和管理普罗旺斯的，从莱茵河到瓦尔，他们具有委任和更换高级军官的巨大权力。特派员弗雷隆和萨利切蒂写信给巴黎称"对公民拿破仑所表现出来的热忱和智慧深感满意"。

1793 年 12 月 22 日，拿破仑接到了被提升为炮兵旅长（准将衔）的任命，这一年，他 24 岁。他的姓名第一次被人们广为传扬。

第三章 政变与爱情

身陷政变

攻克土伦堡之后，拿破仑并没有回阿尔卑斯军团，而是继续留在意大利军团任地中海海岸防务检察官之职。他迅速对马赛、土伦和尼斯等地的要塞进行有效整顿，使英军被迫放弃他们原先在耶尔岛设置的前进基地。英军一撤走，拿破仑便在那里重新构筑防御工事。

不久，拿破仑把家人接到马赛，他的母亲莱蒂齐亚轻轻地抚着儿子的将军肩章，流下欣喜的眼泪，说："如果你的父亲能看到这一切该多高兴呀！"拿破仑的哥哥约瑟夫也与同乡的萨利切蒂特派员交上了朋友，并通过萨利切蒂的引见认识了奥古斯丁·罗伯斯庇尔及其兄弟，后来约瑟夫还因此巧结姻缘。拿破仑的弟弟路易也被他任命为参谋部少尉军官。

1794 年年初，迪戈米埃把意大利军团的指挥权交给了皮埃尔·迪莫宾将军。迪莫宾深知凡是反对特派员意见的指挥官都没有好下场，因而决定对那些特派员唯命是从，只做一个执行者。

拿破仑在土伦堡战役中大败英军的英雄事迹还在四处传扬，赞扬之声不断传到另外两个特派员——里科尔和奥古斯丁的耳朵里。这两个特派员不仅拥有地方行政执政监督权，还拥有委任和更换高级军官的巨大权力。尤其是奥古斯丁·罗伯斯庇尔，他是雅各宾派领袖马克西姆·罗伯斯庇尔之弟，是巴黎驻尼斯的最有影响力和权威的政治代表。他们对当今的英雄都有提携之意，奥古斯丁曾写信给他的哥哥，在信中极力称赞拿破仑，认为他"值得栽培提拔"。

1794 年 2 月，拿破仑以准将军衔被任命为意大利军团炮兵司令，司令部设在尼斯。赴任时，他带了两名年轻的炮兵军官，一位是马尔蒙上尉，另一位是朱诺中尉，他俩是他在土伦围攻战中物色的人才。

总部设在巴塞洛内蒂狭窄山谷里的阿尔卑斯军团（属于萨利切蒂辖区）就在意大利军团的北面驻扎着，两军对阿尔卑斯另一边的军事目标争执不下。原来的军事目标——尼斯和萨瓦公爵的领地已经得到了，只剩下皮埃蒙特没有拿下。法国东南部的作战目标是奥地利，撒丁国王是奥地利的盟友，自然是法国的敌人。热那亚共和国，暂时可以使之保持中立。问题的复杂性在于不仅意大利军团和阿尔卑斯军团在巴黎的权力走廊里争执不下，而且这两个地区的妄自尊大的特派员也相互嫉恨。

其中，萨利切蒂和弗雷隆就是危险的政客。他们对马赛的保王党进行了大规模的搜捕并负责砍下其中 409 人的头颅，之后他们的个人胜利又因为推荐拿破仑攻占土伦而再添光彩的一笔。但是，拿破仑现在驻防在尼斯，由他们的对手里科尔和奥古斯丁管辖，这就使形势出现了新的紧张气氛。萨利切蒂和弗雷隆坚持拿破仑是"他们的人"，对这个新提拔的年轻将军"过河拆桥"的行为表示愤怒。萨利切蒂和罗伯斯庇尔兄弟本是好朋友，而好友成为政敌一点也不奇怪。但拿破仑丝毫没有觉察到一个新的、无耻的敌人正在伺机对他的傲慢和蔑视态度进行报复。

这时，救国委员会根据其战略顾问卡尔诺的意见，指示意大利军团沿着意大利的里维埃拉发动一次春季攻势，夺取尼斯以东 50 英里的皮埃蒙特的奥内利亚港，以改善那里驻军的补给状况。里科尔和奥古斯丁要求拿破仑为这次行动拟订作战计划。作战计划很快得到迪莫宾司令官的认可，他下令立即付诸实施。奥内利亚港于 4 月 6 日被攻克。位于左翼的马塞纳部的一个师，踏着厚厚的积雪，绕过阿尔卑斯山脉滨海支脉的几处山隘，把奥、撒联军驱逐回阿尔卑斯山滨海山区的山顶，在文蒂米里亚和翁奈里亚之间占领了几个重要据点，打通了通往腾达山口（位于主分水岭上）的通道。拿破仑当时指挥该部的炮兵，把 4 磅炮和 8 磅炮组成山炮连，然后用雪橇运输，因此步兵在前沿阵地获得了强有力的炮火支援。这次作战的成功，马塞纳功劳最大，拿破仑也赢得了"战术设计师"的美名。

6月20日，拿破仑又想出一项让迪莫宾的意大利军团加速向前推进的作战计划（即突袭皮埃蒙特的作战计划）。该计划建议与左翼的阿尔卑斯军团协同作战，经斯图拉河谷入侵皮埃蒙特。拿破仑把这一计划通过奥古斯丁之手呈报给救国委员会。此时法国的政局云谲波诡，而军队是政治斗争的工具，军事斗争也变得复杂了。

与此同时，萨利切蒂所在的阿尔卑斯军团也在紧锣密鼓地制订征服意大利的计划。他们的计划完全撇开了迪莫宾的意大利军团，使拿破仑英雄无用武之地。

1794年7月，奥古斯丁终于被拿破仑的一腔热情所打动，委派拿破仑独自前往处境非常窘迫的热那亚共和国去完成一项使命，摸清该国政府对法国的态度。当时，热那亚政府承受着来自三个方面的极大压力：一是英国战舰，它们在热那亚的领海上突然袭击了法国快速舰"谦逊"号；二是从西面入侵的法军；三是从北面入侵的奥军。尽管困难重重，拿破仑还是不辱使命，使得摇摆不定的热那亚政府首脑和元老院服从了他的意志，同意与法国站在一起。

完成任务后，拿破仑兴冲冲地返回尼斯，他对几乎同时在巴黎发生的政变一无所知，这是一次对雅各宾派极其残忍的大屠杀。7月29日，拿破仑刚到驻地尼斯即遭逮捕。.

这是反雅各宾分子于7月27日精心策划的一场政变，史称"热月政变"。政变的经过如下：

1794年7月26日，革命政府领袖马克西姆·罗伯斯庇尔在国民公会发表演说，表示"国民公会中还有尚未肃清的议员"，提出改组公会委员会，清洗救国委员会。但是，议员们要求罗伯斯庇尔将议员的名字说出来时，罗伯斯庇尔没有表态，这引发了议员们的恐慌，使得人人自危。塔里昂、弗雷隆和巴拉斯等人以寻求政治庇护为由，鼓动议员发动政变。

热月9日（7月27日），罗伯斯庇尔在国民公会上发表讲话，结果被议长打断，场内出现"打倒暴君"的呼声，还有人提出逮捕罗伯斯庇尔等人的要求。国民公会宣布罗伯斯庇尔"不受法律保护"，予以逮捕。尽管罗伯斯庇尔已于前一天将兄弟奥古斯丁紧急召回巴黎，寻求一切可能的支持，可惜为时已晚，从普罗旺斯赶回巴黎的奥古斯丁也被逮捕了。7月28日，罗伯斯庇尔、圣茹斯特等22人被送上断头台，在革命广场斩首示众。之后，雅各宾派被处死刑者超过百人。国民公会的650名代表被分配到13个委员会，包括弗雷隆、塔里昂和巴拉斯在内的经过改组的国民公会解散了全法国的雅各宾俱乐部，热月党人开始执掌军政大权。

拿破仑被捕，实际上是被自己的同乡老友、报复心切的萨利切蒂出卖的。"这位军官在国外干什么？"萨利切蒂用天真无邪的语气询问当局，然后下结论说，"他有通敌叛国和欺骗国家的巨大嫌疑。"萨利切蒂除了报复还有嫉妒，因为拿破仑对意大利的作战计划比他的高出一筹。

奥古斯丁曾是拿破仑坚强的后盾，但是现在所有与罗伯斯庇尔兄弟过从甚密的人，都成了政治上的嫌疑分子。热月党人以此给拿破仑定下罪名。拿破仑的指挥官迪莫宾将军为了避免引火烧身，立即将拿破仑从军队中除名了。

8月9日，拿破仑被监禁于面向宁静的昂蒂布港的卡雷堡要塞。他的私人文件也受到搜查，但未发现任何罪证。萨利切蒂感到内心有愧，奉命重新调查此事，决定暂时先恢复他的自由。迪莫宾将军经过反复思考，同意释放拿破仑，但拒绝马上恢复拿破仑在意大利军团中的职务，直到"通过他对公众利益的热情和他的个人行动表示出他值得我们信任为止"。因此，8月20日，释放后的拿破仑虽恢复了将军军衔，但并没有被授职。

随后，由于约瑟夫从中斡旋，萨利切蒂不但撤回所有针对拿破仑的不实指控，还向救国委员会汇报说拿破仑是军中不可缺少的人物。

这是萨利切蒂给拿破仑开的一次性命攸关的玩笑，也是命运给拿破仑开的一场莫大的玩笑。经过这场虚惊，拿破仑对热月党人非常愤恨，同时也开始对法国大革命进行一些思考，他后来说罗伯斯庇尔是"革命的替罪羊"。

经历初恋

现在,我们把时间往前推几个月,在这几个月里,年轻的拿破仑将军经历了他的初恋——他临死前还在回忆的纯洁的恋情。

拿破仑升为准将后,随部队到马赛驻防,他的母亲和几个弟弟妹妹也到了马赛。哥哥约瑟夫在市政厅给特派员阿尔比特当助手。正是在马赛,他们兄弟俩一个巧结姻缘,一个陷入浪漫的热恋。

马赛城有一位大绸缎商叫佛朗斯·克勒里,生有一儿两女,儿子爱提安,长女朱莉·克勒里,次女德茜蕾·欧仁妮·克勒里。佛朗斯·克勒里曾是王宫中的丝绸承办人,给王后供奉过蓝色丝绒。就在他去世不久,大革命后成立的以罗伯斯庇尔为首的革命政府拘捕了他的儿子爱提安。爱提安是克勒里家的顶梁柱,不幸的消息令全家人乱作一团,几个女人抱在一起痛哭,唯有小女儿德茜蕾默默地坐着。德茜蕾是一个很聪明、很懂事的 15 岁少女,她心里一直在琢磨另一件事。

朱莉不仅人长得漂亮,性格也很柔顺。她见妹妹对哥哥被捕入狱无动于衷,很是难过,忍不住说道:"德茜蕾,你是铁石心肠,怎么连泪都不洒一滴?"

德茜蕾慢慢地站起来对母亲说:"妈妈,光流泪是没有用的,我明天要去见国会议员阿尔比特。明天他将在市政府就职,我要去对他说明爱提安无罪,否则爱提安不仅会被杀头,我们家也会被查抄的。"

朱莉惊讶地说:"你知道到市政厅去并不是儿戏,而且爱提安被羁留,他们可能……"她没有再说下去。

"我明白,朱莉,你的意思是说罪犯的家属也可能遭到拘捕,所以我的处境很危险。放心吧,绝不会有事情发生的。"德茜蕾顿了顿,继续说道,"如果真的发生不幸,我知道你会设法救我出来的,同时你也一定会照顾妈妈。我们一定要齐心协力,是不是,朱莉?"

德茜蕾的市政厅之行,有幸得到了拿破仑的哥哥约瑟夫的帮助,成功救出了爱提安。这也为她与拿破仑谱写了一段恋曲。

为了感谢恩人，德茜蕾邀请约瑟夫来家中做客，并请他带上他在谈话中提到的将军弟弟。

这天傍晚，波拿巴兄弟一起来到德茜蕾的家。德茜蕾从窗口张望，她非常失望地发现，那位将军十分矮小，而且制服上既无金星也无勋章。直到他们走近园门，她才看到他那窄小的金色肩章。他的制服是深绿色的，靴子上满是尘土，而且并不合脚，像是借来的。他的脸藏在一顶大帽子下，无法看清，那顶帽子上并无帽徽。德茜蕾从未想到一位将军竟是如此衣衫褴褛，她喃喃自语道："天啊，太令人失望了！"

"为什么这样说？你认为他不英俊吗？你不能希望市政府的一位秘书过于完美呀。"朱莉说。

"哦，你是说约瑟夫先生，他很英俊，至少把靴子擦得亮亮的。可是看看他那个将军弟弟，"德茜蕾摇摇头叹气道，"真是失望，没想到军队里会有这样矮小的人。"

德茜蕾与朱莉走进客厅时，他们二人立刻站起身来，同时礼貌地向她们鞠躬。大家围着一张矮桌坐下，气氛多少有点沉闷和不自然。

爱提安努力寻找些话题和拿破仑交谈，他说："如果您不嫌冒昧的话，我可否知道将军是否因公来到这个城市？"

约瑟夫立刻插嘴道："没有关系，我们的军队是人民军，因此每个公民都有权知道有关军队的事，对不对，拿破仑？"

大家不由自主地将视线集中在拿破仑身上。

"你想要知道一些什么，尽管问好了。"拿破仑答道，"我们没有什么秘密，我认为我们的战略应该改守为攻。无止境的防守是不理智的，费钱、费时、损失物资且无光辉的成果。我们必须采取攻势，这样不但有利于国家财政，同时还可以给欧洲各国一种态度，我们的军队并未被击败。"

这时，德茜蕾的注意力并没有集中在拿破仑的言论上，而是集中在他的身上。现在那顶大帽子已经摘下，他的长相虽然谈不上英俊，但有一种莫名的吸引力，他面部的轮廓和有力的线条正符合她多年来期待的一个幻想。这正是她理想中的男人。

"采取攻势?"爱提安惊愕地说,"但是,将军,我们的军队装备很落后并且很匮乏。"

拿破仑挥挥手大笑道:"匮乏?岂止这点,我们的军队是乞丐军队,我们的士兵衣衫破烂、穿着木制的鞋,我们炮兵的装备落伍到何种地步,你可以想象法国是用古代弓箭来守卫领土的。"

德茜蕾向前逼视着他,特别想看到他再大笑一次。他有一张清瘦的面容,被太阳晒黑的皮肤反衬着周围棕红色的头发,头发垂到肩上,既未整理又未加粉(当时风俗)。当他大笑时,他的脸忽然变得非常幼稚,出奇的天真,看上去比实际年龄小得多。

"当然,在意大利边界,我们会把奥地利人赶出境去,这是轻而易举的。我们在意大利可以获得良田沃土,食品可以无虞了。"

"但是,将军,意大利人会乖乖地让你们去占领他们的国家吗?"德茜蕾问道。

"当然不会,但是我要解放他们,解放全欧洲,要把《人权宣言》带给所有被解放的国家。"

爱提安虽然是一个憎恨战争、安分守己的商人,但他仍被拿破仑的激情感染了。"真是伟大的理想,将军,多么绝妙的见解!"他接着又问道,"在意大利边境的进攻计划,我方是否已进入具体阶段?"

"是的,我差不多完成这项计划了。现在我来到南部,是为了调查防御工事。"

"我们政府是否已决定向意大利边界出征?"

"罗伯斯庇尔特地派我前来视察一切。依我看来,进攻意大利是无法避免的。"

爱提安结结巴巴地说:"伟……大……的……计划……有胆量的计划。但愿这伟大的计划能早日成功!"

"不必忧虑,一定会成功的,"拿破仑说着站起身来,"两位小姐肯赏脸陪伴我们一同去园内走走吗?"

此时正是春暖花开的时节，浓郁的花香扑鼻而来。拿破仑一面走一面看着美丽的德茜蕾。她的脸上充满神秘的微笑，不是特别漂亮，但双眸和面部表情妩媚生动，洁嫩的肌肤让人感受到青春少女的活力。"您是个不可思议的聪明姑娘，今天请我们来，恐怕不仅仅是为了感谢我们吧！"

德茜蕾回头望了望在后面花圃旁依偎在一起的约瑟夫和朱莉，脸不由得红了。她感到这位矮个子将军的确有很强的洞察力，他犀利的目光早已洞穿了她的小小计谋，甚至透视了她的内心。

通往凉亭的石子小径相当狭窄，他们只好分成两队，约瑟夫与朱莉在前，德茜蕾与拿破仑在后。德茜蕾竭力寻找话题与拿破仑交谈，希望给他一个好印象。他走得非常慢，似乎在沉思。朱莉与他们的距离越来越远。最后，德茜蕾突然意识到他是在故意放慢脚步。

拿破仑轻轻地拉起她的手，放到嘴边浅浅一吻，说："原谅我的直率，德茜蕾小姐，我是天生的军人，什么都喜欢快捷。我看朱莉和约瑟夫很快就可以结婚了吧？"

"您真相信有一见钟情？"德茜蕾怯生生地低声问道。

这时，拿破仑伸出双手捧起她的脸，紧紧地盯着那双明眸，细声道："对我，您不必隐瞒，我已经从您的眼睛里看到了答案。"说着他又轻吻了姑娘的面颊。

德茜蕾惊骇得不知所措，心想难怪爱提安曾骂他们是科西嘉投机分子。她很快镇定下来，冷冷地问道："您为何对您哥哥的婚姻如此关切、如此热心？"

"嘘！请不要大声，您必须明白在我未带兵出征意大利之前，我希望将我的家好好安排一下。约瑟夫在政治或文学上均有天资，我期望他不再担任低微的职位。等我从意大利胜利归来，我会义无反顾地照料家里。"他停了停又说，"相信我，小姐，我会好好照顾我家里的人。"

拿破仑非凡的气度和自信的谈吐征服了眼前的小姑娘。德茜蕾抬头凝视着拿破仑深邃的目光，说："您一定会成功的，因为您说了，就一定能办到。"拿破仑点点头，说："我说过的，就一定能办到！"

　　这时他们已走近凉亭，朱莉问道："你们到哪里去了？我们已等待多时了，德茜蕾！"但是，德茜蕾知道她早已把他们忘得一干二净，她与约瑟夫紧靠着坐在一张长凳上，在黄昏灰暗的天色下，彼此紧握着手。

　　此后一段时间，拿破仑在日常工作之余，时常与德茜蕾约会。有时，他们斜靠在篱笆上眺望绵延无边的草原，很少谈话，让静默来缩短两人的距离；有时，他们一起漫步于花前月下，谈文学、谈理想、谈人生、谈卢梭、谈伏尔泰、谈歌德的《少年维特之烦恼》。

　　随着感情的不断升温，拿破仑和德茜蕾开始以"你"称呼对方，并讨论两人的未来，开始谈婚论嫁。

　　拿破仑一边在初恋中沉迷，一边为战事操心。他因提交议会的出征意大利的计划被搁置而急躁、彷徨、情绪低落，所幸这把爱情之火点燃了他心中的激情。他从爱情里吸收、攫取着力量与勇气，征服了这个女人，他感到自己仿佛征服了整个世界。

　　两位年轻人经过一段时间的热恋后，终于私下订了婚。德茜蕾的母亲对他们的恋情一直持反对态度，而拿破仑也因公务出使热那亚而远离马赛。接下来便突发了"热月政变"，拿破仑以叛国罪被捕。

　　德茜蕾如惊弓之鸟，陷入了深深的痛苦之中。

　　过了一段时间，拿破仑终于被无罪释放并返回尼斯。

　　9月中旬一个月黑风高的夜晚，拿破仑匆匆来到德茜蕾的屋外，不停地吹着口哨，这是著名的《马赛曲》。此时，德茜蕾的房里已经熄灯，她躺在床上正因思念他而无法入睡。仿佛是在梦里，她又和拿破仑相拥在花园里，他向她诉说着自己的抱负，仿佛又在她的耳边吹起悦耳的乐曲。

　　悠扬的《马赛曲》在她耳边回响着，似真似幻，仿佛从遥远的天际飘来。她猛地坐起来，凝神静听，发现歌声来自花园里。她立刻披着睡衣跳下床，拉开门冲了出去。

　　《马赛曲》戛然而止，一双有力的臂膀抱住了她："欧仁妮，我的宝贝，我的宝贝。"

　　"真的是你吗，波拿巴？"她伸出双手，不停地抚摩着拿破仑的脸。

薰衣草微微辛辣的香味混合着被晒干的青草芬芳，交织成马赛最令人难忘的气息。激情奔涌的拿破仑用他的披风把德茜蕾裹起来，抱到自己的膝上，深情地说："欧仁妮，我的宝贝，我再也不能没有你。"

"你受苦了吗？"德茜蕾问。

"不！一点也不。"他的吻落在她的头发上，"我要求军事法庭审判，但被拒绝了。"

德茜蕾抬起头来看着他，但在黑暗中只能看到他的面部轮廓："军事法庭？这是多么可怕呀！"

"为什么可怕？如果经过军事法庭审判，至少我有机会把以前由罗伯斯庇尔交给军政部长的进攻意大利的计划解释给军事当局，但是现在……"他移开身子，用双手扶着头，"我的计划大概要搁在档案里落满尘土了。"

"那么你准备怎么办？"德茜蕾问。

"他们释放我，是因为没有足够的证据，但是军部的一班人对我的印象并不佳。你明白吗？恐怕他们要派我到最无聊的边界去。"他停了停，突然说，"欧仁妮，我们结婚吧！"

德茜蕾笑了，说道："可我还没满 16 岁呢。"

"好，我等你满 16 岁，到时我们马上结婚。我是一名将军，我现在还要带兵去征服世界！"

"去吧！我会等你！等你回来接我！"

告别德茜蕾后，拿破仑奉命以远征军炮兵分遣队司令的身份出征科西嘉，但无功而返。他原来的职位也被别人顶替了。

1795 年 5 月初，拿破仑接到去旺代担任一个步兵旅旅长的命令。

5 月 4 日，拿破仑又来到德茜蕾家。德茜蕾坐在草地上晒着暖和的太阳，看他从这头走到那头，面色铁青。他说他们是蓄意侮辱他，把他派到旺代去追踪几个可怜的保王党。"我是堂堂的军人，并非警察。"他突然大声叫道，"我宁愿他们审判我，也不愿埋葬在旺代，将我看成退休的上校。他们阻止我去前线，让我被人遗忘。"

"你可以要求退役，我们可以拿爸爸留给我的钱在乡下买一幢小房子，几亩田地……"德茜蕾说。

"如果你不赞成这项提议，你可以帮爱提安在店里……"她接着说。

"欧仁妮，你疯了吗？你真相信我会住在农场里养鹅、养鸭，或者在店内帮你哥哥卖缎带？"

"我无意触犯你，不过是想寻找一个答案而已。"

"一个答案。一个给全法国最佳炮队将领的答案！这真是笑谈。你难道不相信我是全法国最佳的将领吗？"拿破仑站在原地，坚定地说，"明天我就动身！"

"去旺代？"

"不，去巴黎与军政当局谈判。"

"但是，据我所知，身为军人是不能违反军令的。"

"没错，如果我的部下这样做，我会枪毙他。到了巴黎也许他们会枪毙我。我带朱诺、马尔蒙一起去。"接着，他问道，"你能借一点钱给我吗？"

德茜蕾点点头。

"我要替朱诺和马尔蒙支付旅店的账单。你能借给我多少？"

德茜蕾曾储蓄了 98 法郎，是准备给他买一套新制服用的。

"把你所有的钱都借给我。"他说道。

德茜蕾奔上楼，拿出藏在衣柜里的 98 法郎交给他。他小心地数了一下，放在衣袋里。"我欠你 98 法郎。"他抱紧她，"我会给整个巴黎看，我是最配进军意大利的人选。我会让他们派遣我到意大利。"

"你何时起程？"德茜蕾问。

"我立刻就去。不要忘了常给我写信，你可以把信寄到军政部，他们会转交给我的，千万不要伤心。"

"我不会的，你放心。我会很忙，我要绣我的嫁衣，我会绣许多'B''B''B'。"

他点点头，赞许道："很好，未来的拿破仑将军夫人！"

两人再次紧紧拥抱，长久地热吻。然后，他牵了马，跳上马背，越过篱笆，向城里疾驰而去。

才高运塞

拿破仑赶赴巴黎后，向救国委员会阐明了自己进军意大利的计划，但委员会未予理睬，他只得悻悻地回到尼斯。幸好萨利切蒂还算有良心，经过那场热月的闹剧之后，他更热心地推荐拿破仑。他深知政治斗争必须有强大的军事力量做后盾，而拿破仑的军事才能远在他之上，过去的几次战役已充分证明了这一点。此时，救国委员会正在敦促迪莫宾发动一次秋季攻势，以占领卡蒂波纳隘道。这次战役的成败，也关系到他自己的前程。因此，出狱 3 个星期后，拿破仑终于官复原职。

卡蒂波纳是位于萨沃纳以西，阿尔卑斯山滨海地区和利古里亚的亚平宁山区之间的一条重要隘道，也是通往皮埃蒙特平原的捷径。拿破仑早在 1794 年 6 月就拟订的作战计划，因"热月政变"影响而未能实施，现经重新修改后执行。迪莫宾的意大利军团于 9 月 15 日发起攻势，21 日攻占位于博尔米达河谷的代戈。迪莫宾随即改变了对拿破仑的态度，并在向国民公会报捷时宣称，他的成功应归功于"炮兵指挥官的才干"。

但是，迪莫宾的意大利军团的攻势推进到代戈就奉命停止，原因有二：一是往前推进还需要很长时间，救国委员会总参谋长卡尔诺不愿意在山地进行冬季战役；二是他还急于让意大利军团在科西嘉登陆，因为保利已允许英国海军在那里建立前进基地。

1794 年 11 月，舍雷尔将军接替迪莫宾任意大利军团司令。他认为，拿破仑"精通其本行，但野心未免太大又惯于要权谋，不宜提升"。当时军中还流传着一种言论，说科西嘉的流亡者到法国南部的陆军中就职的人，未免太多了。

在这种情况下，拿破仑被任命为远征军炮兵分遣队司令，任务是协助远征军进攻科西嘉岛，把该岛从"英国人的暴虐统治下"解放出来。和他一同出征的，还有朱诺与马尔蒙两位与他共患难的朋友。

由于冬天天气恶劣，加之英国舰队在实力上占优势，远征军一直到1795年3月11日才驶离土伦。拿破仑率炮队与远征军会合后，由海路向科西嘉岛进发。这是他第二次在科西嘉水域参加联合作战。

但是，拿破仑的才能毫无用武之地。3月14日，法国远征军的舰队与霍瑟姆中将率领的一支英国舰队遭遇，受其痛击，被迫返回土伦。拿破仑解放科西嘉的事业，又一次被无所不在的海上霸主——英国海军所挫败，化为泡影。回到意大利军团时，他的炮兵司令的职务也被另一个科西嘉人卡萨宾卡所接替，这更增加了他对英国的仇恨。

1795年3月3日，舍雷尔总司令的职位被克勒曼将军接替。克勒曼很善于察言观色、见风使舵，但军事才能十分平庸。拿破仑后来在评论克勒曼时说："克勒曼一点也没有总司令所必需的素质。"

新任总司令克勒曼向救国委员会呈递报告，提出改任拿破仑职务的看法和建议。恰巧拿破仑原来的下属炮兵老上尉奥布里现在是救国委员会委员，负责国防部的军事事务。但奥布里对拿破仑小小年纪就得志一直耿耿于怀，想戏弄他一下，于是建议调拿破仑到法国西部指挥一个步兵旅，负责镇压旺代地区的保王党叛乱。经过一段时间的考虑，5月1日，救国委员会下达了这一任命。拿破仑愤怒地拒绝了。首先，他对内战一点兴趣也没有，那里不足以施展他的才能，他非常讨厌这个差事；其次，他是炮兵指挥官，根本不熟悉步兵的情况，在他看来，把他从炮兵调到步兵是对他的侮辱。他和救国委员会里负责军事的人大吵一架，称病不去就任。

5月5日，拿破仑在朱诺、马尔蒙以及弟弟路易的陪同下，再次前往巴黎，试图让救国委员会改变决定。

然而，救国委员会鉴于他拒不接受任命，下令从现役将官名册上勾销了他的名字（另一说法是拿破仑辞职在先）。

第四章　情定约瑟芬

天选之人

　　拿破仑这次到巴黎，受到了前所未有、出乎意料的冷遇。许多政客都因他与罗伯斯庇尔集团关系密切而对他心存疑虑，唯恐避之不及。但拿破仑必须尽一切努力，借助于巴黎这个革命的心脏、权力的中心，才有机会东山再起。他孤独地走在巴黎的大街上，这里的一切似乎又恢复到大革命前的模样。他为法国的命运担忧，也为自己的命运担忧。

　　他寄居在距离胜利广场不远的一所房屋里，从德茜蕾那儿借来的钱已经用完，囊中羞涩的他越来越不修边幅，完全像个流浪汉。但他怀着东山再起的迫切心情，不得不四处奔波，还打发朱诺去托人情、找关系。

　　这时，马尔蒙已到莱茵军团走马上任，把路易也带走了，路易在夏龙炮兵学校找了个职位。拿破仑身边只剩下朱诺，朱诺的家人对此很不满。朱诺的父亲对不顾一切非跟拿破仑走的儿子叫道："这位将军是什么东西，他在哪里服役，没有一个人知道！"忠诚的朱诺从他父亲那里只得到一小笔生活费，全部用来救济拿破仑。不久，他们又搬到菲伊·圣·托马街的"幽静"公馆里住。空闲的时候，拿破仑只做两件事：写信、写文章。他给德茜蕾写信，也给哥哥约瑟夫写信。可是，他根本不知道，德茜蕾为了躲避动乱，已经随母亲搬到意大利的热那亚去了，因此，他一直没有收到她的回信。

与恋人中断联系的拿破仑只得试图靠写小说来排解内心的苦闷、忧郁和思念。这部小说名叫《克利松和欧仁妮》，他自己就是书中淳朴温柔、战功赫赫的克利松。

同时，拿破仑把很大一部分精力花在深入钻研政治问题和战略问题上。他写出过去两年的历史提纲，并且为意大利方面军草拟了一份作战方案，后来他因此而走运。

有一天，他得知在救国委员会任职的老上尉奥布里离开了岗位，继任者是年轻的杜尔塞·德·蓬泰库朗，于是，拿破仑想方设法接近他。蓬泰库朗对拿破仑的名声和才能早有耳闻，便让拿破仑到救国委员会测绘局任职。在弗罗尔花神宫的 6 层楼上一个空荡荡的房间里，拿破仑趴在地板上，研究一张张摊开的地图，为阿尔卑斯军团和意大利军团拟制了一份很有价值的作战计划。蓬泰库朗建议上级为拿破仑晋级。拿破仑喜形于色、内心狂喜，在巴黎终于有了第一个欣赏他的人，中断的青云之路又接上了。他上任几天就正式提出前往土耳其的申请。

但是，救国委员会在审批他的申请时，有人故意提到他最近的行为，发现他由于迟迟未到旺代的部队司令部上任而违反了军纪。1795年 9 月 8 日，就在救国委员会的一个部门授权批准他前往君士坦丁堡当天，勒图尔纳——救国委员会的一个小小办事员把他从将领名册中除名了。

然而，既然历史选择了拿破仑，就一定会赐予他机会，无论这个过程是多么曲折、复杂与艰难。

没过多久，法国错综复杂的政治斗争再次把拿破仑推上了巴黎的政治舞台，让他扮演了一个极为重要的角色。

热月政变后，热月党人解散了各地革命委员会，关闭了人民团体和俱乐部，废除了包括限价法在内的商业方面的种种限制，导致新兴资产阶级投机倒把、盗用公款和发财致富的活动空前地猖獗起来。酒宴、狂欢舞会、淫荡生活及骇人听闻的伤风败俗的行为风行一时。乡村农民和城市平民的饥饿、贫困，与资产阶级暴发户的穷奢极欲、寻欢作乐形成了鲜明对比。

热月党人只关心自己的政权，为巩固自己的统治地位而绞尽脑汁。一个矫正革命的极端主义观念主导着法国中产阶级，国民议会一直致力于制定一部新的宪法。从当时的政治形势分析，由于普选可能会导致不满分子或保王党分子在议会中取得多数派的地位，于是，国民公会以议会史上罕见的"厚颜无耻"的态度发布命令，宣称新宪法所要求的每年改选三分之一议员的规定，现在适用于本届国民公会，因此余下的三分之二就成为即将成立的"元老院"和"五百人院"的议员。

1795 年 9 月 21 日，全国举行选举以决定制定新宪法事宜。革命历法共和 4 年葡月 1 日（1795 年 9 月 22 日），巴黎街道喊出了"打倒三分之二"的口号。巴黎的平民再也无法忍耐下去了，愤怒的群众自发向国民公会大厦进发，打破了国民公会的大门。国民公会派军队对暴动群众进行了血腥镇压。

这时，还有约 3 万巴黎国民自卫军，决心要把厚颜无耻的国民公会解决掉，而热月党人可以调动的法国陆军部队离巴黎都很远。

与此同时，保王党人立刻拥立路易十六的弟弟普罗旺斯伯爵路易·斯坦尼斯瓦夫·塞维尔为路易十八国王，并且纠集了诸多保王党徒，时刻准备向正在摇篮中的热月党政权反扑。他们收买了负责保卫巴黎的国民自卫军司令梅努将军，召集武装力量 4 万余人。

在这几股反对势力的同时进攻下，热月党人一方面以立法的形式来确保政权的合法性和权威性，另一方面加强对武装力量的领导，解除了梅努将军的职务，由国民公会现任主席保罗·巴拉斯取而代之。这样一来，军政大权集于巴拉斯一人，使他成为巴黎乃至法国举足轻重的人物。

保罗·巴拉斯出身于法国普罗旺斯一个贵族家庭（子爵出身），参加过陆上和海上远征等军事行动。他身材高大、肤色黝黑、举止高傲，有着与众不同、令人难忘的气派。他风流潇洒，善于辞令，在女人中颇为得宠。干革命和游戏花丛是他人生的两大使命。尽管局势如此紧张、动荡，他也丝毫没有放松淫乱享乐。

9月24日（巴黎平民骚乱的第三天），巴拉斯乘马车赶往近郊他的情妇博阿尔内夫人的宅邸，但这次他是应另一位贵妇塔里昂夫人之邀去的。塔里昂夫人是有名的交际花，在巴黎上层社会，没有人不知道她，而她的丈夫塔里昂还是巴拉斯政治上的密友。

就在这次会面中，塔里昂夫人向巴拉斯推荐了落难将军拿破仑。其实，塔里昂夫人与拿破仑相识的时间并不长。为了谋取有利于前途的职位，拿破仑曾经努力在上流社会寻求帮助。他打探到塔里昂夫人的宴会是上层人物云集的场所后，多次到她府上参加宴会跳舞，并私下求塔里昂夫人为他谋职帮忙。塔里昂夫人对这位落难的年轻将军并不怎么了解，也不怎么热心，但她的丈夫塔里昂却觉得这个年轻人谈吐不凡，夸赞道："那是一位有非凡意志与聪慧天才的一流军人。"塔里昂夫人现在向巴拉斯推荐拿破仑，可谓一举两得，既帮了拿破仑的忙，也解决了巴拉斯用人之急。

巴拉斯听到拿破仑·波拿巴这个名字时，不由得心头一震，脑海里立即浮现出那个经常穿着破灰大衣、面容瘦削的年轻人。拿破仑曾有两次求他办事，他们应该算是老朋友了。土伦一战已充分显示了这位青年人的不同凡响，为什么没有想到他呢？

第二天，巴拉斯在国民公会紧急会议上，向议员们提出了拿破仑·波拿巴这个人及对他任职的建议。莠罗议员非常赏识拿破仑，首先表示同意。弗雷隆正在追求拿破仑漂亮的妹妹波利娜，想要娶她，自然也随声附和。很快，一张任命拿破仑·波拿巴为国民自卫军副司令的提案就通过了，拿破仑又有了施展拳脚的机会。

当然，受命于危难之际的拿破仑，这个副司令当得并不轻松，以至于他后来还说："我宁愿减寿数年来撕掉个人经历上的这一页。"因为他刚走马上任就面临着一场血腥大屠杀，这是需要很多人付出鲜血和生命的。

当时，巴拉斯和拿破仑一起仔细分析了形势，巴拉斯忧虑地说："情况再明显不过了，我们处于劣势。令人头疼的是，我们不仅兵力少，而且不得民心，这一点不能不考虑进去。"

拿破仑却语气坚定地说："我们也有自己的优势，我有把握。"他所说的优势，是在巴黎西北的萨布隆营房闲置的 40 门大炮和 2 万发炮弹。

巴拉斯对拿破仑信任有加，让他全面负责。于是，拿破仑开始着手工作，首先是激发部队的士气。条件不够，可以用激情和意志力来弥补，成功取决于本领与热忱。

拿破仑指派骑兵队长缪拉带着 200 名士兵，把大炮拖运到杜伊勒里宫周围，又吩咐 89 营和宪兵营的炮手集结防守。他从凡尔赛来的警察团中抽出 200 人派往默东，还派去 50 名骑兵和两个连的退役士兵。他下令将马利的各仓库迁移到默东，征集弹药，并在默东设厂制造弹药。

10 月 4 日这天，巴黎出奇的冷，阴沉的天空中布满乌云，装备良好的叛军在少数国民自卫军的支持下，已经控制了巴黎的主要街道，他们第一次攻击便击溃了还未能在杜伊勒里部署的拿破仑部队。叛军以为就此占领国民公会并不困难，于是在凯旋音乐的伴奏下，举着旗帜，向杜伊勒里宫进军。叛军指挥官名叫丹尼肯，对调动兵力踌躇不决。拿破仑抓住这个难得的机会，采取了各个击破的战术。他在斐扬设置野炮，在圣奥诺雷街道两端各架设 2 门 8 磅炮，还布置了多门后备炮，用以侧击强行通过的队伍；同时，在卡鲁塞尔广场留下 3 门 8 磅榴弹炮，对准那些可能被用来对国民公会纵火的房屋。

当叛军从四面八方涌上来时，拿破仑用炮火迎接了他们。叛军完全没料到拿破仑会使用大炮，一时措手不及，在留下 200 具尸体后拖着伤员仓皇逃窜了。这时，另有一股 5 000 人的叛军向杜伊勒里宫冲来，拿破仑毫不留情地进行猛烈轰击，到下午 6 点，这股叛军就溃散了。战斗仅仅持续了一个多小时便结束了。第二天早上，叛军总部宣布投降。叛乱被平息了，热月党的国民公会得救了。

拿破仑就此成了军事奇才的化身，成了刚毅、果敢与伟大的代名词，巴黎各界都崇敬地称他为"葡日将军"。

随后，国民公会正式建立了共和政府，设立元老院、五百人院和督政府①，巴拉斯执掌督政府的大权。

10 月 25 日，拿破仑以少将军衔被任命为巴黎卫戍（内防军）司令，成了势力强大的法兰西共和国督政官巴拉斯的密友及作战部队独立指挥官的候选人。可以说，他用大炮轰开了自己迈向权力巅峰的一扇命运之门。

邂逅真爱

平乱成功后的拿破仑不仅政治前途光明、社会地位迅速上升，而且搬进了旺多姆广场旁的高级旅馆，个人生活也变得绚丽多彩了。

正当他如一颗耀眼的新星在巴黎上空闪烁的时候，一个女人闯进了他的生活，以无法抗拒的力量征服了他。这个女人就是影响拿破仑一生的约瑟芬。

约瑟芬少女时叫罗丝，婚后全名为约瑟芬·德·博阿尔内，1763 年 6 月 23 日生于西印度的马提尼克岛。她的父亲是王室龙骑兵的一位队长，在马提尼克岛拥有领地。她从小受过一些正规教育，但知识并不丰富。15 岁时，她那风流成性的姑妈勒诺丹夫人把自己情人的儿子博阿尔内子爵介绍给她，并促使他们结为夫妇。博阿尔内和约瑟芬不久生育了儿子欧仁和女儿奥坦丝。博阿尔内子爵在布列塔尼军团任职，跟他的父亲一样是个花花公子，到处拈花惹草，但他对妻子要求苛刻，不许她有半点招摇，还开列了一份长长的读书清单让她补习。然而，约瑟芬并没有认真补习功课，博阿尔内也没有中止会他远方的情人，夫妻俩的关系越来越差，甚至经常打架。在将矛盾上诉到法庭后，他们开始分居。1793 年，博阿尔内被任命为莱茵军团的将军，他在与普鲁士军作战时逃离美因茨，之后被捕入狱。约瑟芬由于为丈夫说情，于 1794 年 4

---

① 督政府：法国大革命中于 1795 年 11 月 2 日至 1799 年 10 月 25 日掌握法国最高政权的政府，前承国民公会，后启执政府。

月入狱。随后，博阿尔内因"叛国罪"被莫名其妙地送上了断头台。

热月党人塔里昂见约瑟芬美貌动人，产生了怜香惜玉之情，把她从监牢中解救出来。为了向塔里昂表示感谢，约瑟芬几次到他家去拜访，并与塔里昂夫人成了好友。在塔里昂夫人这位高级交际花潜移默化的感染下，约瑟芬开始在巴黎上层社会寻找靠山。她丈夫留下的微薄家产既无法养活一双儿女，更无法满足她在社交中花天酒地的生活，好花钱是她一生都无法克服的弱点。为此，她做过许多人的情人。一个偶然的机会，约瑟芬通过塔里昂的介绍，认识了有"红色子爵"之称的巴拉斯，做了他的情妇。

最近一段时间，约瑟芬明显感觉到巴拉斯对她的热情在慢慢消退，不知是因为他当了国民公会主席后工作太忙，还是因为他勾搭上塔里昂夫人后对自己失去了兴趣。在最后一次欢娱中，巴拉斯明确表示以后再也不会来了。她无法预见，失去巴拉斯后，未来会有怎样的日子在等待着她。

无独有偶，拿破仑也因一场小小的风波，断绝了与佩尔蒙夫人的来往。这在无意之中却促成了两个失意之人的碰面。

事情的起因是，佩尔蒙夫人请求内防军司令拿破仑为她在科西嘉的堂弟的儿子狄莫在国民公会卫队谋个职位，拿破仑满口答应下来。几周之后，佩尔蒙夫人问拿破仑是否考虑过她推荐的人选，拿破仑回答说陆军部长已经同意了，只是还有一些细节需要处理，他将在明日给她答复。但由于公务缠身，拿破仑竟将自己的许诺忘得一干二净。于是佩尔蒙夫人对他大发雷霆，严厉斥责了他一番。

一天早上，拿破仑像往常一样来到佩尔蒙夫人家中。他神态怡然地骑着高头大马，身边跟着一大批随从人员。这让佩尔蒙夫人更加愤愤不平，因为她刚刚收到侄子狄莫的来信，说拿破仑至今还没有提起安排工作的事。

当拿破仑打算吻佩尔蒙夫人的手时，她用力将手抽回，要拿破仑给她一个明确的答复。拿破仑回答说，他一直很忙，并再一次许诺"明天"。佩尔蒙夫人勃然大怒："即使敌人也不会这样对待我！"这也难怪佩尔蒙夫人生气，因为拿破仑利用这个大好时机已提拔了一大批自己的亲信。他把朱诺和路易提升为自己的副官，要求约瑟夫出任执政，任命吕西安为军事专员，又把小热罗姆安排到圣日耳曼一所条件很好的寄宿学校，莱蒂齐亚的远亲拉莫利诺也成了军需总管，但他唯独忘了对自己有恩的佩尔蒙夫人。

当拿破仑准备离去时，佩尔蒙夫人依然没有理睬他。拿破仑在众人面前受到羞辱，从此，他和佩尔蒙夫人亲密无间的关系结束了。

失去这个好去处之后，拿破仑便时常出现在巴拉斯的沙龙里。巴拉斯多次邀请他到自己的情妇塔里昂夫人家里做客，那是一个被称为"茅屋"的府邸，塔里昂夫人把他们当作贵宾盛情接待。

拿破仑挤在女人堆里，显得很腼腆。在这群女人中，有棕色皮肤、黑钻石般的眼睛、生性放荡的克里奥尔女公民阿姆兰，有面色白皙的利乌纳金发女人克鲁德内，有原制宪会议主席的遗孀博阿尔内，还有身穿象牙色绸缎和朱罗纱、面孔像格勒兹画的肖像、宛若贞童的女公民雷卡米埃等。这些女人和他曾经接触过的女人迥然不同。她们靠美貌、任性、欲望和阴谋主宰一切，她们是当时真正的主人。"真是男人征服世界，女人征服男人啊！"拿破仑在内心感叹。

一天晚上，拿破仑迎着塔里昂夫人走过去，毕恭毕敬地向她致礼。他一点也不知道，他能成为"葡日将军"，全在于这个女人的一句枕边话。女人的力量简直不可思议。

望着塔里昂夫人几近赤裸的丰满身躯，闻着淡淡的香水味，拿破仑想到了马赛的薰衣草，这是两种完全不同的味道。他情不自禁地赞叹道："夫人，您真是太美了。"

"我哪里算美啊，"塔里昂夫人大笑起来，"不过，为了奖励你的甜言蜜语，我推荐一个真正的美人给你。"

塔里昂夫人拉着拿破仑来到坐在一旁聊天的约瑟芬面前，对这位娇媚艳丽的女人说："这就是新法兰西的救星，葡日将军拿破仑·波拿巴。"然后，她侧身对拿破仑说："这位才是真正的美人，无与伦比的约瑟芬·德·博阿尔内夫人。"

约瑟芬站起身来，娇羞地看了一眼拿破仑，说道："将军的英名早有所闻。很高兴认识您。"她心里想，此人真是人们谈论的英雄吗？其貌不扬，一脸稚气，只是那双眼睛有些精神，像鹰眼，不，像狼眼，它仿佛躲藏在灌木丛中，谨慎而胆怯地窥视着猎物。

眼前这位丰腴而不肥胖、成熟而妩媚动人的女人，有着晶莹闪亮的眼睛、香润欲滴的红唇，白皙的脸颊泛着红润，溢出淡淡的微笑。拿破仑情不自禁地托起那双纤柔的手，放在唇边一吻："认识您是我的荣幸，博阿尔内夫人。"

塔里昂夫人见状，调笑道："约瑟芬，这位将军就交给你了。将军配美人，看你们谁战胜谁。"

其实，把拿破仑介绍给约瑟芬正是今晚聚会的目的。约瑟芬自从失宠于巴拉斯后，一直很忧郁，担心自己年老色衰了，丧失了以肉体换取金钱、换取奢华生活的资本。

塔里昂夫人自然知道她的心思，于是有意安排了一场英雄美人会。

约瑟芬与塔里昂夫人心照不宣，而塔里昂夫人也知道巴拉斯以前与约瑟芬的暧昧关系，当她提出把拿破仑介绍给约瑟芬时，巴拉斯也十分高兴。

但是，拿破仑只把这次会面当成一次幸运的艳遇，他被约瑟芬的魅力征服了，一连几天脑子里全是她的影子，她的一举一动都令他怦然心动。他躺在床上，开始绞尽脑汁地考虑下一步的征服行动。

喜结连理

在这次舞会上，约瑟芬对拿破仑的印象并不深刻，他不是那种能叫人一见倾心的男人。但是，随后的交谈彻底改变了她的想法。

有一次，她有意无意地跟他谈起目前的政局。打仗和政事，自然是拿破仑的专长，这也成了他征服女人最有力的武器。在翩翩风度与雄才大略之间，他很善于扬长避短。他当时谈了一些颇有见地的看法，并极富鼓动性："新法兰西的情况不妙，应该在安定国内使之平静后，主动打到意大利及奥地利，那里有丰富的宝藏来供养我们的军队。我要占领这片土地，开创法国的新时期。"

这些话对约瑟芬影响很大，她相信他的话，认为他是一个能征服世界的人。她考虑良久，决定再赌一把。她相信自己青春犹在，对自己充满信心。因此，她表现得比拿破仑更为主动，有意制造了一些情节来加速他们之间关系的发展。

有一天，拿破仑正在屋内处理文件，突然，一个十一二岁的俊美少年跑进他的办公室，跪在他面前道："波拿巴将军，我是博阿尔内子爵之子，叫欧仁·德·博阿尔内。我的父亲被雅各宾党派送上了断头台。我是小孩子，不会去做反对将军的事，只是希望能把我父亲的剑归还于我，以纪念我的父亲。"拿破仑仔细打量了一下少年，发现他的面目颇像约瑟芬。他扶起欧仁，当场答应了。

第二天，约瑟芬来到拿破仑的办公室，向他施礼道："波拿巴将军，感谢你答应了我儿子欧仁的请求，今天我特来致谢。"

拿破仑几乎不敢相信自己的眼睛。约瑟芬穿着白色绸裙、粉红色披肩，毫无贵妇人的矫揉造作，反而显得更加年轻了。他连声应道："不必客气，不必客气。"约瑟芬早就看透了拿破仑的心思，她字斟句酌地说道："为了表示我的真诚，恳请将军明晚到我家小酌，不知能否赏光?"拿破仑自然爽快地答应了。

此后一段时间，他们二人你来我往，相互通信，感情逐渐升温。约瑟芬用她那流畅的字体给拿破仑写过几封短信，不时向他卖弄风情。他看到信后，就像收到上级命令一样，急切地给她回信。他真的爱上她了，她的美丽优雅、温柔贤淑俘虏了他。

他现在对她无所不谈，无所不问，但她不会把自己对生活的忧虑向他和盘托出的。他说她很富有，她也不置可否，故意让他想入非非。他想起了塔里昂夫人的那句话：将军与美人，谁征服谁? 就情场来讲，拿破仑只是初出茅庐，27 岁的他对女人的秘密一无所知，不知道约瑟芬的风流韵事，不知道她的香艳手腕。相反，约瑟芬则是身经百战、所向披靡的"将军"，只要她愿意，拿破仑怎么会不拜倒在她的裙下呢？拿破仑不得不承认自己被她征服了，他爱她，发自内心地爱她……

拿破仑已经离不开这位充满魔力的女人了，准备和她结婚。他知道约瑟芬比他大 6 岁，而且有一双儿女。他的家人没有一个同意这门亲事的，同时，他的初恋情人德茜蕾的信，也时不时地敲打一下他的心扉。然而，在约瑟芬的积极努力下，在巴拉斯的斡旋下，1796 年 2 月 9 日，他们发出了约瑟芬与拿破仑一个月以后结婚的预告。

得知拿破仑即将结婚的消息后，那个被遗忘的小女孩德茜蕾从家里跑出来，坐了 4 天马车，终于赶到了巴黎。但德茜蕾最后的努力，丝毫没有动摇拿破仑与约瑟芬结婚的决心。对于德茜蕾的心灵创伤，拿破仑似乎察觉不到，或者根本没有心思去理会。

按照巴黎的习惯，婚前首先要办理男女双方的财产公证等事宜。约瑟芬在证明自己财产的条款中并没有留存任何东西，她心里明白，除了大笔的债务，她一无所有。但拿破仑对此却抱有幻想，觉得自己可以娶一个出身高贵而又富有的妻子。此时此刻，即使是娼妓，他也要娶她为妻。在年龄上，为了缩小差距，拿破仑把约瑟芬的年龄少写了 4 岁，自己则多写了 1 岁。依然贫困的拿破仑沉浸在爱情的甜蜜之中，他献给未婚妻一枚蓝宝石戒指，戒指上面刻了 4 个字——命中注定。

1796 年 3 月 9 日晚，婚礼在巴黎昂坦街一幢古老的贵族宅第举行。

结婚仪式原定于晚上 8 点举行，但马上就要 10 点了，新郎官仍旧不见踪影。民政官忍不住在扶手椅里沉沉睡去了。这时，楼梯上忽然传来战刀碰在上面的声响，惊醒了沉思的约瑟芬。紧接着，拿破仑出现在门边，身后站着他带来的证婚人——一个满脸稚气的青年军官。只见他大步走进来，一边推醒民政官，一边大声嚷道："喂，市长先生，起来！起来！快给我们把事情办了吧！"

勒克莱克起身宣读了法律条文，然后双方交换结婚誓词，拿破仑的回答坚定有力，约瑟芬的回答却像喃喃自语。新郎、新娘和证婚人分别签了字。约瑟芬以女公民的方式，与出席婚礼的客人一一行贴脸礼。

新婚之夜对拿破仑的诱惑之大是无可怀疑的。忽然，他发现约瑟芬的小狗"幸运儿"正睡在压脚被上。他挥手驱赶，她却反对道："这只可怜的狗已经伴我度过许多艰难的日子，它是很懂感情的，有一次它还想来我的床上睡觉。你瞧，它多么善良柔顺。请不要有意把它撵走。"

听了她的话，他拉住美人的玉手，称赞道："夫人不仅人美，心地也很纯洁善良。"他不再去理会"幸运儿"，但是它狂吠着直接钻进被子里了。他试图用温柔打动它，便腾出一只手来轻轻抚摩它，它却变本加厉，爬到约瑟芬的肚子上，他只得揪住它的脖子，把它摔下床去。

不一会儿，约瑟芬已静静安睡，拿破仑却心绪不宁，无法驱除心中的疑虑，一种不祥的预感从心头升起。若干年后，新婚之夜的这一幕仍是他脑海里挥之不去的阴影。

第二天，在约瑟芬的请求下，夫妻双双去圣日耳曼寄宿学校看望她的两个孩子，但兄妹俩对这位将军都很冷淡。

拿破仑与约瑟芬又过了一夜，然后是一天繁忙的工作。不久前，督政府已任命拿破仑为意大利军团司令，这意味着他很快便要投入紧张的战斗中去。

第五章　鏖战意大利

旗开得胜

1796 年 3 月 21 日，踌躇满志的拿破仑告别新婚才 3 天的妻子约瑟芬，登上驿站前往尼斯的快车，朝他的军团驻地疾驰而去。

经过葡月平乱之后，法兰西的政局虽然暂时稳定下来，但整个欧洲的政治形势、军事形势错综复杂，法国面对着由奥地利王国、撒丁王国、普鲁士王国和英国结成的第一次反法联盟的势力。为了彻底打败反法联盟，从根本上解除外来的军事威胁，法国督政府决定从 1796 年春季开始，展开积极主动的军事行动，进攻的第一个目标就是强大的奥地利军占领的意大利地区。意大利北部由哈布斯堡王室统治着，他们在那里占领了富饶的米兰公国和曼图亚要塞等封地，还有一些零星的王室封地。意大利的南部连同西西里岛，则是在极软弱无能的西班牙波旁王室的后代斐迪南四世的统治之下。

法国统帅部提出钳形突击的作战方案，即南北夹击，计划北路派出两支大军，分别由儒尔当将军和莫罗将军统率，在莱茵河一线展开，同时向东推进，矛头指向奥地利首都维也纳，然后与南路拿破仑率领的意大利军团在扫平意大利北部之后胜利会师。从兵力部署和整个作战重点来看，北方军显然是主力，而拿破仑率领的这支由杂牌军组成的意大利军团在南线只能算是配角而已。

但是拿破仑并不这么认为，他的作战计划是：首先歼灭奥地利和撒丁王国的联盟军队，夺取富庶的皮埃蒙特和伦巴第地区，再把奥军逐出整个意大利，将战场推向提罗尔和奥地利本土。

然而，当他兴冲冲地抵达尼斯时，意大利军团却给了他当头一棒。

这支军队士气不振，师级指挥人员安德鲁·马塞纳、奥热罗、塞吕里耶、拉哈普和贝尔蒂埃情绪低落。当他们见到这个身材矮小、表情严峻，无论年龄还是军内资格都没有他们老的 27 岁的科西嘉人时，几乎毫无反应。大多数人已经对拿破仑有所了解，说他不过是一个政治将军，他的新婚妻子是"博阿尔内的女人"。事实上，拿破仑身边只有 4个朋友：他的副官缪拉、朱诺、17 岁的弟弟路易以及 22 岁的马尔蒙。

面对这一状况，拿破仑上任的第一件事就是组织一个精明强干的司令部智囊团，他选定贝尔蒂埃当自己的参谋长。贝尔蒂埃在前一年是克勒曼将军的参谋长，对于滨海阿尔卑斯山区了如指掌。他非常勤劳、仔细，能陪同主将做任何搜索和观察，而不耽误日常公务的处理。他虽然缺乏果断，不适合指挥工作，但却具备一个优秀参谋长的全部素质。

拿破仑在尼斯设立了司令部。3 天后，他首次检阅了自己的部队，很快就明白为什么法兰西共和国最有实力的将军都不愿意担任这个职务，而且短短两年内已更换了 4 位司令官。这是一支忍饥挨饿、衣衫褴褛的军队，炮兵、骑兵严重不足。士兵们简直像一群土匪，巴黎供给这支军队的微乎其微的物资，很快就被他们肆无忌惮地偷盗一空。4.3 万人没有军饷，没有军粮，没有马料，没有鞋袜、衣服，没有扎营营帐、家具，没有运输工具，甚至连吃饭的碗都不足数，物质生活困乏至极！在拿破仑到来的头天晚上，有一个营就因为没有靴子穿而拒绝执行向另一个地区转移的命令。这是一支物质、精神、纪律全都垮掉了的军队。

鉴于如此糟糕的情况，拿破仑决定立即整顿军纪。当然，作为职业军人，他很清楚，要真正严肃军纪，制止偷盗行为，仅靠枪毙一些人是无济于事的，必须尽最大努力解决缺乏生活必需品这一问题。

首先，他从当地一个银行家那里弄到了钱，把过去长期拖欠的军饷补发了一部分。他还通过迅速改组兵站和相关后勤部门，解决了其他令士兵不满的问题。接着，他又开辟了一条用武力向敌人索取的通道，宣布了把敌方最富饶的地区变为战场的大胆计划。

出征前，他发表了热情奔放、极富激励性的动员演说。他说："士兵们！你们忍饥挨饿，远离家乡，政府亏欠各位很多，但是国家还没有能力还债。在这里，你们经受了严寒和饥饿的考验，但政府也没有嘉奖你们。现在，我将带你们到美丽富饶的意大利去，那里有繁华的大街，有闪光的珠宝，有丰盛的晚宴，你们在那里将获得你们所需要的荣誉与财富。你们的意志是坚强的，但你们为共和国而战的决心是坚定的吗？"

"是！"无数士兵被拿破仑极具鼓动性的话打动了，欢呼声响彻云霄。这是他第一次对自己的部下讲话。士气日益低沉的士兵们听了这位年轻无畏的新统帅的一番演说后，无不满怀希望和信心。

之后的一周之内，他颁布了一连串果断的命令，加快前线各师的战前准备，并把骑兵部队从罗讷河谷调出来（由于里维埃拉缺乏饲料，骑兵部队在罗讷河谷过冬）。在他下达的涉渡波河的命令中，包含组建一个舟桥中队，这在当时是炮兵的责任，而不是工兵的责任。拉炮的骡马要用船运到瓦多港，为了保守秘密，不到最后一刻不准登陆，部队的肉食配给量增加了 1 倍，各弹药场都要加紧储运并建立运输分队。时间十分紧迫，因为阿尔卑斯山滨海地区的积雪正在融化，最迟必须在 4 月中旬开始行动。

与此同时，拿破仑还解散了有反叛意图的部队，只留下了 3.7 万精锐人马。

在 4 月 1 日召开的军官会议上，拿破仑身披军氅，率先说道："我们现在仅有不到 4 万兵力，而且部署不当、分布太广。如果南面受到英国舰队的袭击，或北面遭到奥地利和撒丁人的攻击，后果将不堪设想。所以，我们目前不能再有迟疑，必须趁敌方还没有想到我们要发动进攻的时刻由北进入意大利。"

那些顽劣的军官对他的军事决定争论不休。拿破仑不说话，拿起他的马鞭在空中挥舞，当马鞭噼啪作响时，所有自命不凡和轻视的微笑都从这些军官的脸上消失了，他们开始意识到他们对拿破仑的轻蔑过于幼稚。

经过一个多星期的整顿准备后，急于立功的拿破仑于 4 月 2 日率领意大利军团从尼斯出发，之后向皮埃蒙特平原挺进。4 月 4 日，拿破仑把司令部移到阿尔班加并巡视了前线部队。

随后，法国的增援部队赶到了，至 4 月 9 日，意大利军团共有 6.3 万人。拿破仑将部队整编为 5 个师，其中，由拉哈普和梅尼尔指挥的两个战斗力较弱的师奉命守卫位于左翼的阿尔卑斯山隘。3 个海防旅负责保护特别脆弱的交通线，该交通线沿里维埃拉海岸通往尼斯，由于一面临海，因此随时可能遭到英国纳尔逊舰队的袭击。这样，可供野战的兵力只剩下 4.1 万人，分别由马塞纳（前卫 1.9 万人）、奥热罗（主攻 1.2 万人）、塞吕里耶（左侧卫 1 万人）指挥。马塞纳的任务是越过卡蒂波纳山隘，据守芒泰诺泰和代戈以挡住奥军，而奥热罗和塞吕里耶则分别从西、南两面围攻切瓦。

面对约 5.2 万兵力的奥地利和皮埃蒙特联军，拿破仑的作战意图很明确，首先切断联军的所有联络，然后以最快的速度连续进攻，将他们各个击破：先吃掉由 58 岁的老将柯利率领的规模较小的撒丁军，然后对付由 71 岁的老将博利厄统率的奥地利军（柯利也属博利厄指挥）。

奥方部队司令兼任战区总司令的博利厄得知拿破仑入侵的消息后，连忙离开米兰的总司令部来到诺维，命令两个师向北、向西移动和他一起组成防线。奥地利军分成三部分：右翼由柯利指挥，扼守斯图拉河和塔纳罗河一线；中路由阿尔热托指挥，猛击法军左翼，截断萨沃纳的沿海道路以绝法军后路；博利厄则亲自率领左翼军攻打沃尔特里。然而，战役一开始，博利厄就吃了军队过于分散的苦头：左翼远远地离开了中路部队，相互之间难以联络，甚至与总部的联络也成了问题。

正当拿破仑和他的主力在沿海崎岖的道路上行进时，奥军中路军阿尔热托于 1796 年 4 月 9 日抢先占领了蒙特诺特，并在尼吉诺开始向法军先头部队发起进攻，但未获成功。同一天，博利厄率奥军赶到热那亚并向沃尔特里进发，在那里对拉哈普师发起突然袭击，拉哈普被迫退守萨沃纳。

敌人的攻击时间比拿破仑估计的提前了一点，他命令马塞纳和奥热罗立即于 4 月 10 日至 11 日奔袭蒙特诺特。4 月 11 日黎明,阿尔热托的 2 000 人马被近万名法军包围,遭到前后夹击。阿尔热托招架不住,不得不突围后撤,向北朝斯皮诺落荒而逃。

拿破仑在蒙特诺特首战告捷,考虑到自己的军队没有后勤供给的弱点,他决定速战速决,乘胜追击,击败孤立的中路奥军。4 月 11 日,拿破仑亲自赶到尼吉诺山南面的桑托里奥,向马塞纳、拉哈普和奥热罗几位师长面授机宜。当天晚上,几位师长率领各路法军悄然向蒙特诺特进发。4 月 12 日清晨,晓雾还没有被阳光驱散,近万名法军突然出现在奥军的背后和侧翼,奥军措手不及,在法军的枪炮轰击下瓦解溃散。阿尔热托在绝望中命令部队杀开一条血路后撤。战斗仅仅进行了几个小时,奥军就损失了 3 000 余人,其中 2 000 人成为法军的俘虏。远在西面的撒丁军团得知阿尔热托被围,急欲助他一臂之力,无奈两军相距甚远,加上山路崎岖,增援不便,只好听任盟军被歼。

奥军在蒙特诺特失利以后,退守米里希摩和代戈,企图固守阵地,等待博利厄元帅和柯利将军的部队从两翼向中路靠拢,阻止法军朝都灵方向和米兰方向发动进攻。博利厄在海岸一带击退了法军,得知阿尔热托在蒙特诺特遭到小小的失利之后,于 4 月 12 日前往代戈。

拿破仑则在萨沃纳稍事整顿,研究战局变化,决定不给敌人喘息的时间,趁两翼敌人还来不及向中路增援之机,兵分两路,以最快的速度攻占米里希摩和代戈。他命令奥热罗率领一师进攻米里希摩,马塞纳和拉哈普各率一师攻占代戈,他自己则随奥热罗师行进。

4 月 13 日拂晓,奥热罗率 9 000 人向米里希摩发起进攻。战斗进行得十分顺利,没多久法军便将敌人逐出了米里希摩峡谷,并从奥军手里夺取了代戈。马塞纳的军队将代戈洗劫一空后,官兵们喝得酩酊大醉。4 月 15 日凌晨 3 点左右,从沃尔特里日夜兼程赶到代戈的一个奥军师,乘夜击溃了烂醉如泥的法军。

消息传来后,狂怒的拿破仑立即率领前往切瓦的军队连夜赶回代戈,对孤立无援而又立足未稳的奥军发起猛攻。他亲自率领两个营的轻装步兵,沿代戈高地左侧斜坡爬上去,无奈敌军炮火猛烈,他的两次行动均未成功。法军营长拉纽斯被激怒了，在第三次进攻中，他用剑尖挑着帽子，冒着炮火冲在最前面。士兵们都被他这种大无畏的英雄气概所激励，个个士气高昂，奋勇前进，终于收复了代戈高地。战斗结束后，拉纽斯被拿破仑破格提升为旅长。

由于马塞纳的失职，拿破仑计划的以 2.4 万名法军与柯利的 1.3 万名皮埃蒙特军决战的计划至少延误了两天，这使柯利得到了喘息的机会并从切瓦撤退，以致本来可以在数周内解决的战役延长了数月。尽管如此，由于切瓦的通路已打开，法军得以进军皮埃蒙特平原，摆脱了博利厄的牵制。遥望白雪皑皑的阿尔卑斯山，拿破仑大发感慨："当年汉尼拔翻越阿尔卑斯山脉，我却要绕过它。"

4 月 16 日，拿破仑下令对切瓦的撒军发起进攻，奥热罗从正面攻击，塞吕里耶和马塞纳左右迂回，以期包围撒军。柯利将军觉察到法军的企图，为了避免被包围，他于 4 月 17 日晚放弃切瓦，退守芒多维。法军占领切瓦后，立即尾随撒军西进，对扼守坚固阵地的撒军发起强攻，但因援军未能及时赶到而伤亡惨重。同时，撒军的援军也在赶往芒多维。面对这种情况，拿破仑当机立断，投入现有的全部兵力猛攻。由于柯利的战术运用失误，在将主力转移到芒多维东面的阵地上时，被法军抓住了战机。在法军强有力的打击下，撒军无暇巩固阵地，撤出了芒多维，向都灵方向仓皇撤退。拿破仑命骑兵乘胜追击，撒军不得不丢掉大炮和各种物资，从而失去了装备上的优势。

4 月 25 日，法军攻占军事重镇凯拉斯科，缴获大量物资、弹药、大炮和四轮马车。数周以来，士兵第一次吃到一顿饱饭，甚至拿到了军饷。

被步步紧逼的法军吓坏了的撒丁国王完全丧失了抵抗能力，锐气大挫，他要求在都灵南面的凯拉斯科城与拿破仑进行谈判。

4 月 28 日，谈判正式开始。拿破仑以胜利者的身份向撒丁国王提出了非常苛刻的条件：撒丁军让出科尼、切瓦和托尔托纳（或亚历山德里亚）三大要塞，在法军控制占领的一切地方，如皮埃蒙特境内可自由通行，并有权在瓦伦察渡过波河。撒丁王国退出奥国联军，其正规军改编成警备队，不得干扰法军。凯拉斯科停战协议使拿破仑在皮埃蒙特有了一个临时的立足之地。

皮埃蒙特之役是拿破仑出征后的第一战，他对基本战役原则运用得灵活自如，取得了巨大的胜利。得意扬扬的拿破仑立即让副将缪拉和随军高级政治代表萨利切蒂（原阿尔卑斯军团特派员）拿着凯拉斯科停战协议，一起回巴黎报捷。

占领米兰

法军在皮埃蒙特的胜利，使意大利战场的形势发生了根本性变化，失去撒军协助的奥军在意大利陷入了孤立的境地。奥军背后是伦巴第首府米兰，这正是拿破仑的下一个目标。

伦巴第的军事地位十分重要，它拥有欧洲最重要的要塞和意大利最大的河流——曼图亚要塞和波河。而伦巴第与奥地利本土被阿尔卑斯山隔开，此时一旦被攻击，奥地利难以提供有效支援。而对拿破仑更为有利的作战条件是，此时由于法国在北线的主战场节节失利，督政府开始向捷报频传的意大利军团增兵，把南线变为主战场。这使拿破仑的进攻部队人数达到 6.5 万人。

经过休整补充，拿破仑命塞吕里耶佯装主力，在瓦伦察渡过波河与北岸的博利厄决战，他自己则率真正的主力到波河下游出其不意地发起进攻。

5 月 6 日，拿破仑派遣一支精锐部队前往波河下游，这支部队是由拉纳上校率领的 3 600 名掷弹兵、2 500 名骑兵组成。5 月 7 日破晓前，他们经过 5 个小时急行军到达皮亚琴察（属于中立国帕尔马公国），在其西北几英里处是到达米兰的门户之地——洛迪镇。而奥热罗正在瓦热托渡过波河，塞吕里耶和马塞纳紧随其后。

上当的博利厄元帅面对从三面而来的法军，不得不退守小镇洛迪。与博利厄军在柯多诺激烈混战时，法方的拉哈普将军不幸被自己人的枪弹误伤，拿破仑只得让贝尔蒂埃代替他指挥。5 月 9 日，马塞纳和塞吕里耶的所有部队经过 60 英里急行军后渡过了波河。拿破仑决心阻止博利厄逃跑，在洛迪与其一决雌雄。但博利厄估计法军会从洛迪方向强渡阿达河，于是将主力全部撤到阿达河左岸，完成了退守柯利蒙那的部署。当法军于5月10日逼近洛迪时，博利厄已部署了30门火炮的炮兵阵地和1万精兵固守桥头。这一次，博利厄学乖了，总算估计到法军是要从洛迪进军米兰。

拿破仑势如破竹，志在必得。他随先头部队抵达洛迪镇前面的阿达河，奥军统帅博利厄下令炮击，洛迪战役正式打响了。

5月10日傍晚6点，趁奥军炮火减弱之机，拿破仑挑选的几千名突击队员突然打开洛迪城门，沿大路冲向桥头，但被奥军强大的火力压制住了。这时，拿破仑亲自率领贝尔蒂埃、马塞纳、拉纳等高级军官赶赴前线，冒着炮火冲向桥头。拿破仑让他的步兵在洛迪小憩，并以斯巴达式的勇敢鼓励全军："士兵们，前面25英里就是米兰城，为了荣誉和财富，我们现在就去解放他们！"顿时全军士气高涨。由于河水不深，许多人跳下桥前进，一面蹚水一面向岸上射击，终于在落日前冲上对岸。过桥后的法军迅速整队，调集24门火炮攻打阿达河边的奥军侧翼。在马塞纳和贝尔蒂埃的凌厉攻势下，奥军防线彻底崩溃。博利厄见败局已定，只得率残部退守布里西亚，以拖延法军进攻米兰的时间。

洛迪一战，奥军战死153人，受伤被俘数千人，相比而言，法军的损失更为惨重。但是，洛迪已在法军手中，通往米兰的道路已经被打开。之后，拿破仑将部队一分为二，一路由他亲自统率，向东前进，追击奥军残部；另一路由马塞纳和奥热罗指挥，他们于5月14日进入伦巴第首府米兰城，2 000多守军投降。

5月15日，法军开进繁华的米兰城，米兰从此脱离了奥地利人的统治。

"解放意大利""把《人权宣言》带到意大利"，是拿破仑多次发出的誓言。如今，他终于如愿以偿了。

就在这时，拿破仑收到来自巴黎五人执政团的命令，克勒曼将军将从德意志调来与他共同指挥意大利军团。拿破仑怒不可遏，当天就给督政府回信说："我深信让克勒曼和我在意大利共同指挥作战对我们两个都将是毁灭性的。克勒曼将军经验更丰富，但我不能同一个自认为是欧洲首屈一指的统帅共事……而且在战争中指挥的一致性是最为重要的。"督政府马上做出让步，回复："征服洛迪是不朽的光荣。归根结底，你的计划是唯一可行的计划！"

5月15日，米兰人民热情地敞开怀抱，却迎来一场空前的浩劫和凌辱。他们的解放者拿破仑作为将他们从奥地利长期奴役之下解救出来的英雄受到了礼遇，他们微笑着以一种景仰而又夹杂着敬畏的心情，凝视这位青年司令官消瘦而苍白的容貌。但是，拿破仑却放任他那饥饿疲惫、欲火中烧的胜利之师对毫无戒心的米兰人民大肆奸淫抢掠和屠杀。

拿破仑不可一世，俨然是一位君主，以倨傲的神态接见了米兰城的主要人物。当晚，他在这个古老的伦巴第首府举行了盛大的舞会。然而，狂欢的背后隐藏着贪婪的掠夺和血腥的镇压。对米兰市民以"为战争做贡献"为由巧取豪夺之后，法军又从帕尔马公国和摩德纳公国的王公贵族手里勒索了1 000万里弗赫。大量的战利品——金银首饰和艺术珍品被源源不断地运到巴黎，此时濒临枯竭的法国国库，自然欢迎拿破仑的行径。

5月22日，拿破仑的军队刚刚离开，米兰便爆发了大规模的反叛行动，拿破仑下令残酷镇压，手段包括威胁、监禁、行刑。在帕维亚，人们关上城门，公然反抗法军部队的进攻，一直抵抗到法军的大炮轰垮城门为止。法军冲进城去，屠杀了城里全部有武装的人，并且肆意在城里奸淫掳掠。拿破仑甚至命令将拉纳将比安斯柯附近的村庄放火烧毁，将所有的男人和孩子杀光。拿破仑成了这片焦土上人人惧怕的名字，"整个意大利都在瑟瑟发抖"。

但是，拿破仑也时刻警惕着，因为在6月1日，他险些被一支奥地利骑兵抓获，全靠贴身副官的高超剑术他才得以死里逃生。

随后，拿破仑开始竭力使他的士兵们放弃这种抢劫财富的堕落行为，号召他们不要忘了给予意大利人民以公民自由权的这个更崇高的任务。他向士兵们宣传说，罗马还有待解放，应当让这座千载流芳的古城重返青春，再现布鲁图斯①、西庇阿等古代名人的美行，解放罗马以后，法国就会给欧洲以光荣的和平。那时，这支为自由而战的大军中的每一个战士重返家园时，同胞们都会夸赞说："瞧，他就是意大利方面军的一员！"

拿破仑用这一席动人心弦的话，把士兵们对军功的追求和对自由的热爱交织在一起，使他们渐渐有了荣辱感，收敛了许多暴虐行为。

激战正酣

正当拿破仑在米兰城里尽情享受胜利的欢乐时，奥地利的部队已退到明乔河岸后面一条河的要塞曼图亚城内。

5 月下旬，意大利战场上的法军主力经过短时间的休整之后，在拿破仑的率领下，继续向东挺进追击奥军残部。法军一路攻占佩斯基拉、卡斯特诺福和维洛纳，几天后又占领了威尼斯共和国领土上最大的城市布里西亚。紧接着，法军继续向加尔达湖至曼图亚一线挺进。5 月底，法军终于抵达奥地利人在北意大利赖以生存的最后一道天然屏障明乔河，逼近伦巴第的最后一个重镇曼图亚。

屡战屡败的博利厄一路望风而逃，多次向上司表示他已经无力抵御法军。他在曼图亚留下 1.2 万守备队后，便北上进军，通过罗韦雷托到达特兰托。此时，拿破仑开始对欧洲最著名的军事要塞曼图亚展开围攻。

曼图亚位于波河与明乔河交汇处，有"意大利锁钥"之称。明乔河里汇集了加尔达湖过剩的湖水，流经 30 英里之后与波河汇合。这个坚固的要塞地形险恶，被两个大湖和烟瘴的沼泽包围并保护着，地势对

---

① 布鲁图斯（前85—前42 年）：罗马共和国晚期的一名元老院议员，组织并参与了对恺撒的谋杀。

作战双方都是致命因素。只要奥军坚守下去，他们的阵地就固若金汤。奥地利皇帝为了保住对意大利的控制，下定决心为曼图亚解围。但法军要控制北意大利，打通前往德奥之路，曼图亚是必争之地，一场激战已然发酵。

6 月，拿破仑的骁将奥热罗和沃布瓦征讨罗马教皇领地和托斯卡纳，迫使 23 岁的罗马教皇庇护六世割地求和。惊恐万分而毫无防御能力的佛罗伦萨、弗拉拉和里沃那相继为法军打开城门。至于热那亚，现在也被虚张声势的缪拉占领。在这些城市缴获的火炮都被法军用骡马拉到了曼图亚。

奥军方面，鉴于博利厄屡屡出师不利，奥皇派了莱茵战线上享有盛名的维尔姆泽元帅前来接替他。维尔姆泽从莱茵战线上抽调了 3 万精锐部队，并在上任途中从善战的提罗尔居民中征召了一些新兵，使得意大利战线上的奥军达到 6 万人，法军在数量上再次处于劣势。维尔姆泽非常得意，夸下海口说："8 月底以前奥军将重占米兰，意大利将是法军的坟墓。"

6 月底，维尔姆泽兵分三路，从北部加尔达湖的两翼浩浩荡荡而来。他派副手科斯达诺维奇率领一支部队去占领加尔达湖西岸，从侧面进攻法军，自己则指挥主力沿阿迪杰河两岸向曼图亚进军。同时，他又派达维多维奇率部进攻莱尼亚戈，以牵制法军。然而，维尔姆泽也犯了博利厄的错误：他的 3 个纵队互不关联，无法形成掎角之势，尤其是科斯达诺维奇分队与其他两路纵队中间还横亘着宽阔的加尔达湖。敏锐的拿破仑一眼就发现了其中的破绽，他立即决定暂时放弃对曼图亚要塞的围攻，先集中兵力将得不到其他两路纵队支援的科斯达诺维奇分队围而歼之。

维尔姆泽对拿破仑的计划变动毫无察觉，还以为法军是因为恐惧才仓皇撤退。就在他幻想着全面胜利的时候，传来了不幸的消息，法军击溃了科斯达诺维奇部队，科斯达诺维奇率残部已退向老巢提罗尔。

但是，7 月底，马塞纳在维洛纳遭到奥军突袭，于 7 月 29 日舍弃军事重镇维洛纳。同时，在加尔达湖西岸，1.8 万奥军攻下了萨洛，里沃利和卡罗纳相继失守。维尔姆泽不费吹灰之力便进入了曼图亚。

为了避免战线拉得过长的法军全面崩溃，拿破仑必须抽出兵力来阻止维尔姆泽几路军队的合围。

8月5日，拿破仑将塞吕里耶师的2.5万人马带到了俯视卡斯奇里恩的高地上。马塞纳师首先向奥军右翼发起进攻，刚刚交手，法军便力不能支，匆匆向西北方向撤退。维尔姆泽喜出望外，当即命令奥军对马塞纳师发起追击，他决心抓住这一有利时机，一鼓作气，迅速打通与科斯达诺维奇的联系。然而，正当维尔姆泽将预备队投到右翼的时候，一场大规模的进攻却在奥军左翼开始了。法军的12门重炮一起发射，对奥军发起突袭，打得奥军惊慌失措，维尔姆泽这才明白自己中了计。

攻击奥军左翼后，经过整夜的急行军，马塞纳和奥热罗出其不意地出现在奥军右翼，将维尔姆泽逼退到明乔河一线。拿破仑的强制急行军又一次得到了回报，他于8月7日夜晚夺回了维洛纳。罗纳托和卡斯奇里恩两镇也重回拿破仑手中。维尔姆泽立足未稳便在外围吃了几场败战。

战斗进行了7天，在毫无屏障的平原争夺战中，双方都付出了巨大的代价。法军伤亡近1万人，奥军伤亡1.7万人，平民百姓死伤无数，被摧毁的民宅建筑以及被奸淫的妇女更是不计其数。

7天中，拿破仑没有脱过靴也没有睡过一夜安稳觉，无休止地急行军，一仗接着一仗，3天之内累死了5匹战马。他深知这场战役鹿死谁手尚无定论，连他自己的事业也吉凶难料。而疲惫不堪、屡吃败仗的维尔姆泽历尽艰辛回到司令部所在地特兰托，心情极为沮丧，大骂拿破仑："简直是疯子，是魔鬼！"

在维洛纳，拿破仑乘隙整顿队伍。为了重振法军士气，在充满敌意的意大利人面前显示自己必胜的决心，他第一次举行了阅兵式。

此时，陷入困境的奥军统帅维尔姆泽并不甘心于失败，他重新集结5万兵力，试图再次解除曼图亚之围。他亲率3万人从特兰托经由布兰塔的狭道向曼图亚进发，命达维多维奇率2万人留在罗韦雷托以掩护提罗尔。维尔姆泽的军队长驱直入到达巴萨诺。9 月 4 日，马塞纳和沃布瓦迎头痛击了在罗韦雷托的奥军，将其 2 万人马打得溃不成军。两天后，拿破仑命令这支部队急行军增援巴萨诺。在那里，拉纳和缪拉两师于 9 月 8 日又一次大获全胜。维尔姆泽带着 1.6 万名残兵逃过马塞纳的阻截，于 9 月 12 日抵达曼图亚。此后，维尔姆泽及其 2.3 万守备军在曼图亚固守城堡。

这段时间，莱茵战线上（北路）的法军战绩不佳，儒尔当将军被奥地利查理大公的军队击退，莫罗将军在奥军的压力下做"战略性"退却。奥军得以从莱茵战线上调集两个军团约 4.6 万人，由享有盛名、年过六旬的老将阿尔文齐元帅率领，前去解救曼图亚，这样一来，奥军的总兵力将达到 6.9 万余人。

此时，疟疾和伤寒在两军中流行。拿破仑的部队剩下 3 万余人，其中 1.4 万人因病暂时失去了战斗力，仅剩 9 000 名士兵继续围困曼图亚，另外 8 000 人运动作战。拿破仑不得不一边应对瘟疫，一边扩整部队。双方一个月内没有交战。

这使奥军增援部队有足够的时间向曼图亚推进，但分兵作战的错误在阿尔文齐身上重现。他决定从不同方向同时向法军发起进攻：他自己率 2.5 万人从正面挺进布兰塔河；另一支部队约 2.1 万人，由达维多维奇率领沿阿迪杰河谷直下提罗尔。

拿破仑得知后，如法炮制上次的战术，派伏布阿和马塞纳驻守特兰托和巴萨诺，迎头阻击阿尔文齐的推进。但这支部队是奥地利的精锐部队，人数众多，来势汹汹，伏布阿和马塞纳抵挡不住，沿阿迪杰河谷败退。拿破仑只得留下 8 300 人包围曼图亚，自己率 2.8 万人前去支援马塞纳，阻止阿尔文齐从维琴察向西与达维多维奇会师。两军在维琴察发生了激烈的遭遇战。法军不敌，一直退到维罗纳。此时，拿破仑非常自责，因为他犯了敌人的错误——分兵多处、战线过长。为此，他决定在达维多维奇与阿尔文齐会合前，首先击溃阿尔文齐的军队。双方在卡列迪耶罗发生交战，其时狂风暴雨大作，法军进攻十分困难。马塞纳使出浑身解数，仍被奥军击退，法军骑兵主力被俘。

拿破仑的军事计划变成了惨遭屠宰的计划，他甚至有了死到临头的感觉。在这紧急关头，他采取了更为大胆、出人意料的行动。当晚，他仅给基尔马内留下1 500人防守维罗纳，其余部队全部后撤，佯装退到曼图亚。不久，他的队伍又转向阿迪杰河，迂回到阿尔文齐军的尾部阿尔科拉村，冒险地把自己置于阿尔文齐和达维多维奇之间。阿尔科拉村四周都是沼泽地，完全没有道路，只有狭窄的堤坝通往村内，一旦战败将进退两难，而有2.1万人守在卡列迪耶罗的阿尔文齐显然认为自己相当安全。

11月15日拂晓，法军兵分三路，沿通往阿尔科拉村的3条堤坝开始冲锋。奥军始料不及，以为是法军轻装部队的突袭，后来才弄清真相。奥军顽强地把守着这几条狭窄的通道。奥热罗渡河北进，率领第一纵队冲到阿尔科拉村桥头，猛攻不下，伤亡惨重，被迫退兵。这时，抢占洛迪桥时那一幕精彩的场面重现了，拿破仑抓起一面法国三色旗，奋不顾身地朝有重兵把守的阿尔科拉桥头堡冲去，奥热罗等人抓住这位不顾死活的司令官，用力将他拉回，劝他保持理智。

混乱之中，拿破仑掉下堤坝，陷入沼泽，行将灭顶。这时，奥军的先头部队已赶到他前面，把他和他的败军隔开。士兵们眼见拿破仑身处险境，情势危急，高呼"救出司令"，奋力冲上前来，以压倒一切的气势冲垮了奥军，从沼泽中拉出满身淤泥、水草和装了满靴泥水的拿破仑，并且攻占了桥梁。与此同时，马塞纳从另一条堤坝向阿尔科拉村发起进攻。拿破仑一次次地命令奥热罗攻下阿尔科拉桥，但是每次都被守桥的奥军击退。

战斗持续了3天，阿尔科拉桥三易其主，其间没有任何喘息的机会。最后时刻，拿破仑派25名精锐骑兵迂回到敌军侧翼，吩咐他们在冲锋时吹响随身带的3只喇叭，并高呼："法国骑兵来了！"果然，奥军见此情景顿时乱了阵脚，以为法国的骑兵已经越过了沼泽地。趁此机会，拿破仑再次下令全线总攻。

突然，一颗榴弹飞来，眼看就要在拿破仑身边爆炸，拿破仑的随从军官米尔隆立即扑倒了他，米尔隆被炸得血肉横飞。拿破仑像一只被激怒的狮子，咆哮着再次冲入敌阵。

11 月 17 日，天刚蒙蒙亮，法军分纵队渡过阿迪杰河，沿各个堤坝向阿尔科拉轮番进攻，双方均已疲惫不堪。战斗进入了决定性阶段，由于一连几天都未能攻下阿尔科拉桥，法军在阿尔波尼河上又建了一座桥，使奥热罗的 9 000 人马过河击退了奥军。中午过后，拿破仑对阿尔科拉村发起最后的进攻。马塞纳从堤坝发起进攻，奥热罗同时从阿尔波尼河东岸进攻，阿尔科拉终于被法军攻下，阿尔文齐向北退至维琴察一线。

法军又一次在阿尔科拉战役中取得了胜利。

大获全胜

曼图亚的浴血奋战，使双方均损兵折将、伤亡惨重。1796 年 11 月下旬至次年 1 月上旬，拿破仑的意大利军团和奥军都在休整扩军、恢复元气，以待再决胜负。奥军战地司令阿尔文齐将他在巴萨诺的人马扩充到 4.5 万人，准备向曼图亚移动，下定决心要救出维尔姆泽并攻占伦巴第，把拿破仑赶出意大利。而拿破仑军，不算仍围困曼图亚的 8 300 名士兵和 80 名骑兵，兵力也达到 3.45 万人。

1797 年 1 月 8 日，奥军首先向阿迪杰河上的莱尼亚戈发起进攻，拉开了大决战的序幕。驻守维洛纳的马塞纳遭到了奥军的攻击。

1 月 13 日下午，驻守利沃里的新任师长儒贝尔报告说，如再不增援，他就守不住了。拿破仑终于明白阿尔文齐的主攻方向是北部战区。他立即命令马塞纳率 7 个营、1 个骑兵团和 5 门炮自维洛纳城区连夜赶赴利沃里；次日晨便发起反攻；又命令驻扎在卡斯特诺福担任预备队的维克多旅 1 800 人急驰利沃里；另一位新任师长内伊只有 4 000 多人，也从左翼向那边靠拢。

火炮和辎重在寒冷的山地行动缓慢而困难，满载枪弹的步兵也举步维艰。骑马走在队伍前面的拿破仑于 1 月 14 日凌晨 2 点 30 分抵达儒贝尔师部，该师负责掩护加尔达湖以西的左侧翼。

经侦察得知，奥军集结了 3 个强大的集团：巴加利克率 6 200 人挺进维罗纳；普罗韦拉率 9 000 人和一个舟桥中队自帕瓦进军莱尼西亚和曼图亚；阿尔文齐则率 2 万人自阿迪杰河压向利沃里。最后这支纵队兵力最强，但是值此隆冬季节，他们似乎不可能在冰雪封冻的山区实施大规模的主力作战，而且右面的阿迪杰河上没有桥。

法军的儒贝尔对这个战区非常熟悉，因为去年 7 月维尔姆泽进攻时，他曾指挥一个旅扼守巴尔多山。黎明时分，儒贝尔的 1 万人马和 18 门大炮居高临下，对 1.2 万名奥军发动进攻。中午时分，法军增加到 2.3 万人。由于大雪封山不利于大规模正面进攻，奥军的卢津扬将军采用拿破仑惯用的招数，迂回到拿破仑的后方，试图切断法军与南路的联络。拿破仑只派了半个旅的人马对付从后面偷袭的奥军，而将主要兵力留在利沃里作战。

儒贝尔的部队现在已经极度疲劳，拿破仑判断奥军也是如此，因此他迅速对儒贝尔的部队进行整编，尽量发挥炮兵的作用。在法军的猛烈进攻下，持续的炮轰加上步兵和骑兵的不断冲锋，打得奥军丢盔弃甲。几乎同时，奥军卢津扬将军的一个师在利沃里遭到马塞纳伏击，从南翼增援的奥军也遭覆灭。

1 月 14 日下午，另一地区爆发了战斗。头一天夜里普罗韦拉趁奥热罗不注意，在莱尼亚戈上游 2 英里处的安吉亚里架起一座浮桥，偷偷溜过阿迪杰河，直奔曼图亚，到达城堡郊外，但是在拉法沃里塔附近被塞吕里耶截住了。

拿破仑见大局已定，便将指挥任务交给马塞纳，自己南下去阻止奥军增援曼图亚。当他们到达时，塞吕里耶师已经攻占了拉法弗雷塔和圣乔治镇，切断了曼图亚的南北通路。奥军的援军普罗韦拉部到达曼图亚城附近后，立即向城内守军发出信号，要求他们出击以便里应外合。但维尔姆泽决定等到第二天再行动，结果突围的企图失败。随后，拿破仑的到来迫使拉法弗雷塔的奥军投降。

与此同时，在普罗韦拉后方，一直尾追他的奥热罗的先头部队也在莱尼亚戈的道路上出现了。这使普罗韦拉陷入法军三路纵队的夹击之中。直至中午，普罗韦拉见大势已去，只得率部 7 000 人连同 22 门火炮向塞吕里耶投降。

拿破仑的军事冒险大获全胜，奥军解救曼图亚的希望最终化为泡影。

在利沃里，儒贝尔将军在缪拉骑兵的支持下，将阿尔文齐赶过阿迪杰河逃进了大山。

就这样，在 4 天之内，拿破仑所率军团打了两场会战和 6 场遭遇战，俘敌近 2.5 万人，歼敌 6 000 人，缴获军旗 20 面、火炮 60 门。

2 月 2 日，利沃里战役胜利后，曼图亚的维尔姆泽率受饥荒和瘟疫折磨的 2.3 万人缴械投降。拿破仑允许维尔姆泽率 500 名步兵、200 名骑兵和一个象征性的野炮连，在假释宣誓后携带武器及其应有的尊严走出要塞，返回奥地利。

利沃里的胜利和曼图亚奥军的有条件投降，为拿破仑打开了整个威尼西亚领土的大门。他立即利用这一有利形势，派儒贝尔率 3 个师追击逃向蒂罗尔的阿尔文齐部，命令马塞纳从维琴察和巴萨诺向布伦塔河谷推进，支援儒贝尔。

同时，疲惫的拿破仑带上少量部队南下，直驱罗马逼迫教皇庇护的六世投降。在掠夺了教皇的许多财宝并以再次进军罗马相威胁后，2 月 19 日，拿破仑在安科纳以南的托伦蒂诺与教皇代表签订了一项条约，教皇同意不再支持奥军，并为战争赔款 3 000 万法郎。这笔赔款经拿破仑及其部将克扣之后，大部分都送到了巴黎。条约还规定教皇把波伦亚、裴拉拉、罗巴格纳和安科纳等教皇属地割让给法国，这样一来，拿破仑在亚德里亚海就有了一个立足点。3 月 2 日，他回到了曼图亚。

拿破仑在过去几个月内创造了军事上的奇迹，在敌众我寡、缺乏炮兵以及完全没有后勤支援的条件下先后击败了 3 位奥地利名将，实现了他的誓言——解放意大利。

第六章　进军维也纳

围追堵截

经过利沃里战役，拿破仑取得全面的军事胜利，开始统率大军向奥地利的首都维也纳疾进。对于血管里流淌着意大利热血的拿破仑来说，如果征服意大利是为了荣誉，那么激励他向维也纳进军的更多是权力的诱惑。

与此同时，法国督政府对拿破仑日益增长的权势和不断提高的声望深感不安。1797 年 5 月 7 日，督政府给拿破仑下达命令：将大部分兵力交给阿尔卑斯军团的克勒曼，由他接管米兰地区并牵制奥军；而拿破仑则率剩余兵力南下劫掠，占领托斯卡纳和巴马，强迫热那亚贷款，进军罗马迫使教皇纳贡；最后，如有可能就"解放"那不勒斯和科西嘉。

他们还特别强调拿破仑今后的军事行动必须经过军团特派员加兰和萨利切蒂的批准。拿破仑以坚决果断的态度回复督政府：要么收回成命，要么批准他辞职。督政府最终因不敢冒险撤换这位名字已被视为胜利象征的主将而做出了让步。

由于法军在意大利战场上获得了巨大的物质财富，尝到黄金甜头的督政府首脑们，终于认识到奇迹是由坚定的拿破仑一手创造的。为了进入奥地利追歼奥军，拿破仑曾请求督政府进一步给予增援。鉴于拿破仑已经对维也纳采取了军事行动，他们终于同意增派桑布尔－默兹军团的贝尔纳多特将军率一个师的生力军，去加强拿破仑的意大利军团。

在增援的生力军全部到达之前，拿破仑对意大利军团进行了改编：左面由儒贝尔率3个师（1.4万人）继续向北将阿尔文齐驱出蒂罗尔；马塞纳师（1万人）作为一个独立的侧卫，拟向皮亚韦河谷推进；拿破仑的主力则由吉优（1万人）、塞吕里耶（6 000人）和贝尔纳多特（7 000人）组成，穿过维琴察，跨越卡尼克阿尔卑斯山进行一次大扫荡；维克多师（6 000人）将留下来保卫后方交通线。全部兵力共达5.3万人。

维也纳的奥军也拒不服输，积极准备应战。奥军对部队进行整编，为了指挥在意大利的部队，他们特地从莱茵战场调来了奥皇的弟弟查理大公。查理大公是奥军指挥官中最年轻且最有才华的一位，可以说是个天才的军人和战术家，也是个优雅的绅士。但是他在关键时刻有些优柔寡断，而且备受新应募入伍的士兵士气低落的折磨，同时也缺乏一批果敢刚毅的指挥官。

拿破仑的进军是从3月10日开始的。6天之后，他们和查理大公的先头守卫队遭遇，在炮兵的掩护下，拿破仑的四路大军先后渡过宽阔水浅的塔利亚门托河，由于进军神速，沿途只遇到了轻微的抵抗。奥军在撤退中损失了500人和6门火炮。3月19日，新来的贝尔纳多特师在一场激战之后攻克了格拉迪斯卡并渡过伊松左河。于是，法军主力北上伊松左河谷顺利到达卡普利托，并占领了奇维达和乌迪内，奥军只得退守东北地区白雪覆盖的意奥通道。

拿破仑无情地追击逃跑的敌军，同时马塞纳也向北面阿尔卑斯的塔尔维斯挺进——那里是进入奥地利的险要关口。马塞纳遭遇到奥军强有力的抵抗，不过他仍奋力杀开血路经由费尔特雷和贝卢诺向东北挺进，并于3月23日强行冲过位于卡尼克阿尔卑斯山顶的塔尔维西奥山隘。贝尔纳多特将军继续追击奥军至莱巴赫，迪盖斯将军的骑兵稍后攻占了重要的弹药库和特里雅斯特港。儒贝尔攻占博岑附近的蒂罗尔，拿破仑命令他扼守布里克森的主要道路，以防奥军增援。结果，奥军在抵抗中付出了惨重的代价，损失5 000名士兵、400车军需物资、32门大炮以及大量弹药。

3月29日，拿破仑打到了克拉根福。法军已经冲进奥地利本土，在沿卡林西亚谷地进军时没有遇到任何抵抗，如入无人之境。但由于法军过于分散，拿破仑不得不承认进军维也纳还为时过早。然而，他冲动的天性占了上风，压倒了理智。他的目标近在200英里以内，因此，他命令儒贝尔、维克多前来克拉根福与他会合，加强这里的兵力。

为了争取时间，3月31日，拿破仑给查理大公去了一封信，提出休战。4月2日，马塞纳的前卫突破了狭窄的杜恩斯滕峡谷并进入施蒂里亚省，然后穿过谢弗林和犹登堡向穆尔河河谷挺进，在那里，奥军的抵抗直到4月4日才完全停止。法军随即于4月7日占领了累欧本，先头卫队抵达离维也纳仅75英里处。查理大公的全权代表在犹登堡与拿破仑会晤，并达成一项休战协定。

这时，拿破仑一时冲动，将他的大部分精锐部队从后方抽调到前方，这个轻率的决定使他付出了代价。威尼斯、蒂罗尔和维洛纳都发生了反法叛乱。拿破仑深知此时进入维也纳后患无穷。他愤怒地给督政府写信说："只有5万余人，你们不能期望我既守住意大利后方，又打败奥地利！"

4月18日，法军正式向奥军提出签约条款，拿破仑代表法国督政府与奥皇代表在累欧本附近草签了一项和约：奥地利人同意将比利时和荷兰以及莱茵河西岸、伊奥尼亚群岛全部划归法国；奥地利正式承认阿尔卑斯共和国（包括米兰、波隆那和摩德纳）独立；拿破仑则撤离伊斯特里亚、达尔马西亚和弗留利地区，并将威尼斯共和国让给奥地利。

拿破仑赢得了这场赌博。现在，胜利之师的统帅拿破仑已获得了官兵们的完全信赖，随时准备追随他开赴任何地方。

战事结束后，拿破仑移居到米兰附近的芒泰贝洛宫，治理自己新近获取的领土并整编军队。波拿巴家族的其他几名成员也被安顿到芒泰贝洛宫里，他们共享荣华富贵，俨然建立了一个小朝廷。

爱情煎熬

在远征意大利的 100 多个日日夜夜里，拿破仑的情感世界无疑也经受着痛楚辛酸的煎熬。他无时无刻不在思念约瑟芬，利用休战的点滴空闲给她写了一封又一封充满柔情蜜意的情书，以表达自己遥远的情思。

刚到意大利时，他还收到初恋情人德茜蕾的一封来信。她非常谨慎地选择了词句："您给我造成了终身的不幸，但我心肠软弱，还是原谅了您的一切。您结婚了。从此之后，再也不允许可怜的欧仁妮爱您、想您了。您结婚了！不，我难以习惯这个想法，它会置我于死地。我要让您看到，我比我的承诺更为忠实。在您幸福的时刻里，请不要忘记欧仁妮，为她的命运惋惜吧！"

拿破仑读着过去的"宝贝"欧仁妮的信，只是叹息了一声："可怜的姑娘。"他没有给德茜蕾回信。过去他曾经写信给德茜蕾说："我无时无刻不在思念你，你的画像印在我心头，我从不怀疑你的爱情，终此一生属于你。"然而现在，他脑海里的画像早已模糊，他心中只有约瑟芬，那个"无与伦比的给他带来好运的约瑟芬"！相比意大利战场上的战火考验，更让他难以忍受的是与约瑟芬的别离。

占领米兰后，他更加执着地要求她前来。但约瑟芬毫无此意，她看信时，常常给她的朋友大声朗读信中最热情亲昵的段落。"拿破仑真可笑！"她经常这样讥笑他，一周或两周才回一封信，回的顶多是一些公式般的信。他三番五次写信请她速往前线与他相会，但她总是找种种借口加以拒绝，执意留在巴黎。而拿破仑只要见到她的来信，便欣喜若狂，在工作空隙，把被长期离别加剧了的爱情泼洒在纸上。

拿破仑火热的激情和动人的言语，并没有打动约瑟芬的心。他派朱诺往巴黎送 21 面敌人的旗帜，并嘱咐朱诺把约瑟芬接过来，但约瑟芬根本不愿意前往。她迷恋巴黎糜烂、放浪的感官欢愉，爱上流社会的生活胜过爱她的丈夫。她并非天性放荡，只是感染了"时代病"，巴黎上流社会那纸醉金迷的生活使她迷失了自己。在一次宴会上，她与拿破仑从前线派来给督政府送回凯拉斯科协议的缪拉相遇，立即对这位壮实的小伙子产生了兴趣，在有了一夜情之后，她试图把他变成自己的情人。但缪拉很快知道，在此之前，她早已同勒克莱尔派回来执行任务的意大利军团的年轻中尉查尔斯勾搭上了，便放弃了充当这一可悲角色的念头。

对于约瑟芬迟迟不来意大利，拿破仑终于有些忐忑不安了。他有时去信抱怨，有时去信劝说，有时也去信开玩笑。

1796 年 5 月 24 日，他在米兰责备她道："我的好朋友音信全无！她是否已经将我忘了呢？"

还有一次，他在信上说约瑟芬对自己冷冰冰，是不是已将一位年轻漂亮的小伙子拉上了床；接着，他善意地威胁说："当心奥赛罗的拳头。"没想到真的被他言中了。

6 月 8 日，拿破仑在米兰又写了一封两页的信，并在信的结尾处这样写道："一千把刀正在撕裂我的心，请你不要再让我越陷越深。再见了，我的幸福！对我而言，你曾经是我的全世界。"

6 月 14 日，他在托尔托纳再次写信道："我过于悲伤，信里的话也许过于刺耳……我到托尔托纳等你到来。我每天都在等，可是不见你来。"但约瑟芬以"怀有身孕，不能动身"为借口拒绝前来。

拿破仑得知约瑟芬怀孕，激动得泪流满面。随后，他又获悉约瑟芬并没有怀孕，便再次强硬地要求她前往意大利。

这段时间，拿破仑内心十分沮丧，认为约瑟芬和巴拉斯旧情复燃。他的情绪糟透了，下属稍有差错他便大发雷霆，他自己也不顾一切地拼命工作。但这些都无法排解他的妒火和痛苦的折磨，他准备舍弃一切，无论如何也要跑回巴黎。

督政府急了，只得委派巴拉斯去说服约瑟芬动身前往米兰。因为如果拿破仑真的赶回巴黎，对督政府、对法国刚刚在意大利取得的胜利，都将是一场灾难。巴拉斯只得亲自登门，把约瑟芬从她的小情人查尔斯的怀抱里拉出来。"博阿尔内夫人,"他习惯这样称呼她,"督政府决定您必须马上去意大利,您明天就动身。"约瑟芬放声大哭,心中充满了恐惧和不安,要求巴拉斯为她不能离开巴黎提供事实证明。

6月26日,巴拉斯终于在卢森堡把约瑟芬送上了一辆四轮马车。此时的约瑟芬想到要离开巴黎,不禁悲从中来,好像要上刑场一般。

约瑟芬到来的消息使拿破仑欣喜万分。7月初正是他的军团围攻曼图亚要塞进展缓慢的时候,但拿破仑迎妻心切,离开了指挥岗位维洛纳,一口气跑到了米兰。7月9日晚上,近万名士兵终于迎来3辆落满尘土的白色轿式马车,在阵阵呼喊声中见到了将军夫人。跟她一起来的有约瑟夫、朱诺和漂亮的贴身仆人路易丝,当然还有情人查尔斯和那个小狗"幸运儿"。

在芒泰贝洛宫,拿破仑为她举行了盛大的欢迎晚宴。晚宴后,由于无法抑制燃烧的热情,拿破仑一把抱起妻子,走向他为重逢而精心布置的卧室。他从约瑟芬异常的言行中发现了一些破绽,从她那位帅气的随员查尔斯眼中看到了异样的光芒,但他没有时间去查明真相。两天之后,他又投入激烈的曼图亚战斗中。

围困曼图亚的作战计划实施了很久,法奥两军多次交锋,但都没有什么进展。拿破仑精疲力竭,越来越消瘦,但他仍时时想念他的约瑟芬。

12月初,利用双方军队休整的空当,经历了生死轮回的拿破仑告别马尔科尔的沼泽晨晖,踏着冰雪覆盖的山地纵马飞驰,直奔米兰。然而,他没有见到约瑟芬。她和查尔斯一起到热那亚去了,那里有一个奢华的舞会,她在那里可以纵情狂欢。年轻的将军此时凄楚忧伤,内心交织着无以言状的爱与怨。

拿破仑一身落寞地回到战场。1797年2月初,他的军团在利沃里苦战打败了阿尔文齐,拿下了曼图亚,他在托伦蒂诺与教皇谈判。他的心中已有了更大的目标——进军维也纳。他"已经看见世界在他脚下飞逝,自己仿佛在空中升腾"。他对妻子的变化装作视而不见,哪怕她掩藏着更严重的错误，他也无暇追究。但她的背叛给他的心灵蒙上了一层阴影，他虽然在感情上依旧眷恋着她，但科西嘉人那种不顾一切的冲动正在逐渐消失。

塔利亚瓦托被攻克之后，拿破仑于 1797 年 3 月中旬把家人从马赛接来，住进了芒泰贝洛宫。母亲莱蒂齐亚从饱尝清贫到尽享富贵，并没有显得受宠若惊。她一身黑裙袍，沉默寡言。她把大女儿埃利兹嫁给了35 岁的科西嘉上尉费利克斯·巴智基，二女儿波利娜则自作主张，决心嫁给费雷隆。拿破仑虽然对她们的每一个决定都投了反对票，但他在波拿巴家族中的权威，远没有在意大利军团里那么高，无法一票否决。他的哥哥约瑟夫在他的不断要求下，得到了一个要职；他的弟弟吕西安在巴斯蒂亚弄到一个充分施展才干的可靠位置；15 岁的卡罗利娜越来越漂亮了，很讨拿破仑喜欢；热罗姆还是一个调皮的小学生；倒是那个瘦高的欧仁·德·博阿尔内聪明、灵巧、听话，更加尊重他的继父并获得其信任，当上了副官。

在这个欢乐的大家庭里，约瑟芬感受到来自多方面的压力，加上查尔斯已被派往巴黎，她不得不暂时停止放荡的行为，努力表现出一个贤淑、善良、有教养的将军夫人形象。她照顾丈夫体贴入微，把家务安排得井井有条，说一些使丈夫精神放松的话语，制止闲言碎语，避免口角，对谁都笑脸相迎。这使拿破仑仍然很依恋她。

明争暗斗

一场旷日持久的内忧外患至此告一段落。进军维也纳的军事行动，不仅战胜了强大的奥地利军队，使高傲的奥地利哈布斯堡王朝低下了高贵的头颅，而且也挽救了拿破仑即将破裂的婚姻和家庭。

被士兵们亲昵地称为"小伍长"的拿破仑在战争中成了威震世界的军阀、法兰西的英雄——除了五人执政团以外，他算得上是法国最强有力的人物了。

作为意大利军团的总司令，他为法兰西共和国赢得了急需的胜利，而奥地利成了可耻的手下败将。成千上万辆四轮马车满载着从威尼斯、伦巴第等各个城市的古老宫殿和教堂里抢来的金银财宝与艺术珍品，流向空虚的法国国库和督政府的腰包，法国的所有村庄、城镇和都市都在对拿破仑大唱赞歌。

拿破仑给他的母亲莱蒂齐亚和弟弟吕西安留下了大量的财物。不久，莱蒂齐亚打算携带巨款回阿雅克肖去。拿破仑让母亲把波拿巴家祖传的房屋整修一下，使它能够住人，约瑟夫很快便开始制订这项修理工程计划（后因故未付诸实施）。

拿破仑的声望急剧上升也不可避免地招来了对手，马莱将军公然抨击道："这个一头蓬乱头发、不可一世的小矮子……有朝一日会为他那自吹自擂的光荣付出代价的！"而克拉尔克将军则宣称拿破仑对督政府来说是"新亚历山大大帝"，这一说法不久就传遍了欧洲。

当威尼斯人企图起来反抗这位新亚历山大时，他早已开拔到新的地区和城堡去进行另一场洗劫了，使本来已经望不到头的战利品车队更加没有止境。同时，他不惜以暴力手段巩固已经占领的土地，维也纳为此谈虎色变。

拿破仑对于生平第一次得到的荣誉、赞美和权力自然爱不释手。整个意大利北方由他的军队统治，完全在他的掌握之中。只要他一句话，大臣可以被贬为庶民，贵族可以被剥夺封号和财富，然后被监禁或处死——这就是权力。

拿破仑从权力中发现了极大的乐趣，日渐沉迷。督政府催促他尽快与被征服的奥地利缔结和约。但是，一旦此事达成，大部分占领军就要撤回，英雄也要打道回府，他将恢复到一般守备军指挥官无聊的、受到制约的生活中，他的政治地位及在法国外交政策方面的发言权将被剥夺，芒泰贝洛宫中的独立与辉煌将变成淡淡的回忆。

因此，拿破仑采取了拖延的态度，但督政府很快派来外交官梅利托伯爵督促执行。1797 年 6 月 1 日，拿破仑在巨大的古堡芒泰贝洛宫金碧辉煌的大殿，而不是军事指挥部里接见了他们。拿破仑明确表示，要通过他的军队力量，将他转入政治的轨道。他说："一旦和平确立，我就不再是军队首脑……我势必放弃我所得到的权势和地位……除非我在法国能够扮演和这里同样的角色，否则我是不会离开这里的，因为那里的时机尚未成熟。"

7 月中旬，拿破仑率领麾下的 5 个师在米兰进行了规模空前的阅兵——表面上是庆祝法国革命胜利，实际上是公开向巴黎炫耀武力，表示他是欧洲最有势力的人物。随后，他又命令他的师团分别给法国政府中的君主主义小派系写谩骂恐吓信，把矛头指向督政府。

督政府发现这柄新出炉的剑是柄双刃宝剑，因为在征服的后面是征服者自己——一个毫不掩饰的有野心的人。为此，他们曾派克拉尔克将军监督并随时向巴黎密报拿破仑的行动，但克拉尔克并没有很好地完成任务，因为他很快就成了拿破仑的热烈拥护者。

同时，在巴黎方面，也有拿破仑的心腹在加紧活动。被拿破仑派到巴黎与督政府谈判的拉瓦莱特匆匆赶回乌迪内，向拿破仑通报反复无常的首都形势：新的督政府已经将克拉尔克解职，并且对拿破仑"打算将威尼斯让给奥地利"的想法十分不满。更重要的是，拉瓦莱特透露新的督政府已经派密使到乌迪内，不仅禁止拿破仑单独签署条约，而且下令要他立即回到法国。

在督政府的严令之下，10 月 17 日晚上 10 点，拿破仑不情愿地召集所有谈判者，最终与奥地利签订了《坎波福米奥和约》。根据这一和约，法国获得了奥地利的尼德兰（比利时）、莱茵河左岸的全部德意志领土以及整个意大利北部至威尼斯共和国边境，威尼斯作为补偿变成了奥地利的一个省。两个小时后，拿破仑派贝尔蒂埃和蒙日将和约送回巴黎，他们刚离开，督政府的特使便到达并通知拿破仑，他们"期待着再次见到葡月 13 日的英雄"，督促他返回巴黎。

10 月 25 日，蒙日和贝尔蒂埃抵达巴黎，将条约和军旗献给督政府。督政府对《坎波福米奥和约》极为不满，于是颁布命令，先对拿破仑的卓越战果表示感谢，然后宣布撤销他意大利军团总司令的显赫职务，命令他回法国任英吉利海峡法国守备军指挥官。

被任命取代拿破仑的贝尔蒂埃拿到命令后匆匆赶回意大利，狂怒而又无可奈何的拿破仑只得派约瑟芬和秘书布列纳等人先回巴黎安排居所，他自己留下办理交接手续。

次日，拿破仑路过都灵做短暂停留，他内心骚动不安地对外交官梅利托说："我再也不能听命于他们了，我已经下定决心，如果我不能成为法国的主人，就离开法国。"11月的最后一周，拿破仑在拉什塔特与奥地利的使者讨论了关于执行条约的问题，最后渡过莱茵河抵达法国边境，于12月7日回到巴黎。

荣归巴黎

回国之前，拿破仑密切地关注着巴黎的政治动向。葡月流血事件之后，法国人民普遍希望革命不再发生，但是，时局仍然不稳，暴动、反叛和复辟活动时有发生。

1797年5月，共产主义倡导者巴贝夫①被送上断头台，他的党羽遭到流放。这些过激的革命手段震惊了资产阶级和定居在被没收的贵族及僧侣的土地上的农民。

在人民感情的这种突变中，保王党趁机得势，他们在改选元老院和五百人院的三分之一的议员时，赢得了大部分席位，并且把君主立宪派分子巴泰勒米选进督政府，从而影响了督政府的成分。

拿破仑对巴黎政局的变化了如指掌。5月的一个晚上，他的部下贝尔纳多特将军从法军占领地的里雅斯特派人送来一个公事包。拿破仑在这个包里发现了一份惊人的文件，那就是五百人院的主席、因征服荷兰

---

① 巴贝夫：法国革命家、空想共产主义者。热月政变后，巴贝夫组织了一个秘密团体"平等会"，密谋夺取政权，建立劳动者专政。因叛徒告密，他被督政府逮捕。1797年5月27日，被凡多姆高等法院判处死刑。

而出名的皮什格鲁将军暗通保王党，企图帮助保王党推翻现任督政府。当拿破仑、克拉尔克和贝尔蒂埃在蒙贝洛检查缴获的文件时，证实法国国内正在酝酿一个复辟波旁王朝的阴谋。拿破仑认为机会来了。

7月，这场政治危机变得严重了。保王党趁督政府残酷镇压巴贝夫革命运动之机，又大肆活动起来。在改选元老院和五百人院三分之一的议员时，保王党分子赢得了大部分议席，督政府的5个督政官中，巴泰勒米和卡尔诺反对采取坚决措施反击保王党，巴泰勒米甚至暗中同情和支持保王党的活动。巴拉斯、勒贝尔、拉·雷韦伊埃·莱波这几位被誉为共和国"三巨头"的督政官虽然经常开会要对保王党下手，但最终也没有付诸行动。当他们得知皮什格鲁将军站在反对派一边，并成为向共和国发动进攻的最高领导人之一时，深为不安。

8月，督政府要拿破仑回巴黎任职，其真实意图是让他回来执行9月4日的果月政变①。这一次，拿破仑派去了好大喜功、名声大噪的奥热罗，还送了300万法郎给督政府，用以缓和其财政困难。这样，他自己就不必在众目睽睽之下冒险卷入政治旋涡。

奥热罗赶到巴黎，口口声声要杀尽保王派。督政府任命奥热罗为军事司令官，以保证计划成功。

9月4日午夜，奥热罗命令所有部队开赴指定地点，并在各桥梁和主要街道设置大炮，将两院驻地杜伊勒里宫团团围住，闯进五百人院，把在场的保王派、温和派和他们的头子皮什格鲁都关进丹普尔堡牢狱。巴泰勒米也被捕了，但卡尔诺因为事先得到一个朋友通风报信，在政变当天凌晨逃跑了。

督政府胜利了，然而，督政府并未因此感激拿破仑，他们始终认为拿破仑是一头狡猾的狮子，他通过他的副将在巴黎把保王党人打下去，而他本人仍坐镇威尼西亚。这让督政府产生了利用奥热罗来对付拿破仑

---

① 果月政变：法国督政府中的共和派督政官为镇压保王党复辟活动而组织的政变，发生于共和五年果月十八日（1797年9月4日），故名。

的念头。拿破仑一怒之下，于 9 月 25 日向督政府提出辞职，辞职当然没有批准，这完全在拿破仑的意料之中，他知道自己对督政府的重要性。

督政府仍念念不忘拿破仑手中的军权。10 月 27 日，《坎波福米奥和约》签订后的第十天，拿破仑被任命为新的英吉利军团司令，原莱茵军团的德塞将军任副司令。莱茵军团和意大利军团的法军精锐都拨给这个新组建的军团，并请拿破仑回法国。

拿破仑对督政府的目的了然于心，但在当时的背景下，他还是既感无奈又满怀憧憬地回到了巴黎。

翘首期待拿破仑荣归的法国首都沉浸在狂喜之中。12 月 10 日，在公众的强大压力之下，督政府在卢森堡宫为拿破仑举行了盛大的欢迎仪式。

这天上午 11 点，拿破仑穿着佩有绿色棕榈勋章的法兰西学院礼服（他被封为学院院士），约瑟芬挽着他的胳膊，身穿希腊式的宽大的黑花绣边长裙，异常雍容华贵。外交部部长塔列朗倒着走路，为他们开道。数不清的群众聚集在宫殿前，报之以暴风雨般的喊声和掌声，一只只致敬的手向他伸来，宫殿前顿时变成沸腾的海洋。拿破仑对群众的狂热始料未及，他频频挥动双手，向人们致敬。

塔列朗代表督政府发表了一篇十分讲究、百般阿谀的欢迎词，欢迎为法国新争得两个省的"《坎波福米奥和约》的缔结者"。接下来，拿破仑致简短答词，他用带有浓厚意大利口音的粗犷语调说道：

"各位督政、各位将士，法国人民为获得自由必须同各国君主较量。要得到一部以理性为基础的宪法，必须克服 1 800 年来的各种偏见。你们已经有了共和三年的宪法，你们已经战胜了这些障碍。宗教、封建制度和君主制在 2 000 年间相继统治欧洲，但是你们不久前缔结的和约，开始了代议制政府的时代。你们已经组成了伟大的国家，其领土以大自然亲自划定的疆界为范围。你们的成就还不止如此。向来以科学、艺术和伟人出生地闻名的欧洲最美丽的两个部分，怀着乐观的期望看到他们祖先的墓地上升起了自由的精神。这就是命运即将安置两个强大国家的基座。我荣幸地呈献给诸位的是在坎波福米奥签订并且业经奥皇陛下批准的条约。有朝一日，当法国人民的幸福得到最有实效的法律保障时，欧洲才算获得自由了。"

这些话的内涵十分丰富，可能会令少数有理解力的人微微吃惊，但是它被擅长辞令的巴拉斯发表的充满华丽辞藻的赞美词打消了。随后，巴拉斯紧紧拥抱了拿破仑，其他督政官也一一和他拥抱。

几天之后，议会两院（元老院和五百人院）在罗浮宫画廊中举行了更加盛大的欢迎宴会。拿破仑宠辱不惊地接受了这些如倾盆大雨般袭来的荣誉。鲜花、掌声、赞美词对这个雄心勃勃的将军来说，实在是太微不足道了。他知道这不过是一刻的辉煌，荣誉永远属于过去，未来的辉煌还需要他去创造。

巴黎对拿破仑的热情并没有转瞬即逝，巴黎市政府下令将拿破仑住处所在的街道改名为凯旋街。整个法兰西都在为这个年轻的征服者而狂热、陶醉。各种人物争相前来拜见，拿破仑对此采取了较为谦逊的姿态，一一回拜他们。拿破仑一向崇尚科学文明，在一个又一个的欢迎宴会中，只有一个真正让他感到有趣：12 月 28 日，法国科学院授予他院士头衔。只有这个荣誉和授衔仪式上的掌声，才真正使他感动了好一阵子。

此后近一个月，拿破仑一直深居简出，埋首于书籍中并为入侵英格兰拟制计划。他得到督政府的默许，把从意大利带回的 300 万法郎巨资交给了约瑟夫，嘱托他用来购置私用土地，并通过总部给约瑟芬 4 万法郎的年金。约瑟芬私藏的首饰珠宝十分可观，这些首饰珠宝主要是军队和意大利众亲王进贡的。

1798 年年初，已经被远征事务缠身的拿破仑又遇到一件烦心的事：一名使女向他指控约瑟芬与一名叫希波利特·查尔斯的军官私通，并染指非法投资和投机活动。这个查尔斯就是此前陪同约瑟芬奔赴米兰的查尔斯中尉。拿破仑深知下人的报复心和不诚实，但仍下令波拿巴家族成员就此事进行调查。经过查证后，气恼万分的拿破仑下令逮捕查尔斯，打算将其处死。约瑟芬使用了女人微妙的手段救下了查尔斯，但他被赶出了军队。

拿破仑召见约瑟芬，和约瑟夫一起向她摊了牌。她痛哭流涕，声称一切都是不实之词。拿破仑和约瑟夫知道她的不贞和放荡，但缺乏他们来往信件等真凭实据，只能警告她：如果再和查尔斯在他的公寓或波丁公司的办公室里私下来往，或是再介入波丁公司的投机生意，她将承担一切后果。

尽管如此，拿破仑在一周之后还是为约瑟芬在凯旋街买下了一栋豪宅。

不久之后，拿破仑走马上任，到法国北部海岸担任突袭英国的军队指挥官。这是一个不同寻常的挑战，也是拿破仑最喜欢的那种富有风险的挑战。如果成功，他将成为自 1066 年征服英国的威廉之后第一个入侵英国的军事指挥官。如果一切顺利，他将为法国带回英国王冠上的宝石，并横扫执政的督政府，在万民拥戴之下一举夺取政权。这一宏伟目标激励着他踏上新的征程。

第七章　东方梦破碎

远征东方

　　拿破仑出任英吉利军团司令后的两个月里，一直在为新的军事行动进行计划、筹备。远征英吉利是他的梦想，现在这一梦想与他的前途、命运紧紧地联系在了一起。

　　1798年2月10日，急于把梦想变为现实的拿破仑冒着凛冽的寒风离开巴黎，前往法国北部的布雷斯特海岸考察海港、兵站以及供法国海陆军集结待命、准备入侵行动的兵营。短短8天时间的考察，使他得出一个结论，那就是渡海远征英吉利的计划是行不通的。他具体指出此时入侵英国从许多方面来说时机都不成熟：首先是季节不对，突然袭击需要夜长昼短，因此只有冬季才是渡过海峡进行突袭的好时机；其次，法国海军"不能完全掌握海上的控制权，突袭英国是冒险和困难的行动"，他解释道，现在在布雷斯特只有10艘法国战舰，而且还没有配备水兵。在这种条件下，法国还得着手准备几年才能采取行动，准备工作之一便是命令兵工厂铸造英国口径的火炮，以便"在该国登陆能使用英制炮弹"。

　　督政府和拿破仑一样顾虑重重，举棋不定。他们已经签发了有利于入侵行动的法令，但在一次专门讨论战略的军事会议上，他们又改变了主意，决定暂缓海峡军事行动。

　　这时，拿破仑提出两个可行的方案，一是进攻英国属地汉诺威，二是远征东方。其中，远征东方是塔列朗首先提出来的。

早在 1797 年 7 月 3 日，塔列朗就主张在地中海以东开辟新的殖民地。事实上，1798 年 2 月 14 日，在拿破仑递交考察报告之前，塔列朗就已经向督政府递交了出兵远征马耳他和埃及的正式建议书，这样可以切断英国与其属地印度之间的交通线，对英国产生震慑作用。事前塔列朗曾与拿破仑讨论过此事，这个提议正合拿破仑的心意。督政府也认为这一计划可行，于是决定暂缓进攻英国，集中兵力进攻埃及。

3 月 5 日，拿破仑向督政官们报告说，这次远征埃及，估计需要 2.5 万名步兵、3 000 名骑兵、60 门野战炮和 40 门攻城炮。

3 月 7 日，督政府任命布律埃斯海军上将担任舰队司令，同时继续为远征军准备兵力、弹药和大炮。几天后，贝尔蒂埃被解除其意大利军团司令的职务，调回巴黎任远征军参谋长。一周后，路易·德塞接替了贝尔蒂埃在意大利奇维塔韦基亚的司令职务。

东方远征军很快组建起来，拿破仑挑选了一批高级军官，除参谋长贝尔蒂埃、舰队司令布律埃斯海军上将外，还有克莱贝尔、狄舍、拉纳、贝西埃尔、缪拉、朱诺、达武、马尔蒙等一批著名的将军。约瑟芬的儿子欧仁作为拿破仑的随从副官一同前往，拿破仑的弟弟路易也加入其中。更有趣的是，其中还有一支由 167 位科学、技术和文化专家所组成的考察团。

督政府对军事行动的目的讳莫如深，以至于从来没有与拿破仑共过事、作为远征军指挥官之一的克莱贝尔并不知道远征的终极目的地。更让人吃惊的是，作为海军部长的布律埃斯上将本人直到 3 月 15 日还没有被告知远征的真正目的。

3 月 30 日，拿破仑通知法军总审计官和军需司令官，宣布远征军将由 5 个师组成，需要两个月的食物和弹药。5 个师的兵力分别从马赛、土伦、热那亚、阿雅克肖以及奇维塔韦基亚几个口岸集结登船。

沿着亚历山大和恺撒大帝的足迹去重现古希腊和古罗马的辉煌，一直是拿破仑的梦想。为了获得光荣、财富、权力和可能与英国达成的和平，同时也为了排挤在政府权力上具有极大威胁的拿破仑，这也是督政府唯一可行的安排。

在紧锣密鼓的军事准备中，海军的困难无疑是最大的。

新组建的海军舰队和护卫队无法按照命令在 4 月 9 日出发，只有在海上执行任务一年多的布律埃斯的舰队从科浮岛出发驶向土伦。这支舰队由 6 艘法国军舰、5 艘威尼斯战船和 9 艘三桅快舰组成，大部分军舰经过数月的海上航行之后，都需要维修并进行人员补充。尽管如此，当他们于 4 月 2 日在土伦抛锚停泊时，布律埃斯仍然受到了热烈的欢迎。

离家一年多的布律埃斯刚刚登岸，便接到拿破仑和军事委员会的命令：他所指挥的舰队经过补给和载兵之后，必须驶向未知的目的港，"立即起航不得延误"。更糟糕的是，委员会还通知布律埃斯，由于海军经费空虚，政府无力支付拖欠舰队 9 个月的军饷。

与此同时，成千上万的陆军队伍也很快集结于马赛和土伦地区，他们大部分是从莱茵河乘船而来的。

4 月 12 日，督政府正式签发命令，将新组建的军队命名为"东方军"，任命拿破仑为东方军统帅。同时宣布拿破仑率领的这支军队将"进攻古埃及并占领这个国家"，"将英国人从他们在东方所占领的地方或其他地方驱逐出去……摧毁他们在红海的商业基地"。他必须"切断苏伊士运河，采取一切必要手段确保法兰西共和国在红海的利益"，同时"要和土耳其苏丹保持良好关系"。

尽管新组建的东方军都是来自法国各军团的精锐，但仍面临着许多问题，经费、物资对远征军来说一直是个大问题。拿破仑有 300 万法郎的军费支配权，而他的作战计划则需要 5 000 万法郎（简直是个无法企及的天文数字）。此外还有一个不容忽视的问题，那就是时间。仅造船所需要的木材、麻布和帆布等其他材料的订购就需要几个月的时间，此后可能需要数年时间才能将船造好。但是，这一切都没有动摇拿破仑的决心，他以最高的热情、坚决的态度建议在 3 个月内发动这场规模空前的战争。

4 月 22 日，拿破仑在巴黎通知布律埃斯："我定于明天晚上动身来土伦。我希望在我到达时能够看到舰队已经准备好起航。"但是，由于突发的奥地利外交事件，拿破仑的计划不得不往后拖延了近 10 天。

5月4日，在约瑟芬、杜罗克及拉瓦莱特的陪同下，拿破仑离开了巴黎。这次与远征意大利不同，约瑟芬也许看见了被人们称为"常胜将军"的拿破仑的命运，多次请求陪伴他远征，但都遭到了拒绝。当他们谈到拿破仑在东方国度里将会遇见美妙的女人时，她又嫉妒又生气，他却回答说："英国的战舰非常凶猛，怎么能让一个可爱的妻子去冒这种危险？"

5月8日晚上，拿破仑一行抵达土伦。上船前夕，风尘仆仆的拿破仑视察了准备登船的军队，对将士们发表了极具鼓动性的演说，承诺每个战士凯旋回家时可获得6英亩①土地。

第二天，拿破仑登上了"东方"号旗舰。约瑟芬来到工作舱，再次恳求拿破仑带她同去，但遭到了他的拒绝，最后约瑟芬非常窘迫而无奈地下了船。

从5月10日开始分批装船，5月19日早晨，远征舰队从土伦扬帆出航。这是一支空前庞大的舰队，它拥有130艘运输船，由布律埃斯将军的13艘主力舰护送，还有42艘三桅快速帆船以及大小运输帆船共309艘。主力舰中，"东方"号和"阿密腊耳"号各拥有大炮120门。运输船上的陆军由15个步兵联队、7个骑兵团和28个连（炮兵连、工兵连和地雷工兵连等）组成，从土伦出发的共计步兵2.5万人、骑兵3 500人、炮兵3 000人，还有非战斗人员1 000人。

当最后一名士兵上船以后，太阳升起来了，这是一周的风暴后天空第一次放晴。太阳是那么的光彩夺目，以至于后来被士兵们高兴地称之为"拿破仑的太阳"。在官兵们的心中，这轮红日给他们带来了必胜的信心和美好的希望。

攻克开罗

在拿破仑的主力舰队航行途中，来自科西嘉、热那亚和奇维塔韦基亚等地的船队也先后加入进来，使舰队总人数达到5.4万人，其中战斗

---

① 1英亩＝4 046.856平方米。

人员 3.6 万人。在热那亚会合后，布律埃斯率队朝东南偏南方向驶向科西嘉海角，缓缓地向目的地驶进。

这次远征的保密工作做得很好，仅有少数几位高级军官知道他们正驶往古老而神秘的埃及。士兵们只知道他们属于常胜将军拿破仑的英吉利军团的左翼，将经过直布罗陀海峡，绕过西班牙，去爱尔兰登陆。

一周后，英国海军司令部海军中将文森特终于得到消息，他信以为真，立即命令海军少将纳尔逊在直布罗陀海峡防守拿破仑，但他们直到5月28日仍没有等来法国舰队。拿破仑的舰队直奔马耳他岛，此时两支舰队已经相隔 800 多英里了。

马耳他岛位于地中海中部，是大西洋通往地中海东部和印度洋的交通要道，也是地中海最好的港口。当时岛上有居民 3 万人，由圣约翰骑士团据守。这个骑士团是与巴勒斯坦异教徒作战的基督教战士最后剩下的队伍，但他们的勇气已在养尊处优的环境中消失殆尽，他们的纪律也由于内部分裂和法籍骑士阴谋勾结法军而日渐涣散。

6 月 8 日，布律埃斯的舰队终于见到了马耳他岛，发现来自奇维塔韦基亚的德塞的小舰队和德克里斯的护航三桅快舰已经在那里等候着他们了。6 月 10 日，法国舰队全部抵达该岛，拿破仑采取了很文明的登岛策略：给瓦莱塔的守军发出信号，要求允许整个舰队进港补充淡水。10 点，岛上回答：每次只准 4 艘船进港加水。据此，拿破仑命令法国驻马耳他领事向马耳他守军指挥官递交了一份正式抗议书，并"决定使用武力来获取应该得到的礼遇"，岛上的骑士、守军只做了些象征性的抵抗便投降了。6 月 13 日，拿破仑向全军宣布法军大获全胜的消息："敌军已经投降！马耳他获得了自由。"短短几天内，拿破仑与他们的谈判使团签订协议，宣布此岛为法兰西共和国领土，废除圣约翰骑士团，成立了一个在军事总督管辖下的政府委员会，暂时维持现行的各种税收，还规定征收关税、消费税和货物入市税，为以后修理街道、建造喷泉、改组医院和邮局准备条件。

远征军在这里换上了新的薄布军装，舰队和运输船添加了淡水、蔬菜、食物、劈柴以及草料和马匹，同时腾出地方装上了大约 400 只马耳他绵羊，拿破仑的旗舰也变成了大宝库。6 月 19 日，法国舰队离开马耳他岛，留下 4 000 名法军据守，以确保地中海法军的航运畅通无阻。

与此同时，英国海军少将纳尔逊也在忙碌着。6 月 7 日，纳尔逊接到文森特修正的命令："前往搜寻和打击在土伦和热那亚备战的敌人舰队。"实际上，文森特自己也弄不清拿破仑的目标是什么，无法做出更具体的指示。纳尔逊不得不在广阔的海域内进行了为期 10 天的搜寻，结果还是不知其踪。紧接着，文森特给纳尔逊下达了新的命令："在地中海、亚得里亚海、摩里亚群岛甚至进入黑海的任何地方"全面搜索敌人，一旦发现，"立即击沉、烧毁或摧毁"。这就出现了海军史上最著名的追击战，英国舰队于 6 月 22 日驶抵那不勒斯，然后驶入墨西拿海峡。经验老到的纳尔逊扬帆直驶亚历山大港，实际上，在 6 月 23 日那天，两支舰队相隔仅 78 英里之遥。6 月 28 日，纳尔逊在亚历山大港扑了空后，掉头朝东北方向的君士坦丁堡驶去。而在 6 月 29 日，拿破仑的一艘三桅快舰"朱诺"号才驶入亚历山大港，他真是幸运之神的宠儿，难怪纳尔逊会叹息："魔鬼的孩子自有魔鬼的好运！"

当拿破仑的全部舰队抵港时，法国驻岛领事马嘉隆登上"东方"号后告诉拿破仑："40 小时前，一支由 14 艘炮舰组成的英国舰队离开了亚历山大港……他们可能随时再度出现。"当时天气突变，海上掀起了狂风巨浪，船只失去控制，军舰和运输船乱作一团，如果敌舰出现，将给拿破仑舰队带来毁灭性的后果。

现在，纳尔逊真正明白了拿破仑的目标是埃及，他大呼上当，于是拉起所有船帆，取最短的航线直奔埃及，想趁法军登陆前把他们消灭在大海里。

由于担心纳尔逊会随时回来，拿破仑决定立即在港西的开阔滩头登陆。当晚，海面波涛汹涌，狂风大作，天气极其恶劣。布律埃斯将军力劝他不要这样做，因为西岸边水浅，运输船只能在离岸 3 英里远的水面抛锚，而且当时正刮着北风，他建议拿破仑前往亚历山大港以东 14 英里处的阿布基尔湾滩头。但拿破仑断然拒绝了这一建议，他说："命运只给我 3 天时间，如果我不充分利用，我们就彻底失败了。"这又是一次巨大的冒险，若不能赶在纳尔逊舰队掉头赶来之前完成登陆，法军面对的将不只是英国舰队，埃及当局也不会允许拿破仑的任何船只进港，埃及陆地驻军会进行抵抗，使法军陷入腹背受敌、两面被夹攻的险境。

7月1日早上6点，按照拿破仑的决定，布律埃斯命令舰队驶近海岸，准备登陆。登陆行动缓慢而艰难，多数人都晕了船，有些人还被淹死。5个多小时后，首批2 500人率先登上马拉布特海滩，踏上了埃及土地。不过，他们根本无法将大炮和马匹从运输舰上卸下来。

7月2日凌晨1点左右，拿破仑亲自率领来自3个师的官兵约5 000人徒步向亚历山大港进发，途中遭到敌人骑兵的袭击，双方在夜色中展开了一场混战。中午时分，法军以伤亡300余人的代价占领了亚历山大港，克莱贝尔和梅努两位师长也负了伤。午后，亚历山大的驻军派出代表到拿破仑的司令部正式投降。

随后，拿破仑用阿拉伯文向当地居民发布了一份异乎寻常的告示。他声称法国人不是来打埃及人的，而是为了打击压迫他们的马穆鲁克统治者。他还宣称法国人是真穆斯林，并早已废黜了"经常挑唆基督徒与穆斯林打仗"的教皇。因此，他要求所有真正的埃及人应帮助法国人驱逐马穆鲁克。之后，他向当地教长和阿訇颁授三色勋章。同时，为了打消埃及人的疑虑，表示他的友好，他对军队下达了一系列的禁令和惩罚令，包括对"任何掠夺百姓和强奸民女者执行枪决"。

拿破仑的政策意图很明确：要赢得埃及人民的心，按照法兰西的模式重新组建这个国家的政府，尽可能用和平手段使之成为法国的殖民地。

一周后，东方军团所有的部队和物资都上岸了。拿破仑把全军分成5个师，向开罗进军。克莱贝尔率9 000人留守亚历山大并任总督，梅努受命占领罗塞塔后也留任总督。梅努的部队由新任师长维埃接管，克莱贝尔的部队由杜高接管。杜高率部先向东开赴罗塞塔，然后由罗塞塔沿尼罗河的西面支流溯河而上，选择较平坦的道路护送辎重、弹药和文职人员；佩里上校指挥的炮舰负责护航；拿破仑亲率德塞、雷尼埃、邦和维埃的4个师抄近路，冒着酷暑横穿60英里沙漠，经过达曼胡尔向尼罗河上的拉曼尼亚进军。

拿破仑进入了极度缺水的沙漠，一群群骑马的阿拉伯人在其翼侧伺机而动，他们神出鬼没，随时准备向法军发起突袭。

令人难以置信的是，拿破仑居然没有想到给部队提供水壶和热带服装，士兵们干渴难熬，口粮只有从船上带来的硬饼干。任何跟不上大部队的掉队者都会遭到贝都因人①的凌辱和弯刀的凶狠砍杀，这使法国军人再苦再累也不敢掉队。

拿破仑自己也"享受"着同样的待遇，但他总是一副泰然自若的样子。他虽然没有给士兵们提供足够的水，但却给了他们乐观的心态和精神力量。

向罗塞塔进发的杜高部队也遇到了同样的情况。尽管如此，杜高和达马斯的骑兵最终还是到达了罗塞塔，所有人的精神都为之一振，欢呼雀跃。从沙漠里走过来的人走进罗塞塔，仿佛走进了一座花园城市。

几天后，在拉马尼亚，拿破仑的沙漠纵队与杜高的部队会合了。尽管一路历尽艰辛，他还是决定不让士兵们休息，立即向开罗进军。

7月11日下午，拿破仑检阅了部队并告诉他们明天就可能遇到敌人——埃及最强大的军事指挥官穆拉德，得知他的大军已抵达开罗城北面的舒卜拉基特，在城外挡住了南去的通道，而且还得到了尼罗河上的炮艇的支援。

这天凌晨2点，拿破仑命令法军拔营出发，并于拂晓前抵达舒卜拉基特。他把每个师都组成一个方阵，每个方阵六列纵深，在方阵的四角都配备有火炮，五个方阵成梯次配置，杜高师在左侧，靠近尼罗河以便与船队保持联系。

日出时，各纵队的乐队在方阵中奏起了马赛曲，准备迎接战斗。这时，马穆鲁克的骑兵也做好了战斗准备。他们策马向前想试探法军的方

---

① 贝都因人：以氏族部落为基本单位在沙漠旷野过游牧生活的阿拉伯人。主要分布在西亚和北非广阔的沙漠及荒原地带，属欧罗巴人种地中海类型。

阵，结果发现到处都是法军的枪刺刀丛，最后他们决定冲锋，法军用滑膛枪、榴弹炮和火炮还击。马穆鲁克的骑兵几次冲锋都被打退，他们反复冲杀，始终未能攻破法军铜墙铁壁一般的方阵。在法军强大火力的逼迫下，他们不得不避开与法军的正面交锋。

与此同时，在左翼尼罗河上，佩里的船队遇到了麻烦，马穆鲁克军的七艘炮艇咬住了他，处境十分危险。法军一艘军舰被炸沉，马穆鲁克军登上了两艘法军的帆船，经过激烈的拼杀，法军才将其击退。

佩里仅有 3 艘炮艇和两艘载着所有科学家和其他文职人员的大驳船。就在这时，法国炮舰一炮击中马穆鲁克旗舰上的弹药库，整个旗舰顿时灰飞烟灭，敌军大乱。佩里舰上的科学家和平民也拿起了滑膛枪参战，其余的敌军炮艇惊慌失措，一片混乱，不战自退。

以师为单位组成方阵来对抗马穆鲁克的骑兵冲击，是拿破仑在舒卜拉基特会战中临时想出来的一个非凡的战术应变措施，产生了非凡的威力。正面交战一结束，拿破仑抓住战机，命令他的骑兵和步兵立即追击，在舒卜拉基特围歼敌军。马穆鲁克军眼看要被法军围住，在死伤300 多人后立即逃窜。

法军在舒卜拉基特与马穆鲁克军的第一次交锋很快取得了胜利，但有一支劲敌还在后面等待着他们。

7 月 20 日傍晚，法军抵达尼罗河。12 英里外的开罗已经遥遥在望，此时，马穆鲁克的全部军队都在开罗以北的尼罗河两岸严阵以待。穆拉德在左岸的因巴拜，而易卜拉欣则在右岸的布拉克，在他们之间还有一支马穆鲁克的武装船队守卫在河上。

7 月 21 日凌晨 2 点，金字塔远远望去赫然耸立，两军身旁奔流着神秘的尼罗河水，金字塔群附近的开阔地带旌旗蔽日、杀气腾腾，穆拉德军与法军摆开阵势，准备决一雌雄。一场著名的金字塔大战开始了。

天刚亮，法军就遇上了在因巴拜掘壕据守的马穆鲁克军，他们的阵地上构筑着一道道土垒，土垒后面设置着 40 门旧式大炮。他们大约有步兵 1.2 万人，翼侧还有 5 000 名精锐骑兵。而法军 4 个师共有战斗兵力 2.5 万人。拿破仑又像在舒卜拉基特一样把 4 个师摆成 5 个方阵，德塞在右，杜高在左。马穆鲁克的骑兵以令人难以置信的英勇反复冲锋，但都遭到法军霰弹和排枪的射杀。

拿破仑很快发现了马穆鲁克军的几个弱点：骑兵军团的队列十分松散，步兵军团更是混乱不堪；土垒非常简易，不足以阻挡法方步兵的攻击；铁炮安置在无法移动的海军式炮架上。于是，他率 5 个方阵面向敌军一字排开，缓缓向前逼近。马穆鲁克兵发出狂野的呼喊，疯狂地扑向法军方阵。法军指挥官命令各方阵第一排士兵卧倒在地，第二排士兵蹲下，第三排士兵直立着。这三排士兵举枪瞄准，后面的士兵则迅速向前传递装满弹药的步枪，炮兵阵地上的大炮也早已做好瞄准工作。

当马穆鲁克骑兵冲到离法军仅 500 米时，拿破仑高举战刀的手猛地往下一劈，法军各方阵同时喷射出密集的子弹。这是一场屠杀式的战斗，只有少数行动快捷的马穆鲁克骑兵可以靠近法军方阵，砍倒几个法军士兵，但随后也在刺刀丛中丧命。

经过两个小时的激战，马穆鲁克损失 800 多人，弃阵而逃。他们称拿破仑为"炮火之王""上帝之鞭"。穆拉德经开罗向尼罗河上游退去，易卜拉欣则率右岸的部队朝东北方向的西奈沙漠（叙利亚方向）逃去。法军的伤亡也近 400 人。

前进的障碍被扫除了，法军迅速开进古老的开罗城，居民们在沉默中迎接了征服者。

拿破仑和在亚历山大港一样，立即在开罗城发出了安民告示，同时号令法军严格遵守军纪，尊重伊斯兰教的信仰和当地的风俗习惯，不得骚扰清真寺和当地妇女。他还亲自参加清真寺的礼拜活动，甚至向阿訇们表示自己也信仰伊斯兰教，并请他们给自己讲解《古兰经》。他还决定在埃及各省成立行政、警务、征税等机构。

就在拿破仑大张旗鼓地对这个新殖民地进行政治体制改革和机构重组时，他收到消息说英国的纳尔逊将军已经消灭了他在亚历山大港的舰队，这令他大为震惊。

原来，留守在亚历山大港的布律埃斯将军由于没有得到下一步行动路线的明确指示，便将13艘战舰和4艘快速炮帆船停泊在阿布基尔湾，在距海岸约1.5英里远的海面上与海岸平行成一字摆开待命。而英国海军少将纳尔逊发现自己判断错误以后，立即掉转船头尾随法国舰队而来。

8月1日，纳尔逊舰队的瞭望塔终于发现了停泊在阿布基尔湾的布律埃斯舰队。纳尔逊的14艘战舰载着1 000门火炮，顺风驶向阿布基尔湾。法国舰队指挥立即发出紧急集合信号，但这时几乎有一半人员还在岸上搜集饮用水和给养。

这时，纳尔逊做了一个极为大胆、近乎冒险的决定：把舰队一分为二，5艘军舰插入法国舰队和浅滩之间，其余舰只则在朝海的一面，沿着法国军舰停泊线游动，从两方夹攻法舰。糟糕的是，法国军舰没有在那边配置炮手，这恰好给纳尔逊的冒险行动提供了方便。法舰两侧都受到了近距离炮火的轰击，黄昏时，"东方"号爆炸，布律埃斯将军战死。次日拂晓，除了在后面的维尔纳夫将军的海军中队的两艘主力舰和两艘快速炮帆船悄悄逃离战场外，所有的法军舰只都被打得无法动弹。维尔纳夫的两艘战舰和两艘快速炮帆船由于未与英舰激战而完好无损，纳尔逊的舰队因损伤惨重而无力追击。

至此，拿破仑的东方军与法国的联系被完全切断。但是，拿破仑之所以伟大，就在于他面对失败时能够坚强面对。很快，他又恢复了坚定、自制和镇静。他意识到现在最迫切的任务是振奋军队士气，驱散悲观情绪。他鼓舞部下说："我们被幸运地隔绝在埃及的土地上，这很好。我们必须在惊涛骇浪的大海上活下来，大海会平静下来的。或许命运注定我们要改变古老东方的面貌。上帝要我们留在这里，像古代人那样在这里完成伟大的功业。"

拿破仑足智多谋、随机应变的才能，在遭受挫折的时候表现得更为明显。海上舰队的丧失使拿破仑确信，必须迅速而有效地把埃及组织起来，在埃及陆地上站稳脚跟，因为被困的法军不得不在此地待相当长的时间。而纳尔逊则故意释放法国战俘，让他们上岸归队，以增加拿破仑在给养方面的困难。然而，拿破仑和他的学者专家们此时却发挥了超常的创造能力。

8 月 21 日，拿破仑以法国科学院为模式在前土耳其总督的宫殿里建立了埃及科学院，蒙日任院长，拿破仑自任副院长。在拿破仑军队的保护下，除考古学之外，学者们还做了大量的工作：埃及的文物被大批地运到开罗，以便转运到巴黎；将孟菲斯①的艺术珍品展现在西方学术界的惊异目光之前；卡法雷利将军进行的天体观测，大大丰富了天文学；科学家、工程师们则研究防治传染病、设计苏伊士地峡的水准测量和联结地中海、红海的运河开凿工程；地质学家们和工程师们勘察了尼罗河的河道，把河口及两岸冲积层的发展情况记录下来，并据此计算出三角洲各部分的地质年龄；他们扩大谷物的耕种面积，建造大型烘炉和面包房，以解决粮食供应的困难；他们建造啤酒厂以满足部队需要；他们建立铸造厂和制硝厂，以供应机器、工具和火药。

有一次，在前往苏伊士的旅途中，拿破仑在沙漠里遇见了一支骆驼商队。他留意到骆驼奔走迅速，决定成立一支骆驼骑兵。骆驼行走迅速、动作准确，能给敌人以可怕的打击，以至于人们认为能够参加骆驼骑兵队是一种荣幸。

拿破仑在进行种种生产和科学工作的同时，并没有忽略埃及的政局建设。他组建了一个由埃及当地人组成的行政会议作为商讨和公布他的主张意图的机构；指派了 9 名伊斯兰教长老组成一个行政议会，每日商讨关于公共秩序及粮食供应问题；还为各省建立了行政议会。

为了确立法国人在埃及的绝对统治地位，拿破仑对一切胆敢与法国人作对的人决不手软。1798 年 10 月末，开罗城内爆发了一次大规模起义，起义军将前去镇压的 15 名法国军人全都剁成了肉泥。拿破仑一怒之下，下令将起义者全部绞死，将他们的房屋烧毁，男人被杀光，妇女

---

① 孟菲斯：从公元前 3100 年前起就是埃及最古老的首都，定都长达 800 年之久。

儿童则被带到开罗。拿破仑给在罗塞塔的梅努写信说："在开罗这边，我平均每天要砍五六个人头。"

小小开罗城，几乎成了拿破仑的掌中玩物。

寻欢猎艳

1798 年 9 月 2 日，即阿布基尔湾海战一个月之后，土耳其向法国宣战，但拿破仑过了很久才得知这个消息。原来，土耳其恼怒于自己的领地埃及被法国占领，苏丹立即派兵朝埃及进发，向法国宣战。

形势极为严峻，但拿破仑毫不在意，继续巩固他在埃及的权力。他同时派出两支部队，一支溯尼罗河而上去追击穆拉德的残兵，一直追到阿斯旺；另一支追击易卜拉欣至巴勒斯坦。马穆鲁克军及其阿拉伯盟友也成了散兵游勇。

当然，拿破仑并没有停止新的入侵计划，只是时机还没有成熟。

此时，巴黎方面又传来了拿破仑后院起火的消息。他从朱诺那里得知留在巴黎的约瑟芬继续与查尔斯中尉保持着暧昧关系，尽管这已不是什么新鲜事，但拿破仑还是暴跳如雷，生气地说："约瑟芬……我在千里之外……你就这样欺骗我呀！这个荡妇！我一定要和她离婚，一定！这两个该死的家伙……我要亲手干掉这两个伤风败俗、不知羞耻的劣种！"他的脾气变得越来越暴躁。

不久，他又得知德茜蕾嫁给了贝尔纳多特。为了寻求安慰，也为了报复，他突然想寻欢猎艳。

9 月的一个傍晚，拿破仑在副官的陪伴下，骑马去参加开罗附近举行的一场舞会，他在路上与一队骑着驴子正高高兴兴返回城里的士兵擦肩而过，他们中间有一个金发碧眼、满脸笑容的女人。一阵微风撩起了她的衣裙，露出了她修长雪白的双腿，拿破仑被这双特别迷人的美腿拨动了心弦。他十分惊诧，注视着她的脸，希望能迅速记住她。

当天晚上回到宫里后，他向贝尔蒂埃问起这个年轻女人的名字，总参谋长很快做了调查，得知对方是 22 步兵团 4 营上尉诺埃尔·富莱的妻子，叫波利卡娜·富莱，年仅 20 岁。她喜欢冒险，于是女扮男装，跟着丈夫一起来到埃及。

拿破仑被这位丰满艳丽的金发女郎迷住了，但他听完贝尔蒂埃的介绍后，不免有些怅然。他的苦闷和烦恼，没有逃脱维尔迪将军夫人的眼睛。一天早晨，维尔迪将军夫人来宫里找拿破仑，声称为他物色了一个名叫瑟娜的充满异国情调的女孩，拿破仑为此特意去见了小女孩一面。

几天后的一个晚上，小姑娘被带进宫里，拿破仑身穿睡衣，正准备度过一个惊心动魄的夜晚。但看见走进来的小瑟娜后，他怔住了，原来，维尔迪将军夫人把她打扮成巴黎人的模样。拿破仑追求异国情调的激情霎时降到了冰点。小姑娘看见他失望的表情，便轻轻地抽噎起来。面对伤心的孩子，拿破仑的怜悯之心油然而生。

拿破仑身边并不缺异国情调的美女，但他却不时想起波利卡娜·富莱——那个令他心动不已的金发少妇。

一个偶然的机会，他们又见面了。

一天傍晚，拿破仑带着朱诺来到了开罗最大最美的花园，他一边游览，一边称赞优雅的景致。但他突然停下脚步，注视着一个在秋千上发出阵阵笑声的年轻女人。这个女人就是波利卡娜·富莱。他离开朱诺，朝她奔去，躬身向她表示赞美。

因为得到一军统帅的青睐，波利卡娜既高兴又惊慌。拿破仑躬身吻她的手："我希望能很快再见到你，在一个僻静的地方。"说完，他就离开了。天真的波利卡娜一想到这次相遇会有利于丈夫的前程，心里充满了愉悦之情。

第二天早晨，朱诺奉命去了波利卡娜家，问候一番之后，用像对士兵发布命令的口气说："富莱夫人！我奉拿破仑将军之命来您这里，他喜欢您，希望您成为他的情妇！"结果遭到波利卡娜的严词拒绝。

当天晚上，拿破仑又派他的第二副官迪罗克去见波利卡娜。迪罗克虽然比朱诺更年轻，但他风流、能干、善于交际。他见到波利卡娜后，先是为朱诺早晨的冒失行为表示道歉，随后又经过长谈向她表达了拿破仑对她的爱慕之情，并向她表明拿破仑急于见到她。告辞时，他留下了一个镶满宝石和钻石的精美埃及手镯。这个缝衣女工从未见过这样美的首饰，她十分兴奋，幻想着和这位慷慨的将军一起生活一定会非常浪漫。

此后一个星期，迪罗克每天早晨都给波利卡娜带来拿破仑的信和礼物。这期间，波利卡娜一直坐立不安。她决定主动送上门去，与其忍受情感的煎熬，不如大胆采取行动。她已经想到了一个合适的理由——一是感谢拿破仑将军送给她的礼物，二是为她的丈夫谋一份更合适的差事。

美人终于到手后，拿破仑意识到富莱中尉将会非常碍事。他打算让波利卡娜成为他的宠儿，在众人面前显耀一番，于是打算调走富莱。

第二天，总参谋长贝尔蒂埃召来了富莱，派他到欧洲给督政府送一封急件。富莱得到了将军的信任和这份美差，在无比激动中欣然受命。

12月28日，富莱登上了由洛朗斯上校指挥的"猎人"号护卫舰。晚上7点，护卫舰起锚，驶离了港口。第二天天色微明，"猎人"号遭到了英国海军的搜查。当晚，富莱中尉被英军带回亚历山大城，之后经过6天的跋涉，他又回到了开罗。

约上午8点，富莱回到自己的家，发现家里空寂无人，家具上落满尘土，不由得惊愕万分。他急忙跑到骑兵团军官俱乐部里，有人向他叙述了波利卡娜是怎样背叛他的。他怒火中烧，一句话也没说，回到家里拿起一条马鞭，直奔向波利卡娜居住的宫殿。

来到豪华的宫殿前，富莱的每一根神经都绷紧了。他穿过种植有埃及无花果树的庭院，这里，大理石砌成的大厅被装饰得金碧辉煌，玉石雕琢的裸体美人沐浴在喷泉中，各种各样的鲜花竞相怒放，发出阵阵沁人心脾的清香。但富莱对这一切视而不见，他撞倒一个阻拦他的用人，然后打开好几道门，终于在浴室里看见了一丝不挂的波利卡娜。看见丈夫出现在自己面前，波利卡娜震惊不已，预感到灾祸临头了。她全力呼救，但富莱一下子抓住她的头发，对她用马鞭抽打起来，她发出的哀叫声终于唤来了用人，他们一拥而上，抓住富莱，将他扔到了大街上。

事后，拿破仑来到波利卡娜的床边。"必须把他抓起来，投进监狱里。"波利卡娜哭泣着说。但作为一军统帅，拿破仑是不会犯这种愚蠢的错误的。他尽力安慰波利卡娜，劝慰她说："他是个忠诚的士兵，我不可以那样做，但是你可以和他离婚。"

不久，富莱与波利卡娜宣布离婚。这一结果使拿破仑更加得意起来，他的脾气也变得不那么可怕了。人们处处可以看见他们的踪迹，甚至远在巴黎的约瑟芬也知道他有了一个情人，一个全埃及最漂亮的法国女人。

拿破仑非常宠爱波利卡娜。在他身边，在开罗的大街上，在士兵们面前以及在阿拉伯人中间，他总是让她处在无比的欢悦之中，阿拉伯人都称她是伟大的苏丹夫人。

兵败阿克

对拿破仑来说，美人的温柔乡虽好，但他注定是属于战场的。

1798 年 12 月底，拿破仑曾率一支小型侦察队前往苏伊士，进行了为期 3 天的匆匆考察，该地早已为邦将军所占领。他的主要目的是想获得西奈半岛的阿拉伯部落的友谊，以便实现其征服印度的伟大梦想，这一梦想像海市蜃楼一样浮现在他的脑海中。拿破仑原本模糊的征服计划越来越清晰了。

拿破仑决定先发制人。他计划进军阿克，然后率领新招募的 5 万大军逼迫苏丹言和，进而协助他进军印度。但随着阿布基尔海战的失败，法国在地中海地区无论是外交还是军事上满盘皆输。为了入侵巴勒斯坦，拿破仑集结了一支由 4 个师组成的远征队，只让杜高留下镇守开罗，梅努驻防罗赛塔。德塞师仍留在埃及征讨穆拉德。1799 年 1 月 25

日，拿破仑给塞林加帕坦的蒂普苏丹①写了一封信，告诉他"一支难以计数和无往不胜的法军"即将把他"从英国的铁枷下"解救出来。然而，他没有料到，4个月后，蒂普苏丹竟会陈尸于要塞的残垣断壁之中，英国的阿瑟·韦尔斯利中校成了那里的总督。

尽管战线拉得很长，而且军队减员严重，拿破仑仍然决定进军叙利亚。这是他在中东的最后一次大规模远征，而且从一开始就注定要失败。

临行前一天，拿破仑心血来潮，突然想到埃及需要一个国王，于是派人把弟弟路易叫到皇宫里，指着典雅而神秘的皇宫对他说："我要你成为这里的国王。"但路易天生充满热情与幻想，他的心是献给女性和大自然的，他既没有野心也没有能力去管理和统治一个国家。"我不配做呼风唤雨的国王。"他把这句话低声重复了好几遍。遭到路易无情的拒绝后，拿破仑放弃了这一想法。

1799年1月31日，法军第一批军团从开罗出发，由陆路向叙利亚进军。拿破仑于2月10日随第二批军团从开罗出发。

2月8日，雷尼尔将军到达阿里什堡，但受阻于土耳其的边防要塞。城堡的包围战一直持续到2月16日拿破仑到来。3天后，城堡中幸存的900名守军缴械投降。

2月22日，法军继续沿着海边的荒漠向加沙进发。这一次，军队配置了水壶和热带棉布制服。但拿破仑没有料到巴勒斯坦沿海地区2月的天气特别寒冷潮湿，结果大部队又一次吃尽苦头。

2月24日，法军未遇抵抗便进入加沙。3月3日，法军兵临雅法城下，遭到守军的顽强抵抗。3月7日，法军工兵在城墙上炸开一个缺口，攻克了该城。法军在城内大肆奸淫掳掠，比在意大利比安斯柯的大屠杀有过之而无不及。由于粮食和淡水匮乏，甚至没有足够的人力押解

---

① 蒂普苏丹（1750—1799）：印度南部邦国迈索尔的军事首领。1787年获巴迪沙（大王）称号。在印度历史上，他被视为反抗英国殖民侵略的民族英雄。

战俘回埃及，拿破仑最终下令屠杀战俘。在城内，法军找到了 40 万份干粮和 100 吨大米，与此同时，他们无法控制的灾难——鼠疫迅速在军中蔓延开来，每天都有 30 人左右死于这种疫病。

3 月 17 日，拿破仑到达海法并在卡梅尔山设立了司令部。由此向北，隔海望去，就是杰查的老巢阿克要塞。阿克要塞是十字军时代的一个古堡，此时已开始坍塌，其真正的价值在于地理位置，它三面环海，耸峙在一个岩质半岛上。尽管守军只有 5 000 人，但是法军缺乏海上的支援和攻城的重炮，而且驻守城堡的杰扎尔虽然已经有 70 多岁，却是个十分难以对付、无所畏惧的老将。此外，西德尼·史密斯替换胡德准将封锁埃及沿海，他的部队两天前及时赶来，更增加了守军的炮火威力，并截断了拿破仑从亚历山大运往海法港的辎重后援。

拿破仑率领 4 个师用挖地道的方法，对城堡展开中世纪式的围城战。就在拿破仑抵达卡梅尔山当天，运载其攻城炮的船只也到达阿克港外，但因雾大，这些船一头闯进了英国海军中队的怀抱，以致全数被俘获。拿破仑攻城时不仅没有用上这些重炮，反倒遭到了这些重炮的轰击，因为它们被英军转给了守城的土耳其军。但拿破仑毫不气馁，他包围了该要塞朝陆地的那一部分，并于 3 月 28 日发动了第一次失败的强攻。

拿破仑担心在阿克城外遭到从大马士革向阿克逼近的土耳其军队的钳制，3 月 30 日，他派自己最信任的副官朱诺带领 500 人去内陆侦察。4 月 1 日，在用一枚地雷将城墙炸开一个缺口后，拿破仑又发动了一次强攻，结果也失败了，法军伤亡惨重。此外，每周死于鼠疫者多达 140 余人。西德尼·史密斯派了 800 名陆战队员增援土耳其守军。

4 月 10 日，兵力不多的法军攻城部队遭到数千敌人的包围，所幸克莱贝尔率领的 1 500 人的小分队及时赶到，将阿拉伯人击退。4 月 15 日，缪拉率领的骑兵纵队越过约旦河，有效地拦截了大马士革的援兵。但是，由大马士革出发的约 2.5 万人的骑兵和 1 万人的步兵越过白雪覆盖的塔博山，出其不意地来到克莱贝尔军面前，克莱贝尔军一时束手无策。拿破仑不得不亲自率领步兵师翻过多石的山丘前来为克莱贝尔解围，他用炮火将人数众多但纪律涣散的阿拉伯骑兵打得一败涂地，阿拉伯骑兵朝大马士革的方向落荒而逃。

此后 3 周，拿破仑不顾伤亡，反复向要塞进攻，但都失败了。他的总工程师加法雷利将军战死。虽然城墙被地雷炸开了一个缺口，但 4 月 16 日的塔博战役仍以失败告终。

5 月 10 日，法军的最后一次进攻也被击退，伤亡惨重。拿破仑终于决定放弃围攻阿克城。

5 月 17 日，拿破仑向部队发布了一个自欺欺人的离奇告示，说他们已完成使命，即将返回埃及。5 月 20 日，法军开始撤退，4 天之后到达雅法。

从卡梅尔山到雅法的 4 天行程中，法军历经磨难，他们遭到难以忍受的饥渴的折磨，加上沙漠地区的炎热，导致军心涣散、士气低落，几乎到了哗变的程度。6 月 14 日，他们到达开罗。一周之后，拿破仑命令海军将军冈托姆在亚历山大港准备两艘快速炮帆船待命出港。

一个月后的一个傍晚，一名阿拉伯使者带来了驻守亚历山大港的马尔蒙的一份紧急报告：一支土耳其舰队已抵达亚历山大港外并准备登陆。拿破仑立即率领一个纵队沿尼罗河而下赶到阿拉马尼亚，得知一个土耳其运兵船队在西德尼·史密斯海军中队的护送下，已在阿布基尔湾登陆了 8 000 人并俘房了据守该要塞的法军。不过，这支土军没有前进，而是在该城堡以南的滩头掘壕据守。拿破仑在集结了 1 万人之后，于 7 月 25 日拂晓向土军防线发起进攻。缪拉准将率一个骑兵旅冲击，突破了土军的防线，并亲手砍伤、俘房了土军司令。土军被赶进大海，数千人战死或淹死。这是拿破仑到达埃及后的第一场真正的胜仗。

8 月 11 日，拿破仑班师返回开罗。他虽然打了胜仗，但是情绪仍然很糟。

8 月 16 日，从英国军舰那里获得的报纸上，拿破仑得知在他远征埃及期间，欧洲又组成了一个强大的反法同盟，儒尔当将军在莱茵河地区一败涂地，舍雷尔的意大利军在利沃里和其他地方都吃了败仗，举国上下惊惶不安，一片混乱。"祖国处于危险之中！"这对拿破仑的确是一个很好的借口，他决定返回法国。

动身之前，他没有告诉任何人。他叫来了波利卡娜，说："我知道你很勇敢。听我说，我要回法国，那里的情况非常可怕。我们的军队在德国、意大利到处遭到打击，奥地利人和俄国人正准备入侵我们的国家，旺代省又一次暴动，饥饿和无政府的社会混乱到处可见。由那些无能的享受主义者组成的督政府正将法国带向灭亡。我必须回去。"

波利卡娜失声哭泣道："带上我！"

"这太危险了！我会被英国人抓住的。"

波利卡娜哭着恳求他，但拿破仑毫不动摇。第二天，他将这位年轻的女人托付给克莱贝尔。

8月18日，拿破仑带上一批精心挑选的将士，趁着夜幕悄悄离开了开罗，声称他要去埃及视察，实际上却是登船沿尼罗河而下。他抛弃了他的军队，也抛弃了他的情妇，仅留给克莱贝尔一封信，命令他代理东方军团司令。

8月23日，拿破仑在拂晓的微风中从亚历山大港起航回国，带着深深的遗憾离开了埃及。

第八章　手握法兰西

策划政变

拿破仑的东方之梦破灭后，一个新的构想又在他的脑海中酝酿并逐渐成熟——法兰西需要一位新的政治领袖，一位意志坚定、能够真正把法兰西带入新时代的伟大领袖。在东方战场上，在埃及，他已经完成了从政治国的试验，为了保卫法兰西，保卫共和国，他要"回巴黎去，驱散那些愚弄我们而不能治理共和国的律师"，他"将成为政府的首脑，要团结一切党派，要恢复意大利共和国，并且要稳固地占有这块美好的殖民地"。

尽管拿破仑离开埃及的计划是绝对保密的，但在亚历山大港准备船只的蛛丝马迹仍然引起了一些猜疑和议论——远征军的军心开始动摇，但他已经顾不了那么多了。

从 1799 年 8 月 23 日清晨开始，拿破仑在经历长达 40 余天艰难的海上航行后，于 10 月 9 日抵达法国南海岸的弗雷瑞斯海湾，在土伦东边的小镇弗雷瑞斯上岸。镇上的居民得知远征的将军回来了，立刻欢腾起来。街道上挤满了欢呼的人群，人们簇拥着拿破仑和随他一起回来的每一个成员从岸边走到大街上。民众的支持为拿破仑夺取国家最高权力增添了信心。他在镇上详细地了解了法国在意大利战败的情况，决定直接回到巴黎去，开始他赌博式的冒险事业。

很快，拿破仑发现国内政治局势动荡不安，行政管理一片混乱，上层社会道德沦丧、贪污腐化，平民中盗贼蜂起，保王党也蠢蠢欲动。在西部，英国用金钱和弹药支持的保王党不断发生暴乱。5 名督政官的统治腐败无能，其中最有能力的勒贝尔已于 5 月中旬被诡计多端、反复无常的西哀士神甫所替代。

西哀士是一位饱学之士，一个真正的教士。谁也没有想到 1789 年大革命前夜，这位牧师脱去了黑色法衣，官袍加身，摇身一变成了法国政坛的重要人物。1795 年夏秋之际，热月党解散国民公会时，西哀士作为新成立的法国科学院的一员，理所当然地被选为五百人院的成员。1798 年，为了摆脱督政府面临的政治困境，在塔列朗的全力支持下，西哀士被任命为革命政府驻柏林大使。1799 年 5 月 16 日，他又被选为督政官，替代了勒贝尔。另外几位新督政是戈伊埃、罗歇·迪科和穆兰。

督政府的铁腕人物巴拉斯已经是个倦怠的政治家，他被层出不穷的政治图谋和放荡的生活搞得心力交瘁。他在政治上和人格上都十分憎恶西哀士，因为西哀士爱耍手段又软弱无能，但他还是寄希望于这位新任督政官能够扭转共和国的局面。1798 年 6 月 5 日，五百人院向督政府发出了最后通牒，要求督政府对其国内外的行动和政策的合法性进行证明。元老院和五百人院与督政府之间的矛盾愈演愈烈，几乎摆到了台面上。6 月 18 日，五百人院开始发表言论攻击，公开指责督政府"废止了共和精神、压制了自由、迫害了共和派"，督政府中的穆兰和勒贝尔被迫辞职。由此，内阁部长也大多被撤换：外交部部长塔列朗由雷亚尔取代，贝尔纳多特当上了陆军部长，富歇当上了警察局长，康巴塞雷斯当上了司法部长，坎特当上了内政部长。

9 月，五百人院的主席试图拥戴西哀士为"共和国的第一奠基人"，但西哀士还没有找到合适的军队统帅做他的"利剑"。

与此同时，法国面临的国际形势也十分严峻。俄、英、奥、西班牙、土耳其、那不勒斯等国由英国策划组成了第二次反法联盟，并以俄国和奥地利为军事行动的支柱，从意大利、瑞士、荷兰、莱茵地区等方向进攻法国。

法国的军事形势变化剧烈。1799 年 4 月，苏沃洛夫率领的俄奥联军击败意大利军团，占领了米兰；7 月底攻下了曼图亚和亚历山大里亚；8 月底又在诺维取得了一次决定性的胜利。法国著名将领儒贝尔战死，法军损失 1.2 万人。拿破仑一度征服的意大利领土如今丧失殆尽。不过，新任陆军部长贝尔纳多特已经组织起一支约 10 万人的新军，期望保住法国自己的"自然疆界"，并且回到正常的政治轨道上去。

法国呼唤英雄归来，人们期盼着一个强有力的人物出现，希望他能恢复法兰西昔日的平静和荣耀。

就在这时，拿破仑回国的消息不胫而走，他受到沿途各地居民的热烈欢迎，人们为他举行隆重的仪式，发表激动人心的演说，张灯结彩，游行欢呼，把他当作共和国最了不起的将军来敬仰礼待。

10 月 13 日，正在开会的督政府接到报告：拿破仑将军业已回国，即日将抵达巴黎。整个会场顿时发出经久不息的暴风雨般的掌声，代表们跑上街头，奔走相告。

10 月 16 日，拿破仑走在巴黎的大街上，人们发自内心的赞美使他觉得他的伟大构想仿佛已经实现，他被民众近乎疯狂的欢迎感动了："我是为人民而生的。人民呼唤我的时候，我就回来了。"激动的法国人民再次给了他信心和力量。当然，他并没有因此而得意忘形，他知道现在最重要的是行动而不是犹豫。正如他后来所说："我成功，因为志在成功，未曾踌躇。"

他在贝尔蒂埃、蒙日和贝托莱的陪同下去卢森堡宫拜见了督政官，双方进行了礼节性的问询和十分谨慎的谈话。当他走出卢森堡宫时，很多想一睹将军风采的群众一下围了上来。他一边接受群众对他的热烈欢呼，一边走向自己在凯旋街的家，直到他上了马车，人们还跟在车后奔跑呼喊。

当拿破仑疲惫不堪地回到家里时，已是深夜 11 点多了。他急切地朝约瑟芬的居处奔去，但她根本不在家。愁绪满怀的拿破仑正好碰上了约瑟夫——事实上他是在这里等拿破仑，他把约瑟芬在外面与别人鬼混的事全部抖了出来。

等约瑟夫一走，拿破仑就吼叫道："我要赶走她！不想再见到她！"他当即吩咐仆人把约瑟芬的私人用品统统捆成包，放到门房那边去。

得知拿破仑回国的消息时，约瑟芬和查尔斯正在里昂一处豪华的住所里，她的第一个念头就是拿破仑决不会饶恕她，而查尔斯则害怕自己被送上断头台。瞬间的恐惧让约瑟芬感到一阵头晕目眩，然后她开始苦思对策：必须赶往巴黎去迎接他、爱抚他，用情欲去征服他。

她没有时间再去理会查尔斯的反应，立即登上了驿站快车，直奔巴黎。一路上，她发现各城镇都悬挂着欢迎拿破仑的标语、彩旗，但这已经是两天前的事了。回到凯旋街时，她的心跳得很厉害。此时已经是深夜，她来到自家大门口，门房把她拦在了门外。她软硬兼施，又是求情，又是威胁，终于使门房屈服了。大铁门开了，侍女阿加特跑过来，小声告诉她将军把自己关在房间里。

约瑟芬提心吊胆地从小楼梯上到二楼。她在拿破仑居室门口停住脚步，轻轻地敲了敲门，里面没有人回答。她转了转门把，转不动。"是我，亲爱的波拿巴，你开开门呀！"她开始时轻轻地说，而后提高了点声调，但口气柔和，一直苦苦哀求。但门内毫无动静，仿佛无人一般。

屋内，拿破仑悲伤的眼角挂着泪水，阴沉沉的脸颊和紧抿的嘴巴都显示着他的痛苦。这两个夜晚，他一遍又一遍地聆听教堂的钟声，一次又一次地凝视发白的窗口，不断回忆起当初他与约瑟芬的快乐时光。

拿破仑仍然沉默着。她嘤嘤啜泣，渐渐地变成哭诉，再后来变成了号啕。这是她第一次在他面前如此动情伤心地痛哭。

拿破仑抚摩着痛苦的胸口发誓，无论如何都不见她，一定要跟她离婚。他承认自己从前热烈地爱过她，甚至真诚地感激过她，但是现在这种热爱和感激都不复存在了。

不幸的约瑟芬整整跪哭了3个小时，干涩的喉咙沙哑得再也发不出声音，唯有紧张的呼吸在起伏，她双手艰难地扶住门框，像一个虔诚悔过的罪人那般。"哦，亲爱的拿破仑，请再次原谅我吧，纵然我有一千次对不起你，但我曾经是那么爱你，那么思念你。你不知道巴黎有多少人在挑拨我们的关系，法国有多少人在挑拨我们的关系，你家里有多少人在挑拨我们的关系，你应该打开门让我告诉你事情的真相呀！"

拿破仑分明听见约瑟芬悲伤的哭诉，但他装作没听见，因为风流女人的温言软语撕裂着他的心脏，刺痛着他的肺腑，把他伤得更加厉害。

一起赶来陪伴母亲的欧仁和奥坦丝也双双跪在约瑟芬身边。

拿破仑从门洞看见那可怜的姐弟俩，伤心的眼泪又止不住往下流，他们分明不是他的孩子，可他多么希望他们是他的孩子，他多想打开门去拥抱那对可爱的姐弟，与他们紧紧地抱头痛哭一场。

难过和自尊强烈地撕裂着拿破仑，同时也震撼着门外女人的心，她明白拿破仑不会轻易回心转意，所以她一定要坚持到底。关于个人的胜利与失败，她已经很少去考虑，只祈求能够见上拿破仑一面。

终于，门开了，拿破仑疲倦地出现在门口，他无助地垂下双臂斜靠在门框上，晶莹滚动的泪水模糊了眼睛，一张窄小的瘦脸像月亮一般苍白。他对她还有些依恋，而且他也不愿意承认自己婚姻的失败。他听不进她的解释，也不接受她的道歉，再次宽恕她，这已经是底线了。从这惨痛的时刻开始，他们之间已矗立起一堵厚实的墙，永远不可能再心心相印了。在埃及，波利卡娜的出现，就已经把拿破仑的心引向了另一条轨道。

与约瑟芬的关系缓和后，拿破仑马上开始筹划夺取政权的行动。前几天在与督政府的首脑们会面时，他就已感觉到督政府内暗流涌动，云谲波诡。

事实也是如此，他的心情与其说是胜利者的兴奋，不如说是焦虑不安。他面对擅自离开埃及的耻辱，面对着钩心斗角的督政官们对他的种种猜忌和提防，他们甚至要求政府委任贝尔纳多特将军为巴黎所在的17军事区域的指挥官，以防绝望的拿破仑发动政变。拿破仑心里很清楚，夺权的最好时机已经来临了，结果只有两个：要么成功，要么灭亡。

第二天早上，拿破仑又回到卢森堡宫，向督政府的 5 名督政官递交他关于埃及形势的述职报告，并面临可能危及他的荣誉甚至性命的起诉威胁。两个半小时后，双方达成和解。

在策划动手之前，拿破仑仔细分析了督政府中 5 位督政要员和实权人物谁敌谁友，物色自己的合作伙伴。

10 月 18 日至 20 日，拿破仑在家里会见了塔列朗、罗德雷、马雷、雷阿尔、富歇等人，敏锐地感觉到塔列朗和富歇的影响举足轻重。

塔列朗身为贵族和主教，具有卓越的外交才能和审察能力，并不反对与拿破仑这个年轻有为、野心勃勃的科西嘉将军合作。

警察局长富歇也是个见风使舵、制造阴谋的能手，他从拿破仑身上看到了自己的前途，决定投靠拿破仑，并频繁地出入拿破仑的宅邸。

而罗德雷之所以支持拿破仑，是因为他希望看到腐败无能的督政府垮台，法国重新回到法律、秩序和国家稳定的轨道上来，以维护真正的共和国民主。拿破仑对民主做了热情的承诺，罗德雷希望拿破仑的政变能够实现他的政治理想。

在约瑟夫和朱莉的小公馆里，密谋会谈也一个接一个地进行着。约瑟芬几乎每场必到，她熟悉上层社会的阴谋诡计，对暗地里的勾当了如指掌，她用尽女人的圆滑手腕、风流雅致和丰富经验为丈夫的图谋卖力。她还拜访了巴拉斯及以前的老友——督政官戈伊埃夫妇，她现在非常渴望能将功补过。

现在最重要的是，拿破仑需要考虑如何对付 5 位督政官。

在督政府内，戈伊埃和穆兰将军是要维持现政府和现有秩序的，敏感的西哀士和较有责任感的督政官罗歇·迪科则持不同观点，他们希望改变现状。巴拉斯则自成一派，始终独来独往，不与任何人结伙。

经过分析，拿破仑认为，戈伊埃、穆兰、罗歇·迪科无足轻重，因为他们毫无主见，只知附和西哀士和巴拉斯的意见，对付他们轻而易举，关键是如何对付西哀士和巴拉斯。巴拉斯虽然果断、聪明、细致且职务甚高，但人们对他的印象非常不好，因为他的种种劣行，如恬不知耻的盗窃行为、无法掩饰的贪污行为、与供应商和投机商一起营私舞弊以及在忍饥挨饿的贫苦群众前大摆酒宴等，导致人们不仅仇恨他而且鄙视他。

西哀士却是一个阴险而自命不凡的人。在一次由戈伊埃做东的宴会上，身材高挑的约瑟芬身着令人着迷的晚礼服，拿破仑则剪去了革命的长发，穿着时髦的披风，马靴擦得锃亮，他们很引人注目。但西哀士却毫不掩饰对这位逃离埃及的"金字塔征服者"的鄙视，对不贞洁的将军夫人约瑟芬表露出轻蔑的态度。

接下来的两天风云突变，志在必得的拿破仑再次回到卢森堡，分别拜见了戈伊埃和穆兰，试探他们对将西哀士逐出督政府的态度，得到的反应是震惊、怀疑和恐惧。于是，拿破仑在塔列朗的劝说下改变了方针，因为西哀士才是他举事成败的关键人物。"你要的是权力，"塔列朗以少有的坦率对拿破仑指出，"而西哀士要的是新宪法，所以你们应该联手。"拿破仑决定与最令人讨厌的西哀士合作。

通过一系列的深夜秘密会晤，罗德雷终于说服了孤傲的神甫，西哀士和拿破仑相互进行了拜访。两人之间看似无法逾越的障碍被排除了，他们走上了同一条道路。对此，塔列朗的外交手腕起到了不可忽视的作用。

同时，约瑟夫也加紧拉拢巴黎有影响的政治家和军人。吕西安首先把自己变为五百人院主席，以在五百人院中产生影响力。西哀士则在元老院进行鼓动，大肆宣扬他的新政治主张。

极为关键的一点——控制武装力量，拿破仑自然是信心十足，他以骁勇善战、顾怜下士征服了许多将士的心，就连手下有 10 万人马的莫罗将军也公开表示："波拿巴将军是唯一能征服世界的人。"拿破仑唯一不放心的是督政府的现任陆军部长贝尔纳多特。贝尔纳多特刚正不阿、足智多谋，时刻警惕着拿破仑这个野心家，在拿破仑归返巴黎的途中他曾建议巴拉斯立即逮捕他，把他作为擅离埃及战场的逃兵交付军事法庭审判，但巴拉斯无可奈何地说："我们没有足够的力量，你死了心吧。"

眼下，拿破仑试图通过初恋情人德茜蕾的帮助，使她的丈夫贝尔纳多特保持中立。一天傍晚，拿破仑带着约瑟芬来到贝尔纳多特家中。在拿破仑、约瑟芬、德茜蕾的极力劝说下，贝尔纳多特苦笑着表示："我可以不干预，但你别指望我有什么支持的举动！"有了贝尔纳多的承诺，拿破仑最后的难题得以解决。

成功夺权

1799 年 11 月 1 日，吕西安特别宴请了西哀士和拿破仑，进一步加强他们之间的联系。晚餐后，西哀士和拿破仑到书房休息，密谈到次日凌晨，他们的谋划已经成熟，所有的秘密都将公开——发动政变：《共和三年宪法》将被新的宪法所取代，督政府、元老院和五百人院将被统统取消，挖法兰西共和国墙脚的残余腐败势力将被彻底清除干净。西哀士答应将尽其所能赢得议会的支持，拿破仑则尽可能争取高级军事将领的同情。至于政变的细节，他们将另找时间商议。

随着拿破仑和西哀士的关系得到确定，他们私下不能再有过多接触，罗德雷继续充当他们之间的传声筒；同时，欧仁·博阿尔内则通过军中的熟人控制了巴拉斯。警察局长富歇两面讨好，通过雷亚尔为拿破仑工作，并悄悄向巴拉斯透露有关推翻他和督政府的政变计划。但是，巴拉斯没有决定采取抵制行动，显然是感到自己没有力量与拿破仑抗衡。现在，只有戈伊埃和穆兰还不知道拿破仑的秘密计划。

雾月 15 日（11 月 6 日），推翻政府的政变计划已经日趋成熟。富歇坚定地宣布站在拿破仑这一边。当天，拿破仑与莱茵战线的指挥官莫罗将军一起参加了两议院在卢森堡举行的盛大的招待会。实际上，这是吕西安精心安排的，旨在使两院与拿破仑的计划能够协调一致。

来客都是两院的议员，大家都噤若寒蝉，不知道拿破仑葫芦里卖的什么药。这使拿破仑很生气,他匆匆用过餐,在贝尔蒂埃的陪同下向250名贵客一一致意之后,便穿上大衣离去了。尽管如此,这次宴会还是达到了预期的目的,至少使大部分议员不再像以前那样害怕接近拿破仑了,这在很大程度上要感谢西哀士近来的工作。在军界,只有3个人拒绝和拿破仑合作,他们是儒尔当将军、奥热罗将军,还有一个当然就是贝尔纳多特将军了。

在巴黎,只要慷慨地款待宾客,就没有化解不了的怨隙。由于政变定在雾月16日(11月7日),约瑟芬在11月6日于凯旋街摆下宴席,朋友和敌人济济一堂、摩肩接踵。

但是,最后政变的时间推迟了,因为要确保政变成功,还要采取两个步骤:将两院从巴黎市中心撤离,那里的雅各宾派势力随时可能毁掉拿破仑的计划;撤换17军事区的指挥官勒菲弗将军,由拿破仑本人控制1万人左右的巴黎守军。

雾月18日(11月9日),天刚亮,元老院的莱莫西尔主席便签发了召集元老院在杜伊勒里宫的皇家骑兵学校马内奇大厅开会的通知。与此同时,塔列朗、罗德雷及其儿子秘密聚会,很快起草了一封巴拉斯的辞职书。7点他们动身去凯旋街,发现所有支持拿破仑的人都在他家集结,包括"缺乏冒险精神的、温和的"莫罗将军也来了。约瑟芬还专门邀请了督政官戈伊埃夫妇。

拿破仑的秘书布列纳到来时,看到"大量忠于拿破仑的将军和高级官员(包括贝尔蒂埃、布律克斯、勒克莱尔和缪拉)……挤满了房间、院子和过道"。接着,约瑟夫带着贝尔纳多特来了。直到这时,贝尔纳多特才知道政变的整个细节,他跟拿破仑发生了激烈争吵,拒绝参与政变。但最后拿破仑还是说服了贝尔纳多特,告诉他,他们的行动是合法的,绝不是反叛,是在元老院的直接命令下指挥政府的军队,这个命令马上就会下达。

这时,元老院正在杜伊勒里宫举行会议,"监察委员会"成员、议员科内特大肆渲染目前的紧急形势,用颇具煽动性的语言说:"雅各宾派正在进行令人震惊的阴谋，共和国很快就会被这些秃鹰啄死。如果不立即采取措施离开首都，后果不堪设想。"随后，他引证《共和三年宪法》第102条，建议通过两项提案：其一，把立法会议迁到巴黎郊外圣克鲁小镇的王室居住地去开；其二，任命拿破仑取代勒菲弗接管首都以及近郊武装部队，包括保卫督政府和两院卫队的指挥权。这两项提案当即获得通过，会议最后决定次日早上和五百人院一起在圣克鲁开会。

早上8点30分，元老院代表乘车到拿破仑府第，拿破仑立即向在座的将领宣读了议会对他的任命书。这一任命书授予拿破仑"采取一切必要的措施确保国家代表的安全"，并要他立即赶到杜伊勒里宫宣誓就职。

于是，拿破仑在一批威武显赫的将领的簇拥下，乘坐马车来到元老院。他在元老院宣誓就职，表示效忠共和国，决心采取一切措施拯救法国。没有任何人指出对拿破仑的任命越过了宪法的授权，在场的许多律师也无一表示反对。

这时，杜伊勒里宫的园林里已经集结了一支数万人的庞大军队，由布农维依、莫罗、麦克唐纳等将领率领。拿破仑骑马来到杜伊勒里宫的院子里，检阅这支部队，并发表了讲话："共和国两年来的治理工作很糟糕，你们曾经希望我的回国能结束如此多的灾难。而我正在完成这一任命所给予我的那些任务，你们将以我经常在你们中间看到的那种毅力、坚定和信任来协助你们的将军。自由、胜利与和平将把法兰西共和国重新放在欧洲所占有过的位置上，只有无能或背叛才会使它失去这个位置。共和国万岁！"

法国历史上规模最大的一次政变的钟声就这样敲响了，军队以雷鸣般的掌声向拿破仑欢呼。

中午时分，塔列朗怀揣着巴拉斯的辞职书和数百万法郎的银行支票出现在卢森堡宫。

下午3点，督政官戈伊埃和穆兰也被莫罗将军请到杜伊勒里宫，在由元老院事先起草好的辞职书上签上了自己的大名。西哀士和罗歇·迪科因参与了这场政变，自动结束了他们的督政官身份。

当晚，吕西安、约瑟夫、罗德雷、西哀士、缪拉、雷亚尔、康巴塞雷斯和其他将军最后一次在凯旋街集会。两院的立法会议的行政人员也都到了圣克鲁。由于驻有大量的军队和警察，首都的夜晚十分平静。

11 月 10 日（星期天）早上，天气寒冷，下着小雨。拿破仑下令在巴黎和圣克鲁之间部署军队，军队很快行动起来，指挥的将领多半是拿破仑统率意大利军团时的部下。拿破仑在塔列朗、富歇等人的陪同下，率兵来到圣克鲁宫五百人院，该院议长是吕西安。吕西安走上讲台高声道："诸位，今天把大家请来是想告诉大家，督政府的 5 位督政官已全部辞职，为了法兰西民众，我提议听听人民的呼声。"说罢他将手一挥，院外的士兵就齐声高呼："拥护波拿巴！波拿巴万岁！"

当两院的代表发现会场被重兵包围时，他们由惊奇转为愤怒，他们不理解为什么莫名其妙地将他们的会场从巴黎搬到圣克鲁，更不能容忍这样多的军队包围他们的会场！现在，他们明白这是明火执仗来抢班夺权了。顿时，责问、反对和谩骂声响彻大厅，议员们失去了控制，大声喊道："打倒暴君！""打倒独裁者！""我们不怕刺刀！"雅各宾党人甚至要求拿破仑重新宣誓效忠共和国宪法。

拿破仑立刻站起身来讲道："为了共和国，我已经率领将士在外风餐露宿，吃尽苦头。今天，在共和国又一次面临危机时，我依然挺身而出，如果议员们能同意的话，我会继续为共和国而奋斗！"

会议的情况并不如预料的那么顺利，占多数的雅各宾党人要求对强迫议会到圣克鲁来的合法性做出解释，后来议员们又提出将拿破仑增选为督政官的议案，一时争执不下。

到 5 点时，拿破仑忍不住了，他觉得情况不妙，没有人出来称他为国家的救世主或宣布成立以他为首的三人执政——这是他的本意。

他退出元老院大厅，大步穿过花园。当他走过向他欢呼的士兵时，他说："我们必须采取一切手段。"他手持军帽和马鞭，在几个掷弹兵的陪伴下前往五百人院大厅。当拿破仑出现在会议厅门槛上时，迎接他的是五百人院议员们怒不可遏的喊声："打倒强盗！打倒暴君！他违反了神圣的国家法律！"一群身着白袍腰系蓝色腰带的代表向他拥来，有人要拉他的衣领，有人要扼他的喉咙……掷弹兵推开议员们，将拿破仑救出大厅。

惊魂未定的拿破仑回到院子里，将他的将领们召集到身边，决定用公开的暴力解散五百人院，他和五百人院主席吕西安一起检阅军队。他对士兵说："士兵们，我过去曾经领导你们夺取胜利。我现在仍能够把希望寄托在你们身上吗？"在意大利军团中跟随拿破仑征战的老兵以及缪拉骑兵团的老兵，想要走到将军身边，但又止住了脚步——他们害怕向政府合法选举的代表进军。拿破仑一时无计可施。他手持马鞭站在那里，缄默无言。这时，缪拉将军拍马离开拿破仑和吕西安，来到士兵们面前，挥舞着他的长剑，号召他们行动。他这一豪迈的举动奏效了，士兵们高呼："将军万岁！"缪拉和勒克莱尔率领士兵跑步入宫。议员们又发出一片怒吼声，誓死反抗。缪拉的高喊声压倒了他们："该死的，统统给我滚出去！"士兵们持枪冲入大厅，每个议员面前都有士兵肃立，那些平日养尊处优的议员哪里领教过这种场面，一个个噤若寒蝉，默认了拿破仑的预谋。

元老院也紧急召开会议，有了五百人院的前车之鉴，加上西哀士和罗歇·迪科的控制，会议保持了秩序和正确的方向。在圣克鲁宫一个灯光暗淡的大厅里，元老院终于顺利通过建立执政府的法令，将共和国的权力从已经解散的督政府手里移交给拿破仑、西哀士和罗歇·迪科三人执政。

雾月 20 日（11 月 11 日）凌晨 2 点，拿破仑、西哀士和罗歇·迪科宣誓效忠于共和国。在新宪法颁布之前，由一个 25 人委员会取代两院帮助管理国家、警察和协助执政府执政。会上只有两人投反对票，议案顺利通过。拿破仑如愿以偿地成立了执政府，并担任法兰西共和国第一执政。

野心尽显

雾月政变，使年仅 30 岁的拿破仑成了法兰西第一主宰。但法国当前的形势不容乐观：前任政府留给他的是一个烂摊子。夺取政权只是他统治法兰西的第一步，而巩固政权、繁荣法国则任重而道远。

执政府成立后，拿破仑为建立中央集权体制，首先让西哀士起草制定了一个新宪法。该宪法规定：第一执政有权任免政府各部部长、参政院成员及各省省长，有权任免驻外人员、军队将官及法官，有权签署对外条约。这个宪法实际上起到了集各种权力于一身的作用，同时限制了第二、第三执政的权力。拿破仑终于借宪法满足了自己的权力欲望。这样一个不公正、不民主的宪法，居然于 1799 年 12 月 15 日颁布了。颁布这部宪法的公告中有这样一句结束语："公民们，革命是以所产生的原则为限度的。这个革命已告完成。"这句宣言一经传开，就决定了这部宪法将受到人民的热烈欢迎。在 1800 年年初举行的公民投票中，法国人民以 3 001 007 票赞成、1 563 票反对接受了这部宪法。很多法国公民不关心政治，只要自己的安全和舒适生活能够得到保障就行。

随后，拿破仑开始任命各部门的部长。康巴塞雷斯和富歇继续担任司法部长和警务部长，戈丹、贝尔蒂埃和塔列朗分别担任财政部长、陆军部长和外交部部长，吕西安任内务部长。督政府的旧人员留下了不少。拿破仑认为只要有才能并愿意为他的政权服务，不管过去属于哪一党派，一概录用，并把他们安排在合适的岗位上。那些对他有过微词的人员，只要有能力，他也一一加以重用。比如贝尔纳多特，拿破仑不仅没有为难他，还加封他为蓬特－科沃亲王。

此时，还有两股营垒分明的势力在反对他：一股是保王党人，他们期盼恢复以被放逐的普罗旺斯伯爵为代表的正统波旁王朝；另一股是过激的共和派和雅各宾人士，他们认为拿破仑的专制统治是对革命军队为之奋战的各项革命原则的否定。西哀士则指责拿破仑想当君主，两人针锋相对。

1799 年 12 月 25 日，拿破仑挑选了一些有行政经验的人组建了拥有 29 名成员并以他为主席的参政院。参政院分陆军、海军、财政、立法、内务 5 个组，平时分别执行职务，不定期召开会议。会议通常由拿破仑主持，他让参政官畅述己见，但最终决定还是由他来做。在一批富有经验的人才的支持下，拿破仑大刀阔斧地进行地方行政改革，加强中央集权制。

出于对王权的崇拜意识，拿破仑决定搬进杜伊勒里宫。杜伊勒里宫是波旁王朝的象征。他鄙视波旁家族，却由衷地欣赏杜伊勒里宫，不仅欣赏它那豪华而近于奢侈的建筑风格，更欣赏这种风格背后所隐含的文化底蕴。搬进去前，他让布列纳等人对这个久废的宫殿做了一次整修。

入主杜伊勒里宫后，拿破仑本人仍然保持着共和派人士的善良和简朴，但宫内一应起居已有帝王风度。当然，他并没有沉醉在获得权力后的欢愉中，要想在杜伊勒里宫长久地住下去，就得以更大的热情来治理这个国家。

1800 年 2 月 17 日，拿破仑下令取消了地方自治和选举制度，各级行政区都由一名行政长官领导。和中央政府一样，地方官吏都由政府委派，其中大部分省长由拿破仑直接任命，这些省长直接向中央政府负责。他们职权的专业化，提高了其管理水平和办事效率。

拿破仑认为强大的国家必须拥有强大的工业和发达的商业。政府对工业给予巨额津贴建立新企业，举办工业博览会，鼓励机械生产。2 月 18 日，在"往来存款银行"和"商业贴现银行"的基础上建立了法兰西银行。为了保护国内工商业发展，拿破仑政府采取了十分坚决的关税保护政策，抵制国外商品在国内市场的倾销。在交通运输方面，政府投资修建了从巴黎到里尔、马赛、波尔多、斯特拉斯堡和布勒斯特的各条公路，并着手开拓圣康坦、乌尔克等运河。这一切加速了法国资本主义经济的发展。

拿破仑获得第一执政的权力后，最为惦念和关心的还是军队。军队是带给他荣誉和政权的支柱，现在他更加认识到人心向背对于政权巩固的重要性。为了笼络人心，他在卢森堡宫向荣立战功的官兵授予荣誉马刀和步枪。他将这种笼络人心的手段同样运用在文官中。

他还颁令成立执政官卫队。该卫队达 2 100 人，由两个步兵掷弹兵营、一个轻步兵连、两个骑兵中队和一个炮兵连组成。这个卫队后来发展为皇帝的近卫军。

拿破仑素以精力旺盛、不知疲倦著称，每天除了几个小时睡眠、15 分钟的午餐和早餐时间外，其余时间全部用来工作。他也以这个标准来要求别人，但没有人对此抱怨。这种热情使人们产生激情，就像他在军队里使官兵产生激情一样。人们在工作中累得筋疲力尽，就像官兵们在战场上牺牲一样，毫无怨言。文官们也像武官们一样，为了得到一枚勋章或拿破仑的一个微笑而不惜赴汤蹈火。

大权独揽的拿破仑也有做出错误决定的时候，但性格倔强的他从来不走回头路，即使明知是一个不公正的决定，他也不会立即去改正它。

在拿破仑整顿朝纲、恢复经济秩序、振兴军队期间，部分地区发生一些骚乱。作为恢复国内稳定计划的一部分，拿破仑宣布要对西部地区保王党分子的武装起义进行镇压，内战必须予以制止。同时，拿破仑要和这些在伦敦与其他地区的波旁王朝分子支持下长期与革命为敌的叛乱分子"和解"。

旺代等地的保王党活动非常猖獗。保王党叛乱在诺曼底、布列塔尼、旺代等地迅速蔓延，一部分农民也被吸引到保王党的叛乱队伍中。他们利用英国人提供的最好的武器，借助森林和沼泽地带，进行长期的游击战争，反对一切革命政府。拿破仑对叛乱分子采取了软硬兼施的策略，一面派出军队进攻叛乱分子，一面答应对立即放下武器的人实行特赦。这对分化瓦解叛乱队伍起了很大作用。

1799 年 11 月 24 日，埃杜维尔将军代表法国当局与叛乱分子首领缔结了第一次停战协定。叛乱分子为了进一步摸清拿破仑的意图，便派代表前往巴黎与拿破仑会面。双方就不在叛乱地区征兵、欠税延期缴纳和归还逃亡者尚未拍卖的财产等方面达成协议。

1800 年 1 月 10 日，拿破仑再次号召平叛军队对土匪们绝对不能手软，对其同党及姑息养奸者一律格杀勿论。在军队的严厉镇压下，一度十分猖獗的叛乱在拿破仑上台不到 3 个月便被平定。叛乱首领乔治·卡杜达尔逃往英国。

3 月 3 日，政府做出决定，不许在逃亡者名单上再增添新的名字，即 1799 年 12 月 25 日以后出国的人不以逃亡者对待，允许所有逃亡者回国。于是，公开的保王党人、立宪派人士、雅各宾党人以及几次政变中逃亡国外的人士纷纷回国。拿破仑对亡命者的宽容态度使保王党分子对他产生了幻想，他们希望与拿破仑合作，一起恢复波旁王朝。

2 月 20 日，普罗旺斯的一位伯爵（即以后的路易十八①）先后给拿破仑写信请求他支持保王党，但拿破仑断然拒绝了他。保王党一计不成，又生一计，他们派遣美艳动人的德·吉什公爵夫人前往拿破仑在巴黎郊区的宅第马尔梅松。约瑟芬设午宴款待了她，席间谈到伦敦，谈到流亡者以及波旁王朝的亲王们，这位美丽的夫人转达了亲王们的意思：如果第一执政重建波旁王朝，亲王们将在卡鲁塞尔凯旋门那里建筑一座有拿破仑铸像的巨大圆柱。拿破仑迅速回答道："第一执政的尸体将是这圆柱的座基。"当天夜里，德·吉什公爵夫人就接到了离开巴黎的命令。既然收买不成，王党分子决定采取另一种手段。

圣诞节前夕，在拿破仑乘车前往剧院的途中，有人曾试图用炸弹谋杀他。

这天晚上，巴黎歌剧院安排演出海顿的清唱剧《创世纪》。拿破仑决定携全家人去欣赏这部杰出的歌剧。晚上 7 点左右，当他们来到圣尼凯斯大街中央时，为马车开道的骑兵发现路上有一辆马车挡着，上面用绳索结结实实地绑着一只木桶。卫队长下令将马车推到右侧房檐下，拿

---

① 路易十八：法国波旁王朝复辟后的第一个国王。路易十六的弟弟，路易十五之孙。1795 年至 1824 年在位期间，他有一大段时间居于国外。

破仑的马车夫等得有点不耐烦了，使劲扬鞭催马，马像离弦的箭般向前奔去。马车还没走出 200 米，装满炸药和弹丸的桶便轰隆一声炸开，当场炸死 20 人，伤 60 人。拿破仑的车子差一点翻了，车玻璃被震得粉碎，但拿破仑和随从人员平安无事。约瑟芬则因梳妆打扮取披肩耽误了时间，爆炸之后才到达圣尼凯斯街。

座无虚席的歌剧院内顿时人声鼎沸，人们纷纷议论刚才的爆炸事件。就在这时，拿破仑非常镇静地走进歌剧院，观众们立刻全体起立欢呼："第一执政万岁！"

朱诺贴近他耳边汇报说，炸弹的目标是他，拿破仑用失望的口气说："仅仅为杀掉一个人就使那么多人死于非命，真是残暴。"他没有看完这幕剧就离开歌剧院，回到了杜伊勒里宫。

为了镇压恐怖活动，拿破仑在全国范围内采取了坚决措施，逮捕、审讯、枪决、流放一批又一批保王党分子和雅各宾党人，雪月 3 日的谋杀者也被送上了断头台。

拿破仑的铁腕统治很快就重建了法律的秩序。

第九章　群起而攻之

再次伐奥

在拿破仑上台前，法国的统治者们在大革命中反复较量，使人民经受了 10 年动乱，也导致了经济衰退。拿破仑掌权后，除了立即着手整顿全国的财经并组建法兰西银行之外，便是筹钱备战。法国仍然在与奥地利开战，奥地利占领了法国手中的一些前意大利省份，拿破仑决定将它们夺回来。

成为第一执政不到 7 个星期，拿破仑便动员民众为莱茵军团和意大利军团建造军需仓库、大炮，充实兵员。同时，从埃及的东方军团中抽调 4 名最好的指挥官德塞、达武、维亚尔和拉尼斯回到法国，组建"预备军团"，并指示剩下的东方军团继续控制法国在埃及占领的省份。

在国内局势稳定之后，拿破仑立即着手解决来自国外的第二次反法同盟的威胁。他一方面准备对奥地利的进攻，一方面又向反法同盟各国伸出了绿色的橄榄枝。

1799 年 12 月 25 日圣诞节，他分别向英王乔治三世和奥皇弗兰西斯二世发出了彬彬有礼的外交信，提议立即停战媾和。然而，他们都知道拿破仑的野心和真正意图，知道他在国内大肆扩军，因此，无论是弗兰西斯二世还是乔治三世，都认为拿破仑当时的倡议不过是想要削弱第二次反法同盟的一条诡计而已。

得到英、奥两国拒绝和谈的答复后，拿破仑反倒高兴起来。他此时正在酝酿他的军事计划，通过由马塞纳指挥的意大利军团实施机动作战来吸引皮埃蒙特境内奥军的注意力，而新成立的预备军团将经瑞士过阿尔卑斯山，直取奥军后方。与此同时，莱茵军团也将通过黑森林南侧，过瑞士东部各州，切断敌军与奥地利本土的最后交通线。1800年1月25日，拿破仑对他的陆军部长贝尔蒂埃下了一道命令："我要组成一个预备军团，由第一执政亲自指挥。它应分成3个军，每军又分两个师。"3月初，预备军团在第戎组成，表面上看是作为莱茵军团的增援。

与此同时，反法同盟军也有计划：奥军力图迫使马塞纳迅速投降，以便大军西指，攻入尼斯、普罗旺斯，甚至攻入萨伏依，包围絮歇的部队，并煽动法国南方的保王党人发起一次大规模叛乱。奥军还得到了英国的许诺，准备派兵援助。这些英国部队将在地中海沿岸某地登岸，并对絮歇的侧翼或后方予以袭击。

拿破仑分析双方形势后，很快发现反法同盟军的作战计划违反了战略上的一条根本规则，他们把一支庞大的兵力置于敌人可以从后方予以打击的位置上，这个后方就是瑞士。他认为，进攻这个后方，定会事半功倍，旗开得胜。

因此，整个战略行动计划的关键在于奥军总司令梅拉斯将军，必须把他尽可能长时间地钉死在皮埃蒙特的阵地上，以便预备军团能从阿尔卑斯山背后对他迂回包围。而最适合执行控制奥军主力任务的人是马塞纳。3月5日，拿破仑派人送信给马塞纳："在三四月间，假如我是你的话，我就要把兵力的五分之四约4万人摆在热那亚，这样我就不怕敌人夺取热那亚了。"

战争的每个过程都险象环生，事态的发展正如敌人的计划一样。4月，梅拉斯的奥军把萨沃纳附近的法军截为两段，絮歇的部队被迫向尼斯撤退，被赶回到瓦尔河畔；马塞纳的部队也被奥军主力围困在热那亚要塞内，处境十分困难。此时，拿破仑没有顺应敌人的设想，先去援救在热那亚陷入困境的马塞纳部队，而是从瑞士经过大圣伯纳德山口进入意大利，从后方袭击梅拉斯军队，夺取他的各个仓库、辎重库和医院，截断梅拉斯和奥地利的联系，迫使梅拉斯在被动的状况下运动作战，两头难顾。执行这个计划要求行动迅速、极端秘密和非凡的勇敢。但是，到处都有英国和奥地利的间谍，为了瞒住他们，或者把他们引入歧途，拿破仑决定制造假情报。

4月初，外国间谍在第戎发现了许多没有军队的司令部。这个所谓的预备军团只有3 000~6 000人的新兵和服役过期的老兵，其中还有一些残废军人。这些情报飞快地传到伦敦、维也纳和意大利，人们得出一个结论：预备军并不存在。

在政府内部，拿破仑也应用了一些策略。新宪法中的一条规定使第一执政在战场上指挥军队为非法，因此，拿破仑在4月2日发布了一道新的执政令：任命陆军部长贝尔蒂埃将军为预备军团总司令，卡尔诺继任陆军部长。这样，拿破仑就躲过了新宪法对其军事行动的限制，通过任命自己的亲信为名义上的司令而智胜了他的政治对手，把预备军的实际指挥权控制在自己手里。

与此同时，在法国东南部，一支真正的预备军正秘密而迅速地集中在瑞士边境。拿破仑坐镇巴黎，通过卡尔诺向贝尔蒂埃下达了一连串命令，贝尔蒂埃则百分之百执行。不久，拿破仑接到贝尔蒂埃从日内瓦发来的急件，要求他迅速赶赴军营，拿破仑决定离开巴黎。这时，马塞纳的处境日益危急，向拿破仑请求援助。5月5日，拿破仑给马塞纳回信，希望他至少能坚守到5月30日。5月6日凌晨2点，拿破仑一行出发了，强大的预备军在瑞士边境等着他。这支预备军有6.2万人，编成了4个步兵师，分别由包德、沙布南、罗森和华亭指挥，一个骑兵师由缪拉指挥。

5月间，阿尔卑斯山仍大雪封山，各山口均无法通过。拿破仑下令把部队一分为四：他亲率3万人的主力，蒙塞率1.5万人的左翼经由圣哥塔出山，杜劳率5 000余人的右翼取道切尼山方向，左右两路军均配合主力行动；沙布南率5 000余人穿越小圣伯纳德山口，与主力会合于奥斯塔。

5月7日，拿破仑在日内瓦会见了派去探测圣伯纳德大山口的工程师马来斯戈等人，马来斯戈如实地向拿破仑汇报了军队经由圣伯纳德大山口进入意大利的种种困难和骇人情景，但拿破仑仍一往无前。

大队人马和大炮绵延 10 余英里，犹如一条灰色的长蛇，在高山深谷中缓缓移动。到处都是悬崖峭壁和厚厚的积雪，部队只好沿怪石嶙峋、堆满积雪的山脊强行前进。大炮和弹药的运输最为困难，原先准备用来搬运大炮的雪橇已经完全不顶用了。炮兵司令马尔蒙想了一个很巧妙的办法：把松树干按尺码锯断，锯成两半，将中间掏空；然后从炮车上将炮管卸下，装在掏空了的树干中捆好，炮尾朝前，炮口朝后；再在炮尾环上系上绳索，由身强力壮的士兵拖着它前进，架炮的车轮则由骡子驮着行走。经历种种艰难困苦，拿破仑率领这支 3 万人的队伍顺利穿越了阿尔卑斯山圣伯纳德大山口，创造了军事史上又一个奇迹。

5 月 13 日，拿破仑收到马塞纳在 4 月 29 日发来的告急信，他当即回信道："全军都在行动……我深知你处境困难，但使我最放心的是你还坚守在热那亚。"

5 月 16 日，拉纳前锋抵达秀丽的奥斯塔山谷，其他部队接踵而至。至此，拿破仑的军队还不曾遇到任何抵抗，梅拉斯将军仍蒙在鼓里。17 日，法军抵达沙蒂隆，在这里遇上了小股奥军。由于仓促应战，加上兵力悬殊，奥军很快败北而逃。

5 月 21 日，法军攻占了伊夫里亚镇，俘获 300 名奥军和 14 门大炮。此时，梅拉斯还不知道他遥远的后方正在受到法军的袭击，而保卫多拉·巴蒂亚河谷的 3 000 守军兵力分散，一部分在巴尔德堡，其余的在伊夫雷阿。当他得知一支强大的法军已经通过大圣伯纳德山口的消息时，十分恐惧不安，仅留下 1.8 万人与坚守瓦尔河的絮歇对峙，他亲自率领其余兵力直驰都灵。米兰即将受到威胁，这时，他才看出自己所处的险境，忙把所有能调回来的兵力全部调回，以救援曼图亚。

这时，巴尔德堡的奥军仍在固守，法军的步兵可以绕过它，但炮兵无法通过，而热那业城的处境已经万分困难，人们到处搜求马、狗、猫、鼠等用以充饥。拿破仑等了 3 天，巴尔德堡仍未投降，拿破仑终于按捺不住了。

5月23日，拿破仑亲自来到一处可以俯瞰巴尔德堡炮台的高地，他匍匐在灌木丛中，仔细观察自己部队的炮台。他以不快的口气指出进攻部队的几个布防错误后，在作战图上标明两个地点并让他们在那构筑一些新炮台，命他们从这两个方向发射炮火。6月1日，巴尔德堡终于投降。法军主力和炮队终于走出阿尔卑斯山区，皮埃蒙特平原就在眼前。

随后，拿破仑根据敌情变化，决定用主力部队直取米兰与蒙塞部会合，然后迂回到奥军背后，切断其联络线，形成战略包围的作战方案。但这可能导致局部将有较大损失，热那亚的马塞纳部不得不被放弃。

拿破仑于5月26日抵达伊夫雷亚，随即分派各部大军去占领指定地点：拉纳的军团进逼都灵，掩护主力右翼，并夺取波河上的渡河点；缪拉进占波河南面的皮亚琴察，以切断奥军的退却线；主力则直取米兰。6月2日，法军进入米兰时受到了亲法派的狂热欢呼。

奥军主将梅拉斯于5月底确信拿破仑已率军横越阿尔卑斯山。起初他以为拿破仑的预备军只有六七千人，得知法军的实际数目及出现地点和方向后，他惊慌不已地叫道："他们简直是一群会飞的动物！"他判断法军主力会南下都灵，便留下奥特部继续围攻热那亚，自己率主力北进都灵。等到法军主力进占米兰后，他才大呼上当，立刻在亚历山大里亚集中兵力，准备迎战法军。

6月4日，热那亚的马塞纳弹尽粮绝，只得率领8 000名饥饿疲乏的守军，体面地打着军旗，通过奥军的阵地撤出。这比拿破仑要求的时间延长了5天。

6月7日，拉纳和缪拉均已渡过波河，向亚历山大里亚前进，途中只遇到了轻微的抵抗，拉纳还占领了重要的斯特拉代拉交叉路口。次日，拉纳奉命向西南方向通往亚历山大里亚途中的沃格纳推进。6月9日清晨，拉纳军的前卫华亭师与奥特军的前卫遭遇。维克多率沙门巴克师前去支援拉纳，结果在卡斯特吉奥爆发了一场持续9个小时的激战，奥军大败并被逐回小村芒泰贝格。

6月10日，拿破仑和贝尔蒂埃渡过波河，并在斯特拉代拉建立了军团司令部。这时，德塞也来了。拿破仑把新组成的一支部队交给他指挥，包括包德师和莫尼尔师约8 900人，另有拉纳军5 100人，维克多军9 000人。这3个军加上缪拉指挥的4个骑兵旅（共3 700人），构成了拿破仑在波河南岸的作战力量。拿破仑把他们集中部署在沃格纳附近。第二天，他下令以5英里宽的正面进攻继续向斯克里维亚河推进，拉纳军在右，指向卡斯特洛诺；维克多军在左，指向托尔托纳；德塞军在蓬特库隆做预备队。每一个军都配一个属缪拉师的骑兵旅。

6月13日下午，法军左翼先头部队的加尔达内师在亚历山大里亚东南5英里处的马伦哥附近与奥军相遇，经过8个小时的激烈战斗，奥军战败，向亚历山大里亚退却。在亚历山大里亚东南2.5英里处，有一个小村叫马伦哥，维克多军的前卫加尔达内师在那里遭到了奥军一支后卫部队的拦阻。由于天色已晚，敌情不明，法军停止了前进。拉纳军和维克多军在卡斯特尔切利奥洛与马伦哥之间2英里宽的阵地上宿营。

芒泰贝洛小村的一仗，使战后的亚历山大里亚一片混乱。奥军统帅部见其战线与军火库隔绝，陷入拿破仑军和絮歇军之间，茫然不知所措。几经考虑，梅拉斯在6月11日派出一支强大的分队对付絮歇，其余奥军则继续以博尔米达河和亚历山大里亚城为掩护，准备迎头阻截法军的进攻。6月13日，奥军统帅部经过激烈的争论，决定乘拿破仑兵力未集中之机突破法军的封锁，重新打开与维也纳的交通。

拿破仑于天黑之前赶到马伦哥，派了一名参谋去察看博尔米达河上的桥梁是否完好。这位军官谎报说该桥已遭破坏，这使拿破仑更加深信梅拉斯正在撤离亚历山大里亚。

这天夜里，马伦哥平原上死一般的寂静，这使拿破仑产生了一个错觉，以为梅拉斯已经溜之大吉。于是，他在6月14日清晨命令担任预备队的拉波普师渡过波河，向瓦伦察方向搜索，以阻止奥军逃窜；克勒曼的骑兵旅也被派往位于沙里的右翼。同时，他又派人通知德塞，令他继续南进，率领5 300人马开往热那亚，以切断奥军的退路。就在这时，一场未酝酿成熟的大战突然爆发了。法军只有 1.8 万人，却要对抗 3.1 万奥军的进攻。

马伦哥村有着十分弯曲的博尔米达河和丰塔农讷河的陡峭河岸以及遍布于整个平原的村落，使得向守敌正面进军极为困难。

6 月 14 日上午 9 点，亚历山大里亚的奥军倾巢出动，如潮水般涌过博尔米达河。河上的桥梁不仅没有被破坏，而且又出现了两座新浮桥。奥军以排山倒海之势直扑法军阵地，很快把法军前卫逼退到马伦哥村头。马伦哥的维克多军 9 000 人受到奥军 2.8 万人、100 门炮的猛烈攻击。维克多顽强抵抗，但情况万分危急。克勒曼的骑兵也对奥军中冒进的一部分骑兵迎头痛击，把他们赶进了深深的丰塔农讷河。

拿破仑从激烈的炮声中得知奥军发起了进攻，大吃一惊，忙下令维克多死守马伦哥，并急令已经南下的德塞师迅速回援。维克多军凭借博尔米达河支流顽强抗击着奥军优势兵力的猛烈进攻，暂时阻挡了奥军前进。

上午 10 点，奥军再次倾全力展开进攻，法军无力抵挡，节节败退。一个小时之后，拿破仑赶至前线，命令他那 1 000 人的近卫军迎击奥军，他自己则率半个旅亲自参加右翼战斗。同时，他还将唯一可供使用的预备队全部投入了战斗。

奥军主将梅拉斯也亲临战场，其所乘战马连续被炮弹击毙两匹，但他仍挥师猛击，终于攻下了马伦哥。法军先后组织了 4 次反击，阵地几次易手，但在敌人的大炮轰击和骑兵冲杀之下，逐渐不支，终因寡不敌众，忍痛放弃马伦哥。

下午 2 点，维克多军溃散，拉纳军亦做有秩序的撤退，平原上布满了法军的尸体。下午 3 点，梅拉斯认为大局已定，欣喜若狂，立即派出一名信使前往维也纳报捷，报告奥军在马伦哥平原大获全胜。现在，拿破仑已没有任何预备队，只能盼望德塞快点到来。

奥军前线指挥官是梅拉斯的参谋长查赫，他没有下令对法军立即追击，而是让奥军整批整批地休息和用饭。酒足饭饱之后，他才派出

5 000人马，排着密集队形，打着军旗，吹着军乐，不慌不忙地去追击法军。面对败局，拿破仑极为镇定，下令任何人不得继续后退。

下午5点，德塞终于率领包德师赶到了。他建议立即使用炮兵来阻止奥军进攻。于是，战场形势由退却转为进攻。

法军的反击开始了。马尔蒙用新到的13门大炮加强了他的5门大炮阵地，对着敌人的密集队伍猛烈轰击。奥军顿时队形大乱。德塞抓住时机，率领隐蔽在村庄和一座小山后面的一个师向奥军猛扑过去，克勒曼的重骑兵也向奥军侧翼大举进攻，使奥军进攻的队伍一下子被切成两段。

奥军全面败退。战场上一片混乱，突然一颗子弹飞来，正中德塞的心房，使这位勇将当场阵亡。顿时，法军愤怒了，冲击更加猛烈，炮火更加密集。不到半个小时，奥军便由一支神气十足的胜利之师变为狼狈逃窜的乌合之众，他们有的中了霰弹，有的被马刀砍倒；没有倒下去的奥军，或狼狈逃窜，或成百上千地举手投降。

奥军的失败导致了全线溃退，他们被迫放弃马伦哥，继而涌向博尔米达河，争相逃命。法军一鼓作气、锲而不舍地对奥军进行追击，直到夜幕降临才停止。

法军能够反败为胜，无疑是军事史的一个特例——抓住了反击的最佳时机，但换来的也是惨胜，法军伤亡约6 000人，奥军损失1.4万人。

战后，面对德塞的尸体，拿破仑久久伫立，含泪说道："法国刚刚失去了一位最优秀的卫士，我失去了一位最好的朋友，谁也不理解德塞那可贵的心地和天才的思想。如果今天能拥抱德塞，那该有多好啊！"

6月15日上午，梅拉斯见大势已去，便派出使节向拿破仑求和，双方签订了《亚历山大里亚条约》，整个北部意大利回到法国手中。马伦哥战役转败为胜虽在瞬息之间，但一局定胜负，付出的代价还是值得的，意大利境内的战事暂告结束。

6月24日，拿破仑从米兰出发，经由悉尼西奥山口，翻过阿尔卑斯山，到达里昂再转到巴黎。沿途每个城镇的入口处都竖起了凯旋门，每个乡镇都派出代表前来拜谒拿破仑，颂扬第一执政的丰功伟绩。巴黎人的热情超过了一切有记载的凯旋典礼。

风云变幻

马伦哥决战摧毁了奥地利人的士气。在亚历山大里亚停战协议中，拿破仑提出了较为苛刻的条件：奥军撤至阿迪杰河以东地区，河西地区包括堡垒等一切军事设施全部让给法军。双方还同意在阿迪杰河以西地区设立一个非军事地带，以隔开法、奥两国兵力，双方停止敌对行动直到签订和约为止。梅拉斯的残余部队平安地撤到曼图亚的后方。一年来，反法盟军所取得的一切胜利都被拿破仑的这次进军一扫而光。奥地利王室和维也纳人民刚刚收到马伦哥全胜的消息，又收到了惨败的消息，一下子由欢天喜地变得垂头丧气。

马伦哥战役后的拿破仑希望欧洲能够暂时实现和平，这不仅符合法国的利益，也符合他自己的利益。经过近 10 年的战争，法国人民已经厌恶打仗，渴望和平的情绪更加激烈了，拿破仑刚刚执政半年，地位还不稳固，在他远征意大利期间，国内的雅各宾派和保王党人一刻也没有停止过推翻执政府的活动。加上连年战争使得国库空虚、财政恶化，拿破仑决定采取外交手段来寻求与欧洲各国的和平。现在的首要问题是必须解决迫在眉睫的国际争端和矛盾。

恰巧俄国的保罗沙皇实在无法忍受英国人绅士般的傲慢，向拿破仑送来了温情的一瞥。拿破仑也很快发现俄国与英、奥之间的微妙关系：保罗皇帝抱怨奥军和英军没有给他的军队以支援，致使其军队精锐损失殆尽；他同时责备维也纳内阁在攻占皮埃蒙特以后不允许撒丁国王复位，毫无崇高宽宏的理想，全然为自己的私利所支配；他也抱怨英国人占领马耳他以后便据为己有，没有让耶路撒冷的圣约翰骑士团复职。于是，拿破仑决定对沙皇的温情予以热情的回应。多国和谈出现了一线希望。

但由于英国仍未被击败，奥地利又宣称在 1801 年 2 月以前绝不单独签订和约，国际政局的复杂多变，致使和约谈判一再拖延。

法、英之间的马耳他战役仍在继续，被拿破仑甩下的埃及东方军团至今还在孤军奋战。1800 年 9 月，英国的基思勋爵攻占了马耳他岛，法国与埃及的交通进一步受阻。这时，英国又给奥地利提供了 200 万英镑的津贴，在英国的压力和诱惑下，奥地利产生了重启战端的念头。

拿破仑得知后十分愤怒，遂于 11 月 5 日下令取消休战，并在两个战场同时恢复战争行动。莫罗将军于 12 月 3 日在霍恩林登主动进攻，在多瑙河战场大败愚笨无能的约翰大公。在意大利战场，麦克唐纳奉命在隆冬穿过施普鲁根山口，从特兰提诺河推进到波尔萨诺。奥地利的种种希望随着军事失败而破灭，只得争取在最好的条件下缔结和约。

1801 年 2 月 9 日，法、奥两国在吕内维尔签订了正式和约。条约规定：法国保留比利时和莱茵河左岸，结束了统治欧洲已有数千年的神圣的罗马帝国；在意大利，奥地利则获得阿迪杰河以西的威尼斯领土作为补偿。伦巴第变成了意大利共和国，巴马、摩德纳和托斯卡纳等公国均并入其版图。巴达维亚、黑尔维谢、意大利和利古里亚共和国在名义上都被承认为独立国家，但实际上受法国支配。

同时，为了争取俄国的支持，拿破仑回到巴黎后，给沙皇保罗写了一封信，提出：如果法国驻马耳他岛的守军由于被困绝粮而不得不撤出时，他将把该岛交给沙皇，让他以圣约翰骑士团大统领的身份代为照管。他还把 1799 年俘获的俄军，一律穿戴整齐、武装齐备地遣送回去。这让沙皇和彼得堡感到十分满意。沙皇派出卡利切夫前往巴黎，为建立一个法、俄联盟进行谈判。拿破仑笼统地答应将让撒丁王重返故国，并让罗马教皇也恢复其属邦。俄国方面，沙皇给拿破仑提了一个诱惑性很大的忠告，劝他建立一个王朝，以结束那些引起全欧反对法国的革命原则。沙皇保罗还主动提出，要承认法国的自然疆界，即莱茵河与阿尔卑斯山滨海支脉，但他声明德意志的事务应通过他自己的调停来处理。

双方很快就达成了一笔交易，法国与俄国携起手来，以求共同控制中欧和南欧事务，与英国的海上霸权相抗衡。保罗一世于 8 月 29 日宣布了一项针对英国所有船舶的封港令，并出面组织了由瑞典、丹麦和普鲁士参加的对付英国的保护中立国联盟，把英国从波罗的海排挤出去。拿破仑的政策也是超过欧陆范围而面向海洋的。英国人既然据海称雄，就必须在海上把他们打败。

这时，拿破仑还时时牵挂着埃及。他和英国的格伦维尔交涉，要求让他在埃及的军队能得到粮草补给。但是，格伦维尔勋爵拒绝了。于是，拿破仑力图煽起沙皇对英国立下的那套航海条例的怒火。他的计谋成功了。为了使法、俄联盟具有实际意义，保罗一世提出计划：在俄国的阿斯特拉罕集中3.5万俄军，同样数目的法军应进军多瑙河河口，然后乘坐俄国船只向亚速海出发，在里海与俄军会合，驶往里海南端，登陆后同伊朗和阿富汗联合起来，共同把英国人赶出印度。

就在拿破仑装腔作势地迎合沙皇的计划时，突然传来消息：保罗一世于1801年3月11日在米海洛夫宫被人勒死。这使拿破仑争取俄国所取得的一切成果全都化为泡影。

新即位的沙皇亚历山大转而与英国交好。但不管形势如何变化，拿破仑在战场和谈判桌上所取得的胜利仍使得反法联盟分崩离析，奥地利已暂时退出战争，他现在仅剩下英国需要对付，但在这方面他却受困于英国的海上实力。

1801年3月，英国的阿贝克隆比在亚历山大港的胜利，终于使法国东方军团在秋天撤出了埃及，彻底打破了拿破仑向东方扩张的美梦。4月2日，丹麦海军在哥本哈根与纳尔逊决战时覆没，使拿破仑拼凑北欧同盟以损害英国商业利益的企图也严重受挫。因此，拿破仑转而巩固自己在国内的地位并重整法国的财经资源，以备来日再与英国一决胜负。

矛盾重重

对于英国人的海上力量，拿破仑早在远征埃及之前已有清醒的认识。他对英国的分析不仅限于军事，还对其经济等方面的形势做过一些具体的分析研究。现在这个人口不足1 800万的小国，负担的国债竟高达5.37亿英镑，年息开支在2 000万英镑以上；而在这1 800万人中，还有三分之一的爱尔兰人对最近强加于他们的合并法令公开表示了不满。在与法国交战的数年间，英国每年的财政支出从1792年的1 985.9万英镑激增至6 132.9万英镑。这就必须对收入在200英镑以上的公民征收10%的所得税。有钱但十分小气的英国人实在不愿将非常值钱的英镑扔在旷日持久的对法战争中。1801年，支持对法国采取强硬立场的英国首相小威廉·皮特由于国内的宗教问题而退阵，由支持对法融合的亨利·阿丁顿组成新内阁。国内朝野的求和愿望，使英国在谈判开始时便做出了令拿破仑暗自窃喜的让步。

1801年10月1日，英、法两国代表在伦敦签订了预备和约条款。

在这个条约中，英国人做出了大量的让步，但这个条约只是英、法双方的初步意向，它必须转为正式条约才有效。这一任务在英国方面落到康华里侯爵身上，在法国方面则全权委托给了约瑟夫·波拿巴。

英国关于马耳他的官方声明既清楚又实际：这个海岛要还给圣约翰骑士团，并置于法、英以外的第三国的保护之下。霍克斯贝里勋爵提出俄国为保证国，沙皇有权做骑士团的庇护人。这件事已由最近俄国与骑士团签订的一项条约予以肯定，因此也只有霍克斯贝里的提议才是真正可行的。

但约瑟夫马上对这两个提议表示异议。尽管那不勒斯国王始终声称他对马耳他拥有宗主权，但在两个大国之间，他还够不上做个令人满意的担保人。所以，他提议快刀斩乱麻，用炸毁瓦莱塔要塞的办法一举解决这个问题。但岛上那样大规模的要塞工事，原是基督教国家对付北非海盗的堡垒，现在把它炸毁实际上等于把瓦莱塔拱手交给那些危害地中海地区的海盗。

由于英国政府现在的首要目标是与沙皇维持良好关系，因此驻圣彼得堡的法国公使正竭力阻止沙皇与英国政府言归于好，英、俄之间关于马耳他的旧争端可能被重新挑起，从而促使拿破仑与亚历山大之间达成谅解。新沙皇感情用事的自由主义思想使他倾向于与法国联盟，而他的个人性格也使他热衷于巴黎善于随机应变的政策，厌恶英国朝廷拘谨的合法主义。鼓吹法、俄联盟的人把希望寄托在两件事上——马耳他岛问题和重新提出多巴哥问题的可能性。拿破仑坚决拒绝英国提出的由英国保有多巴哥以补偿上述费用的建议。英国政府既然没有把它保有多巴哥的要求写入伦敦的初步条款中，当然绝无希望再次取得那个岛屿来交换一项本身就颇成问题的让步。法国政府已决心采取一项激进的殖民政策和海洋政策。

法国坚持要求在纽芬兰岛、东印度和西印度群岛扩大势力范围，它在圣多明各所从事的规模巨大的远征以及在澳大利亚进行考察的种种企图，都引起了英国政府的疑虑。因此，谈判进展得十分缓慢。西班牙和荷兰认为这个条约将把便宜的事全归法国，而把吃亏的事留给法国的盟邦，所以迟迟不派代表参加亚眠和会，最后还表明决心，拒绝放弃特立尼达和斯里兰卡。

拿破仑在接见英国全权代表康华里时，满口答应将尽量为荷兰前总督出力，但却拒绝考虑撒丁国王的要求，因为这位国王曾求助于沙皇，使他本人大为不悦。奥伦治亲王的情况则有所不同，他是法国及民主势力在荷兰取得胜利后的牺牲品。英王乔治三世对这位遭遇不幸的亲王深表同情，因此替他向拿破仑发出强烈呼吁，以打动他的恻隐之心。现在只剩下把法国在西沙尔平共和国的主宰地位加以合法化一事了。这个共和国的领土东起阿迪杰河，西至提契诺河，北迄阿尔卑斯山脉，南抵鲁比肯河。马伦哥战役以后，这个新成立的国家由一个临时机构治理，在首都米兰指定了委员会管理民政事务。拿破仑还与这个委员会及驻在巴黎的使节马雷斯卡尔奇商讨了一部宪法。

对于更为棘手的萨伏依王朝①问题，英国政府认真地做了努力，但未获成功，英国坚决拒绝在拿破仑给予萨伏依王朝补偿之前，承认他最

---

① 萨伏依王朝：欧洲历史上的著名王朝，曾统治萨伏依公国、撒丁王国，也是1861年至1946年统治意大利王国的皇室。

近在意大利建立的新政权，即伊特鲁里亚王国和利古里亚共和国。英国拒不承认，是根据任何谈判者都奉守的信条：只要得不到对方相应的让步，就不让对方如愿以偿。英法两国抱着同样的态度，除了相互激怒以外，没有什么别的结果。但是权衡得失，自然还是拿破仑得到的好处多些，因为他要求的只是英国政府承认伊特鲁里亚和利古里亚的既定事实，而康华里不得不加以维护的却是流亡王公的利益，维护已经永远消逝的旧秩序。在双方代表进行的这次马拉松式的谈判中，拿破仑一举解决了意大利问题，确立了法国及其本人在意大利的主宰地位。

1802年3月25日，法国全权代表约瑟夫以及西班牙、巴达维亚①全权代表与英国全权代表康华里勋爵签订了《亚眠和约》。和约规定：英国除特立尼达以及锡兰岛上荷兰属地外，必须将法国大革命以来所占领的一切殖民地归还给法国以及附庸国（荷兰、西班牙）；马耳他岛应归还给马耳他骑士团，并保证马耳他的独立与中立；英国必须退出它在地中海和亚得里亚海占领的所有港口和岛屿；法国应从埃及和罗马撤军，把罗马和其他教皇领地归还给罗马教皇。

《亚眠和约》实际上只是一个休战条约，并没有真正解决英、法两国在经济、政治、势力范围上的长期矛盾，所以双方均无意切实履行和约中的条款。在英国方面，这一条约的签订使英国深感沉重，他们没有从拿破仑手里夺得他占领的欧洲任何一块地方。然而，英国并不是战败国，只是由于孤立才被迫做出如此重大的让步，所以无意执行和约中对英国不利的条款。在法国方面，这个和约不仅不可能带来长久的和平，反而使拿破仑的野心无限制地膨胀起来，他并不满足于已取得的欧洲主宰地位，他的眼睛穿过万山重洋，望到了地球的另一边。他要建立一个比亚历山大帝国更为宏大的世界性帝国，实现他的帝国之梦。

---

① 巴达维亚：1795年到1806年，在现在的荷兰领土上建立的一个法兰西第一共和国的傀儡国，其前身是荷兰共和国。

第十章　家国难齐治

改革立法

要想重建法兰西殖民帝国，首先必须全面改造法兰西。拿破仑从战场上抽出身来，迅速投入国家建设中。

那些松散惯了的官员，很快便发现他们是在一个精力如此充沛、头脑如此精明、工作又如此负责的巨人领导下工作，于是也不自觉地被卷入一股创业的洪流中。

拿破仑执政时期的一项伟大事业，就是重新整理法国的法律，编成法典。他下令起草新的法典，保障私有财产，同时起草了民法、刑法和商法（于 1804 年 3 月生效的著名的《民法典》就是从这个时候着手准备的，《民法典》又称《拿破仑法典》），拿破仑参与了每一条法典条款的讨论。他扩大了法国公民权的范围，尤其重要的是，他加强了父系的权力，从而巩固了法国人的家庭组织。他把男子结婚的法定年龄提高到 18 岁，女子提高到 15 岁；并且规定新娘必须在结婚典礼上重述法定的要服从丈夫的词句，做丈夫的有责任保护和赡养妻子。他决定把离婚的理由从 9 种减少到 4 种——通奸、虐待、被判处不名誉的刑罚以及双方同意。其中，"双方同意"这一理由，必须在结婚后至少两年才能提出，而且要满足各种要求方能成立；但对于已结婚 20 年以上者，不能以此作为离婚理由。拿破仑力图使收养行为带上十分严肃庄重的色彩，他宣称这是一种最为伟大的行动，但为了避免使人们因此而不愿结婚，明确规定独身者不能享有收养的权利。

政治体制建设中急需处理的首要问题是地方政府问题。在确定全国人民已经接受新宪法的当天,拿破仑马上向立法机构提交了一份关于管理各郡事务的法律草案。新的法律规定以中央直辖的地方政府代替地方自治。地方行政区域的划分仍然照旧,但是被国民公会所废除的"专区"又恢复了,不过范围比以前稍大一些,现改称为县。同时,县以下的公社也恢复了。

现在郡守的权力比旧王朝时代的省长大得多,因为后者还受省高等法院的牵制,而现在由第一执政任命的郡守则只需应付徒有空名、毫无实权的郡议会而已,但手中真正掌握着地方实权。拿破仑建立中央集权的行政体制,是为了将庞大的法兰西充分地组织起来。

1802 年 5 月,拿破仑不顾过去的雅各宾党人和拥护共和的护民官的反对,创立了荣誉勋位。他提议设立荣誉军团,由 15 个大队组成,每个大队有将官、指挥官、军官和荣誉军团团员。该团事务由拿破仑亲自主持的专门委员会管理。每个大队获得"国家封地",每年有 20 万法郎的地租收入,按等级分发给每个成员。凡已获"荣誉勋章"的人都是荣誉军团团员。凡"在争取自由的战争中对国家有重大贡献"的军人,凡"以其学问、才干和德行帮助建立或捍卫共和国原则"的文职人员,都有希望获得现在提供的勋位和奖赏。

拿破仑还积极寻找有效途径,解决国内的宗教问题。拿破仑本人对任何宗教都缺乏深厚信仰,但他深深地感到需要依靠宗教来维护道德和巩固社会导向。出征意大利时期,他见到法国正统派教士为求问心无愧而流亡在外,甘于贫困,不禁惊叹不已。他宣布对这些被流放的教士采取保护政策,欢迎他们回国。他还取消了过去强迫教士宣誓的做法,他们只需保证忠于宪法。

马伦哥之战的胜利,使拿破仑得以实施与梵蒂冈和解的计划。他通知一位伦巴第主教,说他愿意和即将进入罗马的教皇庇护七世建立友好关系。这位教皇在罗马得到了拿破仑的保护,不久便恢复了对教皇各属邦的主权,只是没有恢复对教皇领地的主权。巴黎与梵蒂冈之间的谈判，主要由一位精明强干的教士贝尼埃两边奔走。谈判所遇到的第一个难题是要法国教会的主教们辞职，第二大问题是教会的土地。

拿破仑指出，不管是正统派还是宪政派的主教，都应向教皇辞去圣职，否则便由教皇下令免职。他声称：只有两派的主教都辞职后，才能重新选择符合要求的人。尤其专断的意见是：教会应放弃它对被没收的领地的一切权利要求。现在拿破仑不但在努力改造法国人的思想，而且还想改造罗马这座"不朽城市"的思想。

当条约最后定稿时，塔列朗这位嘲笑宗教的君子，说拿破仑是一切教会权利的死敌，同时亦深感自己不宜逗留，便借故到外地疗养去了。随后，又由两个同样坚决抵制签署这项协议的人去继续谈判：一个是国务部长马雷，另一个是后来担任法国国家档案局局长的奥特里夫。他们决定向红衣主教孔萨尔维提出一份与业已达成的协议大不相同的条约草案，而且是在已经正式宣布即将签署条约时提出的。

孔萨尔维面对这一意外的变故，一时愣住了。尽管如此，他还是对关键问题争论到底。经过一再拖延，终于在 1802 年复活节批准了该条约草案。其主要内容是：法国政府承认罗马天主教是法国绝大多数人的宗教，尤其是执政者们的宗教，但拒绝按照 1789 年前的旧制度那样定为国教；在法国，公民可以自由、公开地进行罗马天主教的一切活动，但必须遵守政府为维持公共安全所颁布的治安条例；对大主教教区和主教教区重新做了划分，法国总共分为 60 个主教区；第一执政享有提名主教的权利，主教由教皇正式授予圣职；所有大主教和主教都应宣誓忠于法国的宪法；主教可提名下一级教士，但须经法国政府认可；全体教士都有维护法国政府权利的义务。另一个使法国的安定更有保障的条款是：对占有被没收的教会土地的人，应完全、永久地保证其权益。这是一种恢复安定、有积极意义的妥协条约，它使每一个村庄复得安宁，使许多良心不安的人得到安慰。同时，政府还承诺给予教士适当的薪俸。

在立法进程中，拿破仑当然不会忘记兴办教育，他创办了公立中学，重建了国立大学，包括法律、自然科学、艺术、军事科学专科学校以及 3 所女子学校。他还创立了国家奖学金，以便为国家发掘人才，使他们不因经济困难而被埋没。

法国首次将教育纳入统一管理，这一体系一直延续至今。但拿破仑在教育方面的成就却显得较为平凡，因为他发展教育的目的不在于启发思想、发展才能，而在于训练一批批有谋生技能、奉公守法的公民和热情的战士。他力求排除思想上独立思考的能力，并以有效方法去训练年轻的一代。一切有凌霄之志的幼苗，尤其是在道德和政治方面的幼苗，都被剪掉了。因此，曾经是欧洲最爱好推理的法国思想界，很快就变得死气沉沉，趋于僵化。学校里不允许有不同观点，只允许持有由杜伊勒里宫发出的官方观点，凡有怀疑者均以敌人论处。教科书中的历史被改写，凡有贬低拿破仑的地方均进行了删改，政治上的丑闻、败仗等不光彩的史实都被隐瞒或淡化了。

同样的情况也出现在文化领域。法国的诗人唱着勉强而空洞无物的调子，直到后来重建帝国才产生了贝朗热的扣人心弦的抒情诗所表达的对帝国的热忱。在数学和应用科学方面，辉煌的发现为这位皇帝的统治增光生色不少。拿破仑不主张人们相互称呼"你"或"您"，也不主张用革命年代的称呼"公民"或"女公民"，而主张恢复大革命前的称谓"先生"和"夫人"。人们开始意识到法国的确发生了翻天覆地的变化。

拿破仑还曾改组法兰西科学院，并且每十年对主要作品和主要发明给予奖金，以图刺激文学的发展，但都没有明显的成效。

家事烦心

作为一国主宰的拿破仑，对他的家庭和波拿巴家族来说，他的权威远不如在法兰西的权威高。

自从约瑟芬用眼泪突破了拿破仑的理智防线后，她与拿破仑的关系已得到明显改善：一方面，她努力使自己去适应他那专断的作风，尽量给他力所能及的帮助和关心；另一方面，她以平时的至爱亲朋为核心，建立起一个交际圈子，慢慢扩张势力。她伙同新政要人如康巴塞雷斯、蒙日、雷阿尔、罗德雷、富歇，极力把旧法国的一些人物召集在一起，如塞居尔伯爵、科兰古、默恩、诺阿那等。她以她的沙龙作为第一执政周围的缓冲和联结地带，但拿破仑禁止她接待过于浅薄轻佻的女朋友，如塔里昂太太、哈默林太太。同时，他又以截然相反的腔调、赞誉的口气，指定她必须与下列平庸的妇女经常往来：德·拉罗什富科夫人，她长得矮小、驼背，但很和善、有思想，以及德·塔卢埃夫人、德·吕塞夫人、德·洛里斯托纳夫人、德·雷米扎夫人等。

他这样做的目的不仅是限制约瑟芬的交际范围，促使她改掉放荡的生活作风，更重要的是他想纠正整个社会的风气，他要在自己的周围营造一种体面端庄的气氛，与督政府时期的肆无忌惮、厚颜无耻的风气形成鲜明对照。而他的做法的确令不良风气有了很大改观：女人们的肉体不再裸露，各种蝉羽薄装和绣花罗纱裙里面穿上了紧身内衣；不透明的缎子服装又出现了，督政府时期穿古希腊、古罗马的薄薄时装的妇女，跟当时奇装异服、说话做作的年轻人一样销声匿迹了。

约瑟芬完全按拿破仑的意志行事，她对拿破仑越来越关心，体贴入微，在该她出面的场合总是站在他的身边。不过，她是在全力以赴地捍卫自己的"地位"。她一直担心，拿破仑有可能打仗阵亡，也可能遇刺身亡，还有可能另寻新欢。而且拿破仑已经在考虑继位问题，很可能会离弃她。假如真有这么一天，她要掌握一份牢靠的财富。因此，她想方设法地积累财产，和布列纳串通一气，还同许多人里应外合，经营数十种买卖。

尽管大肆敛财，丈夫又付给她固定的年金，但她仍然无法满足。她挥金如土，经不起一点点诱惑，花边、图画、艺术品，不问贵贱，统统买下，一盒郁金香块茎竟花了 4 000 法郎。她有 600 条裙子，仅一个月就定做了 38 顶新式帽子。她已相继欠下 100 多万法郎债款。塔列朗担心引起丑闻，便自告奋勇地跟拿破仑谈了这件事。拿破仑大为恼火，他严肃地对布列纳说："让她到此为止，下不为例。但如果不把这些浑蛋的账目让我过目，就不能付款。这是一群小偷。"生气之余，拿破仑还是给了约瑟芬 60 万法郎。

拿破仑虽然慷慨地为约瑟芬花费了上百万法郎，但他在公众场合穿着朴素，他不是只知享受的凡夫俗子，一般不在众目睽睽之下招摇过市、引人嫉恨。他最讨厌的就是自己的家庭引人注目，因为法国人民还在艰难度日。

拿破仑私下恩惠于他的兄弟姐妹，只要他们不违背、分化他的权力，家庭经济上的事情他很少过问。他的兄弟约瑟夫和吕西安恰恰在权力的问题上给他带来了不少麻烦，他们要求分享政权。他对约瑟夫表现出极大的忍耐，把西沙尔平共和国总统的职务加封给约瑟夫。但约瑟夫却要求更大的官，如法兰西副执政之类，拿破仑当然不会同意。

约瑟夫同样挥金如土，在巴黎的马比夫公馆和莫尔特丰泰娜别墅过着亲王式的豪华生活。他当着拿破仑的面，以家族族长自居，寸步不让，这让拿破仑既气恼又无奈。

新任命的内政部长吕西安则毫无顾忌地沉迷于酒色，频繁出入公开场合，他一掷千金的慷慨气度在杜伊勒里宫、立法院、护民官和参政院中以及巴黎的街头巷尾传为"佳话"。最引起民愤的是吕西安给他的一个情妇——著名的女戏子米丽花费的金钱。米丽不仅在手腕和脖子上戴满了吕西安赠给她的金银首饰，而且还得到了吕西安为她购置的一栋豪宅。后来，拿破仑在富歇的抗议下，不得不免掉了吕西安的内政部长职务。

热罗姆是拿破仑最小的弟弟，拿破仑宠爱他，娇惯他，但热罗姆却让他大失所望。热罗姆在 19 岁时，显露出海军方面的才能，所以当这个轻浮、脾气怪异的小伙子从圣多明各巡航回来后，拿破仑便让他重新登舰出航加勒比海，在法国驻美洲舰队服役，并任命他为海军中尉。拿破仑对热罗姆寄予了殷切的期望，但热罗姆却无动于衷。他喜欢寻欢作乐，讨厌船上乏味的生活。他与海军上将吵了一架，一气之下，丢下他指挥的双桅杆帆船，上岸去了美国。他在巴尔的摩爱上了一位富商的女儿佩特森小姐，并与她秘密结了婚。拿破仑得知后怒不可遏，过了一段时间，热罗姆见一切都已风平浪静，才鼓起勇气回到欧洲。

相比之下，拿破仑对养子欧仁非常满意。欧仁跟随他出生入死，身经百战，现在已是精锐骑兵上校。欧仁对待养父态度谨慎，充满敬重。拿破仑对他也关怀备至，格外亲切。在波拿巴家族中，他是要求最少的人。

这段时间，拿破仑也开始为家族及自己树立富有光彩的形象。他着手处理家庭内部的琐事，首先包办了两个婚姻：一是他的小妹卡罗利娜与缪拉，一是他的弟弟路易与约瑟芬的女儿奥坦丝。

缪拉孔武有力，但举止文雅，像个英国绅士。在战场上，他指挥的20人抵过一整团人，但有一次他却表现得异常胆小。在第一次意大利战役中，当拿破仑迫使维尔姆泽率领2.8万人退入曼图亚时，当天奥军出击，缪拉带领一支弱小的分队奉命向维尔姆泽冲锋，但他没有执行命令，在混乱中声称自己负了伤。后来，在抗击穆拉德的战斗中，缪拉表现出惊人的勇略，才终于用行动抹去了曼图亚城下因刹那间的犹豫而带给他的污点。

卡罗利娜自从在哥哥约瑟夫那里认识缪拉后，就迷恋上了他。但拿破仑并不赞成这桩婚事，觉得缪拉出身贫寒，而且为人冲动，将来势必给自己造成难堪。他更喜欢拉纳，最好是迪罗克。

卡罗利娜十分伤心。约瑟芬为促成他们的婚事，努力提拔缪拉到处奔忙，主要目的是想多一个帮手来对付拿破仑的几个兄弟和他的家族。另外还有波拿巴家的人包括莱蒂齐亚太太也加入赞同的行列。拿破仑考虑再三，终于让步了。他给了卡罗利娜很贵重的嫁妆，将4万法郎作为婚礼礼物，又从约瑟芬的首饰盒里取了一串漂亮的钻石项链赠送给妹妹。缪拉和卡罗利娜婚后住进了布里奥纳公馆，成了一对幸福美满的恩爱夫妻。

长久以来，为了使自己与拿破仑家族更强有力地联系在一起，从而使拿破仑难以提出离婚要求，约瑟芬一直没有放弃自己的想法，让奥坦丝与拿破仑的一个弟弟结婚。奥坦丝已到了18岁，身材颀长、丰姿绰约，继承了她母亲的风流韵致。同时，她也疼爱自己的母亲，千方百计为母亲出谋献策，效犬马之劳。

约瑟芬开始考虑的对象是热罗姆，随后又在吕西安身上打主意，吕西安一年前就失去了爱妻克里斯蒂娜·布瓦那，之后未再娶妻。他在西班牙长期搜刮之后满载而归，财产达数百万之多。他一回到巴黎，约瑟芬便笼络他，把奥坦丝的好处吹嘘了一通，但他明确表示不想再婚。这样就只剩下拿破仑的二弟路易，职务是上校军官。

约瑟芬询问拿破仑对此事的意见，拿破仑开始有点犹豫。他对奥坦丝的钟爱是极强烈的，这种爱是严格的父爱，他要给她找一个好丈夫。而路易是个很顽劣的孩子，在埃及时就表现得放浪不羁，总是以自由诗人自居。但自米兰的不幸遭遇以来，路易好像换了一种性格，整天闷闷不乐，动不动就生气。他对奥坦丝似乎没有一点爱恋之情，他原想娶埃米莉·德·博阿尔内，但她却做了拉瓦莱特的妻子。

约瑟芬采取了各种行动，对拿破仑施加影响，终于逐渐冲淡了拿破仑对路易的偏见。待路易回到巴黎，两个年轻人的关系开始了新一轮的发展。路易并没有真正恋上奥坦丝，但觉得她可爱温柔。奥坦丝在母亲的一再请求下也让步了，准备接受路易。在马尔梅松的一次舞会上，他们谈了很长时间。不久，在与拿破仑和约瑟芬谈话以后，路易下了决心。

1802 年 1 月 7 日，奥坦丝与路易在卡普拉主教的主持下，在杜伊勒里宫的大厅里举行了结婚仪式。

新婚仪式一结束，缪拉马上上前请主教大人为他与卡罗利娜的非宗教结合补行降福婚礼。拿破仑同意了缪拉的要求，但他不顾约瑟芬眼泪汪汪的再三恳求，断然拒绝将他与约瑟芬的婚姻献给教堂。在波拿巴家族中，拿破仑时刻维护着自己的形象。

终身执政

路易与奥坦丝婚礼的第二天，拿破仑便出发去了里昂参加总统选举。1802 年 1 月 26 日，他如愿以偿地获得了阿尔卑斯共和国总统的头衔，朝伦巴第主权又大大地前进了一步。很快，拿破仑又迎来了一件大喜事。

早前《亚眠和约》的签订，使拿破仑在国内的政治地位及国际影响力都大大地得到巩固和提高。随着美国、葡萄牙、奥地利先后与法国媾和，加上比利时和荷兰都在巴黎的控制之下，拿破仑和他的法兰西成了真正的欧洲霸主。

为了表彰拿破仑的业绩，1801 年 5 月 4 日，法国议会通过了第一执政任期再次延长 10 年的决议。但拿破仑似乎并不满意，他向参议院暗示自己有终身执政的愿望。精明的参议员们马上对这一僭越法律制度的要求予以回绝。拿破仑很失望，但并没有表露出强硬的态度，他按照工作程序，要求将此事提交人民公决，这让保民院十分为难，只得保持沉默。

直到 1802 年 5 月 10 日，法国议会终于顺应拿破仑的愿望，决定将终身执政及是否有权指派继承人的问题提交全民公决。5 月 10 日，法国议会将布告张贴在巴黎城内，人们议论纷纷，许多人感慨地说："法兰西现在和将来能够献给执政官的一切，永远低于他为法兰西所做的一切。"在这种民意所向的情况下，公决结果在意料之中。

5 月 12 日，公决投票活动开始。全民公决由内政部长吕西安主持。统计结果表明：3 568 885 名法兰西公民赞成拿破仑荣任终身执政官，反对者仅 8 374 人。8 月 2 日，拿破仑终于被任命为终身执政，两天后拿破仑颁发了《共和十年宪法》。吕西安、富歇和其他一些拿破仑的亲信在这次公决中将数百万张反对票剔除，成了法国历史上最大的舞弊事件。

在隆重的就职大典上，拿破仑显得忧心忡忡。虽然他从执政那天开始，就全力以赴地为法国的繁荣而工作，并使国家的经济建设（尤其是重要港口）、法制建设、军队建设等有了长足进展，但内陆主要城镇的建设却不令人满意，这包括受惠最多的巴黎。拿破仑曾表示："我要把巴黎变成世界上最美丽的首都。我希望在 10 年之内，它的人口能达到 200 万。"新内政部长（吕西安被免职）夏普塔尔说："人口是无法立刻就凑足的。照现在的情况看，巴黎连 100 万人都养不起。"他进一步列举了缺乏清洁饮水的问题。拿破仑问他："对于巴黎的饮水供给，你有哪些计划？"夏普塔尔提出了两种选择——打自流井或从乌尔克河引水到巴黎。拿破仑当即说："我采纳第二种办法，你回去，命令500人明天在拉·维莱特动工开凿运河。"于是，一项耗资50多万英镑的巨大公共工程开始了。法国人民最钦佩的就是拿破仑这种敢想敢干、雷厉风行的作风和精神。

相较而言，拿破仑对自己家务的处理则显得特别优柔寡断。

1802年8月4日，保守的参议院以一项简单法令授权拿破仑用遗嘱证书的方式指定执政一职的继承人。遗憾的是，拿破仑的妻子约瑟芬没有给他生下一个子嗣。不久，拿破仑向审议各种新法典的委员会表示赞成罗马法关于过继的规定，他说这样选定的嗣子比亲生儿子还要亲。人们十分清楚拿破仑是想过继一个他兄弟的儿子作嗣子。作为家族中的长子，约瑟夫自然坚持自己应被列为首先考虑的人选。家庭矛盾由此激化了，拿破仑似乎命中注定不能享受天伦之乐，他的兄弟们急于建立拿破仑王朝，喋喋不休地劝他想方设法获得一个合法子嗣，包括与约瑟芬离婚。拿破仑怕伤了约瑟芬的心，拒绝考虑这个办法。

约瑟芬清楚地知道自己无法生儿育女，一旦拿破仑成了法国皇帝，皇帝难道不应赋予臣民一个属于自己血统的继承人吗？为了有自己血统的继承人，皇帝难道不会和她离婚吗？她对选定嗣子的事虽然不满意，但比另一种方法——让拿破仑与别的女人生个孩子，以便有个继位的嗣子（这是吕西安的建议），还是要好得多。约瑟芬一边在心里骂着吕西安，一边强化自己对拿破仑的吸引力。

然而，从拿破仑的沉默寡言及流露的表情中，约瑟芬感觉到即将大祸临头。拿破仑时而忧心忡忡、默默无语，似乎在疏远她；时而又像往昔那样激情洋溢、温柔体贴。他把她紧紧地抱在怀里，对她说："我可怜的约瑟芬，放心吧，我不会离开你的。"尽管约瑟芬千方百计地讨好这位比她小6岁却又令她生畏的丈夫，但他明显地冷落了她，她只希望这一切不要破碎得太快。

渐渐地，拿破仑似乎不再在意妻子的感受了：他在大庭广众之下公开数落她过分地爱涂脂抹粉，管她叫"德斯卡马尼亚伯爵夫人"；用马枪射击池塘里游来游去的天鹅和鸭子，吓得她惊慌失措；把她暖房里珍贵的鲜花扔了一地，对她进行粗暴的嘲弄，怪她不会生孩子。

有一次拿破仑请几个将军吃饭，他突然建议到园林里去打猎。"这个时候去打猎，"约瑟芬神经质地叫了一声，"你没有想到吗？波拿巴，我们养的动物都大肚子了！"令约瑟芬难堪的是，拿破仑露出了一种挖苦的笑容，然后当着客人的面，直截了当地说："那么，只好算了。这里什么东西都能生育，只有夫人例外。"从此，约瑟芬只能听天由命了。

拈花惹草

致力于建立和维护家族地位与荣誉的拿破仑，虽然为选取继承人的问题大伤脑筋，但他始终无法下定决心抛弃约瑟芬。当然，这并不影响他不时地在外偷腥。

有一天，副官迪罗克递给他一封波利卡娜·富莱的信。拿破仑从埃及返回巴黎不久之后，波利卡娜·富莱也回到了巴黎。听说拿破仑已当选为第一执政，她找到埃及时的老朋友贝尔蒂埃、拉纳、缪拉和蒙日，希望他们帮助她去接近这位新的法国主人，但都没有成功，她只得又求助于第一执政的副官迪罗克。副官迪罗克倒十分乐意充当媒人的角色。

波利卡娜·富莱在信中表明她是为了爱情才离开埃及的，她内心最大的愿望就是要见一见——哪怕只有一瞬间——她亲爱的情人。

拿破仑非常感动，默默地踱步良久，最终对副官迪罗克说："去告诉她，如果我仅仅听从我的情感，我会温情地向她张开双臂，但是一切都变了。新的地位迫使我去做出榜样，我不能将一个情妇安置在我妻子身边。"

拿破仑不是一个愿意让情感服从政治的人，然而，现在他在政治、家庭和情感的旋涡中有些晕头转向，无法自拔。他无法抗拒意大利歌唱家拉格拉西尼的诱惑。

拉格拉西尼是意大利首屈一指的女歌唱家，不仅有才华，而且十分貌美，她对拿破仑倾心已久。两年前，她曾想方设法地吸引他的目光，但只是一厢情愿而已。这一次在米兰，她用歌声迷住了他。他不是音乐家，却深深地喜欢音乐。拉格拉西尼甜美圆润的歌声使他如痴如醉，使他飘飘欲仙，浑身的神经难以平静下来。数小时后，意大利的征服者拿破仑决定要进行一次新的行动。第二天清晨，人们看见拉格拉西尼已在拿破仑的卧室和这位征服者共进早餐了。接着，贝尔蒂埃接到命令，负责照顾拉格拉西尼，并将她护送到巴黎去。

拉格拉西尼于1802年7月4日动身，到巴黎大肆炫耀了一番，她与男高音歌唱家比昂基在巴黎荣军院同台演出，演唱作曲家梅于尔的二重唱，荣军院后来成了玛斯殿。她做了拿破仑好几个月的情妇，拿破仑为得到欧洲最美的歌唱家而感到非常骄傲。他从中得到了新的荣耀，甚至平民百姓也成群结队地来欣赏她的嗓音、她的容貌。

拉格拉西尼一下子成为首都人民的偶像，还从拿破仑那里得到了2万法郎的月薪。但她很快便背叛了他，与一个名叫皮埃尔·罗德的小提琴手一见钟情，一起离开了巴黎。

然而，让约瑟芬焦虑不安的事并没有因此结束，不久，拿破仑认识了法兰西剧院年轻的悲剧演员乔治小姐。

作为南方地中海人，拿破仑向来喜欢看悲剧节目。他是在看名剧《伊菲格尼亚》时注意到乔治小姐的。乔治小姐芳龄十六，看上去比实际年龄成熟一些，长得瘦高但很结实，具有一种古典美。她不苟言笑、神态庄重，目光能让人生出怜悯之心，天生就是演悲剧角色的人。她主演《克利特纳斯特》一举成名之后，很多人都争相做她的情夫，包括拿破仑的弟弟吕西安以及一个波兰大老爷萨皮阿亲王。

与其说拿破仑是被她演的悲剧角色所感动，倒不如说是被她超凡脱俗的美艳所打动。他通过贴身仆人贡斯当把女演员带到圣克卢宫来，他和她交谈、开玩笑，让她讲述是怎样登上舞台、步入社交场所的。拿破仑不许她和波兰亲王见面。他甚至一气之下把萨皮阿亲王赠给乔治小姐的绣花面纱撕得粉碎，并用脚踩了又踩。第二天，他送给她一条英国面纱。

约瑟芬很快就知道了乔治小姐的事，但她并不着急。她想，大不了像拉格拉西尼一样，顶多亲热一阵子。但乔治小姐的得宠，显然不是拿破仑一时的心血来潮。拿破仑在杜伊勒里宫每星期要接待她两到三次。他兴致勃勃地听她说笑，有时还会哈哈大笑。他亲昵地叫她乔治娜，以"你"相称，经常逗弄她。年轻女人的单纯唤醒了他童年调皮的脾性，而乔治小姐一点也不示弱。

拿破仑对乔治小姐产生了真心实意的信任和友谊。她为他解除执政公务后的疲劳，而且从不声张也没有要求，她甚至对拿破仑的慷慨感到惊讶。有时候，他把大把的钞票放到她手里，她接了过来，因为她爱花钱。但她随后又把钱撒在屋子里，像小孩望着雪花那样露出天真的笑容。

约瑟芬最后忍无可忍，妒性大作。她大吵大闹，控诉拿破仑，叫苦连天。拿破仑的不忠，或许不是出于本性，而是出于报复约瑟芬过去欺骗了他，现在她红颜已老，而他却喜欢年轻貌美的女人；或许是受环境影响，因为在他的周围，几乎所有男人都有情妇，所有女人都有情夫。

但是，约瑟芬担心的不仅仅是忠诚的问题，她担心一旦哪个女人与拿破仑建立起情感，生下一个孩子，她不仅会失去爱，还将失去一切！

约瑟芬提出要求，要与拿破仑继续同床睡觉。她声称，第一执政的个人安全在她的房间里才是有保证的，因为她睡眠很轻，只要有人闯进来，她就会呼救。但当拿破仑接待乔治小姐的时候，他总是很迟才到约瑟芬房里去。

约瑟芬在万般无奈之下，甚至想到与宫廷贵妇德·雷米扎夫人一起去捉奸。但德·雷米扎夫人怕将事情闹大，引起一场大风波，便设法让她改变主意。但约瑟芬不听，结果受到了一场奚落。

为了不让约瑟芬过于痛苦，也可能是为了让自己不至于陷得太深，拿破仑从此节制了约会的次数，渐渐地要几个星期甚至一个月才与乔治小姐见一次面。直到 1808 年，乔治小姐收到拿破仑丰厚的礼物之后，才离开巴黎去了俄罗斯。

在与乔治小姐慢慢疏远的日子里，拿破仑变得有些玩世不恭。他常常蓄意出口伤人，特别是对女人。他会说她们的手臂太红，或是她们的发式太难看，或是不喜欢她们的服饰等。他有时会突然询问房间里每个女人的年龄，他还经常当众说出她们丈夫的情妇来羞辱她们。

后来，拿破仑认识了迪施努瓦小姐——一位并不漂亮的悲剧演员。许多人都觉得她很丑，拿破仑却觉得她有趣，遣人请她来，然而，他边等边埋头工作，把吩咐的事情都忘了。贡斯当轻轻叩门，悄悄地说道："迪施努瓦小姐来了。""让她等一下。"他又埋头看一大堆报告。一个小时过去了，迪施努瓦小姐不耐烦起来。贡斯当又敲门。"让她脱掉衣服。"他头也没抬地说。迪施努瓦小姐被带到第一执政的寝室，脱了衣服等待着。过了许久，贡斯当再次壮着胆打扰他的主人。拿破仑抬起头，惊讶地发现天已破晓。"让她走吧。"他坐在办公桌前一动不动地说。

再后来是布尔古安小姐，这位小姐也是一位迷人的演员，性格很开朗，开起玩笑来十分放肆，她那双明亮的大眼睛很是天真无邪。她是内政部长夏普塔尔的"领衔"情妇。一天晚上，拿破仑与部长一道工作，故意让人把布尔古安小姐叫来。她来了，侍从高声叫出她的名字。夏普塔尔怒不可遏，收拾一下文件就悻悻然走了，回去后就提出了辞职。

拿破仑的恶作剧，惹得这位女演员在后来不断地向他报复。她公开向他宣战，她周游法国和欧洲列国，所到之处，对拿破仑极尽讽刺挖苦之能事，用激烈的措辞发泄心中的恼怒，但这丝毫不影响拿破仑之后的猎艳活动，他变得更加不尊重女性、更加放纵。

第十一章　野心无止境

逐梦海上

对拿破仑来说，所有的露水情缘都只是过眼云烟，战场才是他的至爱和心之所念。

自法、英《亚眠和约》签订之后，欧洲各国都学会了以和约来替代战争的游戏。随着葡萄牙、奥地利先后和法国媾和，1802 年 6 月 26 日，土耳其也与法国签订和约，为法国开放博斯普鲁斯和达达尼尔两个海峡。法国着手在地中海东岸各国重建领事馆。随后，法国分别和的黎波里的帕夏①及突尼斯的贝伊②缔结条约。解决西沙尔平问题之后，拿破仑又故意在利古里亚共和国制造混乱，使这个共和国"自愿"地请求他去调解，于是他修改了那里的宪法，设立了总督。1802 年 8 月，法国和阿尔及利亚总督订立了条约，将势力扩张到伯罗奔尼撒半岛和塞尔维亚。同年 8 月底，法国塞巴斯蒂亚尼将军访问了的黎波里、埃及、叙利亚，并和当地首领建立了联系。9 月 21 日，法国元老院发布一道法令，将皮埃蒙特并入法国，这一重要地区因东部并入意大利共和国已有所缩小，5 个月来一直作为法国的一个军区，由一位法国将军临时管辖。在皮埃蒙特被吞并后一个月，厄尔巴岛、巴马也遭兼并。西班牙国

---

① 帕夏：奥斯曼帝国行政系统里的高级官员，通常是总督、将军及高官。帕夏是敬语，相当于英国的"勋爵"，是埃及前共和时期地位最高的官衔。
② 贝伊：奥斯曼帝国时对长官的称谓，泛指各省区执政者。

王查理四世为了实现在欧洲的势力扩张，把整个路易斯安那出让给了法国。但拿破仑仍继续在巴马驻扎军队，并且在1802年老公爵去世时将巴马及其属地并入法兰西共和国。

至此，法国的图谋已昭然若揭：不仅在欧洲大陆称王称霸，还意在周边海上谋求霸权。拿破仑的欧洲大陆政策咄咄逼人，海上争霸又急不可待，这些举动严重地威胁着英国的殖民霸权。拿破仑拒绝从荷兰撤军，把荷兰牢牢地控制在手中。1802年秋，他向瑞士宣布，要在瑞士实行新的国家体制，建立一个"与法国友好的"政府。他派内伊将军带领3万士兵开往瑞士国境，使瑞士不得不屈服。同时，他还吞并了厄尔巴岛、皮埃蒙特，直接威胁着德意志各邦。特别是由于《吕内维尔和约》德意志已被拿破仑吓得心惊胆战，拿破仑的势力在德意志也得到迅速扩展。

对此，英国表示强烈不满，拒绝从马耳他撤军。这一举动正激起了拿破仑的好战情绪，他向法兰西人民宣称："我不是以发动战争为职业的，世界上没有谁比我更加热爱和平。但现在的和平即将破裂，立即宣战是迫不得已的，是合理的。"

可以回顾一下，早在1798年，拿破仑就萌生了攻打英伦三岛的念头，但在审时度势之后，他明智地放弃了这个打算。现在，拿破仑认为时机成熟，可将法国全国的力量以及包括荷兰、比利时、意大利和不久之后的西班牙等国在内的欧洲势力全部集中起来。法国有了稳定而富饶的欧洲作为后盾，好比是自家的后院。这种大规模的渡海作战虽然很难成功，但并不是没有可能。

由于英、法双方都缺少和平的诚意，因此开战的借口也不难找到。欧洲重启战端的表面原因始于法、英相互指责：法国指责英国拒绝按照《亚眠和约》从马耳他撤兵；英国则指责法国破坏《亚眠和约》和《吕内维尔和约》，在欧洲大陆扩张。特别是法国的塞巴斯蒂亚尼将军当年春天在《箴言报》上发表的强烈的反英报告，令英国大为不安——他在君士坦丁堡和北非的访问中竭力说服土耳其将埃及让给法国保护。但谁都看得出来，这些都只是借口而已。

事实上，拿破仑在 1802 年夏天就已开始酝酿征战计划。他曾做过分析，英国与法国在海峡上距离最近的地方是加来至多佛尔，但在加来没有合适的港口，最近的港口也在南面的勒阿弗尔，而拿破仑不喜欢那个位置。如果考虑从泰晤士河直取伦敦，离泰晤士河口最近的渡海点应该是布伦，但那里没有现成的海港，沿岸 20 多英里都没有。此外，无论海峡的距离如何，都要考虑来回，法军不仅要顺利地去，还要安全地回到法国才行。从法国的海军舰队来看，主要的海上力量已在远征埃及时被英国海军摧毁，到 1801 年年初仅剩 167 艘战舰还在服役。1801 年 3 月 10 日，拿破仑下了一道密令：制造 450 艘小型战舰作为海岸防御之用，同时开始物色真正具有远洋航海经验的、有才能的水手和指挥人员。他首先选中了德尼·德克里斯。

德克里斯是个精通航海、熟悉各种军舰的勇猛将领。1801 年 10 月，43 岁的德克里斯应召进入杜伊勒里宫，被任命为海军和殖民地部长。

1803 年年初，英国国王在致国会书中，述及法国各港口正在准备武器弹药一事。拿破仑得知后大发雷霆，当着别国大使的面，怒气冲冲地质问英国大使惠特沃斯，指责他们造谣，想要挑起战端。

实际上，此时的英国还想重新提出一些条件以换取和平，这些条件包括：马耳他仍留在英国人手中，英国赔偿骑士团的一切财产损失；法军撤出荷兰与瑞士，确定厄尔巴岛为法国所有；英国承认伊特鲁里亚国王；此外，如果"为撒丁国王和意大利做出令其满意的安排"，那么英国也将对意大利共和国与利古里亚共和国给予承认。但拿破仑坚持英国必须放弃马耳他，否则别无商量。

2 月 20 日，拿破仑在给立法院的咨文中再次谴责英国。3 月 8 日，英王在议会开幕词中驳斥了拿破仑的谴责，议会通过了征召民兵的决议。3 月 15 日，英国阿丁顿首相提出要在马耳他占领 10 年，作为法国进行新的扩张而给予英国的补偿。4 月 26 日，英国大使惠特沃斯奉命向法国发出最后通牒，要求拿破仑同意英国继续占领马耳他，如果 7 天内不表示同意，英国大使立即回国。结果可想而知。5 月初，英国大使离开巴黎，英、法之间断绝了外交关系。

1803 年本该是祥和美好的一年，正当法国人民准备安享自法国大革命以来难得的稳定政治和太平盛世之际，拿破仑打破了人民的美梦，也打破了欧洲的和平。要想长久保持他在欧洲大陆的霸主地位，就必须向海上扩张，而首要的敌人就是英国。他必须有更强大的海上力量，才能征服英国。

拿破仑于 3 月 15 日对法国海军进行动员。4 月 12 日，他命令贝尔蒂埃使整个海峡沿岸，从索姆河口到斯凯尔特河口，都进入紧急战备状态。

在英国驻法大使回国 10 多天后，即 1803 年 5 月 17 日，拿破仑向法国和世界正式宣布他将入侵英国，《亚眠和约》已经废止。5 月 29 日，拿破仑命令海军部设计一种可运载 100 人的平底驳船；6 月 3 日，他又下令安放 21 艘新的大型战舰的龙骨（每艘 64 门炮或 75 门炮）；6 月 14 日，他下令沿着海峡和大西洋沿岸设立 6 个训练营地，每个营地都要能容纳一个军进行两栖作战训练。

此时，英国正忙于以大量英镑开路，筹划组织第三次反法联盟。

在法国向英国宣战的 48 小时之内，位于布列塔尼海岸的英国舰队贴出告示：法国和英国再次恢复敌对关系，凡法国军舰和商船，一经发现立即摧毁。命令是由英国海军上将——英国在海峡上最大的一支舰队的司令威廉·康沃利斯发布的。

拿破仑主张用富法特设计的平底船渡海直接驶入泰晤士河，向英国本土发动进攻。但所有专家都持反对意见，因为一旦遇到强大的英国炮舰，这些缺少机动作战能力的平底船将不堪一击。富法特和高级海军将领冈托姆则建议在冬季利用漫长的冬夜掩护，在风暴之后的平静时刻对英国发起进攻。这让拿破仑信心大增。"只要有 3 天下雾，我就可以成为伦敦、英国议会和英格兰银行的主人。"拿破仑自信地说。

　　他的计划大致是趁雾天使法国海军绕过英国舰队，横渡英吉利海峡，在不列颠岛上击溃英军，在泰晤士河边迫使英国缔结和约。

　　拿破仑再次征求专家意见，依然遭到强烈反对。为此，他决定在冬季考察海峡，研究海上那些在冬季仍然捕鱼的渔船，看这些渔船是如何在波涛汹涌的大海上航行的。他冒着寒冷的冬雨，站在布伦的峭壁上，手持望远镜，感到有些茫然了。尽管天气恶劣，英国的军舰仍然在海上巡逻，毫不松懈，而用于登陆的平板船多达 2 000 余艘，覆盖的面积大到任何一个人都能凭肉眼发现它们，何况这些平板船还要配备相应的护航舰只。为了减少护送战舰的数量，拿破仑坚持让这些平底船每艘装配一至两门大炮，以便掩护陆军登陆。但即使不装配大炮，这些船一遇风浪也有倾覆的危险。再说，又从哪里弄到近 4 000 门大炮来武装 2 000 余艘平底船呢？偌大的毫无海上机动作战能力的平底船队，岂不像一群拥挤的绵羊任人宰割？

　　拿破仑的登陆计划一度遭到英国人的嘲笑，他们认为这不过是拿破仑将它作为蒙骗奥地利人、俄国人和英国人的佯攻和假象。

　　但拿破仑并没有因此而灰心，相反，他的干劲越来越足。不久，他挑选了 44 岁的海军中将布律克斯作为国家舰队的司令。1803 年 7 月 30 日，拿破仑正式宣布开始建立入侵英国的"国家舰队"。两个月后，他命令布律克斯和富法特制订详细的入侵计划，包括统计需要的船只数量。他此时的计划是：准备运送 11 万人（不包括海军的护送人员）和 7 000 匹战马登陆。为了运送这些人员和马匹，需要建造平底炮舰和驳船等 4 种不同类型的船只；但现在所有的船都是平底、无龙骨的，最大的三桅平底炮舰总长 110 英尺，可以运送 120 名士兵和一些马匹。单层甲板上装着 12 门 24 磅的大炮。较小的驳船理论上能载 70 多人和几门榴弹炮。首批定做 1 050 艘平底船，并要求其中 310 艘在 12 月 23 日前交付使用。

　　为了确保这一计划得以实施，拿破仑亲自口授，强迫荷兰成为法国全天候的军事伙伴。根据《法兰克－巴塔维亚公约》的规定，荷兰需要为法国提供 5 艘炮舰和 5 艘驱逐舰以及足够的运输船，来运送 2.5 万法国部队和 2 500 匹战马渡海。拿破仑通知在意大利的欧仁·博阿尔内，希望意大利人能够捐助建造船队的钱，结果得到了意大利捐赠的 12 艘炮舰。他在国内也开展了爱国捐赠活动，收到了约 2 400 万法郎的巨额捐赠。

时间很快来到 1804 年，目前，拿破仑在布伦和其他两个营地总共有 7 万多人的部队，而且这个数字还在迅速增长。

英国觉得有必要采取坚决措施来制止拿破仑的登陆计划，其措施之一就是迅速组织起第三次反法联盟，从东、西两面打击拿破仑。但被拿破仑击溃、至今仍未恢复元气的奥地利虽有心再战，却感到力不从心，普鲁士此时也摇摆不定，俄国更是犹豫不决，谈判决策还在进行中。如果等联盟成立后再行动，那就太迟了。

因此，英国也开始在国内扩军备战。海军上将纳尔逊率领皇家海军地中海舰队开往土伦。英国成千上万的男人踊跃参加"志愿军团"，因枪支弹药所限，实际接收的只有 2.75 万人。英国正规军 11.6 万人，爱尔兰正规军 5.5 万人，此外还有义勇军 41 万人，其中有 12 万人是用梭镖之类的武装起来的。英军作战主力集结在伦敦和沿海军营里，其余则分布在全国的 16 个军区。同时，皇家海军的舰只数量迅速增加到 551 艘。英国海军大臣文森特派遣炮舰到英吉利海峡封锁法国海岸，并炮击法国新港口建设工地和海岸炮台。英国舰队对土伦一带海岸进行了轮番炮击，康华里海军上将统率另一支舰队（通常超过 15 艘战列舰和几艘较小军舰）游弋于布勒斯特沿海。6 艘快速巡洋舰和若干较小的舰艇保卫着爱尔兰沿海。6 艘主力舰和 23 艘较小的舰艇在基思勋爵的统率下，作为中央后备队驻守英国东南部沿海，关于敌方海岸的一切情报都用传令艇迅速传送。

面对如此强敌，拿破仑下令进一步在布伦建筑一系列要塞，并对原有的炮台进行改造。几周之后，十几个经过加固的要塞便屹立在布伦海岸了，同样的炮台和要塞也在沿岸几英里的地带建立起来。同时，他又命令贝尔蒂埃从内地增调 6 万正规军到海岸设防，并将所有部队改编，其中 5 万人由苏尔特统率，驻于布伦港；3 万人由内伊统率，驻于埃塔普勒；3 万人由达武统率，驻于布鲁日。几个月以后的西南沿海，形成了一道令英国海军将领从未见过、难以攻破的火力墙。

计划失败

英、法两大阵营战端已启，刺鼻的血腥味扑面而至。但首先遭殃的不是阵营中的大国，而是夹在双方中间那些弱小的、左右为难的小国。

荷兰是第一个两边受气的国家。荷兰一面把大批人力、财力献给拿破仑，一面又把船只、外贸和殖民地丢失给海上霸主英国。

西班牙也如此，当拿破仑以 8 万法军压境威胁时，查理四世国王和宰相戈多伊不得不解散西班牙民兵，并每年纳贡 7 200 万法郎给法国。

与此同时，拿破仑要求法国、荷兰和意大利北部的所有造船厂加紧建造海军舰艇，加紧兴修卫瑟堡港锚地的防波大堤。从塞纳河口到莱茵河口的全部海岸线，每一个港湾都挤满了准备入侵英国的小型舰艇。

就在拿破仑即将完成攻防作战部署的时候，他的后院起火了。欧洲大陆发生了阴谋叛乱，拿破仑原定于 1804 年二三月入侵英国的计划不得不搁置了。

欧洲大陆本是法国自家的后院，但现在英国却用极富诱惑力的英镑引诱那些并不大驯服的欧洲君主，使拿破仑原本就不太稳固的后院终于烧起火来了。

俄国、瑞典和奥地利对于拿破仑所控制的意大利共和国、荷兰、瑞士以及在剥夺德意志天主教会僧侣诸侯的领地方面所采用的高压手段，一直怀有敌意，只不过敢怒不敢言。

在柏林的弗里德里希·威廉则战战兢兢，即使法国占领了汉诺威，威胁着普鲁士在德意志北部的势力，也仍然忍气吞声，严守中立。

1803 年秋天，古斯塔夫斯四世断然拒绝了拿破仑关于建立法、瑞联盟的建议。尽管拿破仑在建议中提出，到时候把挪威作为战利品给予瑞典，并给瑞典参加对英作战的每艘战舰以补助金，但瑞典国王仍不予理睬。

1804 年，沙皇亚历山大听到处决当甘公爵的消息以后，立刻怒火中烧，向法国提出强烈抗议。面对沙皇的抗议，拿破仑不屑一顾，他指示塔列朗这样答复说，关于当甘事件，他的行动完全是出于自卫。他向俄国提出质疑："当英国密谋策划暗杀保罗一世的时候，如果你知道出谋划策的人就在离（俄国）边境一里的地方，难道不应尽一切努力去把他们抓住?"亚历山大曾参与弑父的阴谋，本来就心虚，这一恶毒的讥讽深深地刺伤了他，于是干脆与法国断绝外交关系。

在这些国家中，只有奥地利由于胆怯暂时没有改变中立态度。

1804 年年初，古斯塔夫斯建议组织一个由多国参与的同盟组织。英国皮特内阁一上台，圣彼得堡与伦敦之间就开始交换关于组织同盟的建议。6 月 26 日，英国外交大臣哈罗比伯爵在照会中提出重要建议。年底，英、俄两国开始讨论细节问题。它们提出：同盟国不论在什么情况下都不会单独媾和；英国不仅必须自己出兵，而且必须提供补助金，使各国能动员其有生力量。新同盟还声称：荷兰、瑞士和意大利要从法国的奴役下解放出来，并要加强实力，以便今后能够阻挡外来侵略；撒丁国王要恢复他在大陆的领地，还要得到利古里亚（热那亚）共和国。

面对反法同盟的挑衅，拿破仑极力施展各种手段，企图使其胎死腹中。1805 年 1 月 2 日，拿破仑向英王乔治三世提出和平建议。乔治三世于 1 月 15 日以向议会致辞作为答复，说他不能撇开目前正在与英国秘密商谈的各国——特别是俄国皇帝——来接受拿破仑的建议。也就是说，如果英、俄两国在马耳他问题上达成一致，它们的结盟就成了定局。

除了试探英国外，拿破仑当然不愿费力气去求沙皇和解。相反，他对俄国的行动几乎是公开挑衅的。他明知沙皇对恢复撒丁国王的领土很感兴趣，却建议这位不幸的国王应得到伊奥尼亚群岛和马耳他岛，借以补偿其损失；他知道俄国把科孚岛视为己有，却仍提出类似的建议。可以肯定，沙皇不会赞同这个有损他利益的建议。拿破仑又派特使向波斯国王提议结盟，以遏制俄国在里海沿岸地区的扩张。同时，他千方百计地笼络普鲁士，并在7月底秘密答应把汉诺威还给它。他还对奥地利暂时采取怀柔政策。因为奥地利的态度很明确：如果拿破仑在意大利继续进行侵略，或威胁土耳其帝国的任何部分，就会对拿破仑宣战。假如拿破仑对他手下留情，他无疑也会坚守和平。拿破仑暂时迁就奥地利朝廷，甚至当时提出的意大利改变地位的问题也正是为了达到这一目的。

但是，奥地利人看到1805年夏季拿破仑在意大利的两场"表演"后，一切幻想都破灭了。

1805年初夏，拿破仑在意大利检阅其模拟马伦哥战役的盛大阵容。5月26日，在米兰的蒙萨宫，他取出古老的伦巴第诸王的铁王冠给自己加冕，场面盛大，极尽艺术铺张之能事，念的是传统的加冕词："上帝所赐，谁敢触犯，灾难临之。"14天后，他派23岁的继子欧仁·博阿尔内为副王，代他主持意大利政务。与此同时，拿破仑还把利古里亚共和国并入法兰西帝国版图。

面对这些咄咄逼人的挑战，奥地利的弗兰西斯国王终于开始武装起来。

俄国方面，沙皇亚历山大其实很不愿意打仗。他已派遣诺沃西尔佐夫取道柏林前往巴黎，希望与拿破仑达成协议。但拿破仑兼并热那亚的消息断绝了沙皇妥协的念头，沙皇立刻下令停止一切谈判。

面对欧洲各国的敌对行动，拿破仑似乎并没有特别关注。他在意大利米兰逗留了一段时间之后，决定返回法国。

7月5日，拿破仑由都灵出发，3天后到达枫丹白露，然后去圣克鲁，略作停留后就前往布伦港。8月22日，他在布伦听到了奥地利持续备战的消息，几个小时后又传来新任舰队司令官维尔纳夫已返回加的斯的消息。他怒不可遏，毅然对外交政策进行了调整。

这次，他将以最诚恳的态度再次向普鲁士提出给予汉诺威来作为协力对付新的反法同盟的代价。这个新的法、普联盟也许可以扼杀反法同盟于摇篮之中，至少可以使奥地利瘫痪。因此，他派宠幸的副官迪罗克前往柏林去游说普鲁士国王。

在如此复杂的国际形势下，进攻英国的可能性越来越小，但拿破仑仍相信自己在大陆会重新赢得胜利。他决定抓紧时间，在对付大陆敌人之前先给英国以致命打击，因为他实在不忍心让这个经过长期酝酿、周密运筹的出征英国的伟大计划就此胎死腹中。

早在7月26日，拿破仑就向法国舰队司令官维尔纳夫发出下述命令："在卡地兹和费罗尔集中西班牙军舰之后应回到布雷斯特港，从那里开往布伦。只要你能够控制海峡3天，我将断绝英国的生存。15万人已经准备就绪，仅凭你的行动就能使我们成为英格兰的主人。"维尔纳夫立即执行拿破仑的命令，但他的舰队在芬尼斯特角附近遇上了考尔德海军司令指挥的仅有9艘战舰的英国舰队，双方展开了一场激烈的战斗。维尔纳夫在丧失2艘西班牙战舰之后，逃回费罗尔港。

8月2日，拿破仑到达布伦，再次命令维尔纳夫执行前一计划。但第二天，拿破仑就接到了两个至关重要的情报：一是维尔纳夫的舰队并未按他的指令抵达布雷斯特，仍停留在费罗尔；二是俄军已经出发，准备与奥军会师。拿破仑立即意识到法国既要面临东面强大敌人的陆上进攻，又要面对西面英国的海上攻击。他又一次催促维尔纳夫率领舰队起航北上，但维尔纳夫的舰队在行进途中再次遇到英国舰队的拦截，无能的维尔纳夫急令舰队撤退到西班牙加的斯港躲避。拿破仑在布伦望眼欲穿，坐失最后一次良机。

8月22日，拿破仑改变了重大的作战计划，极其不甘地从布伦返回巴黎。

回到巴黎后，拿破仑巧妙地掩饰了他远征英国这一计划的失败，他告诉巴黎的人们，他在布伦的渡海准备事实上只是一条"明修栈道，暗度陈仓"的妙计。他对参政院说，布伦备战活动的巨大费用是完全值得的，因为这使"我比一切敌人都足足提前20天做好准备，必须找到一个借口来征召和调集部队而不致惊动大陆各国。攻打计划就给我提供了这个借口"。

准备了一年多的入侵英国的计划就此搁置了。

第十二章　法兰西大帝

危机四伏

当拿破仑将全部精力投入实现自己伟大的梦想——远征英吉利本土的时候，他发现了一个惊人的大阴谋，这使他感到有比征服英国更迫切的事要做。

自拿破仑上台执政起，保王党人、激进的共和派或雅各宾分子就不断策划实施暗杀阴谋，针对政敌和高级将领的暗杀活动一直没有停息过。意欲实行独裁统治的拿破仑自然首当其冲。第一次暗杀行动虽然被眼线众多的警察局长富歇成功破获，但不久之后，雅各宾分子又策划了新的阴谋，准备采取规模更大的暗杀行动。

流亡英国的波旁家族也一直没有死心，时刻寻机策划推翻拿破仑。为了使波旁王朝能重新返回法国，在保王党人的一系列冒险失败之后，阿图瓦伯爵决定再行举事。

在这方面，波旁王公们最值得信任和可以依靠的实干家，只有乔治·卡杜达尔这位勇敢的布列塔尼人。卡杜达尔几年前与拿破仑谈判过，二人有过一次面对面的交锋。他逃亡英国后，在伦敦附近居住，但除了德高望重的老孔代公爵以外，他很少与其他法国流亡分子见面，因为他"自己动手"的能力很强。

从1802年年底开始，一小群法国保王党人，在英国议员温德姆这位狂热的保王分子的资助下，开始商量暗杀拿破仑的计划。他们密谋在拿破仑从巴黎前往圣克劳德或马尔梅松的途中，制服他的警卫人员，生擒他本人，然后用快马兼程强行把他押至北部海岸，迅速送往英国。

1803年8月23日晚上，海面一片漆黑，卡杜达尔及其同党乘坐一艘英国船只，悄悄地在诺曼底海岸登陆，然后立即前往巴黎。除卡杜达尔外，他们还派了另一个得力干将皮什格鲁参与刺杀行动。1804年1月11日，皮什格鲁一行6人顺着卡杜达尔的航迹横渡英吉利海峡，在法国登陆后与卡杜达尔碰头。

这些保王党人与巴黎一直保持着联系，他们有秘密的聚会地点，有安全的避难所。为了使刺杀阴谋获得成功，他们想找一位在军队中很有威信的将军来协助他们。他们选定了莫罗将军。

莫罗将军是法国最有才干的将军之一，他对大权独揽的拿破仑十分不满，认为拿破仑背叛了法国革命原则。尤其看到拿破仑有意于恢复帝制，他对拿破仑的不满更大大加深，从此对拿破仑政府采取了沉默的反对立场。皮什格鲁充当了保王党和莫罗将军之间的联系人。

就在保王党人积极策划推翻拿破仑的阴谋活动时，拿破仑派到敌人内部的间谍梅埃·德拉图探明了阴谋的全过程。在征得拿破仑的同意后，富歇对策划阴谋的流亡分子、英国官员和法国将军布下了天罗地网。

1804年2月15日夜，莫罗在从格罗波阿的乡间别墅去往巴黎的途中被捕了。他的副官们亦受牵连，一一落网下狱，甚至连不在巴黎的副官也未能幸免。8天后，皮什格鲁的房东接受了30万法郎赏金后向警察当局告了密，皮什格鲁也被抓到了。这件事的成功使拿破仑颇为得意，他最希望抓住阿图瓦伯爵本人，于是立即把一名他最忠实而狡猾的部下、统率特别宪兵队的萨瓦里，派往比维尔。2月底，乔治·卡杜达尔也在拉网式搜查中被捕获。紧接着，波利尼亚克兄弟二人和里维埃侯爵被捕。全部阴谋分子陆续被捕，拿破仑在与敌人的斗智中获得了全胜。

不久，皮什格鲁被人用领带勒死在监狱的地牢里。拿破仑一不做二不休，以迅雷不及掩耳之势，处死了所有的叛徒和谋杀分子，他知道这个阴谋是英国人策划的，也知道波旁王朝的人在密谋中起了领导作用。在塔列朗的煽动下，他决定要找一只波旁王朝的替罪羊以解心头之恨。这只替罪羊很快就找到了，他就是居住在中立国巴登的当甘公爵，他是当时唯一能绑架的波旁王室重要成员。3 月 15 日，当甘公爵被带到斯特拉斯堡，随后又被押至巴黎东南的万森城堡。3 月 20 日，军事法庭连夜开庭审判，罪名是他参与了谋杀拿破仑的阴谋。审判采取当场裁决的形式，不得上诉，而普通法院则审理迟缓，并且要在众目睽睽之下进行。当甘公爵在审讯中承认自己企望看到新的反法战争和拿破仑政权的覆灭，但他坚决否认参与谋杀拿破仑的阴谋。

刑前，当甘公爵给拿破仑写了一封信，请求法庭一定要将这封信交给拿破仑本人。军事法庭庭长于兰将军也想以法庭的名义给拿破仑写一份呈请减轻判刑的信件。这时，从杜伊勒里宫特别派来的监督审判的萨瓦里将军从于兰手中夺过笔，说："您的事情已经做完了，剩下的应该由我来办了。"

尽管毫无当甘公爵参与阴谋的证据，他还是在当天深夜 2 点 45 分被判处了死刑。

当甘公爵的死震动了巴黎。拿破仑的残暴令人惊骇丧胆，他性格中嗜血的一面暴露无遗，正如他自己所说："我有时是狐狸，有时是狮子。进行统治的全部秘密在于知道什么时候应当是前者，什么时候应当是后者。"

这时，许多已经开始靠拢拿破仑的保王党人，对这件事都表示愤怒。夏托勃里昂出任法国驻外使节，正要动身，听到这件事后立即递交了辞呈，并暗中采取了反对拿破仑的态度。这正是一切不为飞黄腾达的前程所迷惑，也不受拿破仑的恩遇所诱的保王党分子采取的态度。拿破仑的许多友人也对这种科西嘉式的族间仇杀表示震惊。

5 月 28 日，开始审讯其他犯人。审讯开始之日，司法院各通道被围得水泄不通。审讯历时 12 天，拥挤状况持续了 12 天。最后判决为：判处死刑的有乔治·卡杜达尔、布维·特·洛齐厄、鲁西容、罗歇尔、阿尔蒙·特·波力奈、夏耳·道西厄、特·里维埃、路易·杜各、彼各、拉若莱、罗吉、哥斯特－圣－难维多、台维耳、加耶、若约、布班、勒默西厄、让·卡杜达尔、勒朗和默里耳；而茹耳·特·波力奈、勒里当、莫罗将军、罗兰和伊赛则各判处 2 年监禁。

审判以后，全场骇然，消息迅即传遍巴黎，前来说情的人络绎不绝。

拿破仑的妹夫、巴黎总督缪拉马上求见，恳求拿破仑赦免全体囚犯，因为他看出，在拿破仑登基之初，赦免他们给他增添的荣耀要比处死他们对于帝业增添的安全要多得多，但是他并未请求个别赦免任何人。约瑟芬和雷米扎夫人曾苦苦哀求拿破仑手下留情，塔列朗也出面说情。如德·蒙泰松老太太也来求情，当年拿破仑在布里埃纳军校上学时，她曾给他颁发过奖金。拿破仑的态度软了下来，他同意赦免一些人，获得特赦的有布维·特·洛齐厄、鲁西容、特·里维埃、罗歇尔、阿尔蒙·特·波力奈、夏耳·道西厄、拉若莱和加耶，莫罗将军被逐出法国。

处死当甘公爵引起了旧世界的仇恨，加速了新的反法联盟的建立，同时也给拿破仑带来了与旧制度斗争坚决的声誉。加上国内宗教和平的建立，民法典的颁布与贯彻，经济繁荣的出现，拿破仑的威望仍在不断提高。

登基称帝

这次暗杀阴谋使拿破仑决定建立世袭王朝，以一种更为明确的方式来巩固个人权威。而且，他认为这项工作比征服任何一个国家的军事行动都更为迫切，而谋杀事件就成了最好的借口。

为此，他有意召见了几次富歇。钻营得宠、官运亨通的富歇自然是心知肚明——拿破仑除了需要他精心管理警务署外，更需要他为其做皇帝而摇旗呐喊。富歇马上呼吁元老院建立世袭政权，不给刺杀拿破仑的行动留任何后路。他堂而皇之地解释说，如果建立了世袭政权，即使刺杀了一个拿破仑，也不能毁灭整个世袭政权。

经过这番巧妙的启发，元老院率先提出要求拿破仑登基做法国人民的皇帝。1804 年 4 月 30 日，议员居雷向保民院提出议案，要把执政制共和国转变为帝国，拿破仑晋升至皇帝尊号，拥有世袭权力。保民院通过了这项提案。此后，要求建立世袭统治的呼吁书和请愿书，便像雪片一样从法国各地飘向巴黎。

5月8日，经元老院通过，由公民投票表决建立帝制。投票结果：3 572 329票赞成成立法兰西帝国，仅2 569票反对。这意味着全法兰西6 000多个城镇乡村中少于一半的地方每处只有一张反对票，而57%的地方没有一个人反对拿破仑称帝。参议院正式批准"法兰西共和国把全权委托给一个皇帝，他的称号是'法兰西人的皇帝'"。5月18日晚，康巴塞雷斯率全体议员在胸甲骑兵的护送下，来到圣克鲁宫，向拿破仑表示祝贺。拿破仑成了法兰西人民的皇帝。此时，巴黎城礼炮齐鸣，共和国从此灭亡，新帝国诞生了！

第二天，拿破仑在杜伊勒里宫举行了登基后第一次盛大的上朝仪式，所有军政要臣前来谒见君主。他授予麾下的18位军官为帝国元帅，其中现役的有14名，他们是贝尔蒂埃、缪拉、蒙塞、儒尔当、马塞纳、奥热罗、贝尔纳多特、苏尔特、布律纳、拉纳、莫蒂埃、内伊、达武、贝西埃尔，另有4名是年事已高的退役老将。

原已被免职的富歇因在建立帝制中斡旋有功，拿破仑恢复了他警务部长的官职。原来的第二、第三执政官康巴塞雷斯和勒布伦也被封为帝国大法官和帝国大司库。接着，被晋升为警长的路易·波拿巴率巴黎全体将官和校官前来谒见皇帝，其规模之宏大、场面之壮观超过了波旁王朝任何一位国王的登基仪式。

拿破仑对波拿巴家族的成员也进行了封赏，他的妻子约瑟芬被封为皇后，母亲莱蒂齐亚、妹妹埃利兹和卡罗利娜被封称殿下，约瑟夫成了大选帝侯，路易成了要塞司令，欧仁被任命为轻骑兵上将，奥坦丝成了亲王夫人。

拿破仑的母亲莱蒂齐亚在拿破仑的加冕典礼前，出人意料地离开了巴黎。临走前，她只对他说了一句话："但愿这一切能够长久。"她到被拿破仑"放逐"的儿子吕西安那儿去了。拿破仑没有给她什么封赏，只给了她"太夫人"这一称号。

拉纳出使里斯本，布律纳出使君士坦丁堡，都学会了一点外交手腕，也学会了对国家元首的顺从，因而重新获得了拿破仑的宠信。

加冕典礼定于12月2日举行。人们从欧洲的四面八方涌来，出席观看盛况空前、无与伦比的仪式，数万人争相一饱眼福。

12月1日傍晚6点，整个宫廷像一个大蜂窝，人们忙得团团转。拿破仑亲自督阵，样样都要过目。他指定约瑟芬身着锦衣华服，主持试装挑拣。他逐一检查达官贵人的礼服和公主们的裙袍。在杜伊勒里宫里，在一张巨大的桌子上，试装的人来回走台，以保万无一失。伊扎贝用上百个小蜡人拟像，标明皇帝、皇后、波拿巴家族和达官显贵们的姿态和他们应处的礼宾行列。

约瑟芬为拿破仑没有和自己在教堂里正式举行过宗教婚礼而忧虑，她找到教皇庇护七世并赢得了教皇精神上的支持，逼拿破仑同意补行宗教婚礼。如果没有宗教婚礼，就举行不了加冕礼。为了避免闹出大笑话，拿破仑屈服了。这天早上，他们匆匆忙忙地补办了一个宗教婚礼。在没有证婚人参加的情况下，红衣主教费舍为皇帝和皇后证了婚。

12月2日黎明，84名参议员身着蓝天鹅绒长袍、头戴插有白色羽毛的黑帽，在主席内夫夏托的带领下，几乎完全重复着5月18日在圣克鲁宫所举行的仪式，议员们出发到塞特岛和正义宫，去进行效忠帝国的宣誓仪式。7点，他们在成千上万身着礼服的军队的夹道注目下来到了巴黎圣母院。与此同时，陆军、水兵、国民卫队组成的5 000人代表团来到多菲内。8点，立法院、国会、护民院、法院的成员分别在28名骑兵和100名步兵的护送下，从各自所在的地点乘车或步行出发。教皇庇护七世在龙骑兵的护送下从卡罗塞尔出发。皇家銮驾和仪仗队将要通过的街道上早就挤满了人，他们全然不顾隆冬的寒冷，都想一睹盛况。

10点整，礼炮轰鸣，拿破仑本人从杜伊勒里宫出发，开路的是皇家卫队和鼓乐队，仪仗队的气派不亚于当年的罗马皇帝。保安措施十分严密，马路两边是三排士兵总共约8万人筑成的人墙。巴黎的军事长官缪拉元帅在队伍前面，后面跟着的是他的副官和4个骑兵方阵及4个步兵方阵、一个帝国卫队步兵团、一个班的身着埃及服饰的马穆鲁克兵，然后是骑着高头大马的传令兵领着11辆乘坐着国家重臣塔列朗、贝尔蒂埃和富歇等人的马车，其后是其他高官车辆，再后面是卡罗利娜、波利娜和埃利兹，最后是皇帝的马车。

来到巴黎圣母院，拿破仑与约瑟芬相继登上宝座。现在，人们瞩目的教皇登上祭坛，开始做弥撒，隆重而繁复的加冕仪式持续了很长时间。最后，皇帝和皇后走到祭坛前，跪在祭凳上，教皇为他们履行礼仪。有趣的是，当教皇正准备将皇冠戴在拿破仑头上时，拿破仑觉得他的皇冠不是上帝的赐予，而是用自己的剑拼搏出来的，于是在教皇为他抹过圣油之后，他从祭坛上端起皇冠，像古代的恺撒大帝那样戴在自己的头上。接着，他又把另一顶后冠，拿起来戴在约瑟芬的头上。教皇将皇帝专属的戒指交给拿破仑戴上，在拥抱皇帝之后，转身面向群众高呼："皇帝陛下万岁！皇后万岁！"接着，拿破仑宣誓即位。当传令官大声宣布法兰西皇帝拿破仑正式登基时，万民高呼："皇帝万岁！"沿塞纳河两岸直到巴士底狱，万炮齐鸣。

登基的烦琐仪式整整进行了4个小时。法兰西历史上从此有了第一位法兰西籍的皇后。

12月3日清晨6点，巴黎的所有军队全部集合在马尔斯广场上，等待拿破仑给他们分发鹰旗以取代共和国的旗帜。在雄伟壮丽的检阅台上，拿破仑一身戎装坐在宝座上。随着一声令下，各路纵队向宝座靠拢。拿破仑起立，下令分发鹰旗，并向众军团发表如下演说："士兵们，看看你们的旗帜吧！这些鹰旗永远是你们的集合地点。鹰旗永远在你们皇帝认为保卫他的宝座和他的子民所必需的地方，誓为保卫鹰旗而牺牲生命吧！誓为能够永远将鹰旗保持在胜利的道路上而鼓起勇气吧！"演说后，欢声雷动，士兵们举枪向新皇帝欢呼。接下来的10天，全法国沉浸在新帝登基的狂欢气氛中。

家族不和

加冕典礼之后，拿破仑这位将每年领取 2 500 万法郎皇室费的皇帝，不仅可以获得除他私人庄园之外的皇室领地的全部收益，而且享有在建立宫廷和管理皇族事务方面的自由处理权。新皇族的长子约瑟夫心里充满了嫉妒，他对权力的渴望并不亚于路易，还有其他家族成员也在变本加厉地明争暗斗。到了这个时候，拿破仑的主要敌人只剩下他自己的家族成员了，尤其是帝位继承问题激化了他与亲属间的矛盾。作为世袭皇帝，他不得不面对确定继承人的问题。

"世袭"意味着"长子继承权"，然而拿破仑无子，他自己甚至也不是家庭的长子，最简单的解决办法不外乎像罗马帝国时代那样，让皇帝指定自己的继承人。拿破仑有权认领嗣子，但他却拒绝给那些可能继承他皇位的人这一权利。拿破仑心目中的人选是路易和奥坦丝生的小拿破仑，他对小拿破仑百般宠爱，但他的这一想法还得征得几位兄弟的同意。

约瑟夫一向以老大自居，拿破仑为了安抚他，给了他大量尊贵的头衔和财富：除了亲王的 100 万年薪之外，其他头衔还给他带来了 33 万法郎的年收入。但他还是高兴不起来，当即否决拿破仑的想法，并说："我要么得到全部，要么什么都不要。"

路易一家也反对拿破仑这一决定，路易已有些精神失常，他嫉恨妻子奥坦丝的一切行动，一心要将她彻底孤立起来，特别是要将她和她的皇后母亲隔离，因为"她们"显然在联合起来对付他。路易还疑心奥坦丝与拿破仑有暧昧关系。当拿破仑提出让小拿破仑作为继承人时，路易坚决反对道："不，我绝不能答应！这等于要我声明放弃继承王位的权利，这等于要我在自己儿子面前低头。我绝不会在我的儿子面前俯首听命，哪怕离开法国，宁可把我的儿子带走，也不愿意看着你公然从他父亲手里把儿子夺走。"在这种情况下，拿破仑只好勉强让步。

这时，吕西安从意大利回来了，他的态度也很强硬，倘若他的孩子们被排斥在外，他不会接受进入继承圈："我的妻子，我的儿子，我的女儿们，我们是一个整体。"拿破仑与吕西安的沟通也失败了。

约瑟夫、路易、吕西安都反对把他们的继承权让给小拿破仑，每个人都想自己来当继承人。拿破仑最后只好做了如下让步：如果拿破仑没有亲生的或认领的后嗣，那么继承人的顺序就是约瑟夫，约瑟夫之后是路易。约瑟夫将作为大选帝侯，路易作为大司马，两个人都是法兰西亲王、皇室殿下。他们从这一特权中可得到 100 万法郎收入，加上薪金和赠礼，年收入不下 200 万法郎。但吕西安、热罗姆则暂时被剥夺了继承人资格，被排斥在帝侯体系之外。这是对他们婚姻问题和反叛行为的处罚。

皇位继承人的问题暂时得到了解决，拿破仑表面上接受了与约瑟夫和路易的和解，并按照元老院的建议把他们列入继承人名单，但他仍然保留把路易之子收为养子，从而使其保有优先继承的权利。

拿破仑的退让不仅没有换来兄弟们的感激之情，还让他的几个姊妹对他产生了更多的怨恨，其中以卡罗利娜的反应最为强烈。由于朱莉和奥坦丝都因其丈夫封了亲王，她们倒变成了殿下。卡罗利娜愤愤不平地对奥坦丝说："怎么，你的孩子反倒可以当王子，可以作为法兰西王国的继承者，而我的孩子，他们的表兄弟姐妹却什么也不是。这不公平，我无论如何也咽不下这口气！"她尤其怨恨拿破仑处处表现出对奥坦丝儿子的偏爱。有一天，新皇帝抱着小拿破仑，当着全家人的面说："小子，你知道吗？你有朝一日可能当上国王！"卡罗利娜的丈夫缪拉猛然抬起头，单刀直入地问："那么阿希勒呢？""阿希勒？"拿破仑答道，"嘿！阿希勒肯定可以当一个好士兵。"他俯身亲着他的小拿破仑，故意煽动起缪拉的妒火。他补充道："无论如何我得劝告你，我可怜的孩子，要是你想活下去的话，千万不要接受你的表兄妹给你送来的饭菜。"这句俏皮话，更使缪拉和卡罗利娜妒火中烧，气愤不已，但他们只能把嫉恨埋在心底。还有约瑟夫，他一刻也没有放松对权力的觊觎。

拿破仑认为，一个皇朝，必须拥有在宫廷中培养出来的继承人，才能在法国扎下深根。他曾对罗德雷说："我从来不认为我的兄弟们是权力的天然继承人，我认为他们只适于防止少数人的作恶为患而已。"

约瑟夫对拿破仑的这种态度深为不满。他是帝国的一位亲王，又是大选帝侯，但他很快发现，这仅仅意味着他可以主持一个元老院的会议，于是他就故意搞点唱反调的小动作让拿破仑火冒三丈。拿破仑早已建议他投身军界，因为如果他对军队一无所知，就不能把他包括在继承人之列，也不能使著名的元帅受他指挥。约瑟夫迫于无奈，只好接受一个团的团长职务，并以 36 岁的年纪到布伦附近去接受军事训练。

在这场争夺继承人的内部战争中，约瑟芬的处境无疑最为尴尬。尽管她接受了皇后的桂冠，但这与拿破仑的日渐冷漠相比，又有什么用呢？她并不稀罕一顶空洞的桂冠，甚至把它看作不祥之兆。如果没有子嗣，不仅这顶桂冠保不住，而且仅做拿破仑夫人都不可能了。

她知道，拿破仑的兄弟们在酝酿帝制时，便劝说他离婚另娶，因为她已经无法生育了。吕西安虽然一贯装作对权力不屑一顾，却不断地为把权力集中到拿破仑手中而大卖力气，他认为要使他的意图成功，这几件事是必不可少的，即世袭帝位、离婚和建立帝国政府。他的建议不仅得到了约瑟夫等人的赞同，就连即将建立帝国的拿破仑为了长远考虑，也不能不为之心动。

家族的事务与矛盾虽然让拿破仑感到头疼疲倦，但事无巨细，最终还是按照他的意志得到了解决。

生性风流

约瑟芬陷入了深深的焦虑之中，她知道除了她的一双儿女在拿破仑面前颇为得宠外，整个波拿巴家族中没有一个人对她友善，但这是她自己放浪形骸、肆意挥霍的结果。现在她虽然收敛了，但拿破仑对她已是日渐情薄，让她感到皇后宝座摇摇欲坠，随时都有垮掉的危险，拿破仑总是寻机与美艳的贵妇们眉目传情，暗中幽会。她已经 40 出头了，不管她用什么高明的手段去打扮与装饰，都无法掩饰沧桑岁月在她的脸上和身体上刻下的痕迹，这是她最大的不幸与悲哀。而英姿勃勃、血气方刚的拿破仑才 34 岁，虽然他是军人和乡巴佬出身，但他的审美力和鉴赏智慧极强，完全可以分辨出什么是年轻貌美，什么是人老珠黄；什么是爱情，什么是情欲。他的生活中拥有许多女性，点缀着他本已十分耀眼夺目的生活。

不过，在拿破仑的心目中，初恋情人德茜蕾的位置是没人能够替代的。他常常会让自己的思绪回到难忘的少年时代，除了约瑟芬，那个女人才是他真正的初恋，只可惜那个时候他根本不懂什么叫爱情，把一杯叫"爱情"的芬芳葡萄酒当白开水泼掉了。但德茜蕾不计前嫌，一如既往地善待他、帮助他，这让拿破仑十分敬重她，同时他也给了德茜蕾极大的恩惠。

如果说德茜蕾是拿破仑爱情上的精神寄托，那么，另一个女人则让拿破仑得到了肉体上的满足。她就是迪夏泰尔夫人。

迪夏泰尔夫人时值二十芳龄，是一位国色天香的温雅女人。最难能可贵的是她思维敏捷、文采绚丽，她能一字不差地背诵许多古人的著名诗篇，还会唱歌、跳舞，并弹得一手好琴，对于逢场作戏和拍马逢迎也极为擅长。不过，这位骄傲的夫人除了自己的丈夫迪夏泰尔伯爵外，跟谁都不来往，因为她非常看重自己的名声和超群出众的千娇百媚。

拿破仑是在圣克鲁宫一次盛大的五月节宴会上发现她的。当时可爱而极尽艳丽的迪夏泰尔夫人坐在她的丈夫身边，而拿破仑就坐在她对面。他瞟见她的第一眼就感到诧异，这位美丽的少妇就像墙壁上的油画。而心思细腻的迪夏泰尔夫人当然也明白放肆的拿破仑在脉脉温情地注视着自己，于是就漫不经心地转过头去跟丈夫说话。女人的掩饰正表明了她的在意。拿破仑对自己的相貌并不自信，但崇拜女性美的感情却是非常炽烈的，他像一匹不知疲倦的战马，总是在疯狂地追求女人，而后又潇洒地抛弃女人。

拿破仑屈尊到迪夏泰尔伯爵家进行一次拜访之后，为了防止其他意外，他让仆人在爱丽舍田园大街附近的寡妇街租了一栋房子，与迪夏泰尔夫人在那里幽会。那天，他像一位神话中的痴情郎，手里捧着鲜花，骑着粗壮的战马大摇大摆地走进去，他的模样极像一位未婚夫在向他心爱的姑娘求婚。

这次幽会之后，拿破仑突然萌发了一个新的念头，那就是封迪夏泰尔夫人为女官，这样她就可以每天正大光明地进宫与他相会。当然，这需要有好的理由来说服约瑟芬，不然生性多疑而狡猾的约瑟芬会拒绝的。

拿破仑说到做到，找了一个适当的时候向约瑟芬谈及此事，说迪夏泰尔夫人心灵手巧，会弹琴唱曲，可以为约瑟芬的沙龙舞会增添光彩。约瑟芬欣然同意。

几天后，迪夏泰尔夫人的名字就写在了宫廷女官的花名册上。尽管约瑟芬对她的音乐并不感兴趣，但是迪夏泰尔夫人的谦虚和美貌很讨她的喜欢，因而也经常鼓励迪夏泰尔夫人去给拿破仑弹琴。迪夏泰尔夫人经常利用盛会和舞会的高潮时间跑去拥抱痴情疲倦的拿破仑，在那个布置得华丽精巧的房间里，法兰西皇帝像一个孩子似的楚楚可怜地望着她，每天16~18个小时的工作量已把他的精力全部耗尽，他剩下的兴趣就是看一看情妇那双蓝色的眼睛。迪夏泰尔夫人美丽的眼睛是一杯醉人的白兰地，一杯芬芳的干邑，她那张白里透红的脸蛋能够使他忘记治理国家所带来的苦闷，她的一双纤纤细手抚慰着他充满活力和欲望的肉体。

拿破仑与情妇相会的花招玩得非常巧妙，不但宫里没有人怀疑，就连约瑟芬自己也很少怀疑，因为她花了金钱而得来的情报等于零，所以她就以为丈夫已经改掉了拈花惹草的坏毛病。实际上，拿破仑一直觉得约瑟芬是他摆脱不开的梦魇，他已经非常厌倦她，尤其是当新结识一个漂亮女人时，他就巴不得自己从来没有过这桩倒霉的婚姻。

从意大利旅行回来后，拿破仑与迪夏泰尔夫人越发的如胶似漆，他把应该献给约瑟芬的吻转移到迪夏泰尔夫人身上，把她哄得团团转。他把美丽的迪夏泰尔夫人安排在御书房旁边秘密的小屋里，每个夜晚都穿上睡衣、赤裸双脚去与她幽会。他不愿意迪夏泰尔夫人到自己的寝宫来，因为让那些下贱的仆人看见会有失体面。

尽管采取了如此严密谨慎的防范措施，拿破仑还是被约瑟芬的女仆撞见了。事后，拿破仑将女仆交给精明的贡斯当去处理。唯命是从的贡斯当便"用金钱和吓唬堵住她的嘴巴"。

约瑟芬到枫丹白露时，也发现皇帝身上发生了一些特殊的变化。他对后宫贵妇很温存、很亲切，甚至有些暧昧过头。这底下是不是掩藏着什么私情呢？

不久，约瑟芬终于找到了证据，那就是拿破仑亲笔写给迪夏泰尔夫人的一封信。不知怎么回事，迪夏泰尔夫人读过那封信后又把它还给了拿破仑，而拿破仑来不及收起，只得将它胡乱地塞到枕头下面，结果被约瑟芬发现了。约瑟芬把它当作拿破仑偷腥的确凿证据，要拿破仑解释清楚他刚才在哪里。

面对约瑟芬咄咄逼人的质问，拿破仑忍不住旧事重提，历数约瑟芬的风流往事，用这个致命武器去反击她，让她闭上嘴巴。

满脸怒容的约瑟芬把眼睛瞪得老大，胸脯难受得一起一伏，但她却毫无办法，说到底都是她的错，谁叫她提前回到杜伊勒里宫，她生气地将那封信摔在地毯上。

2月底，拿破仑和他的妻子、情妇及宫女在马尔梅松逗留了几天。他在那里更是目中无人，毫不遮掩地放肆到了极点。他不顾旁人的议论，接连几个小时与迪夏泰尔夫人在花园里散步，萨瓦里夫人有时陪伴着他们。约瑟芬从自己的房间里看着他们从小径上走过，她再也不愿抱怨，但她忧郁的神情明显地表露了她内心的痛苦。她宁愿相信拿破仑对她说的"这是一时的心血来潮"，并牢记"你越找麻烦就越激起我的思念，你要是不予理会，持续的时间反而更短"。

果然不久之后，拿破仑对迪夏泰尔夫人的兴趣渐渐减弱了，但并不是被约瑟芬的痛苦所打动的。正如他所说，他不能长期忍受"拉长的面孔和充满泪水的眼睛"，更重要的是，他感到迪夏泰尔夫人野心勃勃，而他无法忍受由别人来指使他的行动。

"我真正的情妇，"他说，"是权力。我历经千辛万苦才征服了她（权力），别说让人将她夺走，就是有谁不怀好意地瞟她一眼，我也会觉得无比心疼。"

不过，迪夏泰尔夫人很精明，她摸透了他的性格，从不开口索取任何东西，她的丈夫为拿破仑尽忠效力，拿破仑后来按照他的才干提升了他。但当拿破仑感觉他的情妇欲成为"宠妃"与他共享皇权时，便决定和她分道扬镳。她不是拿破仑最宠爱的情人，但她仍是他最器重的女性之一。

往往一颗星陨落消失，必然会有另一颗新星霍然升起。

拿破仑刚刚把野心勃勃的迪夏泰尔夫人一脚踢下龙床，接着又开始向波利娜手下的一位贵妇巴拉尔夫人大献殷勤。倘若说宫内有为数不少的丑女人害怕他的话，那么更多的漂亮女人则希望能受到皇帝的青睐，他为此自鸣得意。不过，更多的时候，他还是愿意主动出击，而不愿意守株待兔。

在很多女人眼里，法兰西皇帝的外貌太令人失望。其中，德尼埃尔就觉得他简直不算是男人，他还没有她高，仿佛一个没有长大的乡下孩子，虽然身上穿着耀眼华丽的皇袍，却丝毫也衬托不出他的高贵气派。拿破仑温柔中带点诧异的目光正射向她，他正在揣摸她美丽的面颊，研究她小巧玲珑的鼻子，他对她那两片相当性感的嘴唇注视了很久，最后又停留在那双黑眼睛上。拿破仑十分愕然，这个欧洲后裔有着亚洲血统，她的黑头发黑眼睛显然与法国女人都不相同，她是那么美丽、高贵、优雅，又是那么神秘莫测、充满野性。

拿破仑认识德尼埃尔，是因为一个月前他收到她的一封申诉信，请求他赦免她在狱中受冤的丈夫——不如说情人更贴切，因为他们根本没有举行婚礼。拿破仑突然心血来潮，想单独见见她。

拿破仑发现，德尼埃尔除了优雅、美丽与高贵外，还带着一些隐隐的固执与野性。他情不自禁地想，或许她那种固执与野性是没有男人能够征服的，他从她黑色的眼睛里看出了反抗和蔑视的火焰。

见过这个女人后，拿破仑马上有了新的想法。他一路打着响指回到杜伊勒里宫，这个早晨对他来说显得意外，他向看见的每一个助手和下属都问好，那些仆人和宫廷高官都回过头诧异地望着他，以为他昨天晚上又跟迪夏泰尔夫人见了面，今天才这般精神饱满、兴高采烈。

拿破仑经常为一个莫名其妙的女人而激动，这是他不可救药的弱点，他并不是因为爱上某个女人才这样，而是一接触某个他喜欢的女人就会产生这种奇怪的心境，他是个富有激情的人。德尼埃尔着实令他激动了好一阵子。他很快就解决了她所托之事，不过，他并不想让她立即回到她的情夫那里。他被她那充满异国情调的美貌迷住了，使他从一个吝啬鬼变得如此慷慨，乃至把一座路易十四情妇的别墅送给她。德尼埃尔就这样被接到了那座淡紫色的别墅里，尽管这对她来说就像一种软禁。

3 天后，拿破仑打扮一新，再次去见她。他今天刚刮过胡子，神采奕奕，衣服也穿得格外华丽，脚上的靴子简直光亮得能照出清晰的人影来。他看见美丽的姑娘款步而来，便站起来朝她得体地一鞠躬，德尼埃尔则惊慌失措地行着万福。

德尼埃尔第一次享受贵妇人之礼，身心几乎无法承受这种突然而至的宠爱，额头上吓出密密麻麻的冷汗，站在那里一动也不动，就像一尊雕像。久经情场的拿破仑马上觉察出她的害怕与胆怯，向她温存地伸出一条胳膊，她呆板地被他轻轻挽住，慢步踱出门去。

此后，德尼埃尔经常在淡紫色的别墅里享受拿破仑奉献给她的欢乐，这种醉人的欢乐在她的生命中还是第一次，拿破仑不仅懂得爱的艺术，他简直就是为爱情所生。德尼埃尔时常痴迷地凝视着他，完全忘了自己身处何方，身下躺着的是皮榻还是木床，现在的时间是白天还是夜晚。她觉得自己进入了一个崭新的天地，她在这个天地里感到无限的幸福与快乐，她在这里慢慢踱步，又回首祈盼。

拿破仑与德尼埃尔的往来，从 1804 年 9 月开始，大约持续了 7 个月的时间，他们幽会相隔的时间总是很长。尽管如此，消息还是传到了约瑟芬的耳中，这又使得她醋意大发。拿破仑忙于应付，结果弄得自己心烦意乱。一天清晨，他索性离开巴黎，去了布伦。法国各个港口和沿河两岸呈现出一派繁忙的景象，人们夜以继日地赶造着平底船、炮艇和驳船。拿破仑沿途视察，下达各种指示，忙得不可开交。1805 年 8 月，在布伦，他的 16 万大军翘首以待，盼望强大的法军舰队尽快起航，好让他们早日踏上英国领土。

1805 年 8 月底，拿破仑回到巴黎，听说德尼埃尔生了一个儿子。这真是一个意外的收获。这是他的第一个儿子，尽管是非婚子，但证明他是有生儿育女的能力的。惊喜万分的拿破仑立即奔向那座淡紫色的别墅，想要证实这个好消息，但那里已是人去楼空。由于大战在即，拿破仑也无暇去寻找和证实，后来他一直没有见到这个儿子。

第十三章　伟大的元帅

乌尔姆大捷

当首都庆典的欢歌、礼炮和家族纷争的硝烟终于平静之后，拿破仑再度风尘仆仆地回到海峡地带，亲自督察对英作战的备战情况。他的皇位是靠战争赢来的，也需要靠战争来捍卫。

1805 年 8 月 9 日，奥、英、俄三国为防止法国主宰欧洲，再次走到一起，结成第三次反法同盟。此时，拿破仑正和他庞大的舰队一起待在布伦，准备横渡英吉利海峡，入侵英国本土。面对欧洲局势的急剧变化，他不得不再次放弃侵英计划，挥戈东指。他的第一个目标自然是对他有直接威胁的反法联盟急先锋——奥地利。

为了粉碎三国联盟，拿破仑在外交上采取了一系列措施。8 月 24 日，他派宫廷大总管杜洛克将军前往柏林，与普鲁士国王签订了一项密约，普鲁士保证在未来的战争中持中立态度。作为交换条件，法国愿意割让汉诺威。同时，他又写私函给巴伐利亚、巴登、符腾堡①，要求他们与法国结成同盟。这些小诸侯在战战兢兢中勉强接受了拿破仑的要求。于是，拿破仑获得了利用其领土作为战场的权力，并且也为自己的军队获得了 4 万人的后援。

---

① 符腾堡：德国西南部的一个政治实体，由康拉德伯爵以斯图加特为核心建立。他的后裔将领地扩展到符腾堡，撑过了德意志宗教战争、帝国政策的变更和法国的入侵。

为了彻底征服奥地利，拿破仑决定占领维也纳。通往奥地利首都的战略走廊有两条：一条是多瑙河河谷，另一条是波河河谷。8 月 29 日，拿破仑从布伦发出命令，法军 16.6 万人从西海岸出发，急行军奔向多瑙河。这个庞大的军团分为 9 个军，共有 20 个步兵师和 11 个骑兵师。

奥军统帅梅拉斯为了防止悲剧重演，沿着这条战线集结了一支 9.5 万人的部队，由奥地利最优秀的军事将领、34 岁的查理大公指挥。波河流域也是一个比较重要的地区，因此，奥军在莱茵河一线即奥地利与巴伐利亚边境集结了另一支 6 万人的部队，由 24 岁、涉世未深的斐迪南大公指挥，参谋长是有丰富作战经验的 53 岁老将麦克。由于俄、奥已结盟，这支部队在 10 月还将得到 10 万俄军的增援，俄军正经过波兰和摩拉维亚西进，向斐迪南部靠拢。

8 月底，拿破仑派妹夫缪拉亲王以"包尔蒙"上校的假名，对巴拉丁纳、巴伐利亚和黑森林做一次快速侦察，并就道路状况和河川宽度提出报告。缪拉拟于 9 月 13 日回到斯特拉斯堡，暂行代理大军团总指挥之职。拿破仑的工程兵高级军官贝特朗将军也被派往上述地区，对那里的一切桥梁、渡口以及徒涉场做更详细的侦察，特别注意了解多瑙河、美因河、莱希河和伊萨尔河河岸的性质。拿破仑的另一名亲信侍卫长萨瓦里将军也奉命以特工的方式做类似的侦察。

9 月 3 日，拿破仑离开布伦军营，返回马尔梅松堡。次日，他在圣克鲁宫召见全体大臣。9 月 24 日，他与皇后离开圣克鲁宫去与大军会合，于 9 月 26 日抵达斯特拉斯堡。由于事前的侦察工作做得很到位，一到这里，拿破仑就详细了解到敌人的部署情况和作战意图。

奥军的作战计划是：查理大公迎战法国的意大利军团，该军团如今正据守在阿迪杰防线即维罗纳至阿迪杰河与波河汇合处一线。同时，斐迪南大公率部经多瑙河谷抵达支流伊勒河一线，试图谋取巴伐利亚 2.5 万可用之兵的支援。奥军在那里完全可能牵制法军的任何进军直至俄国援兵到达，俄军将使他们在数量上获得可观的优势，甚至足以入侵法国本土。

拿破仑还视察了已抵达莱茵河前线的部队。这支庞大的军队出发时每人仅携带了4天的干粮。各队在途经之地征收粮秣给养，这些地区都十分富饶，而且秋收刚刚结束。

不久，缪拉又报告说，奥军正逼近乌尔姆并沿伊勒河一线构筑工事，该河正好在这个要塞区与多瑙河汇合。

拿破仑得知这些情况后非常高兴，因为他的军队若在乌尔姆下方越过多瑙河，就正好处于奥军与俄军之间，既能切断它们与维也纳之间最便捷的交通线，又能隔绝奥军与正在前进中的俄军之间的联系。

他将右路本来奉命向乌尔姆进军的两个军（拉纳和内伊），改为取道斯图加特和路德维希堡向海登海姆和甘德尔芬根（分别位于乌尔姆之北和东北）进军，以探明敌军北翼的位置。第一、二、三、四军则继续向东南前进，在因戈尔施塔特和多瑙沃尔特之间渡过多瑙河，然后向慕尼黑和奥格斯堡推进。多瑙河北面的6个军，以缪拉的骑兵军为先头部队，在70英里宽的正面越过南德意志，一路畅通，仅在到达乌尔姆附近，即奥军指挥官麦克所在地时才遇到一点儿抵抗。

斐迪南大公的这一路大军其实是由参谋长麦克指挥的，对军事一窍不通的斐迪南大公不过是个傀儡而已。麦克的主力3.5万人驻在乌尔姆和伊勒河沿线。由金迈尔指挥的1.8万人，守住因戈耳施塔特、诺伊堡、多瑙沃尔特、京次堡和其他较小的据点。麦克部连同其他到达的分遣队，奥军总数已达7万人以上。他没想到法军竟如此神速地包围了他的右翼，所以他仍然向西面对伊勒河，判断法军会从这个方向出现。在其右翼，金迈尔军正守卫着乌尔姆和多瑙沃尔特之间的多瑙河。

10月2日，战斗终于打响了。6日和7日，法军刚渡过多瑙河就完成了对奥军右翼金迈尔军的包抄。8日，缪拉军在马尔蒙和苏尔特两个军的支援下，打败金迈尔军。法军乘胜追击，在京次堡再次大败奥军。金迈尔向南逃往慕尼黑方向。法军转而向西，在韦尔廷根与奥劳伯格指挥的一个拥有12个营兵力的奥军加强师遭遇，该师是奉麦克之命增援金迈尔的。缪拉立即发起攻击，很快打退了这支部队，俘敌2 000余人。贝尔纳多特的第一军继续追击金迈尔，于10月12日进入慕尼黑。

至此，法军整个大军已稳固地横跨在奥军交通线上，取得了这次战役的主动权。麦克率领的5万余人被困在乌尔姆附近，面对席卷而来的法军，他不敢轻举妄动。

拿破仑决定集中优势兵力，对乌尔姆进行合围。他命令马尔蒙的第二军南进奥格斯堡，再向西进占俯控乌尔姆之南的伊勒河山脊。达武的第三军则奉命移向东南的达豪（位于慕尼黑西北14英里）充当预备队，一旦俄军到达就支援贝尔纳多特的第一军。苏尔特的第四军奉命穿过奥格斯堡南进，直抵兰茨贝格的莱希河谷，再转身西进梅明根，渡过伊勒河并切断乌尔姆与南部的交通线。拉纳的第五军和内伊的第六军则沿多瑙河两岸向西挺进乌尔姆。

10月12日，拿破仑委派缪拉指挥一个特遣纵队到乌尔姆去完成歼灭麦克的任务，核心是绝不能让一个人跑掉。缪拉的这支特遣纵队除了自己的骑兵军外，还增加了拉纳和内伊两军。内伊和拉纳两军分别从多瑙河左右两岸围攻这个陷入绝境的要塞亚贝克。

但是，缪拉未能严格地执行拿破仑的命令，他命令在多瑙河左岸古兹堡附近的内伊军渡至河右岸（即南岸），而内伊仅将该军的部分兵力调到南岸，这使乌尔姆要塞的东北面留下了一个空隙。麦克利用这个机会，命令魏尼克军2万人保护斐迪南大公向东北逃走。拿破仑立即派缪拉的骑兵追击，赶至诺德林根附近将其包围，魏尼克被迫投降，斐迪南大公率几百名骑兵经纽伦堡逃到了波希米亚。

在亚贝克，内伊率一个师与奥军发生激战，俘虏奥军3 000余人。

但拿破仑对这一结果非常不满，因为缪拉的错误指挥，使奥军占领了埃尔欣根（位于乌尔姆东北6英里）附近的多瑙河大桥。该村有一座巍峨的修道院，俯控着宽阔的河谷。奥军派1.5万余人配备40门大炮据守于此。

10月14日，内伊和拉纳元帅夺占乌尔姆周围的高地，向这个险要的抵抗中心发起强攻。奥军的一个师在斯潘根的指挥下试图向南突围，但在梅明根被苏尔特拦截。经过一场激战，法军俘敌近 3 000 人，缴获大炮 20 门。其余的奥军退守乌尔姆，加上原有守军，乌尔姆现有奥军 3.6 万人。

10 月 16 日，拿破仑炮轰乌尔姆，同时又派去一名军使，要求麦克缴械投降，并威胁说，假如他攻下乌尔姆，任何人都不会得到宽恕。麦克感到恐惧，10 月 19 日，他终于投降。乌尔姆的奥军 3.3 万余人和 60 门大炮全部被拿破仑俘获。麦克派莫里斯亲王前来谈判。

莫里斯亲王提出议降，条件是准许乌尔姆守军撤回奥地利，但遭到了拿破仑的拒绝。后来法军修改了这些条件，婉言劝诱这个逃不出包围圈的人在 10 月 20 日前出降，条件是内伊军团在乌尔姆前沿留驻到 10 月 25 日。麦克答应了对手这个狡猾的条件，这是他最后一次背叛他的国家和丧失军人的尊严。

10 月 20 日，秋阳高照，风轻云淡。拿破仑率领一批才能出众的幕僚，后面跟着铜墙铁壁似的近卫军，8 个纵队列阵两旁，接受败军的投降。败军统帅麦克带领投降的队伍恭恭敬敬地朝拿破仑鞠躬，他面色忧郁，痛苦地低着头，捧剑献给胜利者，说："不幸的麦克在此。"然后 3 万步兵和 3 000 骑兵列队来到米夏埃尔斯山麓，在拿破仑面前放下武器。

此战法军阵亡 500 人，受伤 1 000 人，大部分是内伊军在亚贝克和埃尔欣根中损失的。拿破仑以轻微的代价取得了乌尔姆大捷。

海上惨败

俗话说，乐极生悲，就在拿破仑取得乌尔姆大捷的第三天，法国和西班牙的联合舰队在特拉法尔加海战中遭到惨败。

前面已经提到，为了夺得海上霸权，拿破仑上台后一直在进行最紧张的、规模最大的对英战争准备，到 1805 年，法国已有战列舰 103 艘、巡洋舰 55 艘。英国也出现了前所未有的凝重，开始了总动员，除数十万人应征入伍外，预备役军舰全部转入现役，使现役战舰达到 240 艘，巡洋舰 317 艘。

拿破仑加冕称帝后，还把荷兰和西班牙争取到法国这边，并得到他们的海军指挥权，这使拿破仑手中的海军兵力有所加强。但由于英国海军强有力的封锁，三国舰队被困守在各自的港口里，发挥不了作用。为了扭转这一不利态势，拿破仑制订了一个调虎离山的计划，让驻守土伦的分舰队在维尔纳夫的率领下突破封锁，前往西印度群岛；同时，由米西赛指挥的罗什福尔分舰队也突破英军封锁，前往西印度群岛。两支舰队计划在马提尼克会合，再对这一带的英国殖民地进行骚扰，诱使英军派兵救援，以便减轻被封锁的法国和西班牙的其他分舰队的压力。英国一旦上钩，他们的舰队便马上返航驶往英吉利海峡，为渡海登陆作战扫清道路。

但战事的进展并不如拿破仑想象的那么顺利。他的海军主将维尔纳夫是贵族出身，受过良好的教育，是个饱学之士，但并不适宜做指挥性的工作。而且，他不相信拿破仑的侵英计划，对部下和盟友也缺乏信心，对自己的对手纳尔逊更是畏之如虎，这些使他在以后的作战中做出了一个个错误的决策。

1805 年 1 月 11 日，米西赛率领的 5 艘战列舰和 4 艘巡洋舰，从罗什福尔突围而出，向西印度群岛驶去。一周后，维尔纳夫率领 11 艘战列舰和 9 艘巡洋舰驶出了土伦港。

负责封锁法国土伦港的纳尔逊海军上将指挥的英地中海分舰队随即出动。纳尔逊是英国最优秀的海军将领，果敢而富有想象力，具有独到的眼光。他认为维尔纳夫一定是驶往马耳他或埃及，于是立即向东赶去，于 2 月 7 日抵达埃及亚历山大港。当他没有发现敌踪时，又赶往马耳他，到了那里才知道由于遇到风暴，维尔纳夫已经被迫返回土伦。

3 月 30 日，维尔纳夫再次从土伦出航，向西班牙的加的斯港前进，去与西班牙舰队会合，然后再驶向西印度群岛。纳尔逊仍认为维尔纳夫的目标是埃及，于是把舰队部署在地中海中部等待他。4月9日，维尔纳夫穿过直布罗陀海峡，在加的斯港抛锚，用信号通知港内的西班牙舰队出来。但他非常害怕纳尔逊会尾随在自己后面，到下午1点，他不再等待西班牙舰队，而是先起锚开船，让西班牙人跟在他后面蹒跚而行。

直到5月6日，纳尔逊才到达直布罗陀，得知维尔纳夫已在一个月前就到西印度群岛去了。纳尔逊马上做出决策，于5月10日率领10艘战舰和3艘巡洋舰，准备横渡大西洋。英国海军部得知维尔纳夫驶向西印度群岛，但却不知纳尔逊的行动，又派考尔德中将率11艘战舰出发追击。考尔德在途中偶然遇见一队英舰，才知道纳尔逊已在追击中。假使这个偶然事件不发生，英国就会有21艘战舰和3艘巡洋舰去参加这项"追逐野鹅"的工作，而拿破仑的调虎离山之计就可得逞。

5月14日，维尔纳夫到达西印度群岛的马提尼克，但米西赛的舰队由于受风暴影响已返回法国的罗什福尔港。拿破仑不想再延迟了，他于4月29日派马格仑少将率领2艘战舰渡过大西洋，把一个命令送达维尔纳夫，命令中规定维尔纳夫应在西印度群岛停留35天，假使没有法国舰队来与他会合，应返航接出被封锁在费罗尔和布雷斯特的舰队，最后集中兵力进入英吉利海峡，开往布伦。

维尔纳夫于6月4日接到了命令，在6月7日又接获了纳尔逊已到达西印度群岛的消息。这个消息使维尔纳夫的神经大为紧张，于是不顾拿破仑的命令，于6月10日率舰队匆匆向欧洲返航。纳尔逊像猎狗一样闻讯又转身追赶，7月20日，纳尔逊返回直布罗陀。

英国海军大臣特使巴尔汉勋爵接到维尔纳夫舰队向比斯开湾行驶的报告后，立即命令负责封锁英吉利海峡的康华里思上将解除对罗什福尔等港口的封锁，将舰队集中起来，以阻止维尔纳夫的企图。于是，除布雷斯特和西班牙的加的斯港外，其他法、西两国港口的封锁都解除了。拿破仑的战略目标已经达到了一大半。

7月22日，维尔纳夫在西班牙西北的菲尼斯特雷角遇上了英国海军上将考尔德爵士的一支只有15艘战舰的舰队。当时有雾，双方在雾中交战，有 2 艘法国军舰降旗投降。第二天，考尔德向北进发去与康华里思会合，维尔纳夫也张着满帆驶向费罗尔，并于 8 月 1 日到达。这一战的精神作用是决定性的，因为维尔纳夫对自己的舰队缺乏信念，已经不用言语而以实际行动表现出来了。

在费罗尔，维尔纳夫接到了拿破仑在 7 月 16 日发出的信，命令他或是与罗什福尔和布雷斯特两个分舰队会合在一起，或是只与两者之一会合在一起，然后尽快向爱尔兰和苏格兰行驶，以便与荷兰舰队会合。假使因为会战或其他原因，维尔纳夫不能完成其任务，则无论如何都不许进入费罗尔港，而应驶向西班牙的加的斯湾。命令中的最后一句指示，对拿破仑而言算是一个极为严重的错误。也许是巧合，因为维尔纳夫根本不想去有英舰重兵封锁的布雷斯特，加的斯才是他心里想要去的地方。

8 月 2 日，屯兵在布伦的拿破仑心急如焚，再一次向维尔纳夫发出命令："开航！不要浪费一分钟，率领我集中的兵力进入海峡，英国就是我们的了，我们的一切都已准备就绪。你只要出现 24 小时，则一切都可完结。"

但是，维尔纳夫把 3 艘已损坏的军舰留在费罗尔港后，提心吊胆地向罗什福尔和布雷斯特行驶。8 月 13 日，维尔纳夫发现远方有一支舰队，以为是英军，于是立即改为向南行驶。实际上，这是阿里曼德少将率领的法国罗什福尔分舰队，正在赶来与维尔纳夫会合。假使他们会合在一起，维尔纳夫的兵力则可增加到 34 艘战舰，足以击败康华里思的 20 艘战舰。若再继续向北而不是向南航行，那么布雷斯特的封锁就可能被解除。

8 月 20 日，维尔纳夫指挥他的舰队进入西班牙的加的斯港。当时封锁该港的考尔德只有 3 艘战舰。不久，比克尔顿和考尔德的舰队先后赶来增援，使英国军舰增加到 25 艘，把加的斯港严密地封锁起来了，联合舰队再也无法出海了。拿破仑听说维尔纳夫已躲到加的斯港，不禁暴跳如雷，当着陆军总监达律的面大骂维尔纳大违反命令。8 月 22 日，拿破仑写信给海军部长德克雷说："我认为维尔纳夫连指挥一艘快速炮帆船的资格都没有。他是一个既无决断能力又无魄力胆量的人。"错失良机之后，9 月 3 日，拿破仑离开布伦，开始东征。于是，"英吉利军团" 16 万大军不渡海而是渡过了莱茵河。

9 月 2 日拂晓，纳尔逊正在伦敦一条小溪边散步，巡洋舰 "欧亚拉斯" 号的舰长布莱克伍德给他带来了一个消息，说维尔纳夫已经进入加的斯。于是，纳尔逊立即结束他的假期返回舰队。9 月 15 日，纳尔逊乘他的旗舰 "胜利" 号扬帆出海。9 月 28 日，他与考尔德的舰队会合在一起，并接管了全部舰队的指挥权。

纳尔逊的计划是：把突击舰队分成两个支队，另以一支作为预备队。一队由他亲自率领突击敌舰队中央，切断其前后联系，打乱敌人队形，使其首尾不能相应；另一队由考尔德率领，攻击敌人后卫；预备队在发现敌人的旗舰后，再发起进攻，一举打乱其指挥机关，迫使敌舰陷入混乱状态，最后逐个歼灭被分割的敌舰。10 月 9 日，纳尔逊正式下达了作战命令。

此时，身处加的斯的维尔纳夫发现自己的处境空前恶劣，他的金库已经囊空如洗，缺乏粮食、供应品。除了原有缺额 2 000 人以外，还有 1 700 余名士兵得病。同时，法、西两国的官兵又经常发生争吵。拿破仑此时已经放弃了侵英的计划，他给 "可怜的" 维尔纳夫下达了一项新的命令，要他从加的斯出发，在意大利的那不勒斯一带完成牵制性运动，然后回到土伦休整。同时，由于对维尔纳夫已失去信心，拿破仑又命令海军部长德克雷撤换维尔纳夫，而以海军上将罗西里来替换他。

为了改变即将被罢免的霉运，维尔纳夫想干净利落地完成这次任务。10 月 1 日，他开始做最后的准备。10 月 8 日，在一个作战会议上，他向部下准确预言了纳尔逊会采用切断法、西联合舰队的前后联系，以及包围后方、各个击破的新战术，但他却拿不出可行的对策。最后他只得下令："假如法、西联合舰队占上风，则应迫近敌人，然后一对一作战。"

10 月 15 日，维尔纳夫得知罗西里已经起程来接替自己，觉得这是个奇耻大辱，于是决定在罗西里到达之前，先行冲出加的斯港，通过直布罗陀海峡前往地中海，配合拿破仑在意大利的军事行动。10月17日，维尔纳夫发出准备起航的信号，但由于有风，舰队一直等到19日上午6点才出发。

10月20日天明时，纳尔逊正在直布罗陀附近。上午7点，他们发现维尔纳夫的舰队正向直布罗陀海峡前进。在日落之前，纳尔逊命令他的巡洋舰在夜间应与敌人始终保持视力上的接触。10月21日拂晓，当法、西联合舰队驶抵特拉法尔加海域距英舰队只有12海里时，纳尔逊发出"成两个纵队前进"和"紧急备战"的信号。19世纪规模最大的一场海战——特拉法尔加海战开始了。

双方兵力对比如下：法、西联合舰队的33艘战列舰中，有1艘为当时最大的四层甲板战列舰"三叉戟"号，3艘为三层甲板战列舰，29艘为两层甲板战列舰。另有7艘巡洋舰。战列舰共装有侧舷火炮2 626门，共载官兵21 580人。英国舰队原来共有战列舰33艘，其中6艘在战前奉命去护卫一支驶向马耳他的运输船队；余下的27艘战列舰中，7艘是三层甲板战列舰，其余20艘为两层甲板战列舰。另外还有4艘巡洋舰和2艘辅助船。合计侧舷火炮2 148门，官兵16 820人。

维尔纳夫观察了当时的天气和风向，认为逃脱追击毫无可能，会战已无法避免，于是在上午8点发出信号，命令全部舰队转向，使加的斯港处于下风位置，以便被击毁的船只有一个避难之地。这个行动计划不仅错误，而且十分不幸，因为这样做好像退却一样，十分影响部队士气，而且掉一个头需要两个多小时的时间，导致所组成的战线凌乱不堪。

当法、西联合舰队正在调换方向之际，英国舰队分为两个纵队，在满帆之下赶了过来。上风的纵队由纳尔逊指挥，下风的则由考尔德指挥。由于担心维尔纳夫逃回加的斯港，纳尔逊不照原计划，不以敌方中央前段为目标，而改向其前卫的中央冲去。考尔德则向敌人后卫部分前段进攻。上午11点30分，考尔德已经接近法、西联合舰队的后段，维尔纳夫被迫发出了"开火"的命令。11点45分，法舰"弗高克斯"号以考尔德的旗舰"王权"号为目标，射出了第一炮，这时双方相隔尚在四分之一海里以外。随即，双方都升起各自的国旗。在英、法、西三国的船上，鼓乐齐鸣，士兵举枪敬礼，会战展开了。

在考尔德纵队开始作战 25 分钟后，纳尔逊纵队也投入了战斗。与前者不同，它始终保持着不规则的"鱼贯形"队形。纳尔逊亲乘旗舰"胜利"号，率"提米莱尔"号、"海王星"号 3 艘二层甲板战列舰，向联合舰队的前卫中央挺进。中午 12 点 24 分，"胜利"号的左舷炮开始射击。交火不久，"胜利"号和"提米莱尔"号开始向右转向，寻找维尔纳夫的旗舰。虽然"胜利"号上的所有望远镜都在搜寻之中，但始终一无所获。于是，"胜利"号遂趋前攻击法舰"三叉戟"号，假定维尔纳夫可能是在这艘最大的四层甲板军舰上。当"胜利"号向"三叉戟"号前进时，突然发现在该舰后方有一艘法国两层甲板战舰的前桅上，挂着总司令的将旗，它就是"布森陶尔"号。"胜利"号冒着法舰的炮火，不久即钻到了法旗舰"布森陶尔"号的后方，用其船头上的短炮和侧舷的火炮，向"布森陶尔"号的舷窗猛射，使它严重受损。

这时，法、西联合舰队的杜马罗尔支队开始反击，他处于联合舰队的前卫。中午 12 点 30 分，纳尔逊钻入联军中心之后，维尔纳夫立即发出一个通令，要所有尚未参与作战的船只一律自动地投入战斗。杜马罗尔对维尔纳夫的通令并无反应，此后维尔纳夫没有再注意他。半个小时之后，杜马罗尔仍向北航行，结果使得前卫与中央之间产生了一个空隙。此时他仍不知发挥其主动精神，反而在等待命令。维尔纳夫直到下午 1 点 50 分才命令杜马罗尔赶来支援其正受着强烈压迫的中央部分。但是，风力非常微弱，转变航向十分困难，等杜马罗尔好不容易掉过头来南下时，维尔纳夫已经投降。杜马罗尔只得硬着头皮做最后的反击，他把 10 艘军舰分为两部分先后投入战斗。结果，第一批 5 艘军舰中有 4 艘被迫向英舰投降，另 1 艘逃往加的斯；第二批 5 艘军舰有 1 艘被迫投降，其余 4 艘向南逃逸，其中包括杜马罗尔的旗舰"恐怖"号。

当英舰"海王星"号和"征服者"号接近"布森陶尔"号之后，"胜利"号向右一转，与法舰"敬畏"号平靠着，两舰立即纠缠在一起，双方乘员都准备跃上对方甲板，但是法军的企图被英方的火力所压制，伤亡颇多。差不多又过了一个小时，两舰还是绞在一起，当纳尔逊正在后甲板上与舰长哈迪一同行走时，从"敬畏"号船桅上射来一颗子弹，从他左肩的肩章穿透了其胸部，至脊椎骨上。他被抬入了船舱。

此后，在英舰的夹击下，法舰"三叉戟"号终于下旗投降。到下午2点05分，维尔纳夫终于坚持不住了，下令"布森陶尔"号降旗投降，维尔纳夫成了英军的俘虏。战况惨烈，据"征服者"号上的英军上尉记载："法军舰船上到处都是尸体，景象非常凄惨。死伤总数在400人以上，多数尸体没有脑袋。"

当维尔纳夫降旗投降时，纳尔逊纵队中的最后两艘船"米罗陶尔"号和"斯巴尔特"号都还不曾参加战斗。

10月21日下午4点30分，炮声终于停了下来，但弥漫的硝烟、浓烈的火药味仍笼罩在战场上空。伤重的纳尔逊得知会战胜利的消息后说："我感到很满意。"他亲吻了哈迪舰长："感谢上帝，我总算尽了我的职责。"然后他的心脏停止了跳动。

整个会战，英军死亡449人，受伤1 214人；法军死亡3 373人，受伤1 155人；西班牙军死亡1 022人，受伤1 383人；法、西联合舰队总计被俘4 000余人。法、西联合舰队的33艘战列舰中，有12艘被俘，7艘完全丧失战斗力，1艘还在起火燃烧中，9艘逃往加的斯，4艘逃向直布罗陀。当夜幕将垂时，风暴大作，一连4天，使得多数受损船只自动沉没，包括英军的战利品在内，只有4艘例外。而在整个会战和风暴之中，英军没有损失一艘船。

特拉法尔加海战是帆船海战史上以少胜多的一场漂亮的毁灭性大会战。和拿破仑一样，纳尔逊也是个不到1米7的小个子，但是，这个小个子对全世界海军的贡献却是非凡的。他那勇猛的精神创造出来的攻击战术，他在这场海战中敢于突破陈旧的战斗序列理论，运用灵活机动的战术，使法、西联合舰队一败涂地。

打败俄奥

尽管特拉法尔加海战几乎彻底、永远摧毁了拿破仑多少有点不切实际的渡海远征计划和多年的梦想，着实让他悲伤了好一阵，但他很快又全力投入对奥、俄的战争中。他不得不抓紧争取大陆战场上更大的胜利，来打击和报复英国以及在英国支持下的反法同盟，否则，整个欧洲大陆的形势变化将很难预料。

此前的乌尔姆战役已完全实现了拿破仑预定的中路突破直取维也纳的战略意图。在乌尔姆大捷后，他很自豪地说，他的胜利是靠士兵的双腿，而不是靠他们的刺刀赢得的。现在，进军维也纳的大门已经打开，他们还要参加更为严峻的战斗——奥斯特里茨大决战，这场战役是拿破仑个人战争史上最为辉煌的一页，使他作为战场前线指挥官的才能真正发挥到了极致。

奥斯特里茨大战的背景相当复杂。首先，最为迫切的问题还是奥地利前线的战事发展。

拿破仑面临的形势是：他通往奥地利首都的进路被金迈尔军所阻遏，金迈尔军有近 2 万人；由库图佐夫率领的俄军先头部队已经到达奥地利西部边界的因河一线。这支俄军部队约有 4.5 万人，途中还会合了陆续败退下来的奥军部队，形成了一支颇具实力的劲旅。

而在该部队后面跟进的另一支由巴克斯霍夫登指挥的俄军部队，已从东北方向进入摩拉维亚（现捷克南部），正向奥洛穆茨开进。同时，卡尔大公指挥的奥军，已在意大利北部摆脱了马塞纳意大利军团的牵制，正向国内撤退，以加强维也纳的防御力量。另外，在乌尔姆要塞被围之前逃到弗赖堡的奥军杰拉齐赫师大约 6 000 人，已经和原驻那里的盟军会合而完成设防。在法军继续东进后，该军必将严重威胁法军日益延长的后方供给交通线。因此，如果这几支军队同时配合作战，法军在奥地利战场上必将陷入三面作战的艰难境地。

其次，还有国际关系方面的形势要考虑。

沙皇亚历山大之所以没有立即全军出动，而是分几次向奥地利增兵的一个重要原因，就是普鲁士的外交政策意向不明。普鲁士到10月中旬仍然坚持中立态度。普鲁士国王担心代表波兰势力的沙皇宠臣恰尔托雷斯基对沙皇施加影响，认为俄国要求有权借道普鲁士的属国波兰是居心叵测，想夺取这一片领土。亚历山大在波茨坦谈判时又做了一番坦率的表白，普鲁士前些时候满腹狐疑，诸多延误，使奥地利对法作战的计划受挫。

法国以将抢来的英国领地汉诺威赠送给普鲁士作为条件，让普鲁士保持中立态度或与法国结盟。而到11月3日，普鲁士已同俄、奥两国签订了《波茨坦条约》。国王弗里德里希·威廉三世答应以普鲁士的武力为后盾进行调停。如果拿破仑拒绝普鲁士提出的要求，他就加入反法同盟。普鲁士提出的要求是：以伦巴第、利古里亚和巴马赔偿撒丁国王，那不勒斯、荷兰、德意志、瑞士独立，以明乔河为奥地利在意大利半岛的边界，法军撤出奥地利国境。普鲁士的使臣已于11月14日出发送条款给拿破仑，并要求他在一个月内给出明确的答复。在这段时间内，18万普鲁士军队将做好准备，以威胁拿破仑的侧翼和后方。形势日益紧张起来，如果十几万普军越过鲁特山脉，在法军背后投入战斗，那么，法军将受到俄、奥、普三国军队40余万人的联合攻击。

拿破仑清楚地意识到，要想取得胜利，必须在普鲁士参战之前彻底击败俄军，摧毁第三次反法联盟中的这根重要支柱。他当机立断，力求尽快抢占维也纳，切断在因河一线的俄军退路，希望在卡尔大公率领奥军回到奥地利以前，把这支俄军包围并歼灭在多瑙河以南地区。

拿破仑分析形势后，做了如下部署：缪拉指挥的骑兵军充当大军本队的先锋，从正面突破俄军仓促组织的因河防线，尔后迅速东进，抢占维也纳城，切断库图佐夫部与其国内的交通线；达武的第三军、苏尔特的第四军和拉纳的第五军担任大军主力，跟随骑兵军前进；贝尔纳多特的第一军向萨尔斯堡方向开展进攻，配合上述行动；马尔蒙的第二军、内伊的第六军分别向累欧本和因斯布鲁克采取行动，切断俄军与意大利北部奥军的联系，同时担任大军右翼侧方警戒；奥热罗的第七军负责保护法军的后方交通线，担任大军的后方警戒。

由于多瑙河北岸地区对当前作战的重要意义，拿破仑随即又抽调了一个骑兵师和两个步兵师，于 11 月 6 日新编一个军，由莫蒂埃元帅指挥，并命令该军迅速在林茨渡过多瑙河，单独在多瑙河北岸行动，构成大军的左翼侧方警戒，同时视战况的发展，协助缪拉军切断库图佐夫部队的后方交通线。

10 月 31 日，贝尔纳多特的第一军已渡过特劳恩河。11 月 2 日，库图佐夫眼见维也纳已陷入绝境，便渡过多瑙河开始向北撤退。

多瑙河是横贯奥地利全境的欧洲第一大河。奥地利首都维也纳紧靠多瑙河南岸。进驻维也纳的法军要想追击撤退中的俄军，必须越过多瑙河。而要北渡多瑙河，首要任务就是尽快夺占维也纳城北的大桥。俄军在撤退中几乎把附近几十英里长的河道上的桥全部炸毁，这座大桥是最后的通道。此桥先由奥军斯贝尔公爵的部队负责把守，他已接到命令：一旦法军大军靠近，立即将大桥炸毁。

缪拉受领夺桥任务以后，指派乌迪诺将军率领一个掷弹兵营，事先隐蔽地靠近大桥南端的一片灌木林中，在那里埋伏起来。然后，缪拉偕同苏尔特和拉纳进行现场勘察。他们由一个名叫道特的工兵团长引导着，大摇大摆地来到桥头，推倒木板路障，装着从容不迫的样子向桥上走去，佯装两国已达成停战协议，要与守桥长官进行具体谈判。守桥的奥军被弄糊涂了，一时不知如何是好。就在这时，预先埋伏的法军突然从灌木林中跃出，迅速冲过大桥，以迅雷不及掩耳之势闯入奥军阵地，歼灭了试图抵抗的奥军。法军很快开到了多瑙河北岸。库图佐夫决定，俄军继续实行退却。

然而，在继续追击俄军的过程中，缪拉犯了一个严重的错误。骑兵军在追到摩拉维亚西南 20 多英里的地方时，遇到了俄军后卫的顽强阻击。缪拉认为自己有些冒进，想在步兵到达之后再采取进一步的行动，于是自作主张地向俄军后卫指挥官提出暂时休战的建议，并允许俄军自由地向北撤退。俄军非常痛快地同意了缪拉的建议，并安全地自动撤走了。

俄军的后卫部队非常顽强，于 11 月 11 日在杜恩斯坦峡谷伏击了莫蒂埃的一个师并几乎将其全歼，然后经克雷姆斯撤至跨越摩拉维亚边界的兹诺伊莫。

11 月 13 日，缪拉的骑兵军前卫到达维也纳近郊。缪拉被近在眼前的维也纳城吸引了，他不顾拿破仑的命令，没有向北实施追击，而是率部向东，急着抢占维也纳城。

拿破仑得到这一消息后更加生气，毫不留情地给缪拉写了一封措辞严厉的信，指责他"简直鲁莽得像一个疯子"。因为缪拉想要获得首先进入维也纳的荣誉，结果使拿破仑损失了两天极其宝贵的时间。

11 月 14 日，拿破仑到达维也纳，将指挥部设在富丽堂皇的肖恩布鲁恩宫。奥皇弗兰西斯带着他的皇室成员，仓皇向北逃走。与此同时，由俄国本土开来的另一支俄军，在沙皇亚历山大的亲自监督之下，也赶到了奥洛穆茨。奥皇弗兰西斯也随同撤退的奥军到达了该城。

此时，北方的天气变得十分寒冷，地面已为积雪所覆盖，而从南方港口开来的士兵都缺少御寒的衣服。幸好在有 25 万人口的维也纳，拿破仑从当地的粮仓和兵工厂缴获了他所需要的一切必需品。接下来的问题就是趁严冬未至和查理大公尚未从意大利前线赶回之机，毫不迟疑地深入摩拉维亚围歼逃敌。

11 月 17 日，法军到达布尔诺。拿破仑在布尔诺设立指挥部后，下令停止追击，就地组织防御。现在他需要洞察敌人的动向，寻求有利战机。

奥皇此时派了两位全权使臣来谒见拿破仑，讨论议和条件。拿破仑却把他们送往维也纳，要他们去和塔列朗商谈，并声明其主要条件是把威尼斯并入意大利王国。显然，他对议和毫无兴趣，只是拖延时间而已。11 月 25 日，拿破仑派他的侍卫长萨瓦里将军打着休战旗前往奥洛穆茨，向年轻的沙皇亚历山大递交了一封伪善的国书。实际上，萨瓦里此行的真正目的是窥探敌方各军的位置。通过这次侦察，拿破仑对俄、奥联军的意图有了清晰的了解。

对于下一步的作战行动，俄、奥联军内部出现了两种截然不同的意见，发生了激烈的争论。以联军总司令库图佐夫为首的大部分将领，主张暂时避战，不与拿破仑发生接触，等待卡尔大公率领的奥军到达以后，特别是要等到 12 月 15 日（这是普鲁士向法国发出通牒的最后期限）普鲁士参战以后，才能与拿破仑进行决战。另一派人以年轻气盛的沙皇和联军的参谋长、奥地利将军魏洛特尔为首，主张立即转入对法军的进攻。他们认为拿破仑的法军已经疲惫不堪，战斗力大大削弱，而普鲁士参战也已确定无疑，因此，当包括近卫军在内的 2.7 万名俄军开到以后，如果继续东躲西藏就太不像话了。他们要求立即转入对法军的进攻。

现在拿破仑同意休战，联军中的许多将军认为拿破仑害怕了，想要趁此机会把他打败。

沙皇亚历山大判断，根据拿破仑的一贯作风，不到万不得已的时候，他是绝对不会这样低声下气来俯就于人的。因此，他冷冷地拒绝了拿破仑关于进行个人会晤的要求，只派自己的侍卫长道戈努柯夫公爵去进行象征性的谈判。拿破仑抓住了这一有利机会，成功地示弱，使俄国特使加深了"拿破仑信心不足"的总印象。

联军果然中了圈套，决战即将到来。拿破仑着手调动兵力，决定把所有能够调拢的部队集中起来。他当时的策略是：将原来派往西面监视斐迪南大公残部的第一军，和派往布拉迪斯拉发担任大军右翼警戒的第三军，立即调上前线，命他们在两天之内赶到布尔诺附近。这样，除了继续留守维也纳的第八军，保卫后方交通线的第七军以及在南部地区对意大利方向进行警戒的第二、六军外，他把其余兵力，即近卫军、骑兵军和第一、三、四、五军，迅速地集中到布尔诺地区，使这一地区的总兵力达到 7.7 万人，并拥有 2 500 门火炮。

随后，法军在布尔诺城以东地区构筑工事，摆成防御架势。

1805年11月27日，大决战拉开了序幕。俄、奥联军的总兵力为8.6万人，共有火炮3 500门。根据总司令部的决定，联军将这些兵力分成五路纵队，从奥洛穆茨附近的阵地出发，逐次向东南开进，在布尔诺以东的奥斯特里茨镇及其西南一线展开。12月1日，联军到达战场，迅速占领了普拉岑高地，并做好了全面进攻的准备。

联军的计划是：使用一部分兵力牵制法军北翼，而将总兵力的五分之三放在南翼，预计在普拉岑高地和扎钱湖之间突破对方的防御，尔后迂回到法军右侧，切断其通往维也纳的退路，将所有法军聚歼于布尔诺以南和以东地区。

拿破仑日夜盼望的战机终于到来了。他针锋相对地制订出一个计划：首先引诱敌人把主攻方向指向法军防御薄弱的南翼，即普拉岑高地和扎钱湖之间的地段；然后趁俄、奥联军主力南移而中间空虚之机，集中法军主力在中段进行反击，不惜一切代价夺回该地区的要点——普拉岑高地；尔后，向南袭击，以扎钱湖及其周围的沼泽地带为铁砧，以北面压过来的法军主力为铁锤，歼灭俄、奥联军主力于普拉岑高地和扎钱湖之间的地区。

法军的整体部署如下：所有部队在大约10英里的地段上展开防御。防线北起布尔诺与奥斯特里茨之间的乡村大道，南至扎钱湖北缘的特尔尼兹村。整个防线分为南北两段，各为5英里。在北段的第一线上，配置了拉纳的第五军和贝尔纳多特的第一军；在两个军侧后方约1英里的地方，也就是北段的第二线上，隐蔽地安插着缪拉的骑兵军和拿破仑的近卫军；此外，还有一个作为预备队的师和法军的大本营。因为有河谷、丘陵地的遮蔽，第二线部队的配置情况，即使站在普拉岑高地的最高处也观察不到。在南段的第一线上，只配置了苏尔特的第四军。这个防御地段恰好面对河对岸的普拉岑高地。而在该军右侧后方约5公里的地方，有一座叫雷吉恩的寺院，达武的第三军隐蔽在那里，作为南段的后备部队。其中，苏尔特和达武两个军的任务是把联军引向自己，同时又要保证不能使敌人贯通整个防御。法军将以在局部上形成的优势，来对抗联军的整体优势。

12月1日，拿破仑向全军发布临战前的动员令。当天晚上，他注意到敌军的营火集中在普拉岑高地的后面和利塔瓦河谷。这进一步证实了他的预测，即敌人将试图迂回其右翼。

12月2日，东方刚刚发白，浓雾罩着战场，俄、奥联军开始前进。他们分为六路纵队：北面的两路纵队由巴格拉季昂亲王①和列克敦斯坦亲王指挥，这两路纵队横跨布尔诺－奥斯特里茨大道两侧，负责攻击由拉纳的第五军和贝尔纳多特的第一军据守的法军阵线的北段，康斯坦丁大公②指挥的沙俄近卫军充当其预备队；中路由科洛华特指挥奥军2.5万人攻击在柯贝尼茨的苏尔特军；联军攻击的主力在普拉岑高地以南，共有三路纵队，3.3万人，由俄将布克斯盖弗登指挥。

在战线南段，实施进攻的联军主力发展得非常顺利。当一轮红日喷薄而出时，联军就攻占了索科尔尼兹和狄尔尼兹，迫使法军逐渐向后退却。为了制止俄、奥联军向南段法军的侧后实行迂回，稳定防御阵势，同时又能吸引更多的联军投入这个方向，拿破仑命令安插在该段第二线的第三军迅速投入战斗，从西南方向突击敌人的左侧后方。由于法军的新锐力量突然实施猛烈反击，使已经渡过哥尔德巴赫河的联军被迫向河的东岸撤退。

当时，联军总司令库图佐夫尽管事实上已被剥夺了指挥权，但他仍带领一个军的兵力，稳坐在普拉岑高地，静观战局的进一步发展，等到关键时刻再把这支部队利用好。但是，刚愎自用的沙皇见联军主力受挫，部队开始出现后退现象，在没有征求库图佐夫意见的情况下，他命令占领普拉岑高地上的这个军放弃阵地，前去增援南翼的联军。这样一来便把联军的整个部署给打乱了。

---

① 巴格拉季昂亲王（1765—1812）：俄罗斯帝国陆军上将、亲王，格鲁吉亚巴格拉季昂皇族的后裔，拿破仑战争时期俄军中最著名的少壮派将领。

② 康斯坦丁大公（1779—1831）：沙皇保罗一世次子，波兰议会王国的实际统治者。

上午9点左右，拿破仑透过逐渐消散的晨雾，看到俄军正自动撤离普拉岑高地，于是命令第四军以其左翼两个师向高地进攻，迅速从北侧攻占了普拉岑高地。苏尔特完全控制高地之后，拿破仑令其左翼向俄军发起全面进攻。俄军作战十分英勇，对法军发起了一次又一次冲锋，但最终还是败下阵来。

普拉岑高地失守后，沙皇亚历山大随即意识到自己的失策，在库图佐夫的协助下，他下令将所有预备队调上来，企图重新夺回这一高地。双方在高地附近展开了激烈的争夺战。俄军一度登上高地，但在法国近卫军的轻骑兵及时赶到后，又被打退了。之后，俄军再次投入骑兵，进行更猛烈的反扑。眼看法军又有可能被压回来，贝西埃率领近卫军的一部分重骑兵赶到，并且从俄军的侧翼猛冲过来，致使俄军阵脚大乱。中午11点左右，俄军再也无力对普拉岑高地进行反击了。紧接着，法军转入进攻，把俄奥联军从阵地中央切开，使他们分为互相不能策应的南北两个部分。位于南面的联军主力，完全暴露在占领普拉岑高地的法军火力之下。

与此同时，北段的战斗也非常激烈。法军第一、五军在缪拉的骑兵军配合下，顽强地打退了联军两个军的多次冲击，稳稳地坚守着阵地。而在削弱了联军的进攻能力以后，缪拉的骑兵军和拉纳的第五军果断地进行了反击，把北面的联军赶回奥斯特里茨。

联军整个战线的中部和北部都被法军彻底击溃了，只有南部的主力，还被法军第三、四军的一部分兵力牵制着，在普拉岑高地和扎钱湖之间处于孤立突出的不利态势中，其左翼是沼泽地和湖泊，右翼和侧后则受到占领普拉岑高地的法军的威胁。拿破仑指挥法军主力对联军南翼3个军的翼侧和侧后实施了最后的突击。法军士兵呼喊着，凭着高地的斜坡横冲下去，联军很快被压缩到狄尔尼兹和察特卡尼之间结冰的湖泊上。

下午2点30分，俄、奥联军已经被法军完全分割成3个分散的阵营，各自慌不择路地逃命：巴格拉季昂军位于奥洛穆茨大道的中段，利赫特尔斯登军和康斯坦丁大公军被包围在奥斯特里茨村，布克斯盖弗登军沿拿破仑的右翼（南段）被压缩在结冰的湖泊和沼泽地中。

这时，法军得到命令：不留战俘，无论投降与否，都不留下任何还能站立的敌人。下午3点，俄、奥联军败局已定，联军的整个军团将武器朝天扔去，而多克托罗夫军残存的几千人试图从结冰的湖面上逃跑。普拉岑高地上的法军炮兵，开始向湖面进行猛烈轰击，顷刻之间，冰碎炮翻，敌人纷纷落水，数千人葬身湖底。

整个联军的溃散一泻千里，就连奥皇弗兰西斯和沙皇亚历山大的侍从人员，也都顾不得皇帝的安危而把两位至尊丢在路上，各自逃命去了。奥皇和沙皇眼见全军覆没，也慌忙逃窜。黄昏时分，沙皇亚历山大全身发抖，惊魂未定，还哭了起来。联军总司令库图佐夫在激战中负伤，差一点当了法军的俘虏。

夜幕降临时，一切都结束了。拿破仑在一群元帅、近卫军将军和副官的陪同下，踩着难以计数的人和马的尸体，穿过广阔的平原，视察着血腥的战场。史称"三皇大会战"的奥斯特里茨战役以法军的辉煌胜利告终。俄、奥联军死伤近3万人，损失火炮155门，炮兵几乎全部被歼灭，余众四散逃命，俄、奥联军土崩瓦解。法军仅死亡1 350人，受伤6 940人。

奥斯特里茨战役的胜利，正是拿破仑梦寐以求的荣耀：他不仅将联军打得下跪求饶，扭转了威胁法国生存的军事、经济危机，而且也解了在海战惨遭失败之恨。"我击败了由两位皇帝率领的俄、奥联军，"拿破仑踌躇满志且骄傲地说，"奥斯特里茨战役是我打过的最漂亮的一仗。"

第十四章　脚踏德意志

耶拿会战

俄、奥联军在奥斯特里茨战败之后，奥皇弗兰西斯派使节前来请求与拿破仑会晤，拿破仑同意了这一要求。1805 年 12 月 4 日，拿破仑在骑兵卫队的簇拥下来到会晤地点——距奥斯特里茨约 3 英里的一座磨坊里。奥皇也乘坐有篷的轻便马车来到这里。拿破仑一见到奥皇，立刻下马前去迎接，并和他拥抱。奥皇提出休战，拿破仑当即同意，条件是所有的俄军撤出奥地利，退回波兰。12 月 6 日，法、奥签订停战协定。

随后，拿破仑起程赴肖恩布鲁恩宫，在那里接见了普鲁士的使节豪格维茨。豪格维茨本是代表普鲁士政府前来向法国下最后通牒的（最后通牒限定的日期是 12 月 15 日），普鲁士政府甚至还指示他：如果拿破仑被联军击败，他有权代表普鲁士公开与俄、奥结盟。然而今非昔比，法国已大获全胜，豪格维茨看到拿破仑盛气凌人的架势，未经君主授权，就自作主张地与拿破仑签署了一项条约。根据条约，普鲁士必须与法国结盟，并向英国关闭一切港口。同时，普鲁士须用巴洛特和安斯巴赫两个侯国交换汉诺威。普王威廉三世早已被拿破仑在奥斯特里茨战役中的速胜吓得心惊肉跳，正诚惶诚恐地等待着拿破仑的惩罚。这个条约比他预想的要好得多，他只得一口答应，因为摆在他面前的只有两条路：要么与法国开战，要么忍受国耻。

12 月 26 日，法、奥在普莱斯堡签订和约。根据和约，奥地利承认法国对皮埃蒙特、热那亚、巴马等意大利地区的占领；承认拿破仑为意大利国王，并把威尼斯、伊斯特利亚、达尔马提亚交给意大利王国；承认巴伐利亚和符腾堡为王国，巴登为公国。

1806 年 1 月 3 日，普王威廉三世在柏林举行了一次重要的国务会议，决定对已经与拿破仑缔结的《肖恩布鲁恩条约》做些修改。议定的主要变动如下：拿破仑提出，领土的割让要立即无条件地实行，现在改为全面和平之后才生效。在此之前，威廉三世决定暂时占领汉诺威，同时向法国保证北德意志平安无事。

在还没有得到明确答复的情况下，普鲁士政府于 1 月 24 日让军队解除战备，并从弗兰科尼亚撤兵，力求通过和平手段取得汉诺威。拿破仑表示，只有添上"将德意志北海沿岸全部封闭，不得与英国贸易"这一苛刻条款，才同意把汉诺威割让给普鲁士。

豪格维茨将这一消息带回了柏林，威廉三世十分愤怒，但他明白要是不接受拿破仑的条件，就意味着普鲁士与法国公开对抗。因此，他决定忍辱以换来短暂的和平。

此时，英、法关系也有所缓和，只因荷兰、西西里和海外殖民地等问题难以解决，所以和平谈判无法纳入议程。

但是，拿破仑的 17.2 万人的大军团非但没有复员，反而继续作为军事力量驻扎在整个德意志西南部靠当地供养。贝尔纳多特的第一军占领着安斯巴赫，达武的第三军和拉纳的第五军驻扎在苏阿比亚，苏尔特的第四军和内伊的第六军在巴伐利亚，奥热罗的第七军在法兰克福，马尔蒙的第二军已被派去征服达尔马提亚，而马塞纳在拿破仑之兄约瑟夫的麾下正在蹂躏那不勒斯王国。

7 月，一向头脑简单的缪拉亲王把韦尔顿的普鲁士驻军赶出了他新近获得的大公国。8 月 2 日，他指示塔列朗与普鲁士政府接触，以平息这一事件。

实际上，此时的拿破仑正在与英国谈判，他同意将已许诺给普鲁士的汉诺威归还给英国，但却要求法国能够占领西西里岛。一个汉诺威同时送给两个国家，而且都带有苛刻的附加条件。对于这种口是心非、两面三刀的做法，普鲁士大使卢凯西尼于 7 月 28 日写了一个报告发回柏林。于是双方战争已成定局，只是时间上的问题了。

8 月 25 日，普王威廉三世召开了一个军事会议。会议决定成立两个军团，分别由布伦瑞克公爵和霍恩洛厄亲王指挥，另有一个独立军由吕歇尔将军指挥，总司令由 71 岁的布伦瑞克公爵担任。

拿破仑根本没有料到普鲁士会采取军事行动，继续在谈判桌上玩弄并不高明的游戏。7 月 20 日，俄国代表已在巴黎与法国签订了一个和平条约。8 月中旬，拿破仑还在考虑把驻扎在德意志的几个军撤走的问题。

8 月 24 日，普、俄就与法国作战问题达成秘密协定。根据协定：一旦普法战争爆发，俄国将用武力援助普鲁士。这一时期，普鲁士与英国的关系十分微妙，尽管两国表面上因汉诺威问题处于剑拔弩张的紧张状态，但实际上英国正极力怂恿普鲁士对法作战，并保证提供大量金钱支援。在这种情况下，以俄、普为中心，由英国提供经费的第四次反法联盟开始形成。

9 月 3 日，拿破仑获悉沙皇 8 月下旬已拒绝批准 7 月 20 日签订的条约，于是又打消了让军队返回法国的念头。

直到 9 月 5 日，拿破仑才收到普军正向其南部边界移动的情报，他立即征召 1806 年度的 5 万新兵和 3 万后备军。同时，他指示贝尔蒂埃派工兵军官去侦察班贝格至柏林的道路，并要求大军团各军做好准备，8 天之内在班贝格 – 拜罗伊特地区集结。

9 月 19 日上午，拿破仑花了两个小时向克拉尔克将军口述作战命令。但是，作为皇帝，他还要考虑财政、行政和政治等方面的许多事情。他给在那不勒斯的哥哥约瑟夫、在荷兰的弟弟路易以及在意大利的继子欧仁都下达了相应的指示。他指责海军部长德克雷给海军错下指令。他命令达武和内伊中止休假并在 9 月 28 日以前赶回各自的部队。为了改善布伦、基伯龙湾和安特卫普的海防，他还做了更详细的指示。

9 月 21 日，拿破仑召见了第六军军部一位瑞士籍的青年参谋军官安东-亨利·约米尼少校，此人作为研究军事史和战术的专家，当时已颇有名气。从此，年仅 27 岁的约米尼调进了拿破仑的私人参谋班子，令人遗憾的是，他未能赢得贝尔蒂埃的赏识。

拿破仑既要从战略高度谋划决策，又有事必躬亲的习惯，所有这些急务，不分巨细，他都要过问，以至于忙得应接不暇。他甚至把他的高参贝尔蒂埃变成了邮递员，以确保他的命令准时到达指定地点。

就在拿破仑忙得不可开交之际，普军及其盟友萨克森的军队从 9 月开始便从容不迫地向南运动，于 9 月底在靠近普鲁士南部边境一条约 70 英里长的防线上集结完毕。

普军将全军整编成 3 个集团：右路为吕歇尔独立军（3 个师），2.5 万人，由艾森纳赫指挥；中路为布伦瑞克军团（6 个师），5.8 万人，由哥达-埃尔富尔指挥；左路为霍恩洛厄军团（5 个师），4.7 万人，由耶拿-萨尔费尔德指挥。三路大军共 13 万人。

普军的集结之地是丛林密布的图林根山林和弗兰肯山林，高达千米的山峦构成了北边的易北河盆地与南边的美因河左侧支流之间的分水岭。图林根山是埃尔茨山脉向西的延伸部分，它将萨克森和波希米亚分隔开来。

尽管对敌方的作战计划一无所知，拿破仑还是初步集结了大军团，并做好了应付一切事变的准备。不管敌情怎么变化，他都要实现他的伟大战略计划，即闪开萨勒河谷和埃尔斯特河谷，包抄普军和萨克森军的左侧翼，从而切断他们与柏林和德累斯顿的交通线。

9 月 25 日，拿破仑离开巴黎，并于 3 天后到达美因茨。由于对敌情不甚了解，他写信给贝尔蒂埃说："我希望你把曾做过道路侦察的工兵军官留在符兹堡，因为我要亲自询问他们有关地形性质的问题。……在班堡要建立一个面包厂，能供给 8 万人 4 天的口粮。班堡为一切军事行动的中心。……命令贝尔纳多特进抵克罗纳赫并占领萨克森丘陵地区的出口，然后留在边界上，但要占领有利阵地，以掩护进入萨克森的渡口，并侦察通往莱比锡和德累斯顿的道路。贝尔纳多特必须秘密地进行侦察和行动，以便截断由艾尔福特通往霍夫的道路。由于尚未宣战，所以我们的言语必须是和平的，不得流露任何敌意。"

10月2日，拿破仑进抵维尔茨堡。这个新战区对法军来说是很不熟悉的，所以他坚持在尚未发动进攻之前，要尽量搜集有关地形的一切情报。

10月3日，拿破仑召见了军官们，布莱门上校就是其中之一。布莱门上校曾冒充萨克森军官，大摇大摆地通过普鲁士防线，经过科堡、耶拿、萨尔费德，最后抵达瑙姆堡，为拿破仑带回了大量的重要情报和资料。

贝尔纳多特也搜集到了有价值的情报。他在10月3日报告说，普军主力8万人依然在瑙姆堡，估计霍恩洛厄亲王10月1日在普劳恩，他有一个2000人的先遣队在霍夫，由陶恩齐恩将军指挥。

同一天，在左翼的第五军报告说在卡塞尔和富尔达之间没有普军，但普军正在艾森纳赫、艾尔福特和哥达集结。

通过分析这些情报工作，拿破仑对敌人的兵力部署有了颇为清晰的了解。他估计敌军主要在耶拿－艾森纳赫一线展开，而且左翼是暴露的，只有一支2000人的小部队进行掩护。如能迅速推进到萨勒河谷和埃尔斯特河谷，直指普劳恩、格拉和瑙姆堡，就可迂回这个侧翼。

根据这个判断，拿破仑决定集中法军主力于右翼，大军团以缪拉的6个骑兵师为前导，将法军划分为左、中、右三路纵队：左路为拉纳的第五军、奥热罗的第七军，沿科堡、鲁多尔施塔特之线开进；中路为贝尔纳多特的第一军、达武的第三军、近卫军和骑兵的大部，沿班堡、科堡、珀斯内克之线开进，拿破仑的大本营随该路行动；右路为苏尔特的第四军、内伊的第六军和巴伐利亚军，沿安贝克、拜律寺、霍夫之线开进。一支近18万人的打击力量在30英里宽的正面上以三支平行的纵队滚滚向前，各军之间都处于相互支援的距离之内。这个包围普军的大"左旋转"运动的外翼将由苏尔特的第四军担任。苏尔特大胆的战术领导对奥斯特里茨战役的胜利曾做出很大的贡献，因此他在这个迂回普军左翼的计划中处于举足轻重的位置。

始终保持密切联络的三路大军，队伍密集，进军路线相隔很近，还要穿过山峦起伏的地区，困难很大，全靠军官富有经验，士兵精力充沛、坚韧不拔，以及他们的伟大统帅拿破仑才能卓越，这些困难才得以克服。由此可见，法国有一支庞大的久经战场的军队，有良好的作战基础和明确的进攻计划。

相反，普鲁士好不容易才召集了 12.8 万人马，其中包括一部分萨克森军队。为使萨克森选侯不致背盟，还得抽出 2.7 万人由吕歇尔率领，驻在黑森－卡塞尔边界。实际上，此时普军仍没有明确具体的作战计划。

71 岁的普军总司令布伦瑞克公爵于 1792 年在瓦尔米败北，最近还支持向法国献殷勤的政策，因而成为知名人物。国王任命他当总司令，引起了人们的愤怒与惊愕，人们普遍认为他不能胜任。卡尔克罗伊特将军把这个意见告诉根茨说："他的性格不够坚强，庸庸碌碌，优柔寡断，是靠不住的。再好的事也会被他搞得一塌糊涂。"公爵也知道自己不能胜任。可以想象，缺乏自信、酷爱和平的国王御驾亲征，参加一切问题的讨论，而挂名主持讨论的是个无精打采的老头，此人还在密谋保持和平，把采取任何重要行动的责任都推到国王身上，这样得出的结果绝对好不到哪里去。

同时，普军的后勤、武器装备大多停留在 50 年前腓特烈大帝时代的水平，其战术思想仍固守传统的"线式战术"，僵化的队形、迟缓的动作和有顺序的排枪仍被认为是战无不胜的，而对法军宽松的队形和比较放任的射击纪律不屑一顾，对法国革命后法军所发展的机动性和战术弹性简直一无所知。所有这些，已预先决定了这场大战的胜负。

直到 10 月 5 日，普军才统一作战方案，其计划是：主力集结于艾森纳赫、哥达、艾尔福特一线，并向西南前进；左侧由霍恩洛厄军团掩护，费迪南德亲王指挥的前卫从耶拿向南进入萨尔费尔德，陶恩齐恩的萨克森师则向霍夫挺进；吕歇尔军于右翼牵制法军。

10 月 7 日，拿破仑接到了普鲁士国王在 10 月 1 日发出的最后通牒，要求所有法军必须立即从德意志领土上撤走。

最后通牒实际上等于宣布了战争从那一天开始。

拿破仑的大军团开始通过人烟稀少的图林根山林北进。每人携带 4 天的口粮，而各军设在维尔茨堡、班贝格和福希海姆的面包房还为每人准备了十多天的干粮。

10 月 8 日，缪拉的军队在霍夫遇上了陶恩齐恩的萨克森师。法国骑兵如旋风一般向敌人卷去，萨克森士兵没战多久便仓皇北退 20 英里。他们刚退到希莱兹，又碰上贝尔纳多特的前卫。萨克森师腹背受敌，损失惨重。

10 月 10 日，拉纳元帅逼近萨尔费尔德城，在城内发生了激烈的战斗。普鲁士的前卫费迪南德亲王率领一支约 9 000 人的部队驻扎于此，企图掩护霍恩洛厄西进耶拿的侧翼运动。拉纳以泰山压顶之势猛烈进攻，费迪南德亲王抵挡不住，在一场骑兵混战中受伤被俘，因拒绝投降并反抗而被法国军官一刀刺死。

这时，普军总司令布伦瑞克意识到自己犯了错误，因为向维尔茨堡推进，恰好会把自己的左翼和后卫暴露在拿破仑的优势兵力之下，他决定立即退至马格德堡和易北河谷，以掩护其与柏林的交通线。在右翼的吕歇尔军奉命退至魏玛，军团的大部分兵力定于 10 月 11 日在此集结，同时霍恩洛厄奉命将其兵力集结于耶拿以西的高原上，以保护其左翼。

在耶拿图林根山林以北，有一片地形起伏的高原缓缓下降伸入易北河谷。这片田野受到易北河左岸的支流萨勒河的横向冲刷，在这块不太高的石灰岩高原上形成了一道很深的沟壑，而萨勒河水就是在比高原水平面低数百英尺的这道沟壑中流过的。费迪南德亲王的惨败和陶恩齐恩部的溃散，使拿破仑的营方阵在整个萨勒河以东地区得以长驱直入。

这是布伦瑞克犯的又一个大错误，他理应命令霍恩洛厄不惜一切代价守住萨勒河上的渡口，但他却忽略了。

10 月 11 日，以苏尔特的第四军为先导的法军右路纵队到达普劳恩，以贝尔纳多特的第一军为前锋的中路纵队进抵奥巴以北，而左路纵队的拉纳第五军也进入萨尔费尔德。苏尔特在 10 月 9 日夜间送回一个紧急情报，说敌军正在从普劳恩退向格拉，这一报告使拿破仑误以为普军主力正在该地集中，并准备会战。

但此后不久，缪拉报告说，他的骑兵已通过格拉，发现该地未被占领，萨克森军似乎已向西经由罗达撤往耶拿。此时，贝尔纳多特的第一军也到达格拉，而拉纳的第五军则从萨尔费尔德进至诺斯塔特，随后而至的还有奥热罗的第七军。拿破仑不得不推翻先前的判断，在这个陌生的地区，他虽然仍对敌人的部署一无所知，但还是将各军迅速地集中起来。

10 月 13 日上午 9 点，苏尔特第四军、奥热罗第七军、内伊第六军及拉纳第五军奉命集兵于耶拿，准备渡过萨勒河，前去攻击正集中在魏玛和艾尔福特之间的普军主力。

与此同时，缪拉的骑兵、贝尔纳多特的第一军和达武的第三军则准备夺取萨勒河在多恩堡和柯森被普军轻视的渡口，以切断敌军向莱比锡或易北河谷的退路。

下午 3 点，拿破仑在离耶拿不到 4 英里的地方，又收到了拉纳的报告，说他已占领该镇并把一支约 1.2 万人的敌军部队逐往魏玛方向，另有一支 3 万人的敌军部队驻扎在耶拿以西 3 英里靠近魏玛的大路上。一个小时后，拿破仑本人赶到耶拿并在该镇西北 1.5 英里处的兰德格拉芬山与拉纳会合，他在那里侦察了敌军前哨所据守的阵地，那是一条叫作"德恩贝格"的长岭，朝北有 1 英里长，位于克罗斯维茨村和鲁茨罗达之间。这个阵地实际上只有霍恩洛厄的前卫即陶恩齐恩的萨克森师据守，该师在霍夫和施莱茨曾两次遭受法军的痛击，已如惊弓之鸟。然而，拿破仑却以为普军可能于次日发起进攻。由于其他各军尚未到达耶拿，而且必须在夜间从那里过桥，因此，他立即把勒费弗尔的近卫军派去支援拉纳。

从 10 月 13 日至 14 日的夜间，拿破仑在雄踞耶拿城北高原的狭窄边缘上，集了 4 个军，外加骑兵军和近卫军，总共 8 万多人。

10 月 13 日夜间至 14 日凌晨，大雾笼罩着萨勒河谷及其以西的高原。这对法军十分有利，因为内伊、苏尔特和奥热罗整夜都在沿狭窄、蜿蜒的小道，奋力地从耶拿往高原上调动兵力。

拉纳军所在地兰德格拉芬山的处境也十分危险。这座高山雄踞耶拿城北，耸立于狭窄而又蜿蜒曲折的萨勒河谷旁边。西北两面的山坡俯临一片起伏不平、形状不齐的高原，霍恩洛厄的军队就在这片高原上扎营。如果普军全力向拉纳那些疲惫的法军发动进攻，很可能轻而易举地将法军赶下萨勒河。

但普军将军霍恩洛厄接到的命令是：与魏玛附近的吕歇尔所部会合后立即北撤，为布伦瑞克公爵殿后，因此他不想贸然进攻。就这样，法军利用这一间歇，借助夜间的浓雾，将一切可以调动的军队迅速调了上来，从耶拿城北面和西面的山坡登山。与此同时，法军在耶拿城找到一个牧人，逼他指出一条更北一点的小道，沿着这条小道穿过劳－塔尔峡谷，可以看到那片高原。

正如拿破仑所料，普军10月13日之前在魏玛、耶拿一带集结兵力达18万人，数量对法军处于绝对优势。但在山的南麓是一个比较开阔的河谷，名为米尔－培尔，有一条路沿着这个河谷通往魏玛。在这一边，山坡陡峭，杂木丛生，而且有很多峡谷，其中一个峡谷，有一条叫作施内克的羊肠小道蜿蜒而上。由于高原上有村落和树林，地形复杂，普军赖以取胜的横队阵势无法展开，却有利于拿破仑以大群散兵为前锋而继之以密集纵队的作战方法。

10月14日拂晓，天气异常寒冷，晨雾越来越浓，拿破仑由一群侍卫簇拥着，骑着马来到部队中间，检查战斗前的准备情况。

在晨曦中，拉纳的第五军和跟在他后面的近卫军（这是当时在高原上进入阵地的唯一法军）向前推进，清除了克罗斯维茨和鲁茨罗达两村中的萨克森部队。霍恩洛厄将其军部和吕歇尔军从卡皮伦多夫调了上来，在高原上集结了约4.7万人，依靠这些兵力攻占了依塞尔斯塔特和维尔柴恩－海里根之间的另一道山脊，激战随即爆发。

战斗一开始，法军就占了上风，霍恩洛厄的几个师被打得七零八落。拉纳军继续攻击前进，霍恩洛厄命2万人排成密集的横队，向拉纳军团发起猛烈攻击。拉纳见敌众我寡，命军队采取隐蔽作战的方式。刹那间，法军不见了，只见一颗颗子弹、一串串炮火，从房屋后、果园里、断墙边不断地朝密集的普军飞来。而机械呆板的普军以"线式"站立在开阔地带上，任凭法军无情地扫射而毫无还手之力，因为他们根本找不到还击的目标。

上午9点，内伊率第六军赶到，此时晓雾已经消散。内伊本来奉命在拉纳的右侧展开，但当他发现拉纳的左侧空虚时，他便像往常一样不顾一切地冲到那里，一举攻占了维尔柴恩－海里根这个关键性的村落。

至此，会战全面展开。苏尔特在右翼展开，奥热罗在左翼展开，法军从普军战线的两端同时进行包抄。拿破仑现已集中7.5万人对付霍恩洛厄的4.7万人，并亲自指挥作战。

霍恩洛厄见情势危急，忙派人向在魏玛的吕歇尔军求援。吕歇尔军距此地仅10英里，但迟迟不至。萨克森师也未能及时投入战斗。普军作战虽然顽强，但动作迟缓、僵硬，法军步兵在机动性和主动性方面都胜普军一筹。法军炮兵与步兵的协同也较普军密切。霍恩洛厄见形势不妙，便咬牙把所有预备队都投入战斗，企图坚持到吕歇尔援军的到来。

与此同时，在另一个地方，近3万普军正与缪拉的骑兵军、贝尔纳多特的第一军和达武的第三军展开一场悬殊的搏斗。拂晓时，扼守魏玛公路的3个萨克森师全部被围歼。

中午12点左右，拿破仑意识到发起最后攻击的时刻到了，他立即将预备队、近卫军、骑兵军全部投入战斗，法军的攻势达到了高潮。霍恩洛厄的军队抵挡不住，被法军击溃。这时，吕歇尔的军队赶到了，这支1.5万人的军队像在校场阅兵一样，稳步前进，在法军的冲击下也顶了一阵，但终归挡不住势如潮涌的法军。在法军骑兵的追击之下，吕歇尔身负重伤，差点丧命，他的队伍连同其他普军部队全面崩溃。

下午4点，缪拉的骑兵跟踪追击，直扑魏玛和艾尔福特。法军如秋风扫落叶一般，不抓俘虏，不听求饶，见敌就杀，溃逃的普军大都成了法军的刀下鬼。夜幕降临时，追至魏玛的法军在一片胜利的欢呼声中，得意地返回了耶拿城。

征服柏林

取得耶拿之役的胜利后，拿破仑以为他已击败了普军主力，实际上，他只是粉碎了担任布伦瑞克军团侧卫的霍恩洛厄部队而已。当他回到耶拿城时，第三军一个叫托布里安的上尉向他报告说："第三军在奥尔斯泰特击败了由布伦瑞克指挥的普军主力5万人，普鲁士国王和他的大本营也包括在内。"拿破仑简直不敢相信自己的耳朵，他大声地对托布里安说："你们元帅把一个人当成了两个人吧！"但事实的确如此，托布里安的报告千真万确。

事情是这样的：由于普军在萨尔费尔德和施莱茨受挫，现在又受到法军右翼向格拉和瑙姆堡迂回前进的威胁，普鲁士国王和布伦瑞克公爵决定经梅泽堡和哈雷退回交通线。1806年12月13日夜间，普王和布伦瑞克率领普军真正的主力向北撤退，途经耶拿西北20多英里的奥尔斯泰特，普王决定在此地宿营。这时，已占领瑙姆堡的达武军接到拿破仑的命令，要求选择最短路线，尽快抵达耶拿以北的阿波尔达，威胁敌军左翼。同时表示如果贝尔纳多特还与他在一起，可以一道行动。达武建议两军一同向阿波尔达进发，表示第三军愿接受贝尔纳多特指挥。但贝尔纳多特拒绝了这个建议，声称他先前只奉命向多恩堡进军，他仍执行以前的命令。这样，他就堵塞了缪拉3个骑兵师的道路。

10月14日凌晨3点，达武先头部队从瑙姆堡出发，渡过萨勒河，抵达哈森豪森。浓雾之中，他们正好遇上普军主力的前卫施美陶的步兵师和吕歇尔的骑兵师。达武先头部队立即构成方阵，集中火力射击，打退了普军骑兵的4次冲击，双方形成对峙。10点左右，达武连忙将后面的两个师调了上来，部署在哈森豪森和奥尔斯泰特之间，战斗遂全面展开。但普军的后续部队也于此时赶到，普军5万多人从左右两翼猛烈攻击达武的2万多人，达武的处境十分危险。然而，就在奥尔斯泰特附近的贝尔纳多特明知达武军处境危险，却见死不救。

由于法军火炮猛烈，作战方式灵活，普军呆板的方阵很快就受到法军灵活机动的火力杀伤。普军总司令布伦瑞克见法军顽强抵抗，遂亲率一团榴弹兵冲锋，不料被弹丸击中双眼，造成致命重伤，被抬出战场。这时，普王认为不如把军队撤出，等霍恩洛厄来支援，于是下令退往魏玛，准备与霍恩洛厄和吕歇尔两军会合，择日再战。

普王率领军队从奥尔斯泰特撤往魏玛，半路碰到了霍恩洛厄那些溃不成军的队伍。乱哄哄的一群人在缪拉的骑兵挥刀追击下，惊慌狂奔。贝尔纳多特军团又从左翼加以威胁。两支普军于是化为一股混乱的人流，一直流向艾尔福特、马格德堡，甚至更远的一些要塞，根本无法组织起对法军的反攻。路易莎王后，这位不久前还在疆场上鼓舞士气的巾帼英雄，好不容易才逃到魏玛城，捡回一条性命。

耶拿和奥尔斯泰特的两次大捷使普鲁士陆军作为一个战斗实体受到了致命的打击。拿破仑对部下的英勇作战非常满意，对达武更是赞叹不已。但有一个人使拿破仑很不高兴，那就是贝尔纳多特。

在 10 月 14 日的会战中，尽管贝尔纳多特一整天都可以听到从耶拿和奥尔斯泰特这个方向传来的枪炮声，而他又正处于两个战场之间，到两地的距离都只有 7 英里，但他却消极地坐视不理，一直到下午 4 点战斗结束。

贝尔纳多特的妻子德茜蕾曾是拿破仑的恋人，也是拿破仑的哥哥约瑟夫的小姨子。凭着裙带关系，贝尔纳多特没有受到重罚。拿破仑不止一次地宽宥贝尔纳多特，与其说是为亲王夫人着想，倒不如说是不愿败坏任何皇族成员的名声。

此时，普军主力还在溃退，拿破仑估计普军的退却方向是马格德堡，于是，10 月 15 日，法军兵分三路，开始了近代战史上著名的大追击。偌大的军团像一群撒手的猎狗，四处追歼溃散之敌。10 月 16 日，普军有 1.6 万人在艾尔福特向缪拉投降。缪拉随即策马挥师东进，追击霍恩洛厄的残兵败将；拉纳那个不知疲倦的军团又助了他一臂之力，霍恩洛厄在普伦茨劳不得不率部投降。与此同时，吕歇尔虽然狡猾，但仍不敌贝尔纳多特和苏尔特在吕贝克的围追堵截，吕歇尔和魏玛公爵从四散逃命的败兵中集合了 2 万多人，向北逃去，进入了靠近丹麦国境的卢卑克。丹麦国王出于对拿破仑的恐惧，坚决不让吕歇尔入境。经过一场激战，吕歇尔于 11 月 7 日在波罗的海边的特拉弗明德附近，被迫与 1 万名普军一起放下武器。

普鲁士到处笼罩着绝望和沮丧的气氛，只要听到法军的几声炮响，甚至看到骑兵上阵示威一下，很多要塞就挂出了白旗投降。施潘道、什切青、库斯特林、马格德堡和哈默林陆续打开了城门。

就在霍恩洛厄投降的前一天，拿破仑随同 4 位元帅、骑兵、掷弹兵、近卫轻骑兵得意扬扬地进入柏林，仿佛已经将整个世界踩在了脚下。短短一个月之内，作为欧洲四大国之一的普鲁士消失了。满怀敬畏之情的柏林市长毕恭毕敬地把首都钥匙交给了拿破仑，请求他赦免柏林。

1806 年 11 月 22 日，拿破仑在柏林颁布了著名的"大陆封锁令"，强迫整个大陆屈从自己的意志，与英国在经济上打一场殊死战。禁止与英国有任何商业往来，声言法国及其盟国军队不论在何处发现英国的货物或臣民，将分别予以没收和监禁。禁止买卖英国及其殖民地的货物；禁止任何停靠在大不列颠港口的船舶进入法国及其盟国的港口；任何串通违反柏林敕令的船舶，都将作为合法的战利品予以扣留。拿破仑命令元帅们尽可能逐步完全地占领北海和波罗的海沿岸地方，在那里派上法国税吏和宪兵，以杜绝和消灭走私行为。欧洲以沉默的、恐惧的顺从态度接受了封锁法令。

英国从来没有和如此强大的对手较量过，它的英镑暂时失去了作用。为了摆脱困境，英国再次去找它的盟友俄国，告诉亚历山大国王，如果他恢复与拿破仑的斗争以拯救普鲁士，英国将给予他财政上的支持。

同时，拿破仑在普鲁士首都驻跸时，下令废黜黑森 – 卡塞尔选侯。法国和荷兰军队随即占领了这个选侯国。1806 年 12 月 11 日，萨克森选侯同意与法国结盟，加入莱茵联邦①，被晋封为国王。

几乎是一夜之间，普鲁士不再是欧洲强国，整个欧洲为之震惊。德意志各附属小国更是惊恐万状，纷纷派人到波茨坦宫向拿破仑表示归

---

① 莱茵联邦：又称莱茵联盟，1806 年莱茵地区的德意志诸邦在法国皇帝拿破仑一世"保护"下成立的联盟。1813 年，拿破仑在莱比锡战役中失败，联盟瓦解。

顺，祈求宽恕和庇护。

再胜俄国

耶拿战役以后，普王威廉三世一度与拿破仑议和。拿破仑提出：将易北河以西的地方全部割让给法国，普鲁士再赔偿军费 1 亿法郎，承认萨克森及易北河以西的德意志诸邦加入"莱茵联邦"，普鲁士将华沙、波森交还给法国等。但拿破仑最后决定，如果普鲁士不退至维斯杜拉河彼岸，并献出王国西部各地及其各要塞，他绝不放松追击。他还表示，普鲁士必须与他结成紧密联盟，共同对付俄国，以制止俄国实行对土耳其野心勃勃的计划。

1806 年 11 月 21 日，威廉三世在奥尔斯泰特召开御前会议，讨论和约之事。斯坦因、福克斯和贝米等重臣坚决反对这些丧权辱国的条件，而主和派豪格维茨等则主张忍让。这时，传来消息说英国已说服俄国帮助普鲁士对付法国，俄国军队已在西进之中。威廉三世的精神为之一振，决定拿起武器再战，以雪亡国之耻。他的朝廷此时虽已撤至东普鲁士的柯尼斯堡，但在战场上还有一个约 1.5 万人的庞大军团，由莱斯托克将军指挥，驻在托伦附近。

当时，俄国人也急于为奥斯特里茨战败雪耻，终于把 9.3 万人的军队开进普鲁士属国波兰。一支约 5.5 万人的由本尼格森率领的军队，现已到达华沙以北 30 英里的普尔塔斯克；另一支由布克斯霍夫顿率领的约 3.7 万人的军队，还远在后方。

12 月 1 日，威廉三世下诏整顿军队，严惩失职将领。普鲁士军民基于覆军亡国之痛，也都愿意武装再战。

与此同时，拿破仑又新组建了一个军，即第九军，由巴伐利亚和符腾堡的小部队组成，由他最小的兄弟——既无能力又无经验的热罗姆指挥，前往西里西亚去攻打那些至今困守未降的普鲁士要塞。

为了确保自己的交通线在未来的对俄战争中安全畅通，拿破仑认为争取波兰的友谊和合作是非常重要的。7 年的战争使波兰被奥、普、俄三国瓜分，其都城分设于克拉科夫、波兹南和华沙。拿破仑一向精于政治权术，现在他要从形形色色的候选人中为波兰的复兴物色一位未来的国家元首，最后他选中了约瑟夫·波尼亚托夫斯基亲王，因为此公不仅是一个显贵，而且一向仇视俄国人的统治。

1806年11月，法军开进波兰，受到波兰人民的热烈欢迎。11月上旬，拿破仑派达武的第三军占领波森，并要求贝尔蒂埃派4名测绘人员绘制其周围地区的地图。11月末，拿破仑得到消息说，俄军的先头部队已经进入华沙，他命令缪拉和达武立即前往迎敌。但俄军却行动迟缓。拿破仑亲自过问了施潘道、什切青和库斯特林的布防，以保护其交通线，并征集了1807年度的8万新兵以补充大军团。此后，他于12月19日将大本营从柏林迁到波森。次日，缪拉的骑兵进入华沙，并把俄军前卫从维斯杜拉河右岸的普拉加城堡驱逐了出去。12月23日，法军分成左、中、右三路，渡过维斯瓦河，向俄军发起全面进攻。

在严冬到来之际，与一支实力和潜力都不清楚的俄军交战，的确是一种可怕的军事冒险。法军大军团有14万人，千里行军去进行一场艰苦的战役，不仅要为他们供应军粮，而且还要全部换装，为他们提供冬装；况且途中遍布森林湖沼，一片荒凉。然而，拿破仑的组织能力丝毫不亚于其军事能力。他从10月27日进抵柏林，到12月26日与俄军主力首次遭遇，其间采取了许多有效措施来解决问题。他颁布了一道敕令，规定了柏林城和每一个普鲁士属国诸如黑森-卡塞尔和布伦瑞克所应缴纳的战争特别税额。大军团的军需总监、国务大臣达律奉命在普鲁士各主要城镇制作了28万件大衣和25万双军靴；组建了6座总医院，其中包括治疗疥疮和性病的特种医院；在柏林制作6 000个医用床垫，并将1.2万顶普鲁士帐篷裁开制成9 000条医用床单等。

12月26日，法军右翼拉纳军对普尔塔斯克的本尼格森阵地发起勇猛攻击，没想到俄军炮火十分猛烈，拉纳军几次冲锋均被击退，损失惨重。拿破仑又集中苏尔特、达武、奥热罗3个军向坚守戈维明阵地的霍夫顿发起进攻，霍夫顿军同样进行了顽强的抵抗。经过一天的激战，俄军被迫放弃阵地，向东北方向撤退。这天的天气十分恶劣，时而下雨，时而飘雪。纳雷夫河谷变成了沼泽地，道路泥泞，有些地方竟至人陷过膝、马陷及腹、车陷过轴，俄军放弃了一切火炮，有秩序地撤走了。

北方的严冬路面一片泥泞，寒风呼啸着，刮得枯草发出簌簌声。拿破仑认为继续作战已不可能，于是决定让军队就地宿营过冬，以待来年春季再采取行动。这时，他组建了第十军，由勒费弗尔元帅指挥，基本上由波兰部队构成。

1807 年 1 月 25 日，俄军迅速反攻到莫龙格地区。这一突如其来的反击，严重威胁到法军左翼和前进补给基地的安全。这天，贝尔纳多特的第一军向莫龙格开进，挡住了俄军的进攻。这时，内伊的第六军驻扎在奥尔斯泰特以南的吉根堡，由于这个人口稀少的地区难以供养部队，他向北面较富饶的地区发动了一次突袭，深入东普鲁士境内 60 余英里。拿破仑对内伊的鲁莽行动极为恼怒，但事已至此，他只得迅速做出反应。1 月 29 日，他命贝尔纳多特军实施机动防御，采取诱敌深入的方法，且战且退，把俄军诱到维斯瓦河一线，其余兵力则向敌人的侧后方实施大迂回，切断敌军退路，然后加以合围歼灭。

1 月 30 日上午 6 点，拿破仑由华沙起程，于次日中午抵达维伦贝格，急进 80 余英里。2 月 3 日又进至阿伦施泰因，同时大军团也到达指定地点，完成了集结，随时可以出击。

就在这时，贝尔蒂埃派去给贝尔纳多特下命令的信使被哥萨克骑兵抓获了，拿破仑的作战计划暴露无遗，本尼格森意识到自己的处境十分危险，他当机立断，迅速率领部队朝东北方向的柯尼斯堡撤退。拿破仑见敌军想溜，忙下令部队向北追击。贝尔纳多特因未接到拿破仑的命令，留在原地没有行动。由缪拉的骑兵军和苏尔特的第四军组成的法军前卫，在海尔斯贝格渡过阿勒河后，于 2 月 7 日在一个名叫普鲁希－艾劳的小镇追上了俄军，一场激烈的遭遇战随即爆发。

2 月 8 日清晨，炮声隆隆，战斗打响了。由于天气恶劣，双方殊死争夺，损失惨重，尸横遍野。这时，在洛迪桥和阿尔科拉桥战斗中出现的那一幕又重现了：拿破仑在连续好几个小时的激烈战斗中，始终站在战斗的最前沿，俄军炮弹打断的树枝不断地落在他的头上，有一次他差点被落在附近的炮弹炸死,但他仍冷静地发出一道又一道新的命令。拿破仑的勇气鼓舞着他的大军,英勇的奥普尔将军率领一个团冒着敌军的炮火,勇猛地插入敌军阵地中,哥萨克士兵开枪扫射,把他们打得血肉横飞,死里逃生的只有 18 人。被迫后撤的奥普尔将军不甘失败,又向敌人连续发起 3 次冲锋,他身中数弹,当场阵亡。战斗进行了一整天,拿破仑和本尼格森都有些吃不住劲了。关键时刻,达武军克服风雪的阻挠,成功地迂回到敌军左翼。夜幕降临时,本尼格森率俄军向柯尼斯堡撤去。

次日,缪拉率领一些尚未参战的骑兵缓慢地尾随俄军到达离柯尼斯堡不到 5 英里的地方,发现敌军已在普里格河右岸进入支撑点。拿破仑于是将其残部向西南后撤 50 英里,准备在帕萨尔格河西岸休整、补充,宿营过冬。

当法国大军团在艾劳会战后撤至东普鲁士的西南角时,俄军慢慢地跟了上来,两军又在帕萨尔格河上对峙起来。

为了准备来年春天的战争,奥热罗的第七军因在艾劳一战损失过重,遂予解散。全法国 1808 年度的新兵被提前征召,8 万人中有 2.5 万人被分配到大军团以补充缺额。莫蒂埃的第八军奉命占领当时属于瑞典的波美拉尼亚和施特拉尔松,其后还得到了由罗马纳将军指挥的 3 万西班牙军队的增援。

1807 年 5 月初,随着天气变暖,拿破仑命令前线各军开始集合,充分做好战斗准备。5 月 5 日,拉纳病愈归队,受命指挥一个新组建的预备军,兵力约 1.5 万人。

6 月 4 日,兵力已增至 10 万人的本尼格森主动发起攻势,向内伊军进攻,内伊被迫撤至帕萨尔格河彼岸,但拿破仑当即以第一、三、四、七军和拉纳预备军反击,挽回了局势。俄军在来势凶猛的法军的打击下,被迫退进海尔斯堡要塞。在这次战斗中,贝尔纳多特负伤,拿破仑遂派其心腹爱将维克多将军接任第一军军长。

6 月 10 日,双方在海尔斯堡展开了一场激烈的战斗。法军连续攻打一天,未能取胜,伤亡惨重。俄军经过一天的顽强抵抗后,也已筋疲力尽。这时，法第三、四军从俄军右翼向其侧后方迂回，准备切断要塞守军与柯尼斯堡的联系。要塞中的俄军惊慌失措，主动放弃海尔斯堡，朝柯尼斯堡退却。

6月12日，拿破仑进占海尔斯堡并于次日抵达艾劳，此地正是4个月前双方损失惨重又胜负未决的战场。本尼格森继续向弗里德兰撤退，想从那里渡过阿勒河。法军转入追击。拿破仑决心在敌人进入柯尼斯堡要塞之前，拿下这个普鲁士的最后据点。6月14日凌晨3点，法第五军赶到弗里德兰。拿破仑遂决定从阿伦施泰因以其主力直取弗里德兰，并派缪拉的骑兵军、达武的第三军和苏尔特的第四军组成左翼负责将莱斯托克军往北逐至柯尼斯堡。

这时，俄军也已到达，正准备利用阿勒河上的唯一一座桥梁渡河。拉纳立即命令部队就地展开，抢占有利地形，架好火炮进行射击，以阻止敌军的渡河行动。拉纳以1万人的兵力顽强地抗击着俄军5万人马，俄军欲进无路，欲罢不能。战斗从凌晨一直打到下午5点，每个士兵都在咬紧牙关，坚守苦战。就在这时，拿破仑率领着第六、八、一军和近卫军赶到了，疲惫不堪的拉纳军欢呼雀跃。

拿破仑很快就看出了俄军阵地的战术弱点。敌桥头阵地毫无纵深可言，5万人挤在一条狭窄的河谷之中，其后只有一座桥梁；同时，阿勒河逶迤回环，形成了几个突出部，使法军炮兵可以纵射俄军阵地的各个地段。于是，拿破仑一面将法军分成三路前去包围弗里德兰阵地，一面集中炮火向俄军猛射。面对猛烈的炮火和前来包围的法军，俄军无路可逃，被挤压在三面环水的口袋里。

中午时分，拿破仑将其指挥所移至预备队阵线的中央，内伊、拉纳和莫蒂埃3个军也完成了进攻部署。下午5点30分，拿破仑发出了全线进攻的信号。上千门大炮隆隆吼叫，惊天动地，俄军唯一的生路——大桥被轰断了。法军愈攻愈猛，俄军精疲力竭，无法继续抵抗，只得跳入阿勒河中，溺死者无数，幸存者向北仓皇逃去。

同日，缪拉、苏尔特和达武也将莱斯托克的普鲁士军从艾劳往北一直赶到了柯尼斯堡，并在普鲁格河左岸站住了脚。普军继续撤退，缪拉继续追击，一直追到提尔希特。

弗里德兰一战，俄军损失 1.5 万人，其惨状丝毫不亚于奥斯特里茨战役。6 月 19 日傍晚，在涅曼河南岸的法军前哨阵上，俄军巴格拉季昂部的一位军官举着白旗，送来了总司令本尼格森请求休战的公函。拿破仑立即接受了。他无意也无力深入俄国腹地，因为其交通线延伸得越远就越脆弱。现在除涅曼河以北的梅梅尔地区外，他已占领了整个普鲁士领土。同时，他也急于和沙皇亚历山大达成协议以防奥地利的敌对行动。

此时的沙皇亚历山大与一年前判若两人，战争使他变得成熟起来。为了本国的利益，他可以抛弃普鲁士，甚至可以和自己的敌人站在一起。6 月 25 日，拿破仑和亚历山大在涅曼河中游一只设有帐篷的木筏上举行会晤。分手时，双方都表现出亲善和信任的态度。

此后，拿破仑与亚历山大几乎天天见面，轮番举行豪华宴会，一起骑马巡游和狩猎，根本不去理睬普鲁士国王。

处于绝境中的普鲁士国王想出了一个美人计，他写信让路易莎王后前来提尔希特，派她向拿破仑求情。两位皇帝都被花容月貌的路易莎王后吸引住了，竞相向她献殷勤。有一天，拿破仑赠给她一朵漂亮的玫瑰花，路易莎王后犹像片刻后接过花朵，带着迷人的微笑说道："至少应该同时赠给我马格德堡。"拿破仑爽快地答应与她商谈此事。

经过 14 天的谈判，拿破仑于 1807 年 7 月 7 日和 7 月 9 日分别与俄国及普鲁士签订了《提尔希特和约》。根据这一和约，他重建了中欧和东欧。在普、俄之间，建立了一个华沙大公国作为缓冲国，由萨克森的傀儡国王弗里德里希·奥古斯塔统治；在易北河以西的普鲁士领土上，他建立了一个名为威斯特伐利亚的王国，由他那不成器的小弟热罗姆充任国王。

7 月 9 日，拿破仑和亚历山大一起检阅了法国和俄国的近卫部队。7 月 27 日，拿破仑回到巴黎。《提尔希特和约》的缔结，使他一跃成为欧洲大陆的独裁者，获得了前所未有的地位。8 月 15 日，拿破仑为庆祝凯旋和欢迎大军举行了盛大的庆祝活动，人们发自内心地欢迎这位带来和平的拿破仑，敬称他为"大帝"。

第十五章　剑指伊比利亚

一往无前

拿破仑从 1805 年秋开始发动的乌尔姆战役、奥斯特里茨战役、耶拿和奥尔斯泰特战役、艾劳战役和弗里德兰战役，以提尔希特的两个和约的签订而画上了小小的句号。在这段漫长、血腥、毁灭性的征服欧洲的一连串战役中，伤亡达 15 万人，整个欧洲大陆终于被拿破仑和他的士兵踩在了脚下。当弗里德兰的硝烟渐渐散去，野心勃勃的拿破仑又开始构筑他新的征服梦想。

经过远征埃及和渡海作战的冒险，拿破仑已意识到，由于英国人拥有他无法企及的海上优势，无论是夺取英国海外殖民地，还是直接攻击英吉利本土，都难以成功。为此他决定实行大陆封锁政策，通过打击英国的贸易，使英国的经济陷入绝境，最终迫使英国求和。

但现在还有一个小小的障碍，那就是伊比利亚半岛。伊比利亚半岛有漫长的海岸线，英国舰队完全控制了比斯开湾，进而控制了整个大西洋和地中海。半岛上的葡萄牙一贯有亲英倾向，还有不卑不亢、不阴不阳的西班牙等国家。从现状来看，要想让半岛上的国家严格执行这个使本国经济遭受严重损害的大陆封锁政策，简直是不可能的，因此，拿破仑决定征服伊比利亚半岛。

在与沙皇的会晤中，他已诱使沙皇与他一同对北欧三国实施武装胁迫政策，并使沙皇同意他单独对葡萄牙采取行动。拿破仑可以对英国海军和商船关闭意大利的大部分口岸，但是英国商人仍然可以通过法国控制的比利时、荷兰、丹麦以及瑞典秘密地与欧洲大陆通商。根据《提尔希特和约》，拿破仑还要求对英国关闭所有斯堪的那维亚半岛的主要港口，特别是哥本哈根。这个主要海港被关闭后，就切断了英国商船进入波罗的海的通道。而由3个签约国签字的同盟国秘密条约的第五条具体内容是："哥本哈根、斯德哥尔摩、里斯本宫廷协同一致，对英国关闭它们的所有海港，召回驻伦敦大使，并对英宣战。"

1807年6月，正当拿破仑得到沙皇和普王的承诺，踌躇满志地回到巴黎，准备实施上述计划时，英国人已抢先一步对丹麦和瑞典采取行动，给了拿破仑当头一棒。

英国派出了海军少将詹姆斯·甘比尔的强大舰队开往哥本哈根，占领了丹麦最大的岛屿西兰岛。

7月16日，英国外交大臣乔治·坎宁[①]决定强迫丹麦加入英国这一边，或者至少保持对英国有利的中立。他以避免丹麦受拿破仑侵犯为借口，建议派遣一支强大无比的海军对其进行保护。

英国向丹麦提出了结盟要求，其主要条件是：丹麦摄政王在战争期间将15艘战船交给英国指挥，以结束对英国的敌对活动，等到和平实现，即予归还；英国为此给丹麦补贴10万英镑，并在其一旦遭受法国攻击时提供军事援助。

由于害怕背后的法国大军，丹麦摄政王拒绝了英国的要求。将近8月底，甘比尔舰队的80余艘英国军舰云集厄勒海峡和贝尔特海峡。来自吕根岛和斯特拉尔松的运兵船与来自亚尔默思的运兵船会合在一起，卡斯卡特勋爵手下就有多至1.54万人的军队。这支军队在哥本哈根附近登陆后，英国再次提出结盟的建议，继续要求丹麦交出舰队。

顽强的丹麦人再次拒绝了英国的无理要求。9月2日，甘比尔的强

---

① 乔治·坎宁（1770—1827）：英国杰出的外交家，他抛弃神圣同盟，承认南美各国的解放，自诩用新世界来平衡旧世界，支持希腊独立运动。1827年，在当了100天英国首相后，病逝于任上。

大舰队对丹麦首都进行了毁灭性的炮击，哥本哈根的大部分房屋着火燃烧，大火一直烧到 9 月 5 日丹麦向英国投降为止。英国海军指挥官们提出了如下条件：英军占领城堡和船坞，以 6 周为期，接收丹麦的舰队和海军军需品，然后撤离西兰岛。

英军成功掳获了包括 15 艘主力舰、15 艘轻型战舰和 31 艘小舰艇在内的丹麦舰队，并将之押回英国。英国的真正目的是想结成一个坚固的英国－斯堪的纳维亚同盟，这个同盟将保持波罗的海对英开放，并使法、俄两国不能为所欲为。

现在，丹麦人无端遭此一难，开始对英国和瑞典采取抵抗行动，使其南部海岸有遭受进一步被攻击的危险。

对于丹麦事件，沙皇宣称那是"闻所未闻的暴力行为"，尽管俄国给英国政府的照会使人十分放心，但那不过是沙皇的两面手法而已。沙皇希望赢得时间，使他的地中海舰队返回安全地点，并且拖到波罗的海的俄国海港冰封的时候。到 10 月 27 日，他会和英国断绝一切联系，采取大陆封锁政策。

与此同时，在汉堡的贝尔纳多特部队的 3 万人本来已经做好入侵丹麦的准备，现在不得不停下来观望。但哥本哈根事件并不能改变拿破仑预先制订的征服半岛计划。

早在英国的舰队驶向厄勒海峡之前，拿破仑就在多方策划消灭葡萄牙，显然他企图先向葡萄牙下手，然后再对丹麦采取行动。他在提尔希特返回巴黎的途中，指示塔列朗下令里斯本最迟在 9 月 1 日禁止英国货物进入一切葡萄牙港口，否则就对葡萄牙宣战。他还命令在巴荣纳集结 2 万法军，准备随时对这个小王国进行武力威胁。

葡萄牙王国是英国最早的同盟国，葡萄牙国王的女儿是英国国王查理二世[①]的王后，1703 年葡萄牙就和英国缔结了和约，因此葡萄牙摄政

---

① 查理二世（1630—1685）：苏格兰及英格兰国王，生前获得多数英国人的喜爱，以"欢乐王""快活王"闻名。

王完全不把拿破仑的敕令和威胁放在眼里，他的海港和设施仍然为英国商船大开方便之门。

但为了尽可能让拿破仑放弃这一无理要求，葡萄牙忍气吞声，不惜血本，从国库里拿出一批金刚钻送往巴黎，分赠给认为对拿破仑和塔列朗的决策有影响的人。但拿破仑主意已定，任何人都无法动摇他的决心。葡萄牙的悲剧命运已很难避免。

这时，拿破仑又开始与西班牙首相戈多伊谈判，一同密谋瓜分葡萄牙。9 月 8 日，他又写信给葡萄牙摄政王，警告他要明白与英国结盟的后果。

面对来势汹汹的法国大军和拿破仑通告信的威胁，葡萄牙摄政王惊慌失措，急忙请求英国保护。英国人也没有预见到拿破仑对伊比利亚半岛的野心，他们与惊恐不安的葡萄牙摄政王商量，让葡萄牙暂时同意拿破仑提出的参与大陆封锁体系的要求。葡萄牙摄政王表示，除了扣押英国臣民和没收其财产这一项之外，拿破仑的其他一切命令他都愿意服从。拿破仑没想到葡萄牙愿意接受他的最后通牒，因为他本来是希望寻找占领葡萄牙的借口。到 10 月 12 日，战争还是被最后决定下来了。拿破仑命令朱诺率 2.7 万人，越过西班牙边境继续进军葡萄牙。10 月 22 日，拿破仑正式向葡萄牙宣战。

10 月 27 日，拿破仑又与戈多伊在枫丹白露宫签订了一项秘密协定，"依据健全的政策以及法国和西班牙的利益"来安排"葡萄牙将来的命运"。实际上，西班牙在拿破仑的心目中早已是下一个猎物了，只不过他的军队现在要借西班牙的领土通行而已。

在此期间，朱诺正率领他的军团从巴荣纳开往萨拉曼卡和罗德里戈城。拿破仑要求他必须在五六天内走完全程 200 多英里路，即使粮食供应不上也不得延缓，因为"2 万人无论在什么地方，哪怕是在沙漠也可以活下去"。但朱诺为人戆直，从来不知怎样巧取豪夺，他匆匆驱策士兵翻山越岭，穿过洪水泛滥的峡谷，经过 6 个多星期的长途行军，于 11 月 29 日进入里斯本，比计划的时间延迟了整整一个月。这时，葡萄牙王室已于两天前坐上英国军舰逃出了首都。

葡萄牙布拉干萨王室①成员从他们的发祥地离去时，情景凄凉，很少有比这更惨的情景了。王族与侍从诸臣拥挤着来到码头，随行的还有满怀悲痛、决心与王室共患难的人，一群又一群，鱼贯而过。

在这场并没有大动干戈的武力征服中，拿破仑对葡萄牙的行为和英国对丹麦的行为如出一辙。两个霸主之间的贸易封锁与反封锁之战愈演愈烈，他们总是把小国当成牺牲品或战利品，弱肉强食的法则在腥风血雨的欧洲上演得越来越频繁。

葡萄牙轻而易举地被瓜分了，事实上，是被法国独占了。豺狼是不可能与狮子共享美食的。拿破仑把参与这场交易的那些不出头露面的伙伴悄悄地打发了。

半岛失利

为了进一步争夺欧洲各港口的贸易控制权，法、英两国都在策划下一步的行动。

英国在 1807 年 11 月接连发布了三道枢密院令，旨在鼓励中立国的船只赴英国港口停泊，通过它们完成转口贸易。

拿破仑在路过意大利北部途中得悉这些诏令后，当即针锋相对地给予反击。11 月 23 日和 12 月 17 日，他颁发了两道米兰敕令，宣布：凡是遵从枢密院令的中立国船舶都将丧失国籍，成为正当的捕获品；凡是来自或驶往联合王国及其殖民地或属地的任何港口的船舶，也将遭到同样的命运。一时间，各岛国人心惶惶，夹在两个大国中间无所适从。

然而，这却迫使英国人更加积极地开拓海外殖民地，并继续加强其海上优势，以便能够从海上对拿破仑控制的各国施加压力。此时，欧洲

①　布拉干萨王室（1640—1910）：17 世纪至 20 世纪统治葡萄牙的王朝。1822 年至 1889 年，王朝的支系还曾统治巴西帝国。其名称来自葡萄牙东北部的城市布拉干萨。

大陆似乎只有瑞典和土耳其仍与英国保持着友好关系，拿破仑决定用武力完成对这两个亲英国家的征服。出乎意料的是，西班牙问题使他这一野心勃勃的征服计划夭折了。

西班牙国王查理四世是个意志薄弱的昏君，完全受王后及私通王后、炙手可热的首相戈多伊控制。戈多伊凭着国王与王后赋予他的无限权力，在国内为非作歹、无恶不作。王位继承人斐迪南皇子在人民的支持下，公然与戈多伊为敌。为了推翻戈多伊，斐迪南的谋士们给他出了一个主意，让他去向拿破仑的一位亲属求婚。于是，斐迪南正式向拿破仑的侄女、吕西安的长女求婚，但遭到拿破仑的拒绝。与此同时，查理四世也写信向拿破仑求援，认为斐迪南反对戈多伊的企图是想废黜自己。父子俩都希望拿破仑支持自己来对付对方，这就使拿破仑有了可乘之机。

在朱诺的军团于 11 月开进西班牙之前，拿破仑已经派出 3 个法国军团进入西班牙北部地区，西班牙很快就陷入了拿破仑布下的罗网。

11 月上旬，拿破仑下令在巴荣纳再成立一支新军，兵力为 3 万人，由杜邦将军指挥。不久，这支部队以支援在葡萄牙的朱诺军团为借口进入西班牙。接着，蒙塞元帅的第二军也寻机进入西班牙。1808 年 2 月，迪埃梅斯指挥的一个军又进入西班牙，并占领了卡塔卢尼亚。随后，这些进入西班牙的部队用种种诡计侵占了西班牙的潘普洛纳、蒙胡伊克、巴塞罗那、圣塞瓦斯蒂安和菲盖拉斯等要塞。到 1808 年 3 月，这个半岛的北部和西部已经悄悄地落入拿破仑之手，而大部分西班牙盟军则正在葡萄牙或波罗的海沿岸为拿破仑效劳。

3 月 24 日，被任命为驻西班牙代理总督和法军司令的缪拉率领蒙塞、杜邦两军前往马德里，拿破仑在巴荣纳亲自指挥这次军事行动。这时，拿破仑在西班牙的军队已达 11 万人。查理四世、王后及戈多伊只得逃离首都。

但在阿兰瑞兹，国王一行被愤怒的民众拦住了去路，面对民众的怒火，国王查理四世只得宣布退位。6 天之后，缪拉率军进入西班牙首都马德里。这时，查理四世又后悔让位给斐迪南，说宣布退位是违反自己意志的。于是，拿破仑以调停父子矛盾为名，邀请西班牙波旁王朝全体家族成员到巴荣纳，对斐迪南要与吕西安的女儿联姻一事表示出半赞成的样子，希望以此稳住斐迪南的党羽。

查理四世和王后及戈多伊，于4月底到达巴荣纳。查理四世表示愿意把自己以及他对王位的要求交给拿破仑处理，这正是拿破仑求之不得的事。

5月5日晚上，拿破仑用恐吓的话语说服斐迪南放弃王位，同时劝说老国王也放弃王位，然后和戈多伊达成了一项协定：查理四世同意将西班牙和西印度群岛的王位让与拿破仑，但这些领土必须保持完整，并继续崇奉罗马天主教而不容许任何其他宗教存在；给予查理四世贡比涅和尚博尔两处庄园，让他退位，由法国国库付给其年俸750万法郎。西班牙王子们也获得类似的待遇。斐迪南签字放弃了他的权力，获得一个城堡和一份年金。这幕争夺王位的闹剧至此圆满收场。

1808年5月10日，拿破仑任命自己的哥哥约瑟夫为西班牙国王，缪拉接替约瑟夫任那不勒斯国王。拿破仑之所以选择约瑟夫任西班牙国王，是因为他希望这个国家按照他的意愿实施改革，而约瑟夫在那不勒斯搞了一些改革，与他的政见基本一致并获得相当的成功。

正当拿破仑为自己的胜利自鸣得意时，西班牙人民却愤怒了，一场风起云涌的反抗法国侵略者的人民武装斗争被迅速掀起。

最先起义的是地势崎岖的阿斯图里亚斯省。他们到处袭击法国士兵，凡跟拿破仑关系密切和有戈多伊同党嫌疑的人都被诛杀。随后，北方的加利西亚和莱昂也相继向法军发难。南方的安达卢西亚、穆尔西亚和巴伦西亚等富饶地区，山头上也燃起了民族战争的烽火，西班牙全国遥相呼应。

最初出现的这些起义，没怎么费劲就被扑灭了。6月16日，迪埃斯梅向塔拉戈纳进军，杀死了1500个农民，焚烧了6个村庄。6月25日，一支英国海军陆战队在桑坦德登陆以支援起义军，也被击退。

西班牙人民的反法斗争尽管遭到法军的残酷镇压，但屡征不服，决意与法军斗争到底。杜邦的军队在攻占科尔多瓦之后，对西班牙人民进行了野蛮的奸淫抢掠，成千上万的骡马拉着500辆满载掠夺物资的四轮马车使他的军队如牛负重，最终没能逃脱愤怒的西班牙平民和紧随其后的西班牙军队的包围与阻截。7月22日，杜邦将军率领的2.3万人在拜兰遭到西班牙卡斯塔尼奥司将军的猛烈袭击，伤亡惨重，杜邦只得率军投降。随后，卡斯塔尼奥司的轻装部队继续推进，势如破竹，所向披靡。不到10天，新任国王约瑟夫在马德里就坐不住了，他收拾行装，向北逃到了布尔戈斯。在那里，法军重整旗鼓，准备再次进攻。

此时，迪埃斯梅军也被加泰罗尼亚山民围困在巴塞罗那无法出战，蒙塞军被巴伦西亚的居民打得直往后退。面对如火如荼的西班牙抵抗运动，法军陷入了困境。

直到这时，拿破仑仍然认为这不过是一场普通的战争，只要善于运用战略，打几个回合就能结束。他指责约瑟夫和萨瓦里不该放弃杜罗河上游的防线，又责备他们不该撤出马德里。他概括当时的形势说："全部西班牙军队联合起来都不能打败处于适当阵地的2.5万法军。"

8月8日，英国名将阿瑟·韦尔斯利爵士率领一支1.2万人的英国部队在葡萄牙蒙德戈湾登陆成功，接着立即向里斯本进军。8月17日，在罗里萨附近与法军遭遇。经过一阵刺刀肉搏之后，法军被迫退却。紧接着，朱诺率领4.4万名士兵向英军发起攻势，双方展开了一场血战。结果，法军损失了13门大炮和2 000多人，被迫撤往里斯本。就在这时，哈里·帕拉德爵士前来接手指挥，他对英军下令停止追击。几天后，朱诺派克勒曼前去请求休战，并于8月30日擅自与英军签订《辛特拉协定》。根据这个奇特的协定，朱诺的军队被要求用英国船只从葡萄牙将其运回法国，被封锁在塔古斯河上的俄国分遣舰队在讲和之前由英国扣留保管，人员则遣送回俄国。这使葡萄牙重回英国怀抱，英军在伊比利亚半岛获得了永久的立足点。

拿破仑把朱诺及在伊比利亚半岛的其他几位将军大骂了一通。从伊比利亚传来的唯一好消息是贝西埃尔元帅于 7 月 14 日在塞科河畔的梅迪尼亚击败了西班牙将军布拉克率领的军队，但他也犯下了屠杀西班牙降兵的暴行。拿破仑开始意识到法军的处境危险了，他不仅失去了西班牙和葡萄牙，失去了它们的贡款，而且原来在波罗的海沿岸为他服役的西班牙军队 1.5 万人，也大都设法乘英国的船逃回到本国了，成为西班牙北部爱国抗法运动的骨干力量。

8 月中旬，拿破仑意识到征服伊比利亚半岛已不可能，只得派出久经沙场的老将内伊去西班牙收拾残局。

和谈破裂

法军在伊比利亚半岛上的军事失利，打破了拿破仑不可战胜的神话。为了避免法军陷入两面作战的困境，拿破仑邀请沙皇亚历山大前来艾尔福特会晤。

俄、法两国皇帝的会晤在德意志引起了极大的反响，各王公纷纷前往艾尔福特参加盛会，车驾一时塞途。1808 年 9 月 27 日，拿破仑和沙皇亚历山大在艾尔福特城门外第二次握手。拿破仑授予亚历山大法国的荣誉军团勋章，亚历山大也授予拿破仑俄国的荣誉勋章。然后，他们骑着马，在 800 人的法国皇家近卫军骑兵卫队的簇拥下，浩浩荡荡地进入了这座中世纪古城的广场。

拿破仑对沙皇礼宾相待，殷切备至；亚历山大也还之以礼，甚至亲自参加拿破仑的早朝。两位皇帝在邻近的城堡举行了盛大的国宴和舞会，又一起阅兵并骑马打猎。

亚历山大在艾尔福特期间对拿破仑大献殷勤，这使拿破仑产生了一个幻觉，认为自己已经完全控制并影响了俄国皇帝。然而，两国君主心里都十分清楚，自己需要对方，但不能相信对方。特别是亚历山大已明显看出，拿破仑只是以答应给他"东方"、自己要"西方"的诺言来诱惑他，根本不会让他占领君士坦丁堡，甚至拿破仑宁愿让摩尔达维亚和瓦拉西亚留在土耳其人的手中。有时拿破仑变得异常傲慢，甚至十分鲁莽，这深深地刺激了敏感的沙皇。所以，当拿破仑提出让亚历山大在奥地利开始军事行动前积极反对奥地利时，亚历山大并不想履行这一义务。

亚历山大因在提尔希特和弗里德兰的失败而遭到俄国贵族的冷眼，他认真考虑了和拿破仑的关系。以波兰为例，在沙皇眼中，波兰是俄国的领土，而拿破仑建立"华沙大公国①"无疑是在世人面前打了他一记响亮的耳光。亚历山大也不能忘记他的盟友普鲁士国王和王后的奇耻大辱，拿破仑几乎占据了他们国家的一半。沙皇和普鲁士国王之间有着源远流长的关系。"拿破仑认为我是个傻瓜，"沙皇在艾尔福特给他的妹妹凯瑟琳写信道，"但是，谁笑到最后，谁笑得最好。"

这时，塔列朗又在艾尔福特出卖了拿破仑。他与亚历山大暗中勾结，劝告亚历山大反抗拿破仑的霸权。塔列朗指出，占领德意志、意大利、波兰、荷兰、比利时、西班牙、葡萄牙并不符合法国的最高民族利益。塔列朗无疑是亚历山大最感兴趣的法国人。

拿破仑在艾尔福特和亚历山大会晤有这样几个目的：一是要求亚历山大在对奥作战的条约上签字；二是要求沙皇的军队入侵奥斯曼帝国，攻占君士坦丁堡；三是东进挑战英属印度和英国的国际商业地盘。拿破仑承诺沙皇可以占领奥斯曼帝国的两个省，即摩尔达维亚和瓦拉西亚，并将芬兰和瑞典划入俄国的势力范围。但亚历山大的强硬态度出乎拿破仑的预料，他表示不可能为拿破仑去攻占君士坦丁堡。法国外交部部长康佩尼为此提醒拿破仑："君士坦丁堡之争不可避免将导致法、俄战争。"但拿破仑仍然坚持己见。至于奥地利，亚历山大只同意和法国签订模棱两可的防御条约。

在塔列朗的怂恿和规劝下，亚历山大没有同意在拿破仑所要求的对

---

① 华沙大公国（1807—1815）：拿破仑一手扶植起来的一个波兰人国家，首都为华沙，通用波兰语，普遍信仰罗马天主教。

奥作战等条款上签字。1808年10月12日，法、俄两国外交大臣康佩尼和罗蒙索夫签订了《艾尔福特条约》。10月14日，艾尔福特会晤结束。拿破仑闷闷不乐地回国了，整个秋天都在忙于制订最后解决西班牙问题的计划，他决定亲自率领一支足以扫平整个伊比利亚半岛的大军翻越比利牛斯山脉。

9月4日，拿破仑命令陆军部长克拉尔克提前征召两批各为8万人的新兵，这是自1799年以来数量最大的一次征兵活动。9月10日，拿破仑正式签发命令，为进行伊比利亚半岛的战役组成了八个军团。

10月26日，拿破仑最后一次拥抱了妻子约瑟芬，乘上马车，从巴黎出发。11月3日，他抵达巴荣纳，8日又到达维多利亚。在听取有关法国和西班牙两军阵势的详尽报告后，他立刻起草了继续作战的计划，并开始直接指挥其西班牙军团。几个小时之内，整个战争机器又重新运转起来。

拿破仑对西班牙军团进行了改编：维克多（第一军）2.9万人，苏尔特（第二军）2万人，蒙塞（第三军）2.4万人，勒费弗尔（第四军）2.3万人，内伊（第六军）3万人，圣西尔（第七军）3万人，贝西埃尔（近卫军和骑兵预备队）3.5万人，合计19.1万人。此外，莫蒂埃的第五军和朱诺的第八军正在法国集结，可再增加4.3万人。

而伊比利亚半岛上的英军有5万人，由47岁的英军统帅约翰·穆尔爵士率领，加上西班牙中部各地的正规军和民兵，总共约11.5万人。穆尔爵士的部队训练有素、装备精良，其中一半是葡萄牙人和西班牙人。其他部队则装备差，纪律也令人失望，各地的指挥官彼此猜忌，不能很好地合作。

拿破仑的第一步计划就是收复马德里以及确保通过维多利亚和圣希巴斯坦到法国的交通线。他命维克多、苏尔特、勒费弗尔率军向西做宽广的扫荡，把西班牙起义者全部赶出去。11月10日，苏尔特带领6.7万人向布尔戈斯前进，击败了埃斯特雷马杜拉城的守军，使法军得以占领这一位于巴荣纳和马德里之间重要的军事运输通道上的重镇。12月4

日，法国终于攻下了马德里。约瑟夫重新登上了西班牙国王的宝座，十分不情愿地回到了马德里。萨瓦里将军所指挥的4万法军在那里保卫国王。

12月10日，穆尔爵士决定向北进击守卫在布尔戈斯的苏尔特军，以切断法军交通线。当时苏尔特只有1.8万人，在数量上处于劣势。12月21日，两国骑兵相遇，法国骑兵败北。穆尔正准备乘胜前进，忽然传来拿破仑已经北上的消息，穆尔担心法军会切断他与葡萄牙之间的交通线，立即命令军队向西撤退。

12月22日，拿破仑留下约瑟夫国王和第一、四两军驻守塔古斯河谷，他本人则以内伊为前卫，率4.2万人去支援苏尔特。内伊军团奉命开向萨拉曼卡和阿斯托尔加，穿过风雪交加的瓜达腊马山，从侧面进攻穆尔。

穆尔的主力部队3.5万人（包括他留在海岸的守备军），在维戈顺利登船撤往西班牙西北的海港拉科鲁尼亚，在那里坚持到1809年1月14日。英国皇家海军舰队接应被苏尔特追击的另外1.65万人，让他们登船撤走。在舰队撤离前，1月17日，穆尔爵士被炮弹击中，重伤而亡。

不久，败走的英军又重回到葡萄牙，此时拉纳军正在围攻萨拉戈萨城。该城已坚守了数月之久。1月27日，拉纳占领了该城的外围工事，并攻入城中，但在城中遭到了前所未有的英勇抵抗。这种激烈的战斗整整持续了3个星期，法军屠杀了2万守城官兵和3万多城市居民。此后，法国大军在伊比利亚半岛上一直进行着不间断的零星战斗。

第十六章　鸾凤终分飞

婚姻破裂

就在拿破仑横扫欧洲大陆、声誉日隆之际，他和约瑟芬的婚姻裂痕却越来越大，最终不得不劳燕分飞。

描绘他们婚变的轨迹，我们的叙述还得回溯一下。

1806 年 12 月，法、俄两国都在调兵遣将，准备在普鲁士的属国波兰进行大决战。12 月 18 日，拿破仑在贝西埃尔元帅和皇家卫队的护卫下开进波兰首府华沙。当拿破仑作为一名打败奥地利、普鲁士、俄国的战神一样的将军来到华沙时，波兰人民感到这位年轻的法兰西皇帝给他们的民族独立带来了曙光。他们欣喜若狂，纷纷从家中取出收藏已久的国旗，穿上盛装，高唱着久禁的国歌，在欢快的波尔卡舞曲中，迎接拿破仑的到来。

就在拿破仑到达华沙当天，一位年轻貌美的神秘的波兰女子来到拿破仑乘坐的御辇前，热情地向皇帝致意，并献上鲜花，然而没有留下姓名便飘然而去。人们簇拥着拿破仑，赞颂他，并用手抚摩他。

面对波兰人民如此激昂的爱国主义精神、对独立的渴求和热情，拿破仑自然不会无动于衷，但众多的欢迎者并没有给他留下太深的印象，只有那个神秘献花女子的美好形象让他难以忘怀：她头戴一顶黑色的皮帽，有着一头闪亮的金发和一双湛蓝的眼睛，白皙的皮肤和苗条匀称的身段，使她显得优美、纤弱，由于心情激动，她的冰肌玉肤更平添了一层红润。拿破仑向密友迪罗克描述了她的美貌，迪罗克不久便打听到这个女子的下落。

她叫玛丽·瓦莱夫斯卡，刚满 18 岁，已经是一个孩子的母亲。她的丈夫瓦莱夫斯卡伯爵是当地的一个城堡主，十分富有，家族显赫，但已年届 70，并经历两次丧妻之痛，性情沉郁。整整 3 年，他让她空守在死气沉沉的瓦勒维斯城堡，为他做些文书之类的工作。玛丽怀有爱国之心，希望她的民族能够独立和振兴，拿破仑在耶拿战役中取得的重大胜利，激起了她内心的波澜。因此，拿破仑到来的时候，她冲破重重阻挠来欢迎这位伟大的皇帝。

拿破仑满怀期待地邀请这位伯爵夫人参加招待舞会，但玛丽过于羞怯，从来没有在庆典场合露过面。遭到伯爵夫人的拒绝后，拿破仑表示凡是她不去的招待会自己也不会去。于是，波兰的权贵们纷纷登门劝说，在他们的迫使下，为了使自己的国家从普鲁士和俄国的奴役中被解救出来，伯爵夫人终于答应参加为皇帝举行的舞会。

布拉查宫殿聚集了波兰的所有贵族，当玛丽进入宫殿后，不管走到哪里，哪里便响起一阵阵赞美和恭维声。其实她的服饰再简单不过了：白色的缎子裙，外着一件绣花罗纱衣。她没有佩戴任何首饰，只在闪闪发亮的金发上插了一片爱神木叶，像一位朴实而羞涩的乡村少女。

拿破仑发现了伯爵夫人，他不等别人引荐，便绕过众人，径直走到玛丽身边。她笔直地站在他面前，脸色苍白，眼帘下垂，屏息静气。他用低沉的声音说道："夫人，白衣配白脸有点不合适，它使您太年轻了。"见她不愿答话，他又压低声音说道："这可不是我有意期待的欢迎。"她仍不作声。拿破仑一时不知该如何说话，只得久久地凝视着她，然后悻悻地离开了。

舞会结束后，拿破仑给伯爵夫人送去一连串热情洋溢的"求爱信"。由于没有得到回音，拿破仑又暗示伯爵夫人，如果她不能满足他的要求，他将使她的祖国受难。

波兰的权贵们也继续向她及其年迈的丈夫施加压力。亲王对玛丽的表现首先表示了不满，要求立即接见她，但玛丽闭门不见。

第二天，玛丽刚醒，又收到了拿破仑的信，此后信件每天都按时送达。而登门者也络绎不绝：波尼亚托夫斯基①、迪罗克，甚至连塔列朗也出面了，还有最有声望的贵族，但谁也没有受到接待。她的丈夫出面求情，要求她至少见见波兰的客人。他们邀请她参加皇帝即将光临的一个晚宴，但她推托自己犯了偏头痛。他们见来软的不行，只得以威胁的强硬口吻说道："鉴于我们的民族目前正处于异常关键的时刻，一切都得让步。夫人，我们希望您的病痛能在晚宴前消失，要是今晚您不光临，那您只能被世人认为是一个不忠的波兰人。"

面对如此压力，玛丽只得屈从。她被送到波尼亚托夫斯基亲王的情妇沃邦太太家，由这位法国贵妇负责向她介绍礼仪细节，以迎合拿破仑的口味。

这位无比爱国而又束手无策的年仅 18 岁的少妇，既不想背叛自己的丈夫，也不想背叛自己的情感，更不想背叛自己的民族。在见到皇帝前她早已心慌意乱、六神无主。

拿破仑的心已被玛丽的美貌所征服，更为她郁郁寡欢的神色所迷恋，他发现这个波兰女郎几天之间成熟了许多，变得十分稳重，这使他的欲望更为强烈、更加迫切。他已经习惯了女人主动投怀送抱，面对这位冷若冰霜的女人，他内心的欲火不断升腾。

宴会后，玛丽回到沃邦太太家，波兰贵族又设法让她违心地与迪罗克单独见了一面。迪罗克极尽谄媚之能事，又恭敬、殷勤地向她诉说皇帝的忧愁和他那紧张的生活，企图用他的交际手腕打动她的心。她头脑混乱，禁不住哭泣起来。

她独自一人待在房中，将门关上，感到有一种说不出的悲哀，沉浸在痛苦之中。

---

① 波尼亚托夫斯基（1763—1813）：波兰亲王，同时也是在奥地利军队服役的中将。他的叔叔奥古斯特为波兰国王。

　　这时，拿破仑进来了，他跪倒在她的面前，吻着她的手，用悦耳的声音跟她说话，但她一句也没听进去。突然，他紧紧地抱住她，冷不防地吻了她的唇，她马上跳起来，向门口冲去。他抢先到了门口，几乎抱着她回到座椅上。侵袭突如其来，反抗也出人意料。对待女人，拿破仑从来没有如此唐突，而女人的反抗也从来没有如此激烈。那苍白的脸颊上流淌着泪花，目光里流露出不屈与坚毅，拿破仑的怜香惜玉之情油然而生。他轻声问她出身于什么家庭，在什么地方长大。接着，他谈起了自己，她倾听着。时间在流逝，直到迪罗克进来他才结束了这次倾谈。他们终于告辞而去。

　　这时，玛丽的心已经平静，她累极了，很快便昏昏入睡。当她一觉醒来时，前几天的情景又出现在眼前：一束桂花，一封信。不同的是，另外还有两盒钻石首饰。

　　见到贵重的礼物，玛丽的心头再一次燃起怒火。她回复道，她决不接受拿破仑的任何馈赠，她期待从他身上得到的不是钻石，而是复兴祖国的希望。她一度想离家出走，但不久她的感情又出现了反复。她的内心在经过长久痛苦的挣扎后，终于改变了主意。

　　晚上，她被人领到了拿破仑的大宫殿。作为情场高手，已经遭受几次失败的拿破仑显得非常不满，一脸忧郁之色。他让玛丽坐下，自己却站着，对她大加责备。她当初为何要在布洛尼主动见他？她为何表现得像是接受了他的敬意？她又为何拒收他的馈赠？她是否在玩弄他？他极尽威逼利诱之能事，激动、生硬的怒吼在空气中震荡。可怜的妇人一动不动、一声不吭。当他把表摔在地板上，用脚底踩个粉碎时，她再也挺不住了，昏了过去。

　　当她清醒过来的时候，才发现拿破仑趁她昏迷时已强行占有了她。坚守多日的阵地就这样失陷了。她无声地哭泣起来，并不是为自己的贞操，而是为自己民族的命运。波兰民族系一国于红裙，但她并不相信拿破仑会因为她而给波兰民族带来好的命运和希望。面对哭泣的女人，拿破仑感到束手无策。他叫来迪罗克，把玛丽背到大宫殿里专门为她准备的一间卧室，从此，再也不准她回家。事情到了这个地步，瓦莱夫斯基伯爵终于醒悟过来了，他感到荣誉和感情遭到了严重伤害，决心再也不见自己的妻子。他知趣地带着儿子离开了华沙，回到波斯纳尼的旧府去了。

此后，拿破仑不断用花言巧语去安慰、哄骗这位受伤的波兰少妇，向她做出了许多只有皇帝才能做到的承诺。

塔列朗又助了他们一臂之力，这是塔列朗完成得最出色的"外交"使命。拿破仑和玛丽终于成了一对热恋的情人，这恋情一时竟压抑了拿破仑的战争欲念，甚至向波兰贵族承诺将考虑给予波兰独立。

他对她爱得发狂，连她生活中的小事都要亲自过问。他发现这位夫人思维敏捷，谈吐自如，娓娓动听，言谈举止之中流露出一丝内心的忧伤，透露出忧国忧民的情感。他坚决主张她从此不要再穿白色、黑色或灰色的裙服，而穿他喜欢的色彩鲜艳的服装。

在拿破仑的一再请求下，玛丽终于同意出席各种宴会，当时，战争正处在准备阶段，华沙却宴会不断。在他们周围，他的参谋部以及波兰上流社会的男男女女，无不暗中支持她的爱情生活。尽管她自己内心抗拒，但别人都把她当作皇后。

1807年1月2日，俄国沙皇亲自主持召开了一个军事会议，决定将法军赶出波兰，赶过奥德河。拿破仑迅速做出反应，决定采取诱敌深入的方法将本尼格森的军队加以合围并歼灭。在此期间，拿破仑的大本营设在波兹南，波兰贵族纷纷派代表团来到这里，恳求拿破仑立即重建独立的波兰王国，但拿破仑在这个问题上始终采取模棱两可的态度。

这时，法、俄决战的时刻越来越近，拿破仑在芬根斯坦城堡等待着春季来临，以决一死战。他的胃病复发，病情严重，由于无法忍受孤寂，他要玛丽马上来到他身边。这一次，她必须公开抛弃她的家庭、她的儿子，把她的耻辱暴露在光天化日之下，但她毫不迟疑地答应了。

随着拿破仑异国之恋的继续，约瑟芬的哀求信也一封接一封地到来，她坚持要到拿破仑的身边来。拿破仑知道一定是有人将他华沙之恋的消息传到了巴黎，于是他给约瑟芬写了一封又一封的回信，用漂亮的手法欺骗他的妻子。

拿破仑依然每天和玛丽在一起。早上，他离开她去和贝蒂埃、缪拉或萨瓦里一起处理公务，或是在城堡的院子里检阅部队；中午，他会回来和她一起共进午餐；晚上，他又回到玛丽的怀抱，享受着如新婚般的甜蜜。

不久，法军在艾劳战役中获胜（法军以伤亡约2.5万人的代价获胜），拿破仑又回到华沙。5月15日，他收到了路易和奥坦丝的儿子小拿破仑因急性喉炎不幸死亡的消息，不禁悲痛欲绝。

只有这一刻，他才相信命运是不可抗拒的。他痛苦地看到勇敢的战士和最亲密的军官在他身边死去。生活就像是通往死亡道路上的一个狭窄、艰难的出口，但他不能再这样悲伤下去。战争又打响了，沙皇亚历山大拥兵11.5万人，继续对付法军，两军在弗里德兰展开激战，俄军大败，沙皇亚历山大被迫提出停战协议。1807年6月25日下午，拿破仑与俄、普两国签订了《提尔希特和约》。

这个和约让玛丽大为失望。考虑到俄国的利益，波兰只解放了一部分，建立了大公国。波兰过去的省份仍有一半属于俄国或奥地利。玛丽深感痛心，赶到柯尼斯堡去见曾经给过她承诺的拿破仑。拿破仑无言以对，只得想方设法安慰她。他请求她再耐心等待时机，千万不要遗弃他。她对他明言相告，将到乡村的母亲家里隐居，等待更幸福的日子到来。拿破仑一再苦苦哀求，玛丽最后答应，只要他一回法国，就去他身边。

家务事烦

拿破仑征战俄、普联军期间，国内外的各个派别都向他报告过富歇的阴谋——他与塔列朗趁拿破仑无暇顾及国事之机，结成了同盟，旨在推翻拿破仑，恢复和平，而拿破仑的妹夫缪拉也支持这个计划。不过，富歇是惯于"在猫不在时捉弄老鼠"的人，这位善变的警务大臣仅仅挨了一顿责骂便逃脱了厄运。而塔列朗的情形就复杂多了。为了拉拢塔列朗，拿破仑封他为选君侯，并加封他为皇家内侍，这意味着塔列朗每年将增加 50 万法郎的薪水，但这并没有从根本上改变塔列朗背叛的决心。拿破仑知道在塔列朗的密谋中，卡罗利娜并不是一个次要的配角，但他无论如何也无法向妹妹下手。尽管拿破仑有时对他们很严厉，但事实上，他们并不惧怕他这位身为皇帝的家长。他们巧妙地利用他过于浓厚的家族观念，不断给他制造烦恼。

拿破仑从波兰回国后，在约瑟芬面前继续充当丈夫的角色，对约瑟芬隐瞒了他和瓦莱夫斯卡伯爵夫人在波兰发生的风流韵事，但是他的这段风流韵事在皇家圈子里已是尽人皆知。约瑟芬忧心忡忡，强颜欢笑。外孙的夭折使她的精神受到致命的打击，她觉得，将她与拿破仑联结起来的一根最有力的纽带断了。当然，拿破仑并没有想过娶玛丽，尽管他确实想过离婚。他当时暗自思忖，在与沙皇政治联姻的同时，为什么就不能再来一次家族联姻？亚历山大有几个妹妹，他会拒绝将妹妹许配给法国皇帝吗？他不是对法国皇帝深表敬意、极其友好的吗？拿破仑回到杜伊勒里宫后，更加想入非非了。

去年，富歇为拿破仑选择的第二任新娘正是沙皇的妹妹凯瑟琳。当时，这位警务大臣费尽口舌，力劝约瑟芬让出皇后的位置。约瑟芬被这突如其来的请求弄得心烦意乱，含着泪水扑到拿破仑的怀里，拿破仑立即予以否定："你知道得很清楚，我离开你一天也无法生活。"事实上，他和妻子分离了整整十个月，他仍然活得很好。现在，看着约瑟芬那张疲倦的面孔，他更觉得自己年轻。她虽然不失当年的优雅，风韵犹存，但已不再青春焕发，加之她内心充满忧郁恐惧，往往显得冷若冰霜，不如以前活泼可爱。从波兰回来后，拿破仑无论白天还是晚上，都很少和约瑟芬在一起。

同时，在爱丽舍宫，卡罗利娜、缪拉向野心家们敞开了最有利可图的密室大门。缪拉、富歇和塔列朗甚至公开策划废黜皇后的阴谋。密谋者中最强有力的富歇选准这一时机向约瑟芬发起进攻。

1807年秋季，拿破仑在枫丹白露举行一年一度的狩猎活动，富歇先在巴黎到处放风说离婚大局已定，接着，他来到枫丹白露，择时求见约瑟芬，拉开了逼宫大幕。

他对约瑟芬说："要是皇帝无后嗣继位，那么法国的政治前程就会受到影响。拿破仑皇帝决不会忍心要求皇后退位，因此您应该勇敢地主动让步，为民众利益牺牲自己。"面对突如其来的逼宫，约瑟芬没有做好心理准备，得知富歇并非奉拿破仑之命前来游说后，她差人把他赶出去了。随后，她立即招来拉瓦莱特以及德·雷米扎夫妇商议对策。他们一致劝她立即去见皇帝。

次日清晨，约瑟芬去找拿破仑，但她没有勇气向拿破仑明言。德·雷米扎夫人很乐意充当重要角色，决定为约瑟芬效力。一天晚上，德·雷米扎夫人向拿破仑告发了富歇的阴谋。拿破仑一听，勃然大怒，警务大臣竟敢不经他允许便插手他的私生活，干涉与其毫不相干的利益和情感之事！他送走贵妇，立即来到约瑟芬那里，向她做了详细的解释。

他说话绕了一个弯子，先故意责备她借款不断，接着提出孩子的问题，为侄子的夭折深感痛苦，最后要她正式承认小莱昂。约瑟芬一一允诺，这也许有助于巩固她的地位。然后，拿破仑声色俱厉地谴责了富歇，对于皇后离婚以及再次结婚的假设问题，他说："要是此事真的来临，约瑟芬，那就要靠你来帮助我做出这样的牺牲。我将靠你的友谊，把我从这一万不得已的破裂所引起的憎恶中解救出来。你会主动提出的，是吗？设身处地为我想想，你会有勇气自己下决心隐退吗？"从拿破仑温柔的语气中，约瑟芬看出他还没有下最后的决心。她按照雷米扎的劝告，明确答复了皇帝："陛下，您是主人，当然由您主宰我的命运。只要您命令我离开杜伊勒里宫，我马上就服从。我是您的妻子，我的后冠是您在教皇面前亲自给我戴上的，如此的荣耀，谁也不想自愿失去。您若离婚，整个法兰西就会以为是您赶走了我，不管是否痛苦，我只有服从。"

约瑟芬的态度再次让拿破仑犹豫不决，举棋难定。家庭中的诸多风波，让他心力交瘁，使他不由自主地想起了波兰的玛丽。玛丽柔顺、恬静、善解人意且高雅娇羞，跟她在一起，他的身心就像沐浴在一片金黄、温暖的阳光中。他对玛丽的情感，已开始从对她的肉体的迷恋升腾到情感上的痴醉。

1807 年年底，为了满足皇帝的要求，卡罗利娜举办了化装舞会。卡罗利娜竭力讨好她的皇帝哥哥自然有她的目的，缪拉侵占西班牙后，希望能登上国王的宝座。王冠由谁戴，完全取决于拿破仑。卡罗利娜拼命地取悦拿破仑，同时也采取精明的手段拉拢处于竞争地位的富歇。

拿破仑并没有从各种娱乐中找到真正的快乐。他有时整天冷若冰霜，有时又为一些鸡毛蒜皮的事对约瑟芬大发雷霆，比如责骂她与梅克伦堡亲王过分亲密，嫌她年纪太大却总想把自己打扮得花枝招展，责备她挥霍无度却不知悔改。同时，波拿巴家族虎视眈眈，四处宣扬她不可避免要滚蛋，这一切使她难以忍受。

1808 年年初，拿破仑把已怀有身孕的玛丽·瓦莱夫斯卡接到巴黎，为她在凯旋街买下了一所漂亮的宅院。玛丽来到巴黎后，拿破仑虽然时有艳遇，但对她一直深深眷恋，把她看作"自己的玛丽"。

玛丽几乎过着隐居的生活，偶尔在府第接受拿破仑的晚间来访，但更多的是去杜伊勒里宫，两人同居一室，现在，他们已经不怕约瑟芬会突然闯入了。约瑟芬自己的地位岌岌可危，不敢贸然干涉他们，在拿破仑的请求下，科维扎尔负责照顾玛丽的人身安全。每日早晨，都有人前来询问玛丽有何要求，但她很少提出什么要求。她坚信自己在拿破仑心目中处于首要位置，也相信凭着自己对他的爱，他不久将复兴波兰。她在皇宫里只有唯一的一个法国朋友——迪罗克。不久，拿破仑因忙于西班牙战事，多数时间不在巴黎，留下这位温柔的波兰夫人在偌大的华丽宫室中独守空房。

此后一年多的时间，约瑟芬的忧郁，卡罗丽娜的野心，玛丽的柔情，加上伊比利亚半岛的乱局，使一向精力充沛的拿破仑心烦力竭。

法奥再战

拿破仑在个人生活和家务事上优柔寡断、瞻前顾后，但在战场和政坛上却刚毅果敢、一往无前。

现在，伊比利亚半岛的局势尚未稳定，而奥地利又蠢蠢欲动了。一个被绑上时代战车的皇帝，似乎永远无法停止自己的脚步。

奥地利于1805年在奥斯特里茨战败后，一心不忘复仇雪耻。维也纳宫廷任命查理大公为陆军部长，全面进行军事改革。经过三四年的时间，奥地利已组编了4万常备军、24万预备军，另外还招募了一批数万人的新兵。1809年年初，奥军被编为9个军，由查理大公任总司令。其右翼位于波希米亚，计有贝利加德伯爵、柯罗华特伯爵、罗森贝格亲王3个军，12万人；列支敦士登的约翰亲王军，4.5万人。左翼位于施蒂里亚和卡林西亚，计有冯·席勒男爵、卡斯特勒将军、盖雷将军3个军，9.5万人。左右翼合计26万人。另有两个军做预备队，一个在加利西亚由斐迪南大公指挥，另一个由路易大公指挥保卫维也纳，共10万人。

查理大公的打击力量显然大大超过了法军在德意志境内可调集的兵力，因为把达武、乌迪诺和贝尔纳多特的兵力加起来也不过9万人。拿破仑从未遇到如此危险的情况——他的近30万精锐部队被牵制在西班牙战场上。为了对付奥地利，拿破仑明智地决定采用攻势防御战略，聚集兵力，后发制人，待敌暴露意图后再予以打击。战争初期，他只命令德意志境内的部队在多瑙河谷的雷根斯堡附近集结，静观奥军行动。

1809年2月8日，奥皇弗兰西斯决定对法国开战，以雪奥斯特里茨战败之耻。4月9日，担任奥地利部队总司令的查理大公越过莱茵河进入巴伐利亚，照会巴伐利亚法军总司令，首先向莱茵同盟国宣战。信使将这份照会的抄件飞速送往斯特拉斯堡，再以快讯传往巴黎。次日，拿破仑在强大的骑兵卫队护卫下离开爱丽舍宫，起程赶往德意志。4月15

日，他率军越过莱茵河。

拿破仑迅速口述命令给马塞纳，要他将所率领的军队和乌迪诺军向奥格斯堡集中；他本人则赶赴多瑙沃尔特，抵达时间是 4 月 17 日凌晨 4 点，之后他在那里设立大本营。就在当天，锡根堡和阿本斯贝格之间的巴伐利亚军的前哨已经遭遇到查理大公主力的前卫部队。这支奥军当时已渡过伊萨尔河并缓慢地朝西北方的雷根斯堡推进，而部署在那里的达武军本来就面临着多瑙河北岸奥军柯罗华特部右翼的威胁。现在，达武处于这个钳形攻势的钳口之中，随时有被奥军围歼的危险。

现在，法军德意志军团的总兵力有 14 个步兵师 14.5 万人，9 个骑兵师 2.7 万人。但由于达武的第三军（6.1 万人）和勒费弗尔的巴伐利亚军（第七军，3.4 万人）正受到一支人数近两倍于他们的奥军的进攻，拿破仑唯一可动用的预备队是在因戈尔施塔特的重骑兵师以及正在奥格斯堡集中的乌迪诺和马塞纳的两个军，这两个军共有 6.4 万人，但因长途行军均疲惫不堪。以常规而论，此时军事部署的当务之急是让达武等军退至来希河后方，逃出奥军由查理大公 4 个军及其右翼柯罗华特将军所率的 5 个军形成的巨大钳口。

但拿破仑没有按常规调动他的军队，而是创造性地拟定了一个转败为胜的计划。他命令达武从雷根斯堡慢慢退却，与勒费弗尔的巴伐利亚军在多瑙河以南的丘陵地带会合，两军需并肩作战、坚守阵地，顶住查理大公的正面进攻。与此同时，乌迪诺和马塞纳则从奥格斯堡东进，强行军抵达弗赖辛和兰茨胡特，以打击正在进攻雷根斯堡的查理大公主力部队的左翼，并切断其交通线。

4 月 19 日，法军与查理大公主力前卫部队第一次交锋，在阿本斯贝格将奥军击退，歼敌 1.3 万多人。4 月 21 日，查理大公又对在雷根斯堡和埃克缪尔之间的达武和勒费弗尔发起强大的攻势，但在丛林密布的河谷之中，奥军的攻势失去了内聚力，面对复杂的地形只能零星地逐次投入兵力。经过一天的鏖战，奥军损失惨重，被迫北退雷根斯堡。同时，拿破仑将拉纳军和勒费弗尔军的一部分兵力南调兰茨胡特以加强达武军右翼。到黄昏时分，这股兵力伙同马塞纳的兵力，终于将席勒军逐出了兰茨胡特。当晚，拿破仑骑马行军 25 英里抵达兰茨胡特。这时，他发现追击席勒军是不妥的，因为这样会忽略查理大公这个主要目标。于是，他命令各军掉头向北，暂置席勒军于不顾，围击在雷根斯堡的查理大公。

4 月 22 日，拉纳军完成了迂回包抄。下午 2 点，拿破仑的先头部队进入格罗斯－拉贝河谷，抵达埃克缪尔村，并向查理大公的左翼发起进攻。与此同时，达武和勒费弗尔也向东发起反击。奥军全线均遭袭击，之后，查理大公将主力撤到多瑙河北岸，席勒军 3 万人在兰茨胡特败北后，撤过美因河，沿多瑙河南岸的维也纳大路退却。

4 月 23 日，法军强行进攻雷根斯堡城。拉纳率突击队用云梯攻上城墙，战斗进行得异常激烈，最后占领了该城。拿破仑在一个观察哨中被一颗子弹击穿靴子，他脱下靴子，命人将其伤口迅速包扎好，然后又站到战马旁边，若无其事地指挥战斗。当他进入雷根斯堡时，将士们激动不已，欢呼声四起。

在 5 天当中，拿破仑赢得"阿本斯贝格""兰茨胡特""埃克缪尔"和"雷根斯堡"等血战的胜利，他已将奥军劈为两半。奥军由多瑙河南岸通往维也纳的捷径，现在被席勒将军的部分兵力所掩护。拿破仑迅速地重新组织力量，经多瑙河右岸直趋维也纳，多瑙河南岸的主要道路在奥地利边境帕绍要塞处穿越美因河，再往东去 60 英里便是林茨以南较易防守的艾贝尔斯贝格大桥。那里离维也纳仅 110 英里之遥。马塞纳奉命指挥前卫，对席勒军穷追猛打，拉纳随后跟进，达武则奉命监视奥军主力并在帕绍守卫交通线，直到贝尔纳多特率萨克森军从南面的德累斯顿前来接替为止。

5 月 8 日，拉纳军团首先抵达维也纳近郊，城郊的奥军不战自降，但城内 26 岁的马克西米利安大公率领的奥军还在负隅顽抗，他们紧闭城门，从城楼上猛烈地向下扫射，法军伤亡惨重。为了减少伤亡，拿破仑委派拉格拉热上校前去敦促大公投降，不料却遭到城中军民的一顿痛打，马克西米利安大公回复说，他誓死保卫维也纳，直到最后一口气。

　　拿破仑忍无可忍，在市中心西南 3 英里的肖恩布鲁恩宫建立了大本营，于 5 月 12 日下令炮轰内城。一个小时后，炮弹如雨点般向维也纳城倾泻而下，维也纳顿时淹没在火海之中。经过 4 个小时的炮击，这个奥地利首都投降了。

　　此时奥军失地虽多，但兵力并没有受到多大损失。他们在查理大公的指挥下，有秩序地撤到多瑙河左岸，炸掉了所有桥梁，准备与法军进行旷日持久的周旋。拿破仑决定渡河，寻求与奥军主力决战的机会。由于奥军破坏了河上的所有桥梁，拿破仑指派马塞纳负责整个架桥行动，将渡河地点选在维也纳东南的恺撒埃比尔多夫。此处河床较宽，河中央还有个较大的罗堡岛，岛上树木丛生，可以掩护部队渡河。法军用 68 条大船和 9 个大木筏在多瑙河右岸与罗堡岛之间架起了一座坚固的浮桥；在罗堡岛至多瑙河左岸的阿斯佩恩和埃斯林之间，架设了一座比较轻便的舟桥。为了迷惑奥军，拿破仑命达武军团进至维也纳北面的诺斯多夫，佯装架桥渡河。

　　5 月 19 日，主航道上的第一座浮桥建成。拿破仑也于当天下午到达凯泽埃伯斯多夫。5 月 20 日拂晓，马塞纳 4 个师中的第一批一个师过桥抵达该岛。随后过桥的是 4 个轻骑兵师和马塞纳的另一个步兵师。在另一条侧航道上，法军用虏获的奥军浮船也架起了浮桥。马塞纳进而占领了离多瑙河左岸（即北岸）2 英里的两个内陆村庄——阿斯佩恩和埃斯林。

　　夜间，河水渐涨，加上浮桥材质太差，法军渡河出现了问题。这时渡过河的部队仅 3 万人。而奥军主力正好驻扎在阿斯佩恩和埃斯林两个村庄后面的高地上，法军的渡河行动简直就是在奥军眼皮子底下进行的。其实，这正是查理大公设下的圈套。他已将军队集中在多瑙河北岸的平原上，而将右翼置于河边的阿斯佩恩村，他的计划是先让法军渡向北岸，然后趁其一半军队渡河之机，将他们一举赶下水去。

　　5 月 21 日中午 12 点，查理大公认为进攻的时机已到，于是亲自率领9万余人，分五路向阿斯佩恩和埃斯林进发，企图围歼已渡河的3万法军。一场激战开始了，整个下午双方对这两个村庄展开了激烈的争夺。由于洪水骤至，河面陡涨4英尺，主桥的一些锚链被扯断，浮舟被洪水卷走。孤立在对岸的3万法军既得不到增援又得不到弹药补充，而奥军在查理大公的亲自率领下仍在不停顿地进攻。拿破仑也在这3万人马之中，他断然命令贝西埃尔指挥全部骑兵，并以拉纳军和近卫军增援桥头阵地。拉纳率步兵2万人、大炮200门及庞大的骑兵纵队，直扑奥军中央。奥军第二、四军团的接合部被突破，形成了一个很大的缺口。法军骑兵迅速突入，直驱奥军预备队的阵地。但不久，奥军的掷弹兵排成许多方队，以密集的炮火进行射击，压住和杀伤了法军。这时，奥军的骑兵及时赶来了，法军只得退守。

随后，法军一边抗敌，一边抢修舟桥。但是，奥军从上游投放了满载着石头和燃烧着木材的火船，火船直冲主桥，将法军历经一夜才修复的主桥再次毁坏。拿破仑命令左岸的部队全部撤到罗堡岛上，由马塞纳担任后卫部队的指挥。同时，他还派人紧急召唤达武军，该军当时正在监视维也纳上游的多瑙河渡口。

5月22日下午7点，拿破仑在岛上举行了一次军事会议，决定在罗堡岛上掘壕据守，待水势减退后用新增援的部队再做一次进攻尝试。据守过程中，双方多次交战，法军损失人数超过4.4万人。最令人痛心的是拉纳元帅的双腿被炸断，奄奄一息。在拉纳濒临死亡的8天里，拿破仑每天都来看他，每次离去都心如刀绞。拉纳知道自己已无生还的可能，他在生命的最后时刻，力劝拿破仑尽快结束这场战争。5月31日，这位身经百战的元帅去世了。

尽管如此，拿破仑始终没有放弃作为他第二次进攻跳板的罗堡岛。他几乎每天都亲临罗堡岛监督工事修筑，鼓励士兵。事无巨细，他都亲自过问。为了表明坚守罗堡岛的决心，法军将此岛改名为"拿破仑岛"。在这6个星期里，拿破仑精心做好了一切进攻的准备。经过亲自侦察，他决定在上次架设浮桥的地方从岛的北端向埃斯林和阿斯佩恩实施佯渡以迷惑敌人，而将实际渡河点选定在罗堡岛以东的一个小岛上，该岛位于下游，离原渡河点约 3 英里。他把在上游准备好的浮桥于渡河的前夜架至左航道对岸，同时在右航道对着埃伯斯多夫以粗大的木料架设一座有 3 排桥桩的木桥。由于主航道那一段水深达 25 英尺，所以打桩颇费工夫。为了保护该桥，拿破仑特意命人在上游修建了一排坚固的水栅。

6 月中旬，法军得到了增援，拿破仑在距 7 月 4 日的预定渡河时间前成功地集结了一支强大的力量：25 个步兵师，17 万余人的兵力和584 门大炮。其编制为：瓦尔特的近卫军 1.1 万人，马塞纳第四军 3 万人，乌迪诺第二军 2.4 万人，达武第三军 3.5 万人，贝尔纳多特第九军1.8 万人，欧仁王子所率部队 3.1 万人，马尔蒙军 1 万人，贝西埃尔骑兵军 9 000 人，符雷德的巴伐利亚师 7 000 人。此外还有勒费弗尔的第七军和旺达姆的第八军作为侧卫，驻守维也纳和保卫交通线。

此时查理大公也在整顿部队，调集兵力，准备在法军再次渡河时转守为攻。奥军左翼从瓦格拉姆向东南延伸，在大约 7 英里的地段上部署了 3 个军和大部分骑兵。奥军右翼也以瓦格拉姆为起点，沿高地向西南延伸，一直到多瑙河岸边，其正面约 13 英里，部署了 4 个军。同时，查理大公还派出部分兵力前进到阿斯佩恩地区，占领前哨阵地。他采取的是均衡兵力、守株待兔的方阵。

6 月 30 日黄昏，拿破仑令马塞纳的一个师从阿斯佩恩正面的浮桥旧址开始渡河，进行佯攻，行动进展顺利，法军几乎没有遇到抵抗就渡过了多瑙河。随后，他们虚张声势地在此地架设浮桥，开辟渡口。驻守阿斯佩恩前哨阵地的奥军没有进行积极反击，而是不断地加固工事，企图把法军引诱到奥军的弧形防线内，使其落入陷阱。

7 月 4 日夜，法军决定渡河。晚上 9 点，罗堡岛炮台万炮齐发，两营轻步兵在炮火的掩护下，从亚历山大岛出发渡过了左航道，在汉斯格兰德的低洼浅滩建立了桥头堡。随后，乌迪诺军和马塞纳军各约 1.5 万人，先后由罗堡岛东南乘船渡至左岸，抢占阵地，赶架 6 座浮桥。全军渡河分为三拨：第一拨是达武、乌迪诺、马塞纳；第二拨是欧仁王子、近卫军、贝尔纳多特、马尔蒙和符雷德（巴伐利亚军）；第三拨为贝西埃尔所率的骑兵预备队。雷尼埃将军率一个师的步兵和 113 门火炮留守罗堡岛，以便万一失利可掩护大军退却。这天夜里，电闪雷鸣，风雨交加，法军顶着风雨架桥，甚为困难。奥军认为法军不会选择如此恶劣的天气渡河，因而没有严加防范，使法军偷渡成功。7 月 5 日早上 8 点，法军已有两拨队伍完成强渡。法军过河后立即击退了奥军前卫，按预定计划向左实施大规模的迂回运动。

在维也纳和普雷斯堡之间的多瑙河北岸横亘着一片东西长 40 英里、南北长 20 英里，名为马尔赫费尔德的肥沃平原，马尔赫河和多瑙河左岸的一些支流从平原上流过。在这里，克里劳军、柯罗华特军和列支敦士登亲王的部队构成了一条长 8 英里并且以多瑙河为依托的弧形防线。查理大公得知法军渡河和罗尔多战败的消息，非常震惊，他考虑再三，决定让主力仍在原阵地采取守势防御。马塞纳军和贝尔纳多特的萨克森军攻击前进，但都被奥军击退，且伤亡惨重。

7 月 6 日拂晓，查理大公改守为攻，这让拿破仑猝不及防。马塞纳的 4 个师在阿德克拉和阿斯佩恩之间长达 7 英里的正面，被迫抵御奥军主力克里劳军和柯罗华特军的冲击。其右方的萨克森军再次被击溃，左方的布尔代师则被撵出阿斯佩恩村，火炮也损失殆尽。

拿破仑亲临战场观察，发现奥军两翼力量较强，但正面过广，中央稍显薄弱。他决定改变作战计划，不以主力攻击奥军左翼，而将所有兵力调往敌中央部位瓦格拉姆，实施中央突破。他命达武军继续进攻奥军左翼防线，以牵制奥军。若有进展，则从右侧向瓦格拉姆发展进攻，配合主力行动，对敌形成钳形攻击态势。

7 月 6 日上午，法军进攻瓦格拉姆的号角吹响了。拿破仑让马塞纳不惜一切代价守住左翼，然后命令洛里斯托纳和德鲁奥把近卫军的 60 门火炮投入战斗，集中炮轰瓦格拉姆和阿德克拉之间的奥军中央。经过长时间、大规模的炮击之后，贝西埃尔率领重骑兵师向业已动摇的奥军步兵冲去。接着，麦克唐纳所率欧仁的 20 个营的步兵以及随后跟进的马尔蒙和符雷德的部队相继突破了奥军中部，奥军的弧形防线被冲毁。下午 4 点，查理大公得知让他望眼欲穿的援军还在 10 多英里之外，不由得大失所望，遂命令部队脱离战斗向北撤入摩拉维亚山区。法军也精疲力竭，无力追击。

奥军有秩序地撤出了战场，仅给法军留下很少的战利品。瓦格拉姆一战，奥军死伤 3.2 万余人，被俘 7 500 余人，而法军的代价也是极其高昂的，伤亡达到了 3 万人。

7 月 10 日，马塞纳在兹诺伊莫追上奥军后卫，并获小胜。此后，奥皇担心法军连续追击，遂于 7 月 11 日派列支敦士登亲王向拿破仑请求休战。拿破仑此时正面临着半岛和大陆南北两线的作战，遂欣然同意，但提出了苛刻条件：凡是法军在休战时刻已经到达的地方，哪怕只有几名法军士兵到达，奥军也要撤走，而且在最后和约签订之前，这些奥军应留在法军手里作为人质。奥皇不得不表示同意。

这次长达 3 个月的艰苦谈判跟作战一样辛苦，双方最后于 10 月 14 日在肖恩布鲁恩宫签订了正式的和平条约。

决心废后

在签订《肖恩布鲁恩和约》结束对奥战争之后，拿破仑回到了巴黎，继续致力于巩固其幅员广阔却不甚稳固的帝国。签订《肖恩布鲁恩和约》后的法兰西帝国更加庞大了，它北至波罗的海，南达地中海，东抵涅曼河，西迄比利牛斯半岛。拿破仑是法兰西帝国皇帝、意大利国王、莱茵同盟的保护人、瑞士的仲裁人，也是荷兰、那不勒斯、华沙大公国等国的"宗主之君"、实际的决策者和统治者。拿破仑帝国的强大到了登峰造极的地步，他的家族成员也都成为这些地区的直接统治者。

然而，在他的家庭中，与约瑟芬离婚这件事长期困扰着他，这不仅是因为早期的爱情还萦绕在他的心间，同时也是由于他不喜欢新的交往友伴和新的习惯，因而在心理上强烈抗拒这种变化。但为了法兰西帝国的千秋伟业，他不得不撇开一个不能帮助他巩固皇朝的妻子。

1809 年 11 月 14 日，拿破仑从奥地利回到法国，他没有像往日一样与约瑟芬同乘一辆车，而是骑马回到巴黎城。巴伐利亚、萨克森和符腾堡国王以及拿破仑家族的部分成员都来到巴黎庆祝。当着众多君主、国王的面，皇帝和皇后装出一副笑脸，但他们的神经却始终十分紧张，整日忧心忡忡。约瑟芬夜不能寐，日渐消瘦。对拿破仑来说，与约瑟芬离婚也不是一件轻松的事，约瑟芬毕竟是他一生中真心爱过的女人，尤其是结婚头几年，他几乎对她付出了全部，即使现在身边情妇如云，他对她仍然怀有一种真挚的、深沉的感情。

11 月 30 日，约瑟芬一如往常地与拿破仑一同进餐。拿破仑紧锁双眉，一言不发。喝完咖啡后，他屏退左右，朝约瑟芬走去，他下决心亲自向她挑明。约瑟芬害怕的事情终于发生了。他含糊不清地解释说，皇朝的利益需要他们分手。他希望由她主动出面要求解除婚约。他把她那双纤细白嫩的小手按在自己的心口，默默地凝视了她片刻，然后说道："约瑟芬，我亲爱的约瑟芬！你知道我爱过你，我在人世间尝到的仅有的幸福时刻都是你一人赐予的。但是，约瑟芬，我的命运要高过我的意志，我最珍贵的爱情必须让位给法国利益。"

"不必说了！"低声哭泣的约瑟芬发疯似的大喊道，"我了解你，我预料到了这一刻，但这打击仍然是那么沉重。"

她遗憾的绝不是皇后的桂冠，而是她确实下不了决心与拿破仑彻底分离。尽管这将使她再也不能任意挥霍金钱，再也得不到法兰西人的阿谀奉承，但更惨重的是她将失去丈夫，现在她确实还爱着他。拿破仑被她那如泣如诉的声音搅得头脑混乱，不禁狠了狠心，粗暴地说："别再想法子使我心软。我一直爱着你，可政治是没有心肠的，它只有头脑。这样吧，我每年给你 500 万法郎，把罗马的王权也赐予你。"

她没有答话，而是继续哭泣。他最后耸耸肩膀，出门前说了一句："你要知道，这次离婚将是我生活中的一个里程碑！是悲剧中生死攸关的一幕！"

"不行了，我活不长了。"约瑟芬呻吟道，她再也没有力气支撑下去，继而昏了过去。

拿破仑看到约瑟芬昏厥后被感动了，认定约瑟芬是痛心彻骨地挚爱着他。但他根本不知道约瑟芬的昏厥是在演戏，是在为使他内疚做铺垫。

约瑟芬的昏厥虽然是假的，但她的眼泪却是真的，在她绝望的心底还闪现着最后一丝希望，她希望儿子欧仁从意大利赶来，也许他还能拯救她。但12月5日欧仁一到，这一希望也破灭了。奥坦丝去见了欧仁，将事情的经过告诉了他。欧仁习惯于服从，自然表示同意拿破仑的决定。当天，拿破仑、约瑟芬、欧仁和奥坦丝4人在杜伊勒里宫会面。

拿破仑激动异常，重复了离婚的理由，说："约瑟芬离去后仍保留皇后称号，拥有马尔梅松别墅，年金500万法郎；欧仁可在意大利获得一块领地；奥坦丝则按本人意愿与路易分离，母子前途将得到充分的保障。"

拿破仑尽最大的努力，保障了欧仁和奥坦丝的前途，也保障了约瑟芬奢侈的生活。

1809年12月15日，在皇帝宽敞的办公室里，约瑟芬当着法兰西帝国所有大臣和皇帝家庭成员的面，宣读了放弃后冠的声明书。她用颤抖的声音宣读："经我尊贵、亲爱的丈夫准诺，我谨声明，鉴于我失去了生儿育女的希望，难以适应其政治上的需要和法兰西的利益，我心甘情愿地以最坚定的方式表明，我把世界上前所未有的爱情和忠贞献给了我的丈夫……"

读到这里，约瑟芬泣不成声，无法再念下去，皇室秘书勒尼奥替她读了下去。拿破仑坐在旁边一声不吭，一动不动，苍白的脸上毫无表情，两眼发呆，甚至有点失神。

离婚仪式结束后，拿破仑回到自己的卧室。他无精打采，喊来贡斯当，准备上床睡觉。门突然开了，约瑟芬闯了进来。她头发蓬乱，像木头人似的向床边靠近。到床边时，她停下脚步，呜呜地哭了起来。拿破仑向她伸出双臂，她扑到拿破仑怀里，勾住他的脖子放声大哭，痛苦地告别。

第二天，约瑟芬被勒令在下午 2 点离开杜伊勒里宫。约瑟芬在她的皇家住宅里流连徘徊，依依不舍。正当她眼泪汪汪，最后一次凝眸注视着这些熟悉的摆设时，一扇门打开了，拿破仑走了进来，两人长时间地拥吻。

"我的好约瑟芬，"他呢喃地说，"要更有理智些、勇敢些，我永远都是你的朋友。"约瑟芬激动得昏了过去。等她醒来时，拿破仑已不在身边。约瑟芬意识到自己该走了，在侍从的搀扶下，她登上了一辆漂亮的全包金马车，朝马尔梅松驶去。

到了马尔梅松宫的约瑟芬，孑然一人。马尔梅松的一景一物都使她悲痛欲绝、愁肠欲断。

此时的拿破仑也沉浸在分离的痛苦中难以自拔。分离后的第一个晚上，他便给约瑟芬写了信。翌日，他又让车夫奥德纳尔德给她送去了一封信。

"听说你到马尔梅松宫后一蹶不振，可是那个地方到处都留下了我们的情意，这种情意是绝不会也是绝不应该改变的，至少对我来说是如此。我渴望见到你，可我首先必须得到确切消息，你是坚强的，而不是软弱的。我也有些软弱，这弄得我添了病，可恶的病。"

他尽量设法消磨时光，到萨托利打猎，在泥泞中行走，打扑克，闲极无聊地敲打玻璃窗。波拿巴家族的人都在特里亚农宫，波利娜和卡罗利娜想方设法使他开心，但都白费气力。

12 月 18 日，拿破仑冒着大雨在圣日耳曼猎鹿。他需要体力锻炼，需要放松肌体。打猎时，他多次派人去了解马尔梅松宫的消息。他每天必有一信。12 月 20 日，拿破仑召开大臣会议，特派萨瓦里去看望约瑟芬。他常常想着她。不过，他慢慢又陷入百忙之中，工作向来是他的灵丹妙药，使他渐渐摆脱了遗憾的心理。

1810 年 1 月 12 日，他与约瑟芬的宗教婚约被法国本土的宗教裁判所解除。拿破仑又一次召开了大臣会议，在这次会议上，大臣们一致请求他为了帝国的幸福而另娶一位妻子。

同时，约瑟芬也慢慢地从悲惨的情感世界中挣脱出来，无比的痛苦随着泪水渐渐流失了。她很快又开始了花天酒地、纸醉金迷的生活。

第十七章　第二任皇后

迎娶新后

对拿破仑来说，与约瑟芬离婚后，他要娶的不仅是一位能给他生下继承人的妻子，而且他要凭借这桩婚姻来维系、巩固法国在欧洲大陆的霸主地位，因此，他要与欧洲的王室之女联姻。

早在 1808 年秋，法、俄皇帝在艾尔福特会晤，拿破仑便授命法国大使科兰古在圣彼得堡向沙皇的妹妹凯瑟琳求婚。凯瑟琳倒很愿意充当这一角色，但亚历山大不能忍受把自己偏爱的妹妹下嫁给这个"科西嘉蛮子"，因而非常委婉地拒绝了。为了让拿破仑死心，亚历山大回到圣彼得堡以后，匆匆将凯瑟琳许配给一个地位平常的德意志王侯奥登堡公爵。

拿破仑向凯瑟琳求婚未果，又转而向沙皇的小妹、年仅 15 岁的安娜女大公求婚。亚历山大气急败坏，便向母亲求救。他们商量后，伊丽莎白表示女儿年龄尚小，而拿破仑年已四十，双方不宜婚配。等小安娜发育成熟，再考虑这门婚事。拿破仑认为用这种遁词敷衍搪塞是对他的侮辱，但他对这种拖延战术又很无奈。他若无其事地把此事搁置下来，又回头向奥地利皇室示好。他派驻维也纳的一个使节拉博德，就聘娶玛丽亚·路易丝公主为皇后一事，向奥地利朝廷进行试探。奥国驻巴黎大使梅特涅自然明白奥国公主与拿破仑联姻的好处，因而不假思索地说："奥国同意出嫁年轻的公主。"事实上，拿破仑此时对这位公主一无所知，既没有见过她本人，也没听到其他人对她的详细介绍。他派人对这个即将与之联姻的新家族进行调查，尤其是调查公主的身体状况和生育能力。后来，他终于看到了她的一幅画得不太好的肖像。

玛丽亚·路易丝是奥皇弗兰西斯的长女，为原配夫人泰雷兹皇后所生，芳龄十八。她身材修长苗条，四肢细长，胸脯丰满，洁白的肌肤下透露出细腻的光泽。她有一双纤纤细手，一头轻盈的金发，一只厚厚的、典型奥地利女人的嘴巴。她的装束雍容华贵，但笑容显得有些呆板，面部缺少动人的神采。她从小就在与世隔绝的环境中长大，接受贵族教育，学习多国语言，包括法语、意大利语、西班牙语、英语甚至拉丁语。这一切只是为了使她更具有结婚的价值。

她纯洁无瑕，从小受到的教育和熏陶就是崇拜过世的王后姑妈。在过去的十几年中，她只在英国漫画上看见过拿破仑的形象——一个矮个子、大腹便便、卑鄙下流的暴君。她憎恨法国，是法国将她的姑姑玛丽·安托瓦内特折磨而死，废黜了她的祖母卡罗利娜·德（那不勒斯王后），杀害了牧师，否认了上帝，先后4次打败了奥地利。在她眼里，拿破仑这个可恶又可怕的科西嘉人，是从大革命的鲜血与污泥中冒出来的基督的大敌。而现在，这个可恨可怕的人即将成为她的丈夫，对于这桩婚姻，"她将自己视为米诺牛的牺牲品"。

1810年1月底，拿破仑和坐在他面前的身着蓝色天鹅绒制服的官员们，对他的3个候补新娘——萨克森国王的女儿、沙皇亚历山大的妹妹以及奥地利公主玛丽亚·路易丝详细地评头论足了一番。令拿破仑吃惊的是，路易对萨克森公主十分中意，而缪拉则对拿破仑与奥地利联姻表示了明显的反感。他们之间的意见分歧在1810年2月2日得到了解决，他们最后选中的新娘是奥地利公主玛丽亚·路易丝。

2月7日，拿破仑草拟了婚约，立即请求奥皇批准。奥皇愉快地接受了拿破仑的提亲。3月8日，孟德斯鸠携带着法国皇帝的肖像来到维也纳，随后，在保罗·埃斯特哈兹亲王的陪同下，贝尔蒂埃以大使的身份踏过已经被拿破仑夷为平地的古老城池，走进肖恩布鲁恩宫。奥皇弗兰西斯的弟弟查理大公代表他的侄女签署了一些重要的文件。3月9日，玛丽亚·路易丝沮丧地宣布自动放弃奥地利王位继承权并宣誓效忠法兰西。当天晚上，双方在肖恩布鲁恩宫签署了正式的婚约文件。

1810 年 3 月底，经过一番精心准备，拿破仑在一个大雨滂沱的夜晚来到卡莱希，他不顾外面大雨倾盆，登上一辆窗子紧闭的马车，命令车夫全速驶往 21 英里之外的苏瓦松。20 分钟前，一名信使向拿破仑禀报：他的新娘，也就是新皇后——18 岁的奥地利公主玛丽亚·路易丝已快到苏瓦松了。

在到达科塞尔斯的村庄时，拿破仑遇到了他的新娘不久前派出的最后一名信使——她马上就要经过这里了。几分钟以后，由 30 多辆马车组成的车队在数百名骑兵的护送下出现在大路上，一个小个子男人冒雨跑到路上，示意车队停下。新皇后的卫队没有认出他是谁，直到双方接近时，他们才认出这个浑身湿透的人正是拿破仑皇帝陛下。拿破仑走向新后乘坐的华丽马车，打开车门，张开双臂拥抱这位惊讶不已的少女。然后，他拉起玛丽亚公主的手吻了吻，说道："夫人，在这里见到您，我感到非常高兴。"说完，他钻进马车，与皇后一起前往目的地。

晚上 10 点，雨中的贡比涅宫庭院里，院中的火炬闪烁着点点光辉。马车一辆接一辆地到达，侍从们鱼贯而出，拿破仑和玛丽亚公主被迎进宫殿。拿破仑表现得极具绅士风度，这令她感到既诧异又欣慰。

根据精心准备的日程安排，拿破仑应在香榭丽舍过夜。但他完全不顾原来的安排，也不顾传统的礼节、习俗以及宫廷和国家的礼仪，在官员、女士们还在大声谈笑的时候，就进入了新皇后的房间。

4 月 1 日下午 2 点，拿破仑与玛丽亚公主在圣克鲁宫举行了非宗教婚礼。第二天又在罗浮宫大画廊内举行了隆重的宗教婚礼。午夜时分，新婚夫妇对排列在杜伊勒里宫长廊上的侍卫人员进行了一次总检阅。随后，拿破仑领着新娘向洞房走去。

由于约瑟芬已经离开，拿破仑下令清除了所有有关约瑟芬的物品，将约瑟芬的居所粉刷成"如处女般洁白无瑕的新房"，约瑟芬此时已被遗忘得差不多了。拿破仑来回奔忙，并告诫每个人，每样东西务必尽善尽美：派人为新娘测量身材尺寸，为她画了一幅双颊红润、微微含羞的肖像；为新娘定做全新的衣橱，原来专门为约瑟芬做衣服的裁缝现在忙着给新娘做嫁衣。接下来，是预订珠宝，各种珠宝数不胜数，似乎毫无预算限制。拿破仑亲自检验每样东西，来一件检查一件。一切务必尽善尽美，毫无瑕疵。玛丽亚的宫殿比约瑟芬的宫殿还要讲究。当杜伊勒里宫内一切准备就绪后，拿破仑带着许多官员亲自赶到贡比涅宫，再一次仔细检查各项工作的完成情况，直到百分之百满意为止。

终得皇嗣

在为玛丽亚布置宫殿的时候，拿破仑把未来王子的房间也安排好了，就在他们新房的旁边。他下令在房间里摆上各种玩具和小东西，包括微型而逼真的手枪、刀剑和火炮等男孩喜欢的玩具。这也是他的帝国目前最重要的事情之一。尽管现在法国的外交关系、国家财政、国内企业大面积歉收、经济萎缩问题以及军事问题和西班牙的局势问题，都需要拿破仑亲自处理，但是他比第一次结婚时更像新郎，在草草处理了这些事情之后便马上回到新房。

新皇后在廷臣面前持重大方，略带羞涩；在私生活中温情脉脉，和蔼可亲，对拿破仑百依百顺，异常温柔体贴。拿破仑对玛丽亚皇后的迷恋，不仅是为了子嗣，也不只是为了满足新婚的贪欲，他发现自己很快对玛丽亚皇后爆发出一种出人意料的恋情，他真心地爱上了这个奥地利女人。他在她身边安排了许多按服装颜色命名的红女、黑女、白女。她们毫不留情地挡住了来见皇后的男人。拿破仑想避免发生任何出乎意料的越轨之事。众多的内外朝臣中，唯有在巴黎逗留的奥国大使梅特涅得到了拿破仑的特别关照，可以经常面见玛丽亚皇后，因为他将向维也纳表明玛丽亚的生活是美满的。

在初婚的三四个月之内，拿破仑改变了自己的生活规律，朝政也荒废了。最令人焦虑的是伊比利亚半岛的局势，拿破仑已经从内心深处意识到他不可能赢得这场战争。在短短几年间，法军在6个不同地区展开了6次重大战役，而面对誓死抗争到哪怕一兵一卒的西班牙和葡萄牙人斗争的残酷场面，让在战场上见惯了流血和死亡的拿破仑也不寒而栗。

约瑟夫也很快发现在民族战争期间是没有多少空间可以调和的，他对西班牙的一切已经受够了。由于英国威灵顿将军在整个伊比利亚半岛对抗法国的战斗中持续取得胜利，拿破仑将西班牙灾难的责任推到了约瑟夫的头上。但最终如何收拾局面，他心里也没有底。

还有另一件事情令拿破仑感到不安。再婚之前，拿破仑曾经数度前去看望约瑟芬，但婚后，他那好嫉妒的年轻新娘牢牢地控制了他，禁止他们之间的一切来往，以至于约瑟芬从纳瓦尔重新搬回马尔梅松后，拿破仑要躲躲藏藏才能跟她见上一面。

不过，这种不安很快便被一件喜事打消了。1810 年 5 月，为了让皇后见识一下法国北部的省份以及比利时，拿破仑安排了一次为期 3 个多星期的旅行。陪同他们出巡的有热罗姆、卡罗利娜和欧仁。路易在安特卫普也加入他们的行列。初夏季节多雨，一路上，皇家华丽的车队冒雨在泥泞的道路上跋涉。每到一处，地方上都有专人欢迎，还有各种欢迎仪式、发表讲话和宴会。玛丽亚一向离群索居，不太喜欢这种应酬，她给人留下的印象是"十分腼腆、浑身拘谨、脸上毫无表情"。拿破仑看出了她的倦意，想缩短玛丽亚的行程，但她却坚持要跟他走遍各地。这令拿破仑在疲惫中感到一种快意。就在这次旅途中，拿破仑得知玛丽亚怀孕了，这一喜讯令他心花怒放，仿佛取得了又一次重大战役的胜利。他取消原计划，立即起程回宫。此后，他对玛丽亚关怀备至，一刻也不离开她。

玛丽亚的妊娠反应并不严重，只不过恶心了几次。不久，她的肚子就鼓了起来。拿破仑毫不怀疑，百分之百地坚信，即将诞生的孩子是个男婴——拿破仑帝国未来的希望。他满怀激情，为尚未出生的儿子准备好一切：玛丽亚卧室后面那间面朝加罗塞尔竞技场的高大宽敞的房间被装饰一新，这将是皇子的卧室；一项元老院令提前赐给皇子一个"罗马王"的称号，把法兰西帝国这位新的光荣的骄子与古老的年代连成了一体；亲自选定宫廷最受人尊敬的德·孟德斯鸠夫人为儿子的女教师；笑容满面的奥夏尔夫人被医生选定为儿子的奶妈。

拿破仑如此关爱皇后并急切地盼望皇子出世，令人不解的是，他在这个时候还有意安排玛丽·瓦莱夫斯卡与皇后见面。12 月底，玛丽在波托加太太的陪同下，由梳妆女官德·吕塞夫人在小客厅正式"介绍"给拿破仑皇帝，皇后对玛丽与皇帝的关系一无所知，接见她时用呆板机械的目光望着她。拿破仑此举似乎是想让他的"波兰妻子"在宫廷中占有一席之地，以更好地为他们的儿子准备前程。他与他"波兰妻子"的孩子于1810年5月4日在瓦勒维斯城堡出生，名叫亚历山大·科洛纳·瓦莱夫斯基，现在差不多一岁半了。

拿破仑仍然爱着玛丽，只是这种爱由昔日狂热的情欲变成了温柔的眷恋，肉体关系已经无足轻重。他担心引起年轻皇后的怀疑，偶尔一个人悄悄溜到凯旋街，与玛丽度过欢愉一刻。至于玛丽及其儿子到杜伊勒里宫与拿破仑幽会就更是绝密了。在各剧院、各庄严隆重的场合，玛丽都以贵宾的身份占有一席。拿破仑每个月给她1万法郎的费用，而她从来没有主动向拿破仑提出更高的要求，也尽量避免一切过于抛头露面的活动，以免暴露她和皇帝的私情。

时间很快来到了1811年3月，玛丽亚皇后在妊娠期间没有发生什么意外，即将分娩。拿破仑每天都在焦急地等待着这个时刻的到来。3月19日晚，一辆接一辆的马车在杜伊勒里宫正门前停了下来。众多的波拿巴家族成员、显贵大臣、将军、各界名流以及夫人们身着庄重的礼服，参加在皇宫举行的迎接皇子诞生的晚会。皇后的叔父维尔茨堡大公也专程从奥地利赶来庆贺她的分娩。宫廷御医如迪布瓦、科维沙特、布尔德、布尔多以及奥维提等人，已于晚上7点前到达这里，刚好是皇后第一次阵痛开始的时候。人们一个个焦虑不安，越来越感到困倦。拿破仑本人毫不掩饰内心的忧虑，脸色紧张阴郁。

众人的谈话声越来越大，越来越兴奋，女士们打着手势，绅士们相互打赌——19岁的皇后很可能替拿破仑生个儿子，正如拿破仑数月以来一直期盼的那样。几个小时过去了，午夜时分，拿破仑命人准备酒、烤肉、巧克力、水果，供众宾客食用。又几个小时过去了，晚会的气氛变得极为紧张，交谈声渐渐低了下去。

第二天清晨，神经高度紧张并且已十分疲倦的拿破仑回到自己的房间洗澡、吃早饭，但在7点钟的时候被脸色苍白、神色焦急的助产师迪布瓦打断，迪布瓦不安地告诉皇帝这是一次难产。他告诉皇帝，在1 000例分娩中，仅有一例像皇后这种状况，他担心无法同时保全母亲和孩子。

"保母亲。"拿破仑不假思索地说，"保母亲，她必须活下来。"

拿破仑迅速擦干身子，仅穿着一件浴袍，便跟着迪布瓦，穿过焦急的围观者进入皇后的卧室。玛丽亚十分痛苦，发出令人揪心的哭喊声。他走到她的床前，装出很快乐的样子，温柔地亲吻着她，不断用低沉的声音安慰和鼓励她。科维沙特在布尔德和布尔多的帮助下正在使用产钳。拿破仑不忍心，躲到了隔壁房间，但呼吸困难，心半悬着。

过了好一会儿，婴儿的身体终于出来了。拿破仑连忙冲到玛丽亚身边，蹲在床头，拥吻着她。

德·孟德斯鸠夫人把婴儿抱在膝上，用热毛巾给他擦身子，又朝婴儿嘴巴里滴进了几滴烧酒。几分钟后，孩子发出了一声啼哭，拿破仑为之一惊。他离开玛丽亚，跑向孩子，迎接这一伟大胜利的成果。

直到这时，众人才注意到那是个男孩，拿破仑微倾着身子看着这个小生命，突然伸出双臂抱起他，亲吻他的额头，再一次走进挤满人的帝国显贵的大厅。他举起男婴骄傲地宣布："罗马皇帝，万岁！"

消息迅速传到给巴黎宣告结果的炮台：若降生的是女婴，鸣放21响礼炮；若是男婴则鸣放101响。帝国侍卫发出了雷鸣般的欢呼声，数以万计的人聚集在庭院里，在杜伊勒里宫的花园，每个人都在计数，当数到"22"时，整个巴黎爆发出热烈的欢呼声和掌声，马车如潮水般涌向杜伊勒里宫。人们把头上的帽子抛向空中，大家互相祝贺，热烈拥抱，高呼："皇帝万岁！"

欧仁亲王以及维尔茨堡大公爵在宫中作为奥地利官方见证人目睹孩子降生之后，回到了大厅，在那里，康巴塞雷斯给孩子起名为弗郎索瓦·约瑟夫·夏尔·波拿巴。在经历了15年痛苦与无望的等待之后，拿破仑的合法继承人终于诞生了。不久，这个男婴被正式封为"罗马王"，罗马市成为帝国第二个首府。

相比之下，此时伊比利亚半岛的战争倒不那么重要了。拿破仑因继承人的降生而大声宣告："现在我们统治的最辉煌的时代开始了！"

第十八章　统治的危机

国库空虚

业已从奥地利事务中脱身，并且顺利联姻后，拿破仑感到有必要亲临西班牙前线指挥作战。毫无疑问，如果他早把德意志军团的主力调到西班牙并亲自指挥作战的话，也许他征服伊比利亚半岛的目的就达到了。威灵顿的 3 万英军和不到 4 万的葡萄牙军是无论如何也抵挡不住他亲自指挥的 20 万大军的。当时，拿破仑做过这样的设想和计划，1809年 9 月 26 日，他表示想亲率大军征战里斯本。11 月 23 日，拿破仑向陆军部长克拉尔克进一步证实了这一想法，他命令克拉尔克将近卫军兵力增至 2.5 万人并配齐军医、运输工具和野战锻炉，准备于 1810 年 1 月 15 日左右开进西班牙。12 月 1 日，贝尔蒂埃改任西班牙军团参谋长并奉命往半岛增派 10 万人。12 月 3 日，拿破仑在立法机构的一次演说中十分自信地宣称："一旦我在比利牛斯山的那一边露面，那头受惊的'豹子'为了逃脱羞辱、战败和灭亡，就要到大西洋里去寻求安全。"然而，这位非常喜欢战争的皇帝却没有再去西班牙。

1810 年 9 月 27 日，马塞纳在布萨库遭受了一次严重的战术挫折，其使命以完全失败而告终。到 10 月 11 日，马塞纳退到桑塔雷姆附近的阵地，等待拿破仑派遣的苏尔特前来支援。然而，苏尔特认为有必要先打下巴达霍斯要塞，以保证交通线的安全。结果，要塞是打下了，但也使马塞纳的葡萄牙军团在损失约 3.5 万人之后，被迫向北撤退，于 1811

年 3 月离开葡萄牙。而这正是拿破仑的罗马王子降世，他宣称帝国进入鼎盛时期的时候。

英军统帅威灵顿的这次胜利，使英国的反对派不再发出懦夫的哀鸣。沙皇亚历山大对拿破仑所提的要求报以更强硬的回应，而伊比利亚半岛的爱国者更是进行着顽强的抵抗。

攻占伊比利亚半岛对拿破仑来说是一场真正的考验，不仅是军事的，而且还是政治、经济和民族统治的考验。拿破仑似乎看到了他生活中和他表面辉煌的事业中的严重错误。

再从西班牙的政体来看，拿破仑早就以西班牙必须自己筹措军费为借口，把北方四省置于法国将军的统辖之下。他们不受国王约瑟夫的支配，那个广大区域的一切税项都由军队征收。1811 年 5 月 19 日，拿破仑又从约瑟夫的辖区中划出布尔戈斯和瓦利阿多里德。这超出了军事和行政目的，西班牙的大部分已被分割成若干专区，事实上是法国的管辖地，只是名义上还属于西班牙。拿破仑这道命令在两方面都贻害无穷：它使这些法国将领互相倾轧，也使西班牙人觉得这是祖国快要被瓜分的先兆。

约瑟夫出任西班牙国王前，拿破仑在巴荣纳曾经发誓保持西班牙的领土完整，现在约瑟夫就以此反对分割西班牙。这个傀儡国王，既受到西班牙人的鄙视，又遭到拿破仑的冷落，加上法国派出的军事长官骄横跋扈，他忍无可忍，匆匆前往巴黎，于 5 月下旬提出要辞去王位。拿破仑安抚了他一番，答应从法国派出的军事长官所征得的税收中，拨出四分之一给他，就这样连哄带逼迫，要他回马德里去继续做名不副实的国王。

西班牙战争固然重要，但拿破仑是与英国这个海上霸主在全球进行斗争，西班牙只是其中一个方面。他估计，如果他的大陆封锁制度使英国流完最后一滴血，那么半岛战争必定降为游击性的小战斗，此后西班牙扮演的不过是比当年旺代大一点的角色而已。因此，从 1810 年至 1812 年，他试图以大规模商战来达到征服英国的目的。他下定决心要击垮英国，如果这一想法不能通过军事战争来实现的话，那么，他只能沿袭自英、法百年战争以来就存在的贸易战。

英、法贸易战由来已久。早在 1798 年，法国督政府曾下令将所有与英国有贸易来往的中立国的货船全部扣留。英国为了报复，攻打法国的殖民地并利用这些殖民地进行贸易。作为一个传统的出口国，英国经济在很大程度上依赖殖民地的矿产、农产品、棉纺织品以及对欧洲出口的钢铁，而英国的粮食和木材完全依靠进口。到 1800 年为止，英国的出口量成倍地增长，进口也增加了 64%。1805 年 10 月，特拉法尔加海战后，法国海军及商船船队一蹶不振，拿破仑决定对英国发动另一场攻势，于 1806 年 11 月签署了柏林敕令，对英国实行全面贸易封锁。然而，这一封锁仅限于陆上。从此，来自英国及其殖民地的船只都被禁止进入法国以及其所辖地的港口。英国的对策是利用中立国的船只偷运英国货物。到 1807 年，英国 44% 的货物都是这样销往法国的。拿破仑于 1807 年 11 月又颁布了米兰敕令并借此加强对英国贸易的束缚，敕令宣布：凡来往于英国港口、殖民地或英占领区的船只，一律缉捕。美国作为中立国，与英、法都有贸易往来，为了解决这个难题，美国于 1807 年宣布对英、法两国同时采取贸易禁运。

英国虽然采取了规避政策，但拿破仑对英禁运的态度日益强硬，他先是征服欧洲大陆，控制其港口及市场。然后，他加紧了对法国、意大利及整个中欧国家的控制。到 1808 年，英国的出口额从两年前的 4 000 万英镑减至 3 200 万英镑，激烈的工人罢工运动及产品量的锐减给英国造成了重创。另一方面，英国对地中海地区的出口量在 1805 年至 1811 年间上升了 40%，尤其是在土耳其和波斯两地。

1808 年是情况最糟糕的一年，此后才逐步好转。然而，英国仍不失时机地继续利用中立国的船对荷兰、法兰克福和莱比锡等地输送白糖、咖啡、棉花和苏打。法国则向这些地区推销葡萄糖和亚麻制品，另外还种植了百万公顷甜菜，借此弥补当地的外贸损失。但巴黎却没能对英国货物关闭法兰克福港和莱比锡港。

　　毫无疑问，1808 年度英、法两国都因此受到一定程度的损失，主要的商业及银行几乎都面临倒闭的危机。

　　1811 年，英国对欧洲的出口贸易降到了历史最低点。从 1810 年起，短短一年中，英国对整个欧洲大陆的出口贸易额降了 80%，对美国及南美洲的出口额也不高。英国国内民怨沸腾，通货膨胀难以控制，失业率激增，众多破产的工厂主和商人不仅诅咒拿破仑，也诅咒英国政府。

　　然而，英国针对大陆封锁体系也采取了相应的报复行动，即只允许对伦敦友好的船只进入远海，从而对所有的法国海港形成了反封锁，使法国渔船不能出海。整个欧洲大陆数以百计的大小公司纷纷破产，而这一影响在巴黎、里昂以及曾经富庶的波尔多和马赛尤为严重。连有实力的大银行也难逃厄运，一家接着一家清盘，法国一些堪称豪富的金融家及其合伙人等也在一夜之间沦为贫民。

　　为了保护法国民众，同时也为了防止暴动，拿破仑尽力维护国家粮食储备，并对包括廉价面包在内的一些商品实行政府定价，但仍然难以抑制通货膨胀。商业贸易、股票交易以及国库已近瘫痪，拿破仑只得命令财政部长莫利昂从国库中动用数百万法郎来缓解危机，同时实施可以带来 6 000 万法郎收入的"特殊战争税收制度"。

　　事实上，当朱诺、马塞纳、富歇、塔列朗、贝尔蒂埃及其他人每年的收入增加至 90 万法郎时，这个来自"特殊战争税收制度"的 6 000 万法郎也被用得所剩无几了，并没有发挥其应用于战争的作用。苦苦挣扎求生的法国农民正遭受到比在路易十六的苛政下更为悲惨的命运。对于作为政府供应商的大商业和生产厂家，拿破仑动用国家储备救济金帮助他们恢复生产渡过难关，贷款可逐年分期偿还。但是，当拿破仑向这些人伸手索要政府的巨额贷款时，几乎没人有能力偿还，这使那些主要的政府信贷的受益人均被以"不合作"的罪名扔进了监狱。

　　尽管被法国占领的地区在源源不断地向法国政府输送数额巨大的资金，但也远远缓解不了拿破仑连年征战造成的危机。而法兰西帝国的属国更是苦不堪言。被法国占领的地区在年复一年地支付法国花费的钱财，曾经一度繁华的荷兰就是一个最好的例子。

热罗姆的王国也接受了拿破仑的税收制度。威斯特伐利亚的疆域从南部的韦雷河一直向北延伸至波罗的海，西部与莱茵同盟国接壤，离荷兰仅一箭之遥，东部与普鲁士接壤。

这本应是个富裕、繁荣的王国，但事实并非如此。以布鲁斯威克公国和黑森－卡塞尔选区为中心的新王国是从独立的德意志分裂出来的。拿破仑将它彻底改头换面，任用法国军队统帅管辖并在当地实行法国的法律。当地法国占领军人数由最初的 1.25 万人增加至 3 万人，而这些人全靠王国每年的赋税来维系。在任命热罗姆为其傀儡国王之后，拿破仑立即将约 3 300 万法郎的巨额债务压在这 200 万人的头上，同时还增加了前王室所欠下的 2 600 万法郎的债务。和往常一样，拿破仑在他所辖的所有国家不停地为自己囤积金钱，搜刮财物，他每年还要从热罗姆的王室攫取近 700 万法郎。为维系法军高达 2 亿法郎的巨额开销，热罗姆理所当然要支付这笔钱。这一切令官方欠下的巨额债务又增至 4 700 万法郎——而全境的税收只有 3 400 万法郎！加上拿破仑大陆体系造成的恶果，热罗姆不得不变卖一些国家财产和王室产业，但国家的负债现象仍在急剧恶化中。

西班牙也难逃魔爪。西班牙在法国军队驻扎期间，经济出现滑坡、不稳定现象，其主要原因仍是大陆体系的实施，其中包括关闭西班牙在大西洋沿岸的各大港口、禁止地中海国家与其贸易往来以及战争和驻军的花销。没有哪一个国家像西班牙这样令拿破仑派驻数目如此庞大的总计 27 万名士兵的军队。

西班牙的债务由 1808 年的 960 万法郎增至 1813 年的 8 700 万法郎。尽管债台高筑，国家赋税却丝毫没有降低，仍然是 3 000 万法郎。其间，西班牙屡屡向法国借债，其欠债由 1808 年的 2 800 万法郎上升至 1813 年的 1.26 亿法郎。而法国军队的开销则由最初的 1 418 万法郎激升至 1813 年的 8 645 万法郎。

为了讨债，法国将"反叛者"的财产包括皇室产业、分散的教会财产、大面积私人房产等充公并变卖，其手段也包括增加税收这一项。西班牙政府将酒类、封蜡、烟草及扑克的销售垄断打破，把制造皇室用品的工厂（包括瓷器、水晶、服饰）全部私有化，波旁王朝的赌坊也一样。其结果是，私人所得暴利剧增，赋税加重，但与之相反的是约瑟夫统治的新政府的收入却大量流失。最后，西班牙的经济摇摇欲坠，西班牙政府负债累累，拿破仑读着财政大臣戈丹给他准备的财政结算报告，发现西班牙欠法国的债务已达到 1 亿法郎。

1811 年 4 月 23 日，约瑟夫起程回巴黎，请求拿破仑赐予他更多的政治和军事方面的独立以及予以他更多的财政帮助。约瑟夫在拿破仑许诺恢复他法国公民的身份以及军队统帅职务并争取到可观的贷款之后，于 6 月中旬极不情愿地离开了巴黎。但在 6 月 22 日，拿破仑就下达了使这个傀儡国王更为受辱的命令：所有在法国领地任国王的波拿巴家族的成员将被贬为法国亲王。约瑟夫的巴黎之行徒劳无功，半岛上的战争仍将继续。

但是，从表面看来，拿破仑认为他的政权在 1811 年比以往任何时候都更加稳固。他已征服了欧洲所有的君主，让他们统统跪倒在自己的脚下瑟瑟发抖！

更为重要的是，这一年他有了儿子"罗马王"。他决定在一个比查理大帝①的帝国更为辽阔并且确定世世代代传下去的帝国中，以巴黎为首都，罗马为陪都，将来每一代皇帝都要在罗马进行第二次加冕。此外，为了不再发生中世纪那种皇帝与教皇对罗马最高权力之争，他干脆把教皇原有的统治权抓在自己手里，完全根据伊拉斯特斯的观念规定教皇的地位，由帝国拨款供养教皇，并且要教皇在两个地方设立教廷，"一个必须在巴黎，另一个在罗马"。

---

① 查理大帝（742—814）：法兰克王国加洛林王朝国王（768—814），800 年由教皇利奥三世加冕于罗马，后人称其查理曼。他建立了囊括西欧大部分地区的庞大帝国。

一切似乎都有利于拿破仑这个新查理大帝。世界上从未有过像拿破仑帝国那样强盛的帝国，一切征兆似乎都很吉祥，只有从伊比利亚半岛飘来的几声不够响亮的警钟还余音缭绕，久久不肯散去。

兄弟反目

经济难题困扰着拿破仑，而他的兄弟们也不让他省心。随着拿破仑帝国大业的奠基和迅速走向辉煌，拿破仑家族在欧洲拥有了5个王冠：路易的荷兰王冠，热罗姆的威斯特伐利亚王冠，妹妹卡罗利娜和妹夫缪拉的那不勒斯王冠，约瑟夫的西班牙王冠，他的继子欧仁·博阿尔内为意大利总督。

在科西嘉人特有的家族观念的影响下，拿破仑对几个兄弟一直满怀着深厚的感情和殷切的希望，让他们成为大帝国的支柱。然而，他独裁专横的统治及其过于霸道的个性，却使他无法与兄弟们和睦相处，更别说齐心协力了。吕西安早已因为个人婚姻问题与他反目，约瑟夫、路易、热罗姆虽是由拿破仑赐封的国王，但根本不愿完全屈从他的意志。拿破仑既困惑又愤慨，他说："我立一个兄弟为王，他便以为自己是上帝恩赐为王。他再也不是我的代理人，而是我要监视的另一个敌人。"

早在1806年3月14日，拿破仑就宣布打算封弟弟路易为荷兰国王（以避免对该国实行兼并，因为那样会导致起义）。同月，拿破仑封哥哥约瑟夫为那不勒斯国王，其中包括意大利三分之一的领土，还包括西西里。

1806年5月，西班牙王子斐迪南宣布放弃王位，拿破仑开始寻找波拿巴家族的成员来登上这个波旁王朝的宝座。起先他考虑吕西安，但吕西安不听劝告，不肯放弃他的第二个妻子。于是，拿破仑将吕西安从罗马放逐到外省以示惩罚。

拿破仑转而考虑路易，路易也拒绝了西班牙国王的宝座，但他提出的理由令拿破仑深感惊诧。他对拿破仑解释道，国王不是政府官员，不能随心所欲地从一个岗位调到另一个岗位。拿破仑无言以对，不再勉强他。奥热罗也拒绝了西班牙国王的位置。

拿破仑最后选择了那不勒斯国王约瑟夫，并对他做出了不少承诺，包括将西班牙的边境扩大到包括埃布罗河和比利牛斯。最后，约瑟夫于5月20日极其勉强地同意下来，但他几乎立即就后悔了。

拿破仑宣布约瑟夫为西班牙新国王。该任命自8月1日起正式生效，消息很快传遍了西班牙贵族社会，西班牙的上流社会、宗教统治者都不赞成约瑟夫·波拿巴继任西班牙王位。西班牙红衣主教对约瑟夫说："你必须十分清楚，我们不能承认由如波拿巴家族和所有法国人那样的互济会会员、异教徒或路德教会成员之流来当我们的国王。"

约瑟夫没想到放弃那不勒斯王位后就陷入这样一个敌对的动荡环境中。西班牙在他看来简直就像个地狱，尽管他已使出浑身解数，还是不能平息这个有着斗牛传统的民族的怒火。

同时，拿破仑颁布了大陆封锁令，可是，拿破仑庞大的新帝国就像瑞士没有封装好的奶酪一样到处流淌。他的家族首先带头违抗禁止与英国通商的命令：荷兰国王路易以及后来的威斯特伐利亚国王热罗姆都公然与之对抗，约瑟夫也拒绝对英国货物关闭口岸。

拿破仑的兄弟们之所以这样做，除了为了满足个人的私欲外，还有一个重要的原因是他们的国家负担过重。

如1807年，拿破仑从西班牙、荷兰和瑞士强征5万多人参加莱茵河战争。为了维持这支庞大军队的开支，拿破仑命令战败的普鲁士及其莱茵同盟国为法国提供7亿法郎的战争费，该数目超过了法国和平时代的正常年度预算。当莱茵联盟国新委派的军事总督为了保护自己统治下的人民利益，对这笔"庞大的战争贡献"提出异议时，遭到了拿破仑尖锐的谴责。连续地征募新兵和征收钱财，殃及了荷兰国王路易和那不勒斯国王（缪拉接任国王），但他们的抗议也是徒劳的。

尽管兄弟之间有着一些利害冲突，但拿破仑仍认为路易是几个兄弟中最能干的一个，他不仅是一个有能力的军官，而且在治理他的国邦时也很有政治头脑，只是他常常违背拿破仑的意志，是兄弟中最不听话的一个。路易也深深地爱着哥哥拿破仑，但这种爱常常转化为恨，看起来极像希腊传说里兄弟之争的故事。

路易当初并不想当荷兰国王，现在既然当了国王，就要让自己受到荷兰臣民的爱戴。鉴于荷兰人完全是个商业民族，受人爱戴最有效的办法莫过于不采用拿破仑取缔与英国商务联系的严厉法律，继续与贸易大国通商。兄弟间最初的嫌隙就由此产生。

1809 年 1 月，拿破仑回到法国后，兄弟之间的关系进一步恶化。3 月 3 日，拿破仑突然决定收养奥坦丝的儿子并赐予其贝格和克里维斯大公（缪拉以前的封号）的封号。路易·拿破仑将留在拿破仑身边，接受他的教育，拿破仑接着指定他为王位继承人——有趣的是，路易突然默认了。荷兰王后永远离开了荷兰王国，儿子也得不到他的监护，这个消息传遍了欧洲大陆，波拿巴兄弟之间的决裂已经酝酿成熟。

1809 年年末，拿破仑把称为法兰西帝国的臣属的各位君主召到巴黎，其中也包括荷兰国王路易。路易非常不愿意离开他的国邦，因为他知道拿破仑将为了实现其封锁政策而向荷兰施加压力。路易企图将荷兰变成自己的独立王国，他与大臣们商议，他们的意见是，为了荷兰的利益，他必须做出新的牺牲。他忍气吞声地听从了。

拿破仑知道这一情况后，十分头痛，路易一到巴黎，他就命令警察看住这个弟弟。路易在警察的监视下非常孤独地住在巴黎。这种监视和强制的结果使路易产生了以前不曾料到的反叛想法。在会上，国王和亲王普遍沉默，只有他敢直言："我上了从不想兑现诺言的当了。荷兰已经厌烦被法国当作玩物。"拿破仑何曾听过这样的话，因此大发雷霆。

此后，英军入侵沃尔切伦和南贝弗兰德，使路易和拿破仑的关系更加恶化。拿破仑责骂路易直接插手指挥在荷兰的法军对英军作战。

几个月后，路易才获准回国。他回到荷兰，立即去各省考察大陆封锁引起的疾苦。封锁的铁腕已使各省本来十分繁荣的贸易和工业部门变得一片萧条，路易感到再也不能坐视不管了，他开始用谨慎而恭敬的言辞向拿破仑进谏。

但拿破仑责备路易的统治太软弱，在应当加强管制的地方，反而去笼络人心。在英军远征瓦尔赫伦岛失败以后，他曾经严厉地申斥路易，责怪他让英国舰队出没于斯凯尔特河，因为在那条河里"英国舰队应该只碰到铁一般的礁石""斯凯尔特河对法国，就如泰晤士河对英国一样重要"。

路易坚持自己的做法，对荷兰商人非常和善容忍；而对他哥哥的话，不论劝告也好，威胁也罢，硬是不听。在与新皇后到北国的旅途中，拿破仑给路易写了一封措辞严厉的信。在这封信发出前，1810 年 4 月 27 日，拿破仑接到了一个令他十分震惊的可靠消息：他的弟弟路易、警务大臣富歇和塔列朗正各自秘密地在与伦敦方面进行着高层谈判。

事情源于 1809 年 11 月，当时富歇秘密处死了一位名叫费根的爱尔兰军官，并给韦尔斯利侯爵——威灵顿的兄长，当时任帕尔齐法尔（亚瑟王①圆桌会议 12 武士之一，这里指英国）政府的外交大臣去了封函。同时，富歇不知道路易也通过荷兰的银行家与英国外交部之间有联系，他雇用乌尔拉夫作为自己与阿姆斯特丹以及伦敦来往的中间人。事实上，在全法国的商人与资本家中，拿破仑最讨厌的就是乌尔拉夫。这一切都背着拿破仑在暗地里悄悄地进行着，而且是在拿破仑正与英国展开残酷贸易战的时候。

1810 年 6 月 2 日，经由里尔、勒阿弗尔和鲁昂回到圣克鲁宫后，拿破仑通知所有大臣召开特别会议，与会者有德克里斯、克拉尔克、香巴尼、戈丹、莫利昂、雷尼尔、比格特和富歇。"你现在操纵着战争与和平的生杀大权吗？"他用充满嘲弄的口吻对富歇说道，"你知道对叛逆罪的处罚是什么吗？我可以立刻将你送上断头台！"6 月 3 日再次召开会议时，事态更加恶化了。这一次，除了大臣，拿破仑还召集了不同的

---

① 亚瑟王：传说中古不列颠最富有传奇色彩的伟大国王。传说他是圆桌骑士的首领，一位近乎神话般的传奇人物，被称为"永恒之王"。

官员以及帝国中"地位显赫的人",包括塔列朗、康巴塞雷斯、帕基埃和马雷。拿破仑的愤怒已达到极点,他来回踱步,当众指责富歇的背叛——他胆敢进行和平谈判!拿破仑并不想要和平,和平就是背叛!

会议过后,拿破仑渐渐冷静下来,他给富歇写了封长信——以令人惊奇的文明人该用的语言写的长篇大论,而不再是一味粗俗地对富歇谩骂一气。他的口吻更像是一国之君在进行一项持久的和平谈判,这主要是因为富歇的势力太大,不是拿破仑三言两语就能铲除的。从1790年开始,富歇就开始处心积虑地收集各种情报,包括约瑟夫、热罗姆、波利娜和卡罗利娜等波拿巴家族中每个成员的丑闻:他们的各项非法收入,他们的性丑闻以及他们在外面的私生子情况。因此,拿破仑不得不极为小心谨慎。

与此同时,拿破仑得悉阿姆斯特丹发生了一次小规模斗殴,罗歇福考伯爵的马车夫因受到一名阿姆斯特丹市民的侮辱,与其发生争吵,若非王宫卫队出面干预,将产生极其严重的后果。因为此事具有法国人与荷兰人之间的民族纠纷性质,罗歇福考伯爵将此事报告给当时正在里尔的皇帝,拿破仑当即发出一封言辞粗暴的信函给路易,同时宣称这是写给他的最后一封信函。

一支法国部队在特·勒佐公爵的指挥下开入荷兰,威胁说要占领阿姆斯特丹。路易见自己的王权如此脆弱和易失,荷兰的毁灭已在所难免,被迫放弃了这个名不副实的王权。他向立法机构致送咨文后,发表了退位诏令。随后,拿破仑颁布了一个特别法令,把荷兰并入法兰西帝国,并将其分为若干省份,各派地方长官治理。兼并的消息传来,路易马上改变了主意,拒绝退位,但从此不理朝政,只是专心地写作他的史诗《玛丽之死》。后来,路易同意让出王位,条件是让他的儿子继承王位。拿破仑断然拒绝了路易的这个要求。1810年7月19日,拿破仑正式兼并荷兰。这对个性和气质截然相反的兄弟,他们之间的政治交往似已断绝。

第十九章　欲征俄罗斯

沙皇反击

一出兄弟阋墙的悲剧给全盛时期的拿破仑帝国增添了一些不和谐的音符，不久，法、俄之间表面上的友好也被打破，战争成了最后的手段。

此前，法、俄两国经过两次战场上的较量，于1807年签订《提尔希特条约》换来了欧洲大陆几年安宁的时光，但拿破仑比以往任何时候都清醒地看出他的帝国是多么脆弱：来自外省或是莱茵联盟国、普鲁士的暴动，奥地利的公开叛乱，俄国蠢蠢欲动的种种迹象以及伊比利亚半岛的新危机。尤其是在英国这个敌人日渐强大起来后，只有把俄国首先踩在自己的脚下，拿破仑彻底征服欧洲的计划才能最终实现。

不过，从1807年到1811年这段时间，拿破仑表面上对俄国采取的依然是怀柔政策。在没有绝对制胜的把握前，他想用一切手段暂时控制俄国，以孤立英国。主动提出向沙皇亚历山大之妹求婚就是他的一个手段。

但沙皇亚历山大根本不愿处于受制于人的地位，在拿破仑下令入侵德意志的北海沿岸地区，并吞并了汉堡、奥尔登堡、卢贝克等公国以后，他决定向法国报复，于1810年10月31日颁布了调高法国货物特别是贵重物品进口税的敕令，并再次向英国开放俄国港口。拿破仑大为愤怒，他无法容忍与英国做生意的任何人，在清查走私行动时，他将亚历山大的亲戚——奥尔登堡大公毫不留情地驱逐了。之后，他第一次高声谈论起对俄战争，他说："亚历山大这一行动，如果不赶快刹住，明年就会不自主地越走越远，这样下去，战争就会发生，由不得他，也由不得我。"

同时，双方在波兰独立问题上也有分歧。俄国反对波兰独立，想夺取自己的既得利益，而法国则积极支持波兰独立，以此来牵制俄国。

这一个又一个不容调和的矛盾出现在法、俄两国之间。亚历山大开始在国内大造声势，四处宣扬拿破仑要攻打俄国，指责拿破仑是一个杀人越货的强盗，并于暗地里做好了战争准备。对此，拿破仑只是轻蔑地一笑，他也做了许多出战准备，并命令达武元帅立即回到德意志。

1811 年 2 月 18 日，拿破仑通知陆军大臣克拉尔克，做好对俄作战的准备，并于 5 月前将所需枪炮准备就绪。战争像一支兴奋剂，使拿破仑摆脱了从与路易丝结婚开始一直延续到他的儿子出世为止的懒散，燃烧的好战激情使他重新成为一架不知疲倦的机器。他与大臣和国会的讨论也变得尖刻异常，一个接一个的新命令不断被送到陆军大臣克拉尔克面前。几个月内，拿破仑先后去了特里农、朗布依埃、布伦等地，所到之处都要谈军备之事，他还旋风般地视察了布伦、阿姆斯特丹等一系列军事重地。年底，他又命令贝西埃尔将在西班牙服役的近卫军悉数带回，并让他们为参战做准备。

拿破仑的军事决定似乎没有得到法国政界和军界的支持，其中以科兰古最为执拗。科兰古曾任法国驻俄大使，他清楚目前法国亟待解决的问题是尽早结束西班牙的马拉松式战争和国内诸多激烈的争端，而不是对俄开战。拿破仑反问科兰古是否受了亚历山大的什么贿赂，而大灭自己的威风、长敌人的气焰。科兰古在 1811 年 6 月 5 日回到巴黎后，被召进圣克鲁宫，接受由于他没有很好地代表法国在俄国的既定利益，同时也使两大帝国关系恶化的过失所给予的降级处分。不过，对于经常顶撞自己的科兰古，拿破仑并没有让他辞职，因为拿破仑内心暗自尊敬敢于坚持立场、不受他威吓的科兰古。

　　科兰古冒着被罢官砍头的危险，继续规劝拿破仑："陛下不要忘记，俄国不同于西班牙，那里幅员辽阔，资源丰富，冬季严寒而漫长。亚历山大有备无患，兵草充足，我们进军不一定能取胜，也许我们能够顺利地打到莫斯科，但是，也许那时，我们的将士早已被自然条件折磨得自顾不暇了。"

　　拿破仑以讽刺的口吻对科兰古说："我看你已完全被俄国化了，你说的这些事已大大超越了我肤浅的认知。不过，我告诉你，我是经过三思才要进军俄国的，我不出击，亚历山大就会把刀架在我的脖子上了！"

　　就在这一年（1811 年），俄、土之间的战争又激化了法、俄之间的矛盾。这年年底，战败的土耳其拟向俄国求和，割让摩尔达维亚和瓦拉西亚。这时，法国派密使去见奥国公使梅特涅，怂恿奥国出兵塞尔维亚，并表示法国不能帮助俄国。土耳其获知这一消息后，立即对俄采取强硬态度，取消割地求和的打算。沙皇对这一行为非常恼怒，加快了对法战争的步伐。

　　1812 年 2 月和 3 月，拿破仑分别与普鲁士、奥地利签订了同盟条约。到 1812 年春末，欧洲各附庸国基本上都在顺从地准备对俄作战。这时，欧洲还有两个国家不曾被拿破仑束缚，即瑞典和土耳其。这两个国家是俄国的近邻，拿破仑计划北联瑞典，南结土耳其，南北夹攻俄国，因此，他迫切期望与这两国结盟。

　　然而，贝尔纳多特在接受做瑞典王储后，表现出一贯的独立思想，不肯答应永远不和法国打仗，从而丧失了蓬特－科沃的封地。眼看法、俄联盟关系越来越差，贝尔纳多特提出，如果拿破仑赞助斯德哥尔摩朝廷获得挪威，瑞典将给拿破仑以及时支援。但拿破仑严词拒绝并责成瑞典执行大陆封锁政策，否则法军将占领瑞典属地波美拉尼亚。这样的威胁并没有使贝尔纳多特低头。他宁愿放弃这块引起许多麻烦的属地，也不肯失去对外贸易。

　　对于自己的丈夫将要与昔日的初恋情人兵戎相见，这是德茜蕾无论如何也不愿看到的。当她准备离开法国到斯德哥尔摩时，拿破仑把全法国最好的貂皮大衣送给了她。德茜蕾知道，这昂贵漂亮的大衣全法国只有两件，另一件被拿破仑送给了他的妹妹，连约瑟芬都没有荣幸获得。德茜蕾一直把它穿在身上，她把拿破仑的举动理解成一种温存、一种关怀，从来没有想过拿破仑是为了借此表达一种皇帝对臣民的赐予及对她以后行为的约束。

然而，德茜蕾即使整日穿着这件貂皮大衣也没能抵挡住斯德哥尔摩冰雪的彻骨寒意，而且开始引起丈夫贝尔纳多特的极大妒意。由于对瑞典的生活一点都不能适应，德茜蕾决定暂时回法国。

临行前，德茜蕾从布腊黑伯爵口中得知，俄皇为了拉拢贝尔纳多特，特致函给他，让他娶自己美丽的公主妹妹（安娜），并休掉原妻。这丝毫没有动摇德茜蕾回法国的信念，但是，法国之行却令她大失所望。

她刚回到法国时，一直过着平静淡泊的日子，每天和女仆到花园里散散步，或是给贝尔纳多特和奥斯卡写信，有时朱莉会来玩一会儿。直到有一天，朱莉请她到杜伊勒里宫去，才打破了这份宁静。拿破仑气急败坏地对她说："如果您的丈夫与沙皇为伍，那将意味着你们姻缘的终结，夫人。因此，您最好说服您的丈夫倒向我。否则，我不愿再在我的宫廷里看到您！"

德茜蕾终于明白，她的丈夫将注定要卷入拿破仑与亚历山大之间即将开始的大决斗中，她感到一种前所未有的恐惧。

与此同时，为了对付法国，俄国正与瑞典、土耳其两国展开积极的外交。贝尔纳多特害怕与法国结盟会遭到英国海军的攻击，影响海上贸易，所以，他对拿破仑的要求迟迟不予回复。就在这时，俄国答应支持瑞典吞并挪威，而法国因为挪威是其盟国丹麦的属国，不愿让瑞典吞并挪威。法、瑞之间冲突加剧，为了瑞典的利益，一向忠于职守的贝尔纳多特最终决定与俄国结成同盟。

1812 年 4 月 5 日，俄、瑞两国签订了同盟条约，俄国由此解除了北边的威胁。法国想继续拉拢土耳其，但俄国在 1812 年年初打败土耳其后，主动与之媾和；加上英国从中作梗，防止土耳其与法国结盟，结果，俄、土两国重新言归于好，这使俄国避免了在南线分兵作战的不利局面。失去瑞典和土耳其的支持后，拿破仑并未因此丧失信心。他现在已集结了 50 万大军，比此前战争的兵力要多出好几倍，他相信这 50 万大军一定能够打败那个曾被他痛击过两次的俄国敌人。

准备打仗的命令已下达到波拿巴家族和帝国军队指挥官的手中。热罗姆被任命为帝国第八军团威斯特伐利亚军团的总指挥；约瑟夫自愿把守西班牙要塞；暂时统领意大利王国的欧仁·德·博阿尔内亲王于 1812 年 4 月 30 日接到贝尔蒂埃的急令，受命率意大利军队参战，并统领波兰的新编第四军团；缪拉则作为帝国第四骑兵团的总指挥率部出征。

5 月 9 日，拿破仑与玛丽亚皇后一起离开巴黎。5 月 16 日，拿破仑在萨克森首府德累斯顿设立了大本营。其后两周，他一边在那里大宴宾客，举行各种庆祝活动；一边积极调兵遣将，将大军团部署在维斯杜拉河一线。

6 月 7 日，拿破仑的大军及其大炮、辎重等抵达格但斯克，他本人也于 6 月 22 日抵达这里并下达了作战命令。

6 月 24 日，亚历山大参加了在本尼格森将军在城堡举行的舞会，其间，一名特别信使前来禀告：法军已经渡过了俄国边境的涅曼河。亚历山大决定尽最后的努力挽救和平，他立即给拿破仑写信，说："我渴望和平，不会首先拔剑。但昨天才知道，尽管我一直以信守陛下和我之间的约定来表示我对陛下的忠诚，但您的军队仍然越过了俄国边境。如果陛下您不希望由于误解而令人民血肉横飞的话，如果您同意从俄国的领土撤军的话，我将忽略此事。因此，希望我们之间还有和解的可能……人类是否将经历一次重大的战争灾难就全系于陛下一身了。"

拿破仑对此置之不理，他在德累斯顿与玛丽亚皇后告别后，继续挥师北进。

深入俄国

鉴于法国兵员多、战线长、战区广及补给困难，拿破仑决定采取快中求稳的作战方针，即在短期内歼灭俄军主力，然后巩固占领地区，第二年占领莫斯科，最终迫使俄国讲和。整体部署是找出敌人的主力，对其加以分割，或切断其交通线，然后各个击破。

他部署在维斯杜拉河一线的大军达到51万人，这是欧洲历史上一次最强大的兵力集结。其编制如下：

勒费弗尔的老近卫军和莫蒂埃的青年近卫军，4万人；

达武的第一军，7万人；

乌迪诺的第二军，4.2万人；

内伊的第三军，4万人；

欧仁亲王的第四军，4.5万人；

波尼亚托夫斯基的第五军（波兰人），3.5万人；

圣西尔的第六军（巴伐利亚人），2.2万人；

雷尼埃的第七军（萨克森人），1.6万人；

朱诺的第八军（威斯特伐利亚人），1.6万人；

维克多的第九军（德意志人），3.2万人；

麦克唐纳的第十军（普鲁士人），3.2万人；

奥热罗的第十一军（预备队），5万人；

施瓦岑贝格亲王的奥军，3.2万人；

缪拉的骑兵总预备队，3.8万人。

整个军团包括40个步兵师和25个骑兵师。其中至少有一半不是法国人，但大多数外籍军队都配有一个法国师作为骨干。

法军各路大军很快就开到了涅曼河边。6月23日天刚放亮，拿破仑策马来到涅曼河边侦察，选择渡河地点。傍晚侦察完毕后，拿破仑匆忙赶回营地。经过一片麦地时，一只野兔突然从他的马蹄间窜出，战马受惊，四蹄腾空，将他摔下马来，幸好土地松软，他只是臀部稍微跌伤。

这件小事令拿破仑耿耿于怀，因为现在他还不知道应该把主战场摆在哪里（最好的愿望是在立陶宛），而且他和他的许多指挥官越来越迷信，都把这一偶然事件看成是不祥之兆。但是，作为一军统帅，拿破仑深知他此时的情绪就是全军斗志的体现，因而开起了玩笑："我的马很在意那只兔子，因为过了这条河，就是敌人的土地，他们什么都不会给我们，兔子会成为我们的美食。"看得出他是在极力驱除人们脸上的不安神情。

6月24日夜晚，拿破仑大军在柯夫诺越过涅曼河，进入俄国领土。他并未低估这支庞大的军队在荒凉的立陶宛和白俄罗斯地区所存在的补给困难，因此，当缪拉的骑兵军到达格但斯克后，他没有让缪拉参加德累斯顿的国际军事会议，而是命令缪拉前去切断格但斯克和波罗的海的通道，以保证供给线的畅通。他指望尽早与巴克莱指挥的俄军主力在维尔纳附近的开阔地带交锋，并一举将其击败，却根本没有预见到会在俄国打一场冬季战役。

6月25日，法军继续进军。广阔无垠的土地上，展现在法军面前的是褐色的土地、枯萎的植物以及遥远地平线上的树林。眼前的景色使拿破仑有点不安，法军未遇抵抗就渡过了涅曼河，他担心俄军不经战斗就撤出立陶宛首都维尔纳，放弃整个俄属波兰，从而诱使法军远离后方基地。因此，他计划以40万主力从科夫诺直插维尔纳，突破俄军拉得很长的防线，与巴克莱军决战，并横向切断俄军主力的退路。与此同时，另以两支辅助兵力，各含3个军，分别由欧仁亲王和热罗姆国王指挥，在其右侧翼之后梯次配置，包围巴格拉季昂军，并保卫交通线。

不久，法军间谍送回了情报，详细地报告了俄军在涅曼河前线的布置情况。俄军的三支部队中，第一支是由巴克莱统率的第一方面军，约15万人，是对法作战的主力部队，司令部设在维尔纳。其右翼由维特根施泰因将军指挥，驻防波罗的海沿岸；左翼由多赫土洛夫指挥，部署在格罗德诺市郊。第二支是由巴格拉季昂统率的第二方面军，5万人，部署在格罗德诺－穆查维克河一线，司令部设在沃耳科威斯克。第三支是普拉托夫率领的8 000名哥萨克骑兵，也部署在格罗德诺地区。

这一切证明拿破仑的判断是正确的，但是，他的计划却因热罗姆行动迟缓而告吹。这位威斯特伐利亚国王，由于天气恶劣及其他困难，在格罗德诺耽搁了整整3天。就在这3天里，集结在维尔纳的俄军全部撤往德里萨大营。拿破仑最担心的事终于发生了，俄军避而不战，继续东撤。

6月28日，法军不费一枪一弹便进入了维尔纳。抵达维尔纳后，拿破仑停留了18天，给整个战役造成了致命的后果。他虽然命令乌迪诺、内伊率军追击巴克莱，其他部队快速前进，但除了得到俄军的失地外，几乎没有对俄军的生力军造成任何损害和打击。

事态开始迅速恶化：由于劳累，燕麦不足，只好给骡马喂黑麦，加上炎热与风沙侵袭，1万匹军马死在进军路上。拖曳火炮的骡马严重缺乏，法军被迫抛弃了100门火炮和500辆弹药车。同样，由于饥寒交迫和过度疲劳，痢疾也开始折磨部队官兵，许多年轻的士兵在行军途中倒下了。

俄国人仍然拒绝应战，他们毫不理睬拿破仑的急速进军，一直在回避着——俄国人到底打的什么算盘？俄国疆域辽阔，很容易四处躲避、打游击战，其目的再明确不过了：通过退却轻易地牵制了拿破仑原本就很薄弱的环节——军备供应和联络通道，最后将法军孤立在这块陌生的土地上。

因此，亚历山大一边撤军，一边试图通过外交手段施展缓兵之计。沙皇的侍从武官巴拉索夫来到维尔纳，带给拿破仑一封亚历山大的亲笔信。亚历山大在信中首先责问法国为何在和平时期侵入俄国，接着建议说：如果拿破仑愿意把军队撤到涅曼河对岸，两国可以捐弃前嫌，重新恢复交流，解决过去双方都希望解决的问题。

拿破仑虽然一眼就看透了沙皇的诡计，但他的自信心再次被这封信激发起来了。他催促部队加速前进，以便追上俄军，决一死战。声势浩大的军队继续深入敌境，日夜兼程地行进。30 万匹战马踏起的数英里的沙尘令士兵和牲口都感到窒息。天气也十分恶劣，刹那间会有一阵倾盆大雨，有时还持续数天，使原本难走的路变得泥泞不堪、坑坑洼洼，更加难走；转眼又是艳阳高照，炎热难当，地面变得崎岖不平。而大炮给人带来的麻烦更大，一旦大炮陷入齐膝的泥泞中，上百人的队伍及更多的马匹不得不帮忙将其从泥泞中拉出来。马尸发出难闻的恶臭，使队伍的士气变得更加低落。更令人沮丧的是，直到现在，与俄军之间的第一次正面交锋仍未开始。

达武军继续追击向奥尔沙方向逃窜的巴格拉季昂的第二军团，拿破仑则将注意力放在追击巴克莱的第一军团上，使巴克莱的军团被迫退至防御能力极强、位于德维纳河附近的德里斯和杜纳堡要塞。拿破仑留下缪拉的骑兵军与内伊和乌迪诺步兵军，把这些要塞团团包围后，他将法军的部分主力调至北方以切断巴克莱军同俄国援军及其后勤的联系，对巴克莱军实行侧翼包围。另外，在南方，圣西尔的第六军、欧仁的第四军与第八军已经和达武庞大的第一军绵延成为一条很长的战线。达武仍打算切断巴格拉季昂的后路，原先由热罗姆统领的部队从西面追击巴格拉季昂。7 月 24 日这支部队与达武的部队会合，对巴格拉季昂的包围终于形成。同一天，北方的缪拉骑兵团、内伊以及帝国近卫军，将巴克莱追赶至更加偏北的维切布斯克。

达武于 7 月 23 日在莫希莱夫追上巴格拉季昂并重创俄军数千人，但是剩余俄军顺利逃出并很快与俄主力部队会合。尽管拿破仑期望在波洛茨克咬住巴克莱军，但直到 7 月 27 日，法军才在威特斯克追上俄军主力部队。俄军见法军追来，立即散开大量骑兵，如潮水般朝法军前卫的轻步兵团冲杀过来。法军仓促应战，纷纷败退。这时，法军一轻步兵连或沿小溪排开，或布置在灌木丛中和房屋里，朝俄骑兵猛烈射击，俄骑兵纷纷中弹落马，被迫退却。在紧张的行军和激烈的炮击中，拿破仑一天未下马背，他认定法军渴望已久的大会战将在明天拂晓进行。当他于7月28日进入威特斯克时，极度失望地发现他攻下的仅仅是另一座空城，巴克莱军早已借着夜色的掩护向东逃得无影无踪了。俄军放弃了威特斯克，拿破仑的失望情绪简直无法用语言形容。

其实，俄军主力早在4天前就离开了此地。巴克莱和巴格拉季昂的队伍现在已经和位于东面80英里外的斯摩棱斯克的俄军会合。拿破仑不得不重新规划对俄作战方案，最后终于发出带有猜测性的命令："也许俄国人想在斯摩棱斯克与我决战，巴格拉季昂还没有和他们会合，我们必须迅速地攻击他们。"

在8月6日举行的军事会议上，俄军高级将领最终决定——现在是停止撤退予以反击的时候了。他们不仅有能力反击，而且他们的反击将会非常有力，因为巴克莱在斯摩棱斯克的西部沿第聂伯河部署了11.8万人和650门大炮。但由于心存嫉妒的巴格拉季昂拒绝与巴克莱合作，俄军的计划再一次流产。巴克莱只得调整部署，命令拉耶夫斯基将军的2万人把守斯摩棱斯克，牵制法军直到巴克莱和巴格拉季昂重新整顿强化各自的队伍并加固好城墙为止。

此时，法军的情况非常糟糕：士兵们被炎热的天气和艰苦的行军弄得疲惫不堪，马匹大量地死亡；两年来花费巨大开支积蓄起来的各种军需物资，由于盗窃和遗失，已损失了很多；粮食供应严重不足，人人饥肠辘辘。拿破仑寻求决战的心情越来越迫切，在他看来，这些都是实现目标必须付出的牺牲，他决心不惜一切代价去达到速战速决的目的。

浴血千里

如果8月6日举行的俄军高级将领会议的决议能实施的话，那么，拿破仑与俄军决战的愿望很快就能达成。但由于俄军将领之间的不合作，以至于俄军改变了计划，这也使得拿破仑的愿望再次落空。真是鬼使神差，天意弄人！

8月12日，拿破仑离开威特斯克，希望在斯摩棱斯克与敌人决战。

8月15日，渡过第聂伯河后，拿破仑将缪拉的骑兵团、内伊军、帝国近卫军、欧仁亲王军派往斯摩棱斯克；达武率领的第一、五、三军则在南部形成第二纵队。这一天，双方展开了猛烈的炮击。法军奋力夺取和守住前沿阵地，尽量靠近敌城。同时，拿破仑派遣了另一支队伍保卫斯摩棱斯克至莫斯科之间的公路，打算切断俄军的退路。

8月16日清晨，拿破仑下令对斯摩棱斯克再次进行轰击和总进攻。内伊率前卫部队赶到斯摩棱斯克对面的第聂伯河岸，发现俄军在大块砖石砌成的城墙上坚守。拿破仑到达后下令立即攻城，结果被俄军击退，战斗一直持续到下午6点，法军最终占领了斯摩棱斯克的近郊，伤亡惨重。晚上，拿破仑召见达武元帅，命令他第二天无论如何都要占领斯摩棱斯克。他计划借此一战击溃俄军主力，然后留在斯摩棱斯克过冬，休整部队，同时巩固在波兰、立陶宛和白俄罗斯的后方阵线。8月17日，法军继续强攻，战斗异常激烈。拿破仑亲自带着30门大炮去轰击一座通向城内的桥梁，俄军进行了英勇抵抗。夜幕降临时，法军继续炮击城内。城中火光冲天，爆炸声一声接着一声，火势越烧越猛，整个天空都被映得通红，但法军仍未取得决定性的战果。

8月18日拂晓，俄军在炸掉军火库和纵火烧城之后，趁着夜色掩护全部撤离了斯摩棱斯克，斯摩棱斯克又变成了一座空城。拿破仑面临着困难的抉择：要么完全放弃整个战役，要么继续追击退避的俄军。最后，他决定继续向莫斯科进军，在那里与俄军决一胜负。他命令缪拉、内伊、达武等军马不停蹄地追赶撤往莫斯科的巴克莱。

8月19日，缪拉的两个骑兵团追踪而去，渡过克罗德尼亚河后朝卢布诺方向进军；达武与内伊沿着斯摩棱斯克至卢布诺的公路挺进。追击途中，内伊发现敌军在瓦卢迪诺进入阵地，他迅速将这一情况向拿破仑报告。拿破仑起先以为这不过是敌人的一小支后卫部队，但络绎不绝的报告终于使他相信，这是俄军的一个强大军团。

原来，巴克莱的退却虽然挽救了15万俄罗斯军人的生命，但却引起了全军上下的不满。沙皇对巴格拉季昂与巴克莱之间日趋严重的倾轧也坐卧不安，因而勉强决定将最高指挥权交给老将库图佐夫。67 岁的库图佐夫观察力敏锐，遇事镇定，是个颇具决断力的战将。他的战略总体上仍然是继续撤退，但他决定在维亚泽玛和莫扎伊斯克之间选一个便于防御的阵地打一仗，看看拿破仑劳师远伐的部队到底有多强的战斗力。他选定的阵地是俯控卡拉莎河右岸的一道山脊，从斯摩棱斯克通往莫斯科的大路在博罗迪诺村越过该河。博罗迪诺位于狭长的卡拉莎河西岸，该河向北蜿蜒数英里后汇入莫斯科河。另外，这一带支流纵横，尤其在卡拉莎河谷一带更是悬崖峭壁耸立，周围林木郁郁葱葱，地势十分险要。

库图佐夫命令俄军沿着山脊构筑工事、拓宽战壕，普拉托夫和尤瓦洛夫的骑兵队则镇守位于卡拉莎河东岸右翼的最北处。库图佐夫的指挥部设在哥基附近。南翼俄军仅凭借天险构成防线，兵力部署最为薄弱，因为那里地势天成，主山头及附近河谷都是峭壁，又被森林覆盖，极难行走。康斯坦丁率领的俄国帝国近卫军（第五军团）仍然在前沿阵地待命。

由于莫斯科就在博罗迪诺城以东 27 英里处，拿破仑认为，这一仗不仅可以消灭俄军主力，也将为进军莫斯科打开大门。他立刻赶往前沿阵地，命令朱诺将军和贝尔蒂埃元帅前进，与俄军会战。9 月 5 日，法军终于接近了目标，到达博罗迪诺的法军约有 13.1 万人。第二天，拿破仑对俄军阵地进行了仔细侦察，然后命令达武和内伊于 9 月 7 日上午向主山脊上的俄军发起正面进攻，命令右翼的波尼亚托夫斯基尝试迂回到敌人的左翼。这种硬碰硬的正面突击意味着直接的生死对抗，是一种不惜代价的打法。

9 月 7 日，拿破仑将指挥所移至舍瓦尔季诺棱堡，由于感冒发烧，他在下令开战之后就很少直接指挥战斗。上午 6 点，法军炮兵集中火力猛轰俄军，步兵在炮火之后大举进攻。俄军则予以还击，顿时全线都爆发了激烈的战斗。波尼亚托夫斯基试图迂回到巴格拉季昂的左翼未果，但将巴格拉季昂本人打成了重伤。最为激烈的中路进攻非常艰难，内伊元帅以其特有的英勇猛攻俄军，使敌人遭受重创。但俄军的增援部队不断开来，法军开始攻击不到一个小时，库图佐夫便发动了大规模的正面反攻，击溃了达武和欧仁以及法军阵线，达武与拉普将军受伤，而内伊更是身受重伤。8 点 30 分，俄军发动了更强的攻势，拿破仑不得不临阵指挥，并起用朱诺的后备部队。但朱诺因指挥不力，贻误了战机，法军功亏一篑。库图佐夫占据防御优势，法军只得沿着俄军的南翼和北翼艰难推进，两军很快形成了对峙局面。直到日落，法军才依仗数量上的优势攻克棱堡。但是俄军顽强抵抗，他们在被攻克的棱堡后方再度聚集起来。拿破仑集合 400 门大炮，重点攻击俄军的主要据点，终于攻破了俄军坚固的防御体系。

9 月 8 日，库图佐夫在战场上留下一支后卫部队之后，向莫扎伊斯克退去。拿破仑仍感身体不适，缪拉也未穷追。9 月 10 日，拿破仑离开博罗迪诺继续向莫斯科缓慢推进。

就战术而言，博罗迪诺一役是法国获胜了。然而，俄军是秩序井然地撤离而非作鸟兽散，很快又有生力军补充上来。而且，库图佐夫在放弃莫斯科后并没有继续东撤，而是将兵力调至西南约 100 英里的卡卢加。这一招非常高明，不仅可以保护重镇图拉，而且离法军交通线上的要冲维亚泽玛不到 90 英里。而法国军队离自己的祖国有 2 000 英里之遥，完全陷入了孤立无援的境地。

纵观博罗迪诺战役，双方伤亡都十分惨重，法军损失 4 万人，而俄军则损失近 5 万人。双方都没有更准确的伤亡人数，对两军而言，面对如此大量的伤亡人员，医疗队已束手无策。法军将领约有 48 人伤亡，以前从未有过如此惨重的伤亡，此战堪称一场浴血战役。

第二十章　千里大溃退

进退两难

博罗迪诺战役的胜利，给拿破仑带来了令其十分困惑和失望的结局。1812 年 9 月 14 日，拿破仑的大军在莫斯科城外扎营过夜。

第二天早晨，阳光灿烂，天高云淡。拿破仑及其随行人员登上小小的斯巴罗山山顶，立即被眼前的美丽景色震住了：一座巨大的城市在阳光的照耀下闪闪发光，那就是拿破仑早已渴望占领的莫斯科。望着眼前的景象，拿破仑忧郁的心情一扫而光。这时，大军前锋缪拉派人送来一个消息：敌人正在撤出莫斯科，俄军要求在他们穿过莫斯科城时停止敌对行动。拿破仑同意了敌人的要求，同时命令缪拉紧紧地跟踪俄军，迫使俄军尽可能地远离莫斯科。

显然，俄军是有计划地放弃了这座城市。但是，这并非表示俄军已屈服。博罗迪诺决战失利后，库图佐夫很快来到莫斯科，在莫斯科郊区召开了紧急军事会议，他告诉手下的将领们，他已决定放弃"圣城"。他用法语给将军们打气说："你们对莫斯科的撤退感到焦急不安，而我却认为这是天意，因为此举能够挽救军队。拿破仑如一股洪流，我们尚不能加以制服，莫斯科将如海绵一般吸干这股洪流。"

而拿破仑此时的心情极好，他吩咐缪拉尽快召集莫斯科的名流，组成一个代表团，他将在城门口接见他们。他似乎已看到了代表团手捧莫斯科的钥匙，对他俯首帖耳的样子，如同在柏林和维也纳所发生的那样。

　　9月15日上午6点，拿破仑到达护城河的栅栏边，在那儿下马等候代表团的到来。两个小时过去了，代表团毫无踪影。就在拿破仑焦急万分之际，缪拉和迪罗斯内尔将军送来了报告：莫斯科城内一位社会名流也没有，甚至连一个长期住户也找不到。拿破仑感到无比困惑，一个被征服的城市不应有这样的表现。中午，拿破仑径直向眼前气势磅礴的克里姆林宫的高墙前进。下午3点，他跨上战马，对克里姆林宫和教养院做了一番视察，然后又巡视了该城的两座主要大桥，发现一切都井然有序。最后，他回到克里姆林宫，住在沙皇亚历山大的房间里。

　　晚上8点左右，城郊突然蹿起火舌，法军费尽艰辛才将大火扑灭。晚上10点30分，有人报告离克里姆林宫最远的一个街区发生了火灾，在强劲的北风吹动下，熊熊火焰正在向市中心蔓延，而且火势越来越猛。法军开始警觉起来，努力搜寻起火的原因。有几个正在点燃易燃物的俄国警察和农民被当场捉住，他们供认是受莫斯科市长罗斯托普钦之命，要在一夜之间烧毁全城。烈焰继续从一个街区向另一个街区扩展，火势迅速蔓延，现在已危及整个城市，莫斯科城已像个巨大的熔炉。

　　9月16日，稍稍偏西的北风掀起了更为可怕的火浪，风助火势，浓烟滚滚，克里姆林宫的房屋已经燃烧起来。拿破仑也亲自参加了救火，在皇帝的感染下，近卫军的炮兵和步兵个个奋勇争先，不惜冒着生命危险，与熊熊烈火顽强地搏斗着，最后总算保住了克里姆林宫南面的桥梁。

　　9月17日，持续了一天一夜的烈火延伸到更广阔的地区，法军驻扎的北区和西区已大部分燃烧起来。西北风使火势有增无减，大火烧进了克里姆林宫，拿破仑不得不下令撤退。在他们撤出时，宫殿外侧的门已烧掉一半，火星不断地落在他们身上，浓烟几乎使他们窒息。拿破仑带领一行人，穿过烈火、灰烬、废墟，于夜幕降临时到达郊外的彼得罗夫斯柯耶宫。

　　9月18日，城中的烈火仍以新的势头猛烧。拿破仑现在想清楚了一个问题：如果俄国人愿意与他进行谈判的话，那么他们就不会放火焚烧莫斯科城，就不会做出如此巨大的牺牲了。俄国人并没有屈服，此地不可久留。不巧的是，这一决定在拿破仑听到缪拉带来的最新消息后就做了更改——该消息称，在审问了若干俄国官员及囚犯后，缪拉可以确定俄军已受到重创，士气十分低落，过不了多久沙皇就会被迫投降。黄昏时分，风停了，下了一场雨，火势开始减弱。拿破仑似乎看到了新的希望，他重返克里姆林宫，十分肯定俄国人会投降并且送信到圣彼得堡要求和谈。

然而，圣彼得堡方面的看法却大相径庭。莫斯科的大火让人看到俄国人民在与法国人的斗争中下了何等大的决心。同时，库图佐夫也宣布他在博罗迪诺对拿破仑的战役大获全胜，沙皇已命令他庆功。随着各种详细报道的日益增多，亚历山大逐步意识到库图佐夫在这场战役中确实给了法军以重创，他坚决反对和谈，所以和谈只是拿破仑的一厢情愿。

回到克里姆林宫数天之后，拿破仑宣布在莫斯科过冬。

法国军队为了获取粮食和军需品，各种暴行和犯罪行为不断发生。未被大火烧毁的商店、酒窖被强行打开；未撤走的莫斯科居民遭到虐待；没有进城的部队甚至派出自己的小分队进城抢劫，纪律对他们已毫无约束力。拿破仑多次申明军纪，但无济于事。他又下达了法国及波兰招募新兵的征兵令，并强调加强连接巴黎、艾尔福特、格但斯克、华沙以及莫斯科等地的通路和供给保障。拉瓦莱特负责保证所有道路的安全畅通，每隔15英里或21英里就设置一个驿站，每个驿站至少配置4匹快马。

其实，拿破仑的内心此时也很矛盾，他希望沙皇能主动求和，但沙皇是否会走这一步，他心里一点底也没有。若沙皇真的跟他耗到底，他没有这个耐心，也没有这个条件，他每天付出的代价要比沙皇大百倍。但若主动撤退、无功而返，又绝不是他的性格，他的脾气变得暴躁起来，经常对周围的人大发雷霆，有时又在几个小时里保持沉默。他曾两次命令科兰古以前任大使的身份主动到圣彼得堡与沙皇谈判，但都遭到拒绝。科兰古再次提醒拿破仑："沙皇十分清楚我们的弱点，法国已没有讨价还价的筹码了。""你所谓的我们的弱点，是指什么？"拿破仑不悦地问道。"是冬季，陛下。"科兰古回答道。

亚历山大那边一点动静也没有，这令拿破仑整日坐立不安，他比以往任何时候都更加忙碌地工作着：他在克里姆林宫广场上视察部队，命令为部队建造新的大型烤面包炉和磨坊；扩大防御线，派出强大的军队驻守；还下令将"越来越稀少的牛等牲口全部集中起来"，以便为即将来临的漫长冬季做好准备；为了保护法军的供给线，他不得不向南北两个方向派出大量的掩护兵力。这样，在莫斯科城内和周围地区，他手上的兵力就只有 10 万余人。缪拉的骑兵向南构成一道屏障，监视库图佐夫。往来斯摩棱斯克与莫斯科之间的运输车队经常遭到哥萨克骑兵的袭击，因此拿破仑不得不告诫在斯摩棱斯克的朱诺：任何车队若无 1 500人护送，均不准起程。

当然，拿破仑考虑最多的还是如何与沙皇亚历山大进行谈判。心急如焚的他旁敲侧击，想方设法要把自己热爱和平的愿望通告给沙皇。

然而，信使送往彼得堡的媾和建议被俄国人看成是拿破仑已经山穷水尽的证据。在俄国宫廷和与战两派的争议中，主战派更有了发言权，他们更坚定了作战的决心。

拿破仑有点进退两难了，他逐渐意识到"敌人的沉默才是他真正的危险，而他除了放弃侵占这个国家外已别无选择"。不过，他还想在放弃和谈之前做最后一搏。他决定亲自给沙皇写信，并自愿做一点对方想不到的让步，好让沙皇不至于在自己的人民面前丢脸。

过了一个多星期，亚历山大对拿破仑的媾和建议仍没有回复，拿破仑再也忍不住了，他决定派洛里斯托纳去库图佐夫的统帅部。10 月 4日，洛里斯托纳来到设在塔鲁丁诺村的俄军司令部，这在库图佐夫的大本营中引起了轩然大波。库图佐夫拒绝与洛里斯托纳进行关于媾和或休战的谈判，只答应将拿破仑的建议转告给沙皇。这又是一次令人难堪的等待。

这时，法军的处境更加困难了。俄国人民拿起武器广泛地进行游击战，他们分股活动，四处袭扰法国的城防部队，破坏交通线，袭击野战部队的分队。法军的伤兵数量巨大，同时又极度缺乏过冬装备，如衣物、皮手套、皮帽、毛袜子以及在雪地中行走用的厚实的御寒靴子等。同时，库图佐夫也专门派出部队，前往斯摩棱斯克等地，对法军展开游击战。俄军还在卡卢加、图拉、梁赞等地大量训练预备队，建立民众武装约 20 万人，分散在莫斯科周围活动。法军面临着饥饿的威胁，士气极为低落，拿破仑正由莫斯科的占领者逐渐变为掉入莫斯科陷阱的困兽。

与此同时，坏消息一个接一个地传来：瑞典王储贝尔纳多特与沙皇在芬兰的阿波会见，表示积极支持俄国抗法，自动归还了所借的 2 万名俄国士兵；威灵顿在西班牙使法军节节败退，夺回了法军占领的地盘；拿破仑派往巴黎的信使又被拦截过两次，不是被监禁就是被杀害；沙皇的战略顾问斯坦因极力策动英国和瑞典军队在德意志登陆，切断法军后路；法国国内开始出现一些不稳定的因素。而俄军方面，哥萨克骑兵团在莫斯科近郊也取得了一系列小规模作战的胜利，受到惊吓的法军乱作一团；沙皇在达鲁提诺和文科夫两地组建了新的部队，不久便可以投入战斗。拿破仑清楚地意识到自己的危险处境，开始酝酿撤出莫斯科的计划。

10 月 13 日，莫斯科下了这个冬季的第一场大雪，莫斯科城外银装素裹。望着仍在飘飞的雪花，拿破仑开始认真考虑退路了。他召开了军事会议，会上，众将帅意见不一，有的主张向彼得堡进军，威逼俄都，以增强俄国贵族的恐慌心理，争取媾和；有的主张固守莫斯科，等待援兵，待明年春天再与俄军一决雌雄。拿破仑考虑再三，认为法军已成强弩之末，兵力、弹药、物资均严重不足，进攻彼得堡毫无可能。若长期坚守莫斯科，恐怕会导致国内政局不稳，而且每日的自然减员就足以让全军垮掉，一旦俄军完全切断法军的供给线，坚守莫斯科无异于坐以待毙。

拿破仑十二分不情愿、百分不甘心地下达了弃城的命令。10 月 19

日中午，在占领莫斯科仅 35 天后，法军开始撤离莫斯科。马匹、货车、担架及一切有轮子的东西都装满了伤员以及巨大的雕塑、油画、家具甚至大量波斯地毯等珍贵财物，在帝国卫队的护送下，浩浩荡荡地驶出克里姆林宫的大门。

死伤惨重

拿破仑从莫斯科撤退的原计划是由莫蒂埃元帅奉命率青年近卫军 1 万人暂留莫斯科断后，并在最后撤出莫斯科时炸毁克里姆林宫。大军团则取南线一带未经战争摧残的路线有序撤退。他满怀信心，深信在严寒来临之前可以安然到达友好的立陶宛，进入冬营。他更大的愿望是在途经卡卢加时打败库图佐夫并借此为大规模的撤军扫清道路。

法军的 10.8 万人，火炮 569 门，以八路纵队在宽阔的大道上行军，后面跟着 4 万辆装满弹药、木柴、粮食和各种掠获物资的马车和货车。在首次霜冻来临时，地上已结冰，数十里长的滚滚车流人马踏着雪地前进，那是何等壮观的景象！

此时，俄军主力已重组成功，俄军统帅们向沙皇保证在法军大撤退中全力向法国首都反攻。因此，他们早已做好追击的各种准备，并算定了法军行走的路线。10 月 22 日，杜克托洛夫的军队从达鲁提诺出发，企图拦截拿破仑的先头部队；同时，库图佐夫的军队正向卡卢加以北进军。

10 月 24 日，杜克托洛夫的军队在马洛亚罗斯拉维茨与欧仁亲王的一支分队遭遇并展开了激战，战斗持续了一天，双方不断地调动增援部队参加战斗，反复争夺马洛亚罗斯拉维茨阵地，平地易手达 8 次之多，双方损失均极为惨重。最后，俄军主动撤出了阵地。法军折将 7 人，损兵 5 000 人，大部分是欧仁的意大利军。

这一仗打得莫名其妙。既然俄军要阻截法军，为什么又不全力以赴呢？敌人的意图又是什么？法军该向哪一条路线撤退？10 月 25 日天刚亮，拿破仑在一小队人马的护卫下进行例行视察。他带着贝尔蒂埃元帅、拉普将军等几位将官和12人的轻骑卫队一同前往前沿阵地。突然，一群端着枪的哥萨克人大喊大叫地向他们冲来，拿破仑差点被哥萨克骑兵擒获。所幸波兰骑兵和近卫轻骑兵及时赶到，打退了哥萨克人，拿破仑才侥幸脱险。

遭到这次拦击后，拿破仑默默无言，眼睛盯着地图，长达一个多小时。鉴于伤亡惨重，元帅们主张放弃决战，向北撤退，然后转向西，重走原来进军的一片荒凉的路线。就这样，拿破仑下令停止向卡卢加进军。大军回头转向博罗迪诺，凄然跋涉上道。

拿破仑这个无奈的决定恰恰又是灾难性的，因为他过高地估计了库图佐夫的战斗意志。事实上，这位习惯于退却的俄国元帅早已决定，一旦拿破仑大举进攻，他就立即撤出战斗；如果法军撤退，他们就阻截追击。拿破仑没有权衡利弊，结果让法军走上了一条自取灭亡的生死大搏斗之路。这搏斗不仅来自俄军的追击，而且还有自然灾难。

拿破仑挥师北去，从挺进莫斯科的原路撤退，使法军本已严重匮乏的补给雪上加霜。现在俄军一点也不急于大规模进攻，他们与法军保持一定距离平行前进，偶有交火。库图佐夫希望饥饿疲劳、纪律松弛、补给匮乏，使法军最终完全丧失战斗能力。

现在，法军的状态每况愈下，法军在行进中又折损了近千匹战马，增加了数千名伤员，沿途都是丢弃的行李、大炮和靴子。马博特上校形象地将俄国的广大土地比喻为不断吞噬他们的"巨大坟场"，而他们在这座坟场里留下的是"被狼群啃咬着的3万具尸体"。几个月以前，战死而来不及掩埋的尸体发出一阵阵恶臭。士兵们开始在心里诅咒发动这场战争的人，失望和厌战的情绪迅速蔓延开来。幸运的是，自10月13日下过一场大雪以后，天气晴朗了半个多月，气候异乎寻常地暖和。法军首先到达格扎斯克，接着是维斯马，沿着斯摩棱斯克方向前进，此时冯·施瓦岑贝格亲王早已背弃法军返回华沙。北方是由查斯尼基将军率领的俄军，他不断地扰乱那里的法军第二、九军，直接威胁到拿破仑渡过别列津纳河的计划。而奇恰戈夫则率军在通往布列斯特－立托夫斯克以及斯洛尼姆之间设置路障。

11 月 5 日，第二场暴风雪终于降落到饥寒交迫的法军头上，一阵阵寒风肆虐着那些身体虚弱的士兵。积雪茫茫，大地的面貌无法辨认，随处流转的行军纵队常常迷路，数以千计的战士相继死去。除了老近卫军外，全军秩序大乱，整营整营瓦解，三五成群，四处劫掠。大军团的撤退，现在变成了一个做不完的噩梦。军团的兵力已锐减至 6.5 万人，只有帝国卫队仍保持 1.4 万人，但他们已不服管束。更糟糕的是，达武统率的全军最强的一个军总人数已降至 1 万人，而内伊的军人数仅剩 3 000 人，第六、八两个军加起来总人数才 1 500 人。拿破仑唯一的希望就是在奥尔沙待命的由维克多和乌迪诺元帅率领的第九军和第二军在关键时刻能够派上用场。

沿途，普拉托夫的哥萨克仍不停地对法军进行骚扰。在法军入侵初期遭受过法军残酷掠夺的俄国老百姓，如今也奋起反抗法军，从而减慢了他们的撤退速度。对法军而言，即使严寒稍减，搜寻食物和燃料也还是达到了疯狂的程度。

作为一军统帅，拿破仑早已忘了自己是一国之君，他忍受着行军中的一切艰难困苦，像往常一样，力图做出榜样来激励士兵。他接连几个小时在雪地上步行，扶着一根拐杖，与并肩行进的士兵交谈。他告诉大家部队将在斯摩棱斯克冬营，到那时疲乏的日子就会结束，斯摩棱斯克有足够的物资供应军队。于是，斯摩棱斯克一下子成为人人热切向往的地方。全军士兵想到不久就可以休息和吃东西，心中不禁高兴万分，摇摇晃晃地向西走去。

当拿破仑的大军缓缓靠近斯拉夫科瓦时，米洛拉多维奇率领的俄军也赶到了那里，并成功打击了拿破仑的后卫部队。达武遭到围困，直到最后关头才九死一生地被欧仁亲王救出。内伊军损失极为惨重，但其第三军仍奉命取代达武军成为拿破仑的后卫部队。法国骑兵团由最初从莫斯科出发时的近 1.5 万人锐减至只有区区几千人，他们既得不到步兵的保护，更没有自我保护的能力。

11月6日，法军大部分到达多洛哥布什。拿破仑在这里接到了法军在西班牙进一步失利的消息，还接到了萨瓦里粉碎马莱政变的消息。这使他赶回巴黎的心情更为迫切。

4天后，法军终于到达斯摩棱斯克，他们原以为这个地方食物充裕，没想到驻守在那里的士兵反而蜂拥而出，扑向在第聂伯河岸滑倒跌死的军马，一匹也不放过，生吃殆尽。

灾难纷至沓来，拿破仑在斯摩棱斯克停留的几天里，听到的全是坏消息：维克多的第九军在德维纳河畔被俄军打败，拿破仑下令让他就地反击；从法国赶来增援的巴拉格·迪利尔军奉命占领从斯摩棱斯克通往耶尔尼亚的大道上的阵地，但这个军的前卫在奥热罗将军的指挥下，只在拉彻沃占领了一个很脆弱的阵地，不久便遭到俄军的围攻，奥热罗将军率2 000多人向俄军投降。至此，拿破仑除了乌迪诺军以外，再也没有新的援军了。乌克兰方面的俄军又有切断法军退路之势，维吉斯坦以及奇恰戈夫的约7万人的追兵已赶在法军前面，占领了明斯克与别列津纳的交会处。

拿破仑不得不放弃在斯摩棱斯克冬营的计划，决定全军向维切布斯克以及明斯克退却。

不过，法军并没有沿西北方向朝维切布斯克退却。11月14日，欧仁的前锋部队沿西南方向退却，试图经克拉索尼、波里索夫，沿别列津纳河到明斯克，但经过一场突围战后，被迫改变了行进方向。在他们身后，库图佐夫的部队正步步紧逼，而普拉托夫更为剽悍的骑兵队以及米洛拉多维奇的主力部队也从南北两面逼近。更加严峻的是，维切布斯克现已被俄军占领，维切布斯克和波洛茨克的俄军大部队约3万人也正向西移动；而奇恰戈夫将军率领的3.4万人的队伍正从明斯克直冲而来，现已代替达武军成为法军后卫的内伊军面临着一场更大的灾难。各军间的通信联系已基本被俄军切断，根本无法传递报告和命令，内伊军只好孤军奋战，对付库图佐夫的大部队。经过一番苦斗，内伊军的损失极为惨重。这支残军被库图佐夫逼迫到第聂伯河边，内伊不顾一切地指挥残军强渡第聂伯河，杀出重围与主力会合，这支 6 000 人的队伍仅生还 800 余人。此时，乌迪诺率领的第二军近 8 000 人在明斯克西北处与维克多第九军的 1.1 万人奉命就地反击，希望能为拿破仑打开一条逃生的退路。

11 月 15 日，拿破仑在到达克拉斯诺耶后，又花了整整两天时间等待余部到达这里。然而，他的帝国卫队为了冲破库图佐夫在前往明斯克的路上进行的拦截，损失极大，但也击退了近 3.5 万名俄军，取得了小小的胜利。形势仍十分令人担忧，拿破仑放弃了退往最近的补给兵站明斯克的计划，下定决心加快撤退速度，赶在库图佐夫之前渡过别列津纳河，然后取道更北面的一条路线退往维尔纳。但在这条退路上，横卧着第聂伯河右岸的一条支流别列津纳河的沼泽河谷，而已经封冻的别列津纳河又突然解冻。有坏消息传来说，跨越别列津纳河的唯一桥梁——位于波里索夫的一座桥头失守了。这时，拿破仑的好运再一次挽救了局势：一位名叫埃布勒的炮兵将军在波里索夫以北 5 英里的斯图蒂杨卡找到了一个合适的架桥点，该处渡口仅有少量哥萨克巡逻队看守。于是，拿破仑精心布置了一个陷阱，命令乌迪诺重新整编的第二军佯攻别列津纳河上的一个渡口，甚至假装要攻占波里索夫，以引开俄军的注意力。俄军立即将主要兵力从斯图蒂杨卡调回以拦阻乌迪诺军，仅留一个师的兵力在波里索夫监视上游情况。

埃布勒的架桥行动于 11 月 25 日下午 5 点开始。法军工兵不顾严寒，站在齐下巴深、漂着浮冰的河水中架桥。没有架桥的支架和木板，他们就拆毁当地的民房。拿破仑待在河边陡坡上的一间小屋里，坐立不安，一夜未眠。

11 月 26 日晨，埃布勒克服重重困难，终于建起了两座长 160 码[①]的高架桥：一座供步兵通过，另一座供火炮和运输车辆通过。下午 1

---

① 1 码 = 0.914 米。

点，步骑兵开始渡河。现有战斗力最强的乌迪诺军首先进至右岸，将右岸的俄军击退，接着夺占了塞姆宾，法军在右岸终于有了立足之地。

11月27日，法军大部开始渡河。这时，俄军才发现上了当，赶紧从三面杀来：奇恰戈夫在南，维特根施泰因在北，米洛拉多夫克与库图佐夫前锋在东，进行合围攻击。俄军炮火也从俯控高架桥的山脊上射来，但法军大部分已经渡过了河，仅剩维克多军尚在左岸。

11月28日，奇恰戈夫军在右岸攻击乌迪诺和内伊军，维特根施泰因军则在左岸攻击维克多军。然而，俄军攻击缺乏锐气，库图佐夫大军也未能及时赶至别列津纳河边，俄军围歼法军的计划落空，疲惫不堪的法军终于奇迹般地从虎口逃生了。11月29日晨，维克多准备率后卫3 000人过桥后将桥焚毁，突然有1万多名被哥萨克骑兵追击的掉队士兵赶到桥边，导致别列津纳河堤上一片混乱，维克多军只好用武力将这些人阻挡在桥头，好让正规部队迅速过桥。这时，俄军又对最后的渡河部队发起猛烈的进攻。炮弹呼啸而至，在拥挤的人群中炸开一道狭长的缺口，人们被吓得魂飞魄散，夺路而逃，成千上万的人又一次拼命地拥上桥去。

为了阻止俄军渡河追击，保证主力顺利撤退，拿破仑顾不上尚未渡河的掉队士兵了，命令维克多炸毁大桥。现在，西岸已聚集了拿破仑剩下的大部分精锐部队，包括近1.4万名步兵、2 000名骑兵及200门大炮。一度强大的法兰西帝国卫队也只剩下6 000人，而拿破仑、达武、欧仁所率部队人数的总和不超过3.6万人。

渡过别列津纳河后，法军昼夜兼程赶往维尔纳。此时，曾令科兰古最为担忧的寒冬仍然全面侵袭着法军。气温从零下4摄氏度降至零下29摄氏度，许多人因身体过度虚弱、手脚被冻坏，跌倒后就永远无法站起来了。还有许多快被冻僵的人，宿营时过分靠近篝火，结果反而送了命。被俄军俘虏的法军约有3.5万人被冻死，311门重炮落入俄军之手。渡过别列津纳河3天以后，法军能够作战和继续随大队行进的人数已经锐减至8 800余人。

12 月 3 日，拿破仑抵达莫罗地赫诺，马上收到了 15 封来自巴黎的信件。他仔细阅读了巴黎的来信后，对科兰古说："在目前的形势下，我只有在杜伊勒里宫才能控制住欧洲。"万分沮丧的他起草了著名的《第 29 次陆军公告》，并签署命令增招 30 万名新兵。同一天，他开始为回国做准备。

在斯莫格尼，拿破仑最后一次召集他的高级将领们，让满腹牢骚的缪拉继续统率帝国剩余部队。在会上，他耐心地向元帅们说明，他之所以要回国，并非由于胆怯，而是因为那里太需要他了。如果没有他，谁也不可能采取紧急的征兵办法组织至少 30 万人的新军来对付春天可能进犯的敌人。他相信缪拉元帅一定能将军队带到维尔纳，只要进入了维尔纳就不会再有危险了。元帅们最终同意了他的决定。

拿破仑每次出征后回国，都是作为胜利者凯旋的。然而这一次，他却是悄悄归来。12 月 6 日，拿破仑带领科兰古及 200 名卫兵从斯莫格尼出发，于午夜时分到达奥什米亚纳。他命令每个人都换上厚厚的羊皮大衣及靴子，甚至每个人都配上熊皮毡子，然后起程前往维尔纳和柯夫诺。队伍渡过冰封的涅曼河，进入冰天雪地的波兰荒原，再坐雪橇又行进了数小时才到达华沙。一路上，拿破仑心里翻江倒海，但表面上却很平静。他心平气和地与科兰古谈论征俄的失败原因，没有自责，没有痛苦，他认为自己没有太大的错误，这场战争的失败不是因为敌人太强大，也不是因为他发动的这场战争在政治上不合时宜，而应归咎于恶劣的天气以及波兰没有按照他的命令去征召军队。

到达德累斯顿后，拿破仑在法兰西公使府第稍事休息，然后在幽暗而寒冷的萨克森宫里接见了萨克森国王。拿破仑要巴隆·凡（梅内瓦尔的替补者）召集另外 4 万名奥地利及普鲁士士兵来支援他。之后他们又悄悄地回到车上，经过艾尔福特、富尔达、美因兹，到达梅瑙克斯驿站，将滚轮马车换成了一辆双篷四轮马车。此时，拿破仑的 200 名护卫人员已减少到只有数十个骠骑兵。经过 12 个昼夜的秘密旅行，他终于回到了杜伊勒里宫。

当时正是 12 月 18 日深夜 12 点。门卫没有认出他们来，他让其他官员留下，带上拿破仑和科兰古穿过花园到达门廊。正在睡觉的瑞士卫兵，对眼前这个人的奇特打扮起了疑心，并叫来他的妻子一起辨认，终于认出眼前的人正是伟大的拿破仑皇帝，他们惊讶得说不出话来。玛丽亚皇后在杜伊勒里宫的剧院看了一出戏后回到卧室安睡，这时，拿破仑身着毛皮大衣、头戴貂皮帽出现在她面前。他黑黑的胡子已经好几天没有刮，他紧紧地拥抱着从床上起来、一副受惊样子的玛丽亚。当她看到疲惫的拿破仑沉沉睡去时，不禁用手抚着拿破仑的乱发深吻了下去。

此时的东欧及中欧，大自然的恶劣气候还在与俄国军队联手捕杀溃散在冰天雪地中的法军残余部队。卢瓦宗将军丢弃了自己在维尔纳的 1.4 万名将士独自逃亡。身为总指挥官的缪拉见残军不断溃散，感到回天无力，于是把大军指挥权交给欧仁，回到比较温暖的那不勒斯去了。在俄军的追击下，法军于 12 月 10 日被迫撤出维尔纳。内伊军徒劳地坚守柯夫诺直至 12 月 14 日。法军最终收罗的剩余部队约 4.3 万人，再次渡过了涅曼河。著名的拿破仑的帝国卫队此刻仅余 1 000 人。这次远征俄罗斯，以法军的彻底失败而告终。法军损失了 40 余万大军，1 000 门大炮，7.5 万匹军马。

此时的巴黎被一片悲哀气氛所笼罩，因为巴黎人民已从 12 月 16 日的公报上知道了法国远征俄罗斯的结局，成千上万个家庭正为失去亲人而痛苦不已。但拿破仑并没有感到特别沮丧，因为巴黎的政局还算稳定，法兰西帝国依然在他的掌握之中。他对未来总是充满信心。

第二十一章　四面皆楚歌

爱恨情仇

在回到巴黎的当天，见到玛丽亚皇后之前，拿破仑先去见了他的初恋情人德茜蕾。德茜蕾从瑞典回国后，一直留居巴黎。这次会见，拿破仑并非去叙旧情，而纯粹是出于一种政治目的。

拿破仑与瑞典王储贝尔纳多特的矛盾由来已久，尤其是拿破仑从埃及远征归来的时候，差一点被当时担任法国陆军部长的贝尔纳多特以叛逃罪送上断头台。拿破仑考虑到与德茜蕾的关系，对贝尔纳多特还算是格外施恩，不仅封他为元帅，而且封他为亲王，但贝尔纳多特并不领情。一向自以为是的贝尔纳多特认为，这些荣誉并不是拿破仑的恩赐，而是凭自己的实力和赫赫战功得到的。每每看到拿破仑对德茜蕾的特殊关爱，他内心的嫉妒和痛苦就如同被毒蛇吞噬一般，男人的自尊与好胜曾使他发誓，总有一天要亲手埋葬这个狂妄自大、不可一世的情敌。

这位王储庄重严谨的外貌和一丝不苟的处世风格，使他看上去似乎是一个忠诚、与世无争的人，但他的内心从来都是野心勃勃、不愿屈居人下的，只是他的胆识不及拿破仑而已。现在，他已经被瑞典人选为王储，这一政治野心便不加掩饰地流露出来，作为欧洲霸主的拿破仑显然是他实现野心的最大障碍。所以，当俄国沙皇拉他加入反法联盟时，他毫不犹豫地答应了。在法、俄战争期间，他不仅为沙皇提供 3 万兵力的军队支援，同时还在努力寻求推翻拿破仑的手段，物色法国政府的敌人作为报仇的第二个工具。这个人就是因参与谋杀拿破仑阴谋败露后被放逐而流亡国外的莫罗将军。经贝尔纳多特的策划与安排，这位曾在霍恩林登战场上得胜的将军，不久就要在斯特拉尔松登陆，在反三色旗的战争中度过他最后的日子。现在，看到拿破仑征战俄国损失惨重，从莫斯科狼狈撤逃，强大的帝国大军几乎毁灭殆尽，贝尔多纳特十分兴奋，因为他似乎看到了摆脱拿破仑、埋葬拿破仑、实现自己宏伟蓝图的千载难逢的良机。

拿破仑在俄国惨败后回到巴黎，还没有意识到这位昔日旧将实际上已成为他的死敌，他仍幻想通过德茜蕾奉劝贝尔纳多特使瑞典改变立场，瓦解在他看来并不十分牢固的瑞、俄同盟。为此，他和科兰古于晚上10点多钟来到德茜蕾家里。

"我将每月付给瑞典100万法郎，直到打败敌人。我还会把芬兰给他。"拿破仑微笑着，还是德茜蕾非常熟悉的那种微笑。

"我完全可以使瑞典再成为一个伟大的国家，如果贝尔纳多特能立即做出肯定回答的话。"他继续说着，"然而，贝尔纳多特却给了俄国近3万大军，还有他的盟邦英国！我忠告他重新选择盟友！"

"您知道他对瑞典的忠诚。如果他不呢？"德茜蕾斗胆问他。

"我将使瑞典灰飞烟灭！"他突然变得大声起来。停了一下，他突然站起身，大踏步走向门口，说："您要亲自把贝尔纳多特的复信转呈给我，王妃。如果您的丈夫拒绝，您就必须离开法国，我再也不想看到您。"

拿破仑离开后，德茜蕾伤感地意识到自己在巴黎的时光恐怕不长了。

尽管极度疲倦和劳累，拿破仑第二天一大早还是开始了一天的紧张工作。他急于重新组建军队，他想要知道人们对《第29次陆军公告》的反应。当然，他最担心的还是他一手建立起来的帝国大厦稳不稳固。马莱发难，使整个帝国航船险些在阴沟里倾覆。他对这件事非常不满，帝国脆弱到如此地步，简直令他有些神经质了。为了使皇朝根深蒂固，他想效仿罗马的恺撒大帝，让儿子登基，并请教皇为皇后加冕，立玛丽亚·路易丝为摄政皇后。拿破仑来到位于巴黎东南方向的枫丹白露宫，与软禁在这里的年迈的教皇见了面，劝他与自己保持一致立场。教皇被说服了，但因主教们反对，不久教皇又改变了主意。同时，拿破仑进一步强化皇后的权力，以此钳制奥地利，"料其不敢向自己家族的人开战"。

拿破仑一方面集结力量，重组军队；一方面大搞典礼，招待会接连不断。他想以此重新赢得法国和欧洲的信任，但他的种种表演没能迷惑住大多数欧洲人，甚至在巴黎城，他每到一处都会引起人们的私下议论。英国拼命鼓动怯懦的普鲁士王族行动起来，并在春季时结成了英、普同盟，普鲁士的查理大公正在向他的民众宣传"恢复独立自主的德意志"是多么必要。

拿破仑回到凡尔赛宫休息了 14 天并处理了一些杂务。但是，不久，他又一次从马上摔了下来——在维也纳以及他动身渡过涅曼河前往莫斯科前也发生过类似情况。这引起了关于凶兆的迷信传言，使拿破仑被迫在床上度过了阴郁的几天，唯一能给他带来欢乐的就是他的儿子罗马王。

拿破仑回巴黎不久，还去马尔梅松宫看望了约瑟芬。他这次去依然是秘密的，因为玛丽亚对奥坦丝虽然十分友好，但对有着克里奥人血统的约瑟芬却始终深怀敌意。约瑟芬请求回到宫廷，哪怕担任一个次要角色，但拿破仑坚决反对。不过，在她的强烈要求下，他同意把罗马王领到"小楼"上让她见一面。约瑟芬一见到罗马王，差点流出眼泪，无数辛酸的往事涌上心头，但她极力控制住自己，把他抱到膝上，拿玩具和他玩，拼命地亲他，以掩饰自己内心的悲哀。和孩子告别时，她心里十分难过。此后，她再也没有见过小罗马王。

拿破仑也没有忘记玛丽·瓦莱夫斯卡，还把她介绍给了约瑟芬。约瑟芬也很喜欢小亚历山大·瓦莱夫斯基，慷慨地送给这个没有被公之于众的皇子许多甜食和玩具，她对这对母子产生了同情和关心，昔日的嫉妒已经烟消云散了。她爱玛丽·瓦莱夫斯卡，因为拿破仑爱过她，而且像她一样，玛丽也成为哈布斯堡家族的牺牲品。

正如拿破仑所希望的那样，他在巴黎的频繁露面大大消除了公告造成的不利影响。

在拿破仑离开的第二天，德茜蕾就给丈夫写了信，贝尔纳多特也回信了。他的信简明扼要，首先问候并表达了对远在巴黎的妻子的思念之情，然后对拿破仑谈及的瑞、法联盟之事回道："现在，全欧洲的人都在看着我，我要仔细思考一下，不能随便就给你答复。"

她爱她的丈夫，尊重他的决定，维护他的荣誉，但她无法预料丈夫会怎样回复她，难以言表的滋味只有她自己才能知晓。

她酷爱和平，但在她身边却是一群喜欢战争，靠战争来谋取权力、地位、荣耀和自尊的人，而她又不得不去帮助他们。

1813 年 1 月 3 日，德茜蕾终于接到了贝尔纳多特明确的正式答复信函，她遵从拿破仑的吩咐，准备把丈夫的答复信件交给他。但她无权打开它，送信的布腊黑伯爵交给她一个副本，她立即将信函副本送交拿破仑。

这天下午 5 点，德茜蕾来到杜伊勒里宫。拿破仑已在他的大书房里等候着，科兰古和塔列朗也在那里。他匆匆打开信，这封信措辞强硬："欧洲人民翘首企望和平，但如果不打败你，这愿望便属泡影。瑞典将尽力参与这种努力，那么法国也就有望与欧洲共享和平了。你的战争夺去了法国最优秀儿女的生命，法国以此代价换来的究竟是什么？"下面的信文，意思也大抵如此。

"我们还要把此副本发往瑞典各家报纸。"拿破仑说。

德茜蕾盯着他的脸，但看不出他任何表情变化。过了一会儿，他突然抬起头，看着德茜蕾，略带嘲讽地说："今天您打扮得十分漂亮，尊敬的王妃，是不是为您的丈夫决意与他的祖国为敌而高兴？您送来这样的信竟还敢胸戴鲜花？"

"陛下，您让我给我丈夫写信并让我把他的回信面呈给您，我只不过是遵旨而行罢了。我读了副本，知道以后可能再也见不到您了，便戴上了鲜花，因为我希望给您最后一刻的印象是让您愉快的，并将它久存于记忆之中。既然您误解了我的美意，我想继续留在这里已经没有必要了。我可以向您进行最后的告别了吗，陛下？"气氛一下子紧张起来。科兰古和塔列朗吃惊地瞪着眼睛，他们已习惯性地预料皇帝会疯狂地叫嚷。

出乎意料的是，拿破仑这次却非常平静地说："先生们，请在这里稍候，我要与王妃单独谈谈。"德茜蕾随他来到小书房里。

拿破仑转身朝窗外望去，透过高高的窗户，在外面的花园中寻找可以帮他回忆的触动之物，好一会儿，他才转过身来，两眼直直地盯住她的脸说："我从莫斯科回来的那个晚上为什么先去见你？那不只是为了让你规劝你丈夫，更是因为我悲痛、饥饿、寒冷、心神疲惫，因为我需要你。"

"这不是实话，陛下。"德茜蕾幽幽地说，"您不是来找德茜蕾·克勒里的，是来找瑞典王妃的，是为了您的帝国。"拿破仑连连摇头。天色渐渐暗了下来，德茜蕾看到他的脸变得越来越模糊。

"是想见你，唯有你。但我当时太累了，以至于说话词不达意。我本想同你一起谈谈在马赛的时光，但却说起了贝尔纳多特。"拿破仑担心自己又把话题扯到政治上去，于是很近很近地靠到德茜蕾跟前，托起德茜蕾的手送到他的唇边吻了一下，说，"我应该把你送出法国，但是我做不到，德茜蕾，我一如既往地爱着你。我忌妒贝尔纳多特，甚至忌妒不离你左右的那个维拉特上校。"

"您今天的神色比刚从莫斯科回来那天好多了，而且刮了脸，我很高兴，陛下。"德茜蕾说着把手从他嘴唇上抽回来，很快向门口走去。

"欧仁妮！"拿破仑突然叫道。亲切而久违了的称呼唤起了德茜蕾的柔情。德茜蕾停住脚步，回头深深地看了一眼拿破仑，淡蓝色的明眸中流出了两行热泪，她抬手向拿破仑挥了挥，轻道一声："再见了，陛下！不，再见了，波拿巴，保重！"然后转身快步走了出去，慢慢地从他的视野里消失了。

一场关于政治和爱情的谈话就这样结束了，拿破仑与贝尔纳多特的决斗只是时间问题了。爱无法遗忘，恨也不可磨灭。

反法联盟

正如拿破仑判断的一样，征服者铩羽而归，许多仇敌便蠢蠢欲动，首当其冲的是具有斗士精神的普鲁士。面对昔日拿破仑的入侵，普鲁士曾进行过悲壮的抵抗，但换来的却是深重的民族耻辱。从那时起，它在坚强的爱国者领导下卧薪尝胆，默默地忍受着来自法国的压迫。现在复仇的机会终于来了，普鲁士人欣喜若狂地欢呼："生命和荣誉有了新的希望。"

1812 年 12 月 30 日，普鲁士将军约克（他统率着过去在麦克唐纳领导下在库尔兰作战的普鲁士兵团）与俄军缔结了《陶拉格协定》，使他的这支军队得以保全。随后，约克率领部队脱离法国大军而去。

被拿破仑解职的普鲁士首相卡尔·奥古斯特·冯·哈登贝格也行动起来了，打着为法国再召集一支军队的幌子扩军备战。1813 年 1 月 22日，他在柏林的别墅内举办了豪华宴会，宴请城内所有的外交官和法军高级将领。席间，他不经意地宣布：弗里德里希·威廉国王将为法国之需，离开波茨坦集结新的普鲁士军队。这一计谋不仅骗过了法国大使圣马桑，甚至连拿破仑本人也相信了。威廉三世不久之后确实建立了新的军队，但不是帮助法国，而是与普鲁士王国内的法国驻军对抗。

正当威廉三世小心翼翼地试图摆脱拿破仑的枷锁时，北德意志顽固坚持原则的刚毅人物、逃亡国外的施泰因也为反对拿破仑的斗争做了大量准备工作。这位流亡者的反法行动，得到了布莱斯劳大学的施特芬斯教授的言论帮助。施特芬斯自己率先报名应征，200 名布莱斯劳大学学生和 258 名柏林大学学生也纷纷入伍。在他们的影响下，这个国家的每一个地方，踊跃应征参军的热情高涨，贵族和学生、教授和农民、诗人和商人都扛起了枪。德意志人从各地成群结队地涌到西里西亚，为维护德意志利益的普鲁士而战斗。

普鲁士国王不仅成功地组建了新的军队，还秘密地与在布莱斯劳的大臣哈登贝格和基尔哈德·冯·斯甘霍斯特将军取得联系，并于2月28日在卡利什附近联合起草了一份将呈交沙皇亚历山大的紧急防御计划。俄、普缔结同盟的《卡利什条约》受到了沙皇的全力支持，并且这份条约也成为第六次反法新同盟的基础，各处都有响应势力。沙皇亚历山大经过法、俄这场空前严酷的较量，决心把战争继续下去，直到彻底消灭拿破仑为止。

当然，俄、普之间还存在着很大矛盾。普王威廉三世和他的朝臣们并不信任俄国，因为俄国似乎急于迫使普鲁士与法国交战，而把处理两国边界的问题放在日后。但对普鲁士来说，东部边界是普鲁士生死攸关的问题。因此，威廉三世提出，如果他和俄国一起对拿破仑作战，一定要收复除《提尔希特和约》签订时割让的比亚威斯托克城及其辖区以外的原属波兰的全部领土。亚历山大审时度势，决定对普鲁士的要求暂时让步。俄、普于2月27日在卡利什签订条约，并发布公告。军队的口号是"彻底击溃敌军（法军）"，并称"各地为了自由而揭竿奋起的伟大篇章已开始了，各地将为从多年法国政府的奴役生活中解救自己而做好准备"。3月13日，普鲁士正式对法宣战。

同时，俄、普还胁迫莱茵同盟参加反法战争。瑞典与法国曾在2月进行过秘密谈判，但因法国不支持瑞典占领挪威而最终破裂。3月3日，贝尔纳多特在英国100万英镑军费补贴的诱惑下，与英国签订了同盟条约。3月23日，瑞典正式对法宣战。英国也在竭力加强在西班牙的军事攻势，准备从西南部进攻法国。在英国的积极撮合下，第六次反法联盟终于组织起来了。参加这次联盟的有英国、俄国、普鲁士、瑞典、西班牙和葡萄牙六国。

俄、普结盟后，俄军主力部队遵照沙皇的命令离开维尔纽斯，向边境急行军，进入华沙大公国。1813年3月15日，沙皇亚历山大、普鲁士国王威廉三世、普鲁士首相哈登贝格和大臣斯甘霍斯特再一次在布莱斯劳会晤，讨论发动新战争一事。3 月 17 日，声势浩大的俄、普联军在布莱斯劳誓师，并宣告其既定目标，包括从法国手中解放德意志、摧毁莱茵同盟，并号召所有的德意志诸侯都加入反法同盟。

3 月 26 日，亚历山大率领军队出发。一周以后，他在斯泰诺附近越过奥得河，进入萨克森。抵达本茨劳时，年老体弱的库图佐夫因精疲力竭，不再随军，所有事情都交由他人代劳。库图佐夫于 1813 年 4 月 16 日去世后，亚历山大任命维特根施泰因接替库图佐夫。

至此，亚历山大已巧妙地把普鲁士人复仇的狂飙引向易北河，又一场惊心动魄的血战行将爆发。

各国备战之时，拿破仑又在干什么呢？尽管他已丧失自古以来最优良的军队（从俄国撤出的法军总共 4.3 万余人，其中本国士兵不足 2 万人），但他统治德意志和强迫俄罗斯接受条件的决心却丝毫未减。在巴黎，他提前征召 1814 年度和 1815 年度新兵入伍，竭力号召法兰西帝国的青年参军。这个号召立刻得到了响应。当东普鲁士传来消息，元老院赶紧答应他征召一支 35 万人的队伍。

这时，欧仁亲王接替了缪拉的总指挥之职，正带领剩下的 2 万法军且战且退，来到奥得河附近。拿破仑对欧仁的撤退十分不满，一再写信对其大加斥责。但是，以欧仁现在的 2 万残兵败将，无论如何也抵挡不住俄、普联军的进攻。欧仁最终被逐退到易北河一线的后方，俄军长驱直入柏林。

经过近 3 个月的努力，拿破仑在国内的新编部队已渐具规模。这个新军总数为 22.6 万人，共分为 12 个军。他先前还组建过一支"国民自卫军"（本土地方部队），作为正规军团的后备力量，现在也被大批地转为正规部队。因下级军官极为缺乏，军官学校中的 200 名候补生走马上任，100 名服役 10 年以上的士官也都被提升为少尉。原来辅佐欧仁的贝尔蒂埃因在俄国劳累过度，心力交瘁而病倒了。拿破仑身边没有一个合适的参谋长，只好由宫廷大臣迪罗克暂时代替。

由于未来作战地区宽广，为了方便指挥和实施后勤保障，拿破仑将新的大军又分为两个军团：第一军团称为"美因军团"，由内伊的第三军、贝唐德的第四军、马尔蒙的第六军、乌迪诺的第十二军和近卫军组成，这是主力军团，由拿破仑亲自指挥；第二军团称为"易北军团"，由劳里斯登的第五军、拉普的第十军、达武的第一军、维克多的第二军、雷尼埃的第七军的各一部分和一个骑兵师组成，由欧仁指挥。这一编制中不包括波尼亚托夫斯基的第八军（波兰军队）、奥热罗的第九军（巴伐利亚人）及麦克唐纳的第十一军。

以上各军共包括41个步兵师和11个骑兵师。

此外，还有西班牙军团17.9万人（约2万多人加入新军团），国内地方部队6 700人。

出生于恐怖年代的新兵虽然不如早期征集的士兵那样能吃苦耐劳，但这些新兵非常勇敢。而拿破仑又用尽一切办法向他们灌输他自己那种不屈不挠的精神，鼓舞他们要成为无所畏惧的英雄。

在六国结成反法联盟的时候，英国一直没有放弃争取持观望态度的奥地利。但是，由于惧怕拿破仑的权势，而且以前和拿破仑签订过军事条约并有联姻关系，奥地利决定暂时采取中立态度。1813年1月，奥地利和俄国达成了停战协定，又派了一位特使去巴黎说明奥皇弗兰西斯愿意为法、俄达成全面和约而充当调解人。拿破仑对奥地利大使的回答是小心慎重的，但要达成任何和解，英国是个大障碍。

为了稳住奥地利，拿破仑已经派纳博纳伯爵带着特殊任务去维也纳阻挠英、奥谈判，其主要任务是力劝奥地利在俄、普对法国开战时，以10万兵力支援法国，为此它可以得到富庶的西里西亚省作为报酬。但精明的奥国外交大臣梅特涅对这个提议根本不感兴趣，他只希望能在法、俄开战之前造成有利于奥地利的局势。4天之后，梅特涅通知俄、普两国，弗兰西斯皇帝现在打算进行武装调停。

拿破仑这时还满怀希望，认为以西里西亚作为贿赂，会使奥地利与他并肩作战。但到了最后，奥地利军队改变态度引起了他的关注。这时他已看得很清楚，不仅不能指望奥地利出兵，而且还得反过来防着它一点。他立即采取警戒措施，指示驻意大利的军队做好战斗准备，加强多瑙河上游各要塞的防卫，并指示他的德意志附庸国密切注视维也纳的政策动向。

欧洲突变的国际形势，并没有阻止拿破仑的下一步军事行动，也没有彻底击败他与盟国联军决战的信心。4月15日，拿破仑离开巴黎，前往美因军团的集结地。同时，他命令欧仁指挥易北军团溯易北河北上，向美因军团靠拢。他的计划是两大军团会合后，进军莱比锡，与俄、普联军决战，先在南方取得优势，再北占柏林，将俄军一举驱逐出萨克森和东普鲁士。

法国和反法联军经过近4个月的运筹，新的决战即将拉开帷幕。

再战联军

当拿破仑下定决心与六国联军决战时，他对法国在欧洲已被迅速孤立的事实似乎还不十分了解，对军事形势的估计也不是百分之百的正确。但他深知时不我待，现在时间已不允许他把所有问题都搞清楚再行动了。

当拿破仑离开巴黎赶往艾尔福特时，华沙、柏林、汉堡以及德累斯顿都已经沦陷。尽管他已决定坚守易北河，但他再也不能召集他那曾经声势浩大的莱茵同盟的成员国了，其成员国大多数已宣布独立。因此，他只得率领美因军团主力向目前已落入普鲁士手中的德累斯顿进军。

1813年4月17日，拿破仑抵达美因茨。这里是全军右翼的主要补给基地。拿破仑在此逗留了一个星期，集结整顿军队，视察部队后方勤务，修改方案及签署最后的行动命令。对于这里的所见所闻，他感到很不满意，认为这里缺少健全的体制。

4月25日，拿破仑前往艾尔福特，在莱比锡以西、萨勒河沿岸的梅泽堡以及瑙姆堡附近集结军队，30日将大本营设于魏森费尔斯。拿破仑在易北河的军队主力总人数约有 17.3 万，另外有 372 门火炮，但骑兵数量较少。法国仍控制着马格德堡以及维腾堡的两座桥头，法军不惜一切代价都必须死守这两个重要的军事据点。

此时，拿破仑早已命令欧仁将易北军团主力 5.8 万人及拉图尔·莫鲍的骑兵队和部分新卫队南移，到哈雷和梅泽堡之间萨勒河下游的左岸集中。因此，到 4 月 30 日，美因军团主力（8.5 万人）即与易北军团（增至 6 万人）会师，先头部队随即奉命跨过萨勒河向东开赴莱比锡。另外，由达武率领的 2 万人和塞巴斯蒂亚尼的约 1.4 万人的骑兵队将确保波罗的海西北端的安全。由于缺少骑兵，拿破仑难以知晓敌人的兵力及部署情况。

同盟国方面同样存在军队联合不密切的问题，直到 4 月底只集结了约 10.6 万人，而且广为分散，颇为混乱。库图佐夫元帅在西里西亚去世后，维特根施泰因伯爵继任联军总司令。他们的 4 个军团部署在易北河马格德堡对岸一线，一直延伸至哈雷。南面是布吕歇尔的普鲁士军，位于莱比锡附近，企图在法军渡过萨勒河后攻其右翼。眼下联军可动用的兵力有俄军 3.5 万人，布吕歇尔指挥的普军 3.3 万人，另外还有一部分兵力在克莱斯特的率领下据守莱比锡。

5 月 1 日，拿破仑的主力部队到达吕岑以南，正对威腾斯坦的俄军主力。法军指挥部对俄军的部署仍然不清楚。法军渡过萨勒河，分三路东进莱比锡：中路为内伊的第三军和贝西埃尔的近卫骑兵，其后跟着马尔蒙的第六军；左路为欧仁的易北军；右路以麦克唐纳的第十一军为先锋，劳里斯登的第五军殿后。在中路和右路两纵队之后，还有第四军、第十二军两个军。这一行军序列是拿破仑营方阵战略路线的出色范例，它可以随时与正面之敌或侧翼之敌进行遭遇作战。

当夜幕低垂时，拿破仑随内伊军前卫到达吕岑，这是莱比锡西南 12 英里的一座小镇。联军部署在一道长山脊背后的一连串村落里，前面有一条低洼的小道，左边有一条可以漂浮木材的小溪。由于法军缺少骑兵，没有对此地进行有效侦察，因而拿破仑对联军情况毫无所知。据他判断，联军会在吕岑北面，离莱比锡较近的地方对法军进行阻截。

实际上，盟军也以同样坚强的决心向西挺进。此时，联军正好在吕岑东南的皮高及其附近地区集结，离内伊军仅3英里多，准备在此迎战拿破仑。维特根施泰因率领约7.3万人自东南方向前进。他命令布吕歇尔铲平内伊那批毫无警觉的新兵。布吕歇尔最初以为他面对的是内伊军的前锋，只有2 000人，没想到他左右及后面有4个军之众的法军。他探明情况后，马上停止前进并退回阵线，而维特根施泰因的炮兵部队不知实情地迎上前来。

法军渡过萨勒河不久，近卫骑兵在里巴赫小溪正好与这支炮兵部队遭遇。俄军第一次炮火齐射就击中目标，贝西埃尔元帅被一发炮弹打中，当场毙命。看着死去的贝西埃尔被包上斗篷运出战场，拿破仑深感悲痛，似乎已意识到这场战争的艰巨性，他说："死亡正在向我们逼近。"

这是一场突发的遭遇战，拿破仑此时依然坚持他原来的判断，命令各路法军加快进军莱比锡的步伐。

5月2日，内伊奉命固守吕岑，并用相当兵力据守吕岑以南的大小戈斯岑、拉纳和加亚等村，以掩护易北军团前进到莱比锡以及主力军团后续部队向吕岑靠拢。如果敌人进攻，他的侧卫就变成前卫。只要它盯住敌人，就可以获得充分的时间，以便其余兵力进行迂回。欧仁的先头部队距此只有4英里，麦克唐纳的第十一军已抵达马克朗斯泰特，最左端劳里斯登的第五军已靠近莱比锡。

上午11点，吕岑战役突然打响。首当其冲的是几位意志坚定的普鲁士将领及其统率的3.3万普军。当时，进占卡加村的内伊军正准备生火做饭，突然枪声大作，联军向法军发起了猛烈的进攻。在卡加附近的旷野上是法军的炮兵阵地，还有排成实心方阵的大群步兵立即予以支援。由于俄、普联军动作迟缓，没有及时抓住这一战机围歼内伊军的前卫，以至于战斗在吕岑南面和东面全面铺开。

担任首次攻击的普鲁士后备军骑兵队，他们一进到低洼小道，就遭到密如雨点的大炮霰弹和滑膛枪弹的射击，无法穿过。内伊军与联军苦战，不惜一切代价坚守阵地，小村庄几易其手。内伊军损失重大，渐渐不支。

就在这关键时刻，已率领一军走到吕岑北面的拿破仑听到吕岑南方有炮声，知道情况有变，立即命令向莱比锡进军的部队以及在吕岑以西的马尔蒙、贝特兰等军向吕岑南方突进。拿破仑也随军亲临战场，指挥整个战斗。到天将入黑的时候，法军向同盟军右翼发动进攻，以几组不断向前推进的大炮给予其火力支援。拿破仑本人则带着第三军的败兵反复冲锋，子弹从他的耳边呼啸而过，打飞了鞍辔，他毫无惧色，激励士兵的斗志。联军因缺少炮火和骑兵支援，转攻为守。

下午 5 点 30 分，拿破仑命令德劳特将 80 门大炮集中使用，重施瓦格拉姆战役故伎，朝联军中央猛烈轰击，联军被分割，终于打开了一个缺口。拿破仑随即以 16 个营的青年近卫军由缺口发起进攻。

入夜后，双方都已筋疲力尽，各自损失 1 万多人。布吕歇尔也因受伤不能动弹而由约克接替其指挥。

于是，双方在战场上宿营休息。休息时，联军得到消息称，法军劳里斯登的第五军已进占莱比锡，把克莱斯特赶跑了，于是决定向德累斯顿方面撤退。晚上 9 点左右，重新整顿好的普鲁士骑兵队发动了一场意想不到的偷袭，联军得以恢复秩序、顺利撤退。

第二十二章　停战也枉然

家族不和

吕岑一战，拿破仑虽然赢得很艰难，但终究是胜利了。而由他的兄弟统治的西班牙、荷兰、威斯特伐利亚却陷入了危机。

此前，为了与联军进行东线决战，拿破仑将西班牙军团的主要力量都编入了新军，还调走了"西班牙唯一有军事头脑"的苏尔特元帅，而杰出的英军指挥官威灵顿又来到了伊比利亚半岛，并在与西班牙军团的几次交锋中取得了具有战略意义的胜利。法军向马德里和杜罗河谷撤退，法国当即失掉了西班牙南部。

1812年冬季，法军在军事上的失败，导致了西班牙政局的动荡，西班牙国王约瑟夫已经无法行使他的权力。这时，长期处在困境中的西班牙议会，力求实施新制定的民主宪法，并任命英国的威灵顿将军为西班牙各路军队的最高统帅。拿破仑忧心忡忡地关注着西班牙的局势，他研究了约瑟夫从马德里发出的报告后，提出了一个行动方案，希望可以使他的统治不会那么快就被推翻。这个方案是由陆军大臣克拉尔克将军于1813年1月4日和2月12日所写的两封信传达的，因为拿破仑与约瑟夫几乎已经断绝通信。在后一封信中，克拉尔克比较详细地说明：急需趁英军还未出动，立即采取行动，以扑灭北部各省不断蔓延的造反火焰。信中要求派遣两支法军（一支为北路西班牙方面军，另一支为南路葡萄牙方面军）执行这个任务，并对约瑟夫说，他的南路和中路军队暂时足以遏制英军，使其无法推进。

2 月底，克拉尔克要求约瑟夫出兵威胁罗德里戈城，使威灵顿以为法军要入侵葡萄牙，并要他向马德里和托莱多征收巨额军饷。但是，这时西班牙北部起义不断，为了对付起义者米纳和他的队伍，拿破仑下令出兵围剿。坚强的战将克洛泽尔受命去扑灭北部的起义，这就削弱了对付威灵顿的兵力。克洛泽尔抽调出来的军队，迟至 3 月底才派往北部，结果这项艰巨的任务还未完成，英军统帅就拔剑出鞘，投入战斗，使战局发生了决定性的变化。

北部的叛乱者截住了法国的公文，因而能针对约瑟夫可能采取的行动先发制人。最糟糕的是，这时拿破仑还调走了他军中的精锐。结果，不仅米纳的起义没被剿灭，反而使西班牙除了巴伦西亚之外，各地民众都拿起武器来了。

北部民众坚持抵抗，克洛泽尔虽然全力以赴，但双方打了近一个月还是没有决定性的进展。而此时威灵顿正在葡萄牙边境集结一支庞大的军队。

现在，西班牙战场上肩负重任的法军司令官是儒尔当。这是一位 51 岁、健康日趋衰退的老将，以他的才干根本驾驭不了手下那些不大听话的将领。而英军统帅威灵顿却发挥了他的组织天分，很快就提高了西班牙和葡萄牙各支军队的战斗能力。5 月初，他调集 7 万英军、葡军和 3 万西班牙军向东挺进。

此时，默累的军队把絮歇牵制在巴伦西亚省，克洛泽尔在纳瓦拉又自顾不暇，这使约瑟夫在杜罗河一线的兵力过于薄弱，抵挡不住威灵顿进攻的怒潮。在萨拉曼卡和巴利亚多利德之间的地区，只有大约 4.5 万法军可以投入战斗，其余法军都留在塔霍河盆地，提防同盟军从那条路线突进。

威灵顿向好几个地点发起佯攻，继续迷惑法军，同时还准备了一支强大的部队，从托尔梅斯河和埃斯拉河浅水处涉水突进。约瑟夫和儒尔当在莱昂集结军队的时候，同盟军已开始在北面进行一系列迅速的侧翼迂回运动。威灵顿用强大的左翼一直抄过去，迫使法军退出一个又一个坚固据点。威灵顿率军很快越过托尔梅斯、埃斯拉、杜罗、卡里昂和皮苏韦尔加等大小河流，法军则步步后退。为了使自己的部队与克洛泽尔将军、富瓦将军的部队取得联系（前者在纳瓦拉，后者在比斯开），约瑟夫已经发出紧急命令，召回这两个军。

约瑟夫退到接近埃布罗河谷的地方时，感到无路可退，于是离开埃布罗河主流，沿着其支流扎多拉河的峡谷而上，进入维多利亚盆地。约瑟夫和儒尔当决定在这里打一仗，他们手下只有 7 万人，约瑟夫立刻传令要克洛泽尔兼程前来，但这份文书落入了敌人手中。

法军分三路布阵：左翼扎在普韦布拉附近，耸峙于扎多拉河畔的几座山丘上，这里山势险峻，只有一条狭道可通，是很好的防守之隘；中路据着一条较平缓的山脊，这条山脊蜿蜒向北，与扎多拉河中段平行，其间有一片平地，它只利于攻击者进行缓冲、集结；右翼在扎多拉河上游，河道急转，成一锐角，它护卫着山的北翼。这个地点的选择也为他们留了后路，因为这些高地的后面还有两条较矮的山脊，借此完全可以在阻击失败后退到维多利亚附近。

但是，约瑟夫和儒尔当有两点疏忽了：一是他们没有破坏自己阵线前面的几座桥梁，二是各路军兵力太分散。法军由葡萄牙方面军组成的右翼，在雷耶将军率领下，守卫着维多利亚北面的桥梁，与据守西面山丘的主力相距 5 英里，因而无法保持紧密联系。

6 月 15 日凌晨，天突然下起了大雨，山水迷蒙。在雨雾的掩护下，英军希尔部向普韦布拉的陡峭山头挺进。同时，西班牙莫里洛将军的一个旅，敏捷地爬上了西南面的山坡，在靠近山顶的地方取得了一个立足点。

这时，希尔属下的其余部队穿过普韦布拉山下的隘口，经过一番激战，从法军手中夺取了苏比那纳村。约瑟夫和儒尔当急忙从中路军调兵过来，但已无济于事，英、西联军已牢牢地占据阵地。这时威灵顿的主力也在继续推进，攻打据守扎多拉河对岸山脊的法军中路。格雷厄姆部向北绕了很长一段路，通过十分崎岖的地带，以求乘法军雷耶的背后防备空虚之机，发动突然袭击，把他从维多利亚北面的桥梁赶走。由于格雷厄姆部得到了巧妙的掩护，因此直到他们发起进攻的一瞬间，雷耶还不知道英军的一个师已近在眼前。在中路的正面也是这样，肯普特的一个旅通过很多岩石地带，大桥很快被英军夺占。至此，约瑟夫的前哨据点全部被包抄。

法军中路本来已经被削弱，同时在北面也受到了袭击；左翼在希尔的轮番猛攻下，也开始动摇。约瑟夫开始惶恐起来，渐渐地把防线向维多利亚方面转移。

约瑟夫的军队退却后并没有摆脱联军的追击。6 月 21 日，他们被困在维多利亚拥堵不堪的街道上，从英军阵地射来的炮火将他们打得七零八落，纷纷向潘普洛纳逃走。英军轻骑队在东北方平原上扫荡，势如破竹。克洛泽尔在 6 月 22 日终于赶到维多利亚附近，这时，法军在西班牙大势已去，败局已无可挽回。

威灵顿在 6 个星期内挺进了 500 多英里，跨过了 6 条河流，趁纳瓦拉民众在敌后发动叛乱的有利形势，在维多利亚给法军以致命一击，从而结束了法军对西班牙半岛的统治，法军损失了 27 万人（包括死伤、溃散在内）。

约瑟夫最终抛弃马车，跨上马背，逃回法国。

拿破仑曾考虑过让约瑟夫回法国摄政，但不久因他的儿子出世，使他很快打消了这个念头，而这又导致出现了其他的复杂问题。拿破仑想要和教皇庇护七世签订一个修正契约并且主持加冕仪式：一是为了玛丽亚皇后，二是为了他的儿子罗马王。起先教皇迫于压力在 1813 年 1 月 25 日签署了这一契约，但他很快又反悔了，拒绝服从拿破仑的命令从梵蒂冈搬到巴黎居住。3 月 24 日，教皇突然宣布不同意这个新契约。当然，他也不打算主持为玛丽亚皇后及其儿子举行的加冕仪式。

拿破仑认为，无须他的兄弟们甚至教皇的支持，他一样也可以将继承人的问题处理妥当。他发布了参议院令，任命玛丽亚皇后为摄政王，并于 1813 年 3 月 30 日在爱丽舍宫举行了加冕典礼。当拿破仑不在法国期间，玛丽亚皇后将在特别议会的辅佐下统领一切。

这样一来，约瑟夫逃回法国后，只能接受拿破仑的命令与妻子朱莉在莫尔丰塔尼隐居。

再说拿破仑的弟弟路易，他于1月初给拿破仑写了一封非常令人震惊的信，信中说道：

"我为以前为你立下赫赫战功并辅助你将统治的版图扩大到北极，但却在此次战役中伤亡惨重的法国大军深表哀痛——我刚刚得知这个消息！我知道皇帝现在承受着多么沉重的压力，也知道现在集合所有的防御力量是多么紧迫！鉴于为即将来临的严酷战斗做好准备已迫不及待，因此，我深信没有哪个时候会如现在这般对于法国、对于你的治世、对于你个人而言是如此成败攸关的了！因此，尽管我的身体很差，我的陛下，请允许我为这个生我养我的国土，为了陛下您，尽我的绵薄之力——如果我能有幸获准为国效忠的话。"

拿破仑以为这个顽固不化的弟弟觉醒了，于是主动回信给路易："我的弟弟，我已接到你1月3日给我的信，非常感谢你对我的支持……尽快回来吧，我会亲自去接你的，不是作为那个与你敌对的兄长，而是作为一个看着你长大的哥哥。"拿破仑迅速将路易内心的彻底转变通知他那同样震惊的母亲，而"太夫人"比拿破仑表现得更加急切，要求路易回到"家的关怀"中。

但路易的真正意图是"回到荷兰（当国王）而不是法国"，他的"为国效忠"是指效忠荷兰。拿破仑知晓后，一气之下撤回了帝国的邀请函，他甚至说"我宁愿将荷兰交给奥兰治家族也不愿交给我的弟弟"。路易只得又回到他的诗歌创作中。后来，作为萨克森战役中的爱国者，路易无法忍受在格拉茨的生活，搬到了巴塞尔，在那里完成了几首新诗：《失神》《悔悟》《希望》和《疑惑》。

此外，另一个小国威斯特伐利亚也饱受战祸之苦。1813年1月，拿破仑颁布了一系列新的财政政策后，威斯特伐利亚的国库已一贫如洗，国债远远超过了热罗姆想象。另外，为了满足拿破仑的个人私欲及家族需要，热罗姆被迫变卖掉所有国家及皇室的财产。更有甚者，拿破仑曾经要求热罗姆为入侵俄国征集了一支 2.5 万人的军队，结果只有 5% 的士兵活着回来，这使威斯特伐利亚爆发了数次暴乱。

威斯特伐利亚对拿破仑来说是抵御德意志北部的关键防线，地位十分重要，它控制着莱茵联盟，同时也保护法国免受来自东方或是易北河对岸各国的恶意侵害。因此，拿破仑任命热罗姆为威斯特伐利亚的国王。但热罗姆是个极不负责、贪婪成性的人。他的妻子凯瑟琳也是个头脑简单、贪婪、爱慕虚荣的人。他们生活糜烂，整天沉迷于舞会、游乐和闪亮的珠宝。

1813 年 1 月，巴黎与卡塞尔之间的关系恶化到了极点，有谣言说"敌军"正从西方向柏林进逼，凯瑟琳吓坏了，她急切地想回到巴黎去，但遭到了拿破仑的拒绝。热罗姆在对俄战争刚开始时毫无信义地抛弃自己的军队而独自一人逃掉，这更让拿破仑无法原谅他们。

热罗姆一直努力想与拿破仑和解，但他接连几次吃了闭门羹。

2 月 21 日，不顾一切的热罗姆通知巴黎：如果凯瑟琳不被邀请去法国的话，他就把她和法国守备军一起送到斯图加特去。最后拿破仑勉强做出让步。3 月 9 日，热罗姆通知拿破仑：敌军已"武力"进驻柏林，因此他送走了亲爱的妻子。

实际上，热罗姆之所以急于把凯瑟琳支走，并不是因为"敌人"入侵，而是为了另一个女人——路文斯坦伯爵夫人。她 30 岁出头，极富魅力、可爱迷人，是热罗姆的情人。早在 1811 年，热罗姆任威斯特伐利亚国王不久，这位野心勃勃的伯爵夫人为了确保自己在威斯特伐利亚王室中的地位，便怂恿懦弱的热罗姆将其亲信官员都更换为由她一手挑选的人，并在整个宫中安插了众多耳目。

可惜伯爵夫人犯了两个小小的错误：首先，无论在什么情况下，教皇都不会要求热罗姆离婚或是续婚，因为庇护七世只承认热罗姆的夫人是伊丽莎白，况且教皇已被拿破仑一气之下剥夺了权力；其次，伯爵夫人既不知道事实上俄军正在向卡塞尔进军，也不知道普鲁士也在亦步亦趋。热罗姆那富庶的威斯特伐利亚王国早已危在旦夕。

喘息之机

兄弟间的不团结，让拿破仑感到十分无奈，现在他只能依靠自己了。

法军与普、俄联军在吕岑初次会战后，双方都退出了战场，吕岑仅留下至少4座被炮火摧毁的村庄。

联军在撤退时得到了米罗拉多夫克率领的一支俄军生力军和布吕歇尔的普鲁士军的有力掩护。一直指挥着左翼部队的欧仁亲王在追击中途受挫。拿破仑为此十分恼火。3天后，他解散了易北军团，将这位比较温顺的继子派去一直平静无事的意大利前线指挥部队。

随后，拿破仑对部队进行了改编，组建了一个新的左翼军团，由内伊领导，包括内伊自己的第三军、维克多的第二军、劳里斯登的第五军、雷尼埃的第七军和塞巴斯蒂亚尼指挥的一个骑兵军，大约10万人。拿破仑的主力则包括贝唐德的第四军、马尔蒙的第六军、麦克唐纳的第十一军、乌迪诺的第十二军、莫蒂埃的近卫军以及拉图尔莫博指挥的一个骑兵军，共计11.2万人。经过数日休整，在军事情报不充分的情况下，拿破仑决定再次兵分两路展开进攻。他亲自率领主力部队向德累斯顿进军以摧毁维特根施泰因的俄军，但维特根施泰因已退过德累斯顿，到达斯普雷河岸，正在挖战壕准备迎击拿破仑的主力。5月8日，法军主力进入了毫无防御的德累斯顿城。

普王匆匆抛弃宫殿随联军逃去。萨克森国王重新回到了自己的首府，他向拿破仑求饶，保证再也不会背弃他。奥皇听到吕岑战役的胜利和拿破仑进入德累斯顿城的消息后，急忙派布德纳先生来见他的女婿，提出与法国结盟的条件：如果拿破仑撤销华沙大公国，放弃1811年并入法国版图的领土，并把伊利里亚及与意大利接壤的大部分边境地区归还奥地利，奥地利愿意与法国结盟。拿破仑断然拒绝了这些条件。

此时，拿破仑的主力已追赶到包岑附近。由于在斯普雷河岸筑壕设防的维特根施泰因有9.6万人，而拿破仑现在只有11.2万人，而且他无法得知敌人的真实意图，所以打算等内伊的左翼军团上来后再一起行动。

5 月 14 日，拿破仑得到确切的情报，布吕歇尔、克莱斯特和约克指挥的普军已取道柯尼斯堡，退至通往布雷斯劳的公路上的包岑，他赶紧派出人员侦察敌人阵地。

斯普雷河岸地区山峦起伏，树林茂密。联军占领了右岸一个坚固的设防阵地，控制了沿河一线。阵地从包岑向北延伸，长达 7 英里，并得到东西 3 英里长沿山脊平行修筑的第二道防线的支援。山脊俯控一道小山谷，山谷里有 3 座村庄——克雷克维茨村、普雷蒂茨村和格莱纳村。这道双重防御阵地由 8.5 万名联军据守，巴克利指挥的一支俄军生力军为右翼，布吕歇尔、克莱斯特和约克居中，另一支俄军部队为左翼（南翼）。此外斯普雷河还有一道警戒线予以掩护。

5 月 20 日中午，当内伊的左翼军团正向这边靠近时，拿破仑下令对联军阵地进行大规模炮轰，轰炸一直持续了 3 个小时，紧接着开始第一次进攻：乌迪诺的第十二军、麦克唐纳的第十一军和马尔蒙的第六军发起正面攻击，牵制包岑附近的联军左翼；内伊直接指挥四个军，在包岑以北约 8 英里的克里克斯渡过斯普雷河，然后向普雷蒂茨村发起攻击，迂回到联军右翼。

战斗持续了一整天，在猛烈的炮火掩护下，法军在河上架起了高架桥，并在右岸获得了一个立足点。第二天早上，经过长途跋涉赶来的内伊军终于加入了战斗。拿破仑命令内伊军包抄维特根施泰因的右翼，切断其通往高尔利兹公路的后路，苏尔特将率领 2 万人从左面接应他。

但是，内伊没有领会拿破仑的命令，直接对联军阵线的正面发动攻击而不是包抄断其后路。经过艰苦奋战，内伊于上午 10 点到达普雷蒂茨村，按命令他应在上午 11 点到达。因此，他停下来坐等而不是继续推进。联军最担心的是右翼和退路被切断，于是，一直在战场上的沙皇亚历山大决定放弃该村，集中大炮和骑兵，掩护右翼向东退往戈尔利茨。

占尽优势的苏尔特一味地攻击联军中路，此举令他的部队人数锐减，兵力优势丧尽。拿破仑不得不命令其帝国卫队对付布吕歇尔的侧翼部队，但已无法阻止联军成功地沿东南方向朝戈尔利茨撤退。当天晚上，内伊和劳里斯登都因此受到了惩处。

5月22日，法军继续追击，但出师不利。拿破仑徒劳地催促他的军队追踪俄军后卫队，突然一颗炮弹在他旁边爆炸，他被迫停了下来，带领他的几个将军——科兰古、莫蒂埃、迪罗克等人离开大路到附近的山头观察敌情。不巧的是，从俄军阵地飞来的一颗炮弹将一棵大树劈成两截，同行的克格纳将军被击中毙命，迪罗克也身受重伤。拿破仑身子前倾，无数次地低唤这个最忠诚的朋友的名字，竭尽全力想唤回他求生的意志，但迪罗克已奄奄一息了。迪罗克是拿破仑唯一的挚友，是全军中唯一敢不称拿破仑为"陛下"而称"你"的人。第二天早上，迪罗克去世了。拿破仑回到自己的帐篷，双手抱头低首呆坐了近一个小时，一语不发……整夜都能听见从他帐篷内传出的抽泣声。他命令将迪罗克的遗体护送回巴黎，举行国葬。

迪罗克的死是一个无法弥补的巨大损失，他阵亡的影响是长久而巨大的——此后拿破仑变得更加怪癖，更让人捉摸不定。迪罗克临死前所说的"希望皇帝取得胜利，签订和约"的话不时回响在他的耳边。拿破仑的追击决心开始动摇了。尽管战局对法军十分有利，他还是下令停止对俄军的追击。

包岑失利使联军处于一种不妙的境地。他们在吕岑之战和包岑之战接连遭受重大损失，普、俄之间也开始出现纷争。愤怒的维特根施泰因由于沙皇亚历山大处处越权干涉他的命令致使战斗失利而提出辞呈，沙皇亚历山大以巴克莱取代了维特根施泰因。巴克莱认为目前难以取得军事胜利，坚持将俄军从西里西亚撤到波兰。于是，拿破仑于6月1日占领了布雷斯劳，命令主力部队向卡茨巴赫方向开进。但是，由于法军的交通线过度延伸，不仅缺少弹药，伤病员也急剧增加。法军骑兵队伍短缺，无法与强大的哥萨克骑兵抗衡，他们紧靠奥地利边境，而奥地利的态度近来日趋强硬，倘若这两者加入俄、普联盟，拿破仑的处境就会更加险恶。为了避免重蹈上次征俄的覆辙，他需要休整队伍、处理伤亡问题以及解决食物供给问题。

亚历山大也急于争取一段喘息之机，因而同意暂时休战。于是，法、俄、普三国接受了奥地利外交大臣梅特涅策划的"奥地利调停建议"。6月4日，双方在普列斯维茨签署了暂时休战协议，休战到7月20日为止，其间双方也可以协商和谈的问题。

不可否认，签订休战协议是拿破仑一生中犯下的重大错误之一。一方面，这段喘息之机，更有利于联军，而不是法军；另一方面，拿破仑的处境极其危险，尤其是6月下旬传来了西班牙军团被彻底击败的消息，他立即将一直指挥其近卫军的苏尔特再次派往西班牙统一指挥驻该国的法军，试图坚守埃布罗河一线，顶住威灵顿。同时，他在德累斯顿设立了大本营，并在这里挖掘战壕，修建了一个强大的兵营，作为下一步作战的基地。他又在汉堡组建了第十三军，由达武指挥，该军在驻地修筑了强大的设防工事，成为防卫北德意志及其左翼的支撑点。

奥国奸计

就在联军和法军努力恢复元气的时候，处于观望中的奥地利变得重要起来。作为欧洲大陆的传统军事强国之一，法国与同盟国都不能忽视奥地利的存在，争取它的加盟有着极大的现实意义，奥地利越来越有资本同时向法国、俄国及其同盟者提出谈判的条件了。

奥地利与拿破仑有姻亲关系，拿破仑完全比俄国更有条件争取它加盟，但他对这个被征服国所采取的外交态度一向强硬。

6月28日，梅特涅到德累斯顿的马尔哥利尼宫拜会了拿破仑，目的是观察拿破仑对奥地利充当调停人及与之结盟条件的最后态度。

此时拿破仑盘算的是如何居高临下，威迫梅特涅这位奥地利圆滑的政治家，诱使他说出与沙皇会谈的结果，因而一见面就直奔主题，斥责奥地利企图与他作对。但梅特涅并不理会拿破仑的指责，只是例行公事地提出上次与法国结盟的条件，奥地利的原则一点没变。

拿破仑见自己的威逼恐吓都毫无作用，禁不住当着这位媒人的面，懊恼地承认，自己与奥地利公主结婚这件事，是一件极其愚蠢的傻事。

他对奥地利的愤恨，在当时的情况下是很自然的，这使他忍不住大发雷霆，暴露了内心的不满情绪。但他很快意识到自己的话说得太远了，便又温和地说了几句收场的话："我和玛丽亚结婚，是想把新的和旧的、中世纪的偏见和我这个世纪的制度融为一体。那是自己骗自己，现在我已充分认识到自己的错误。也许我的宝座会因此而倒塌，不过，我还是做了这样的尝试，我要使这个世界埋在这一片废墟之中。希望你和奥皇永远同法兰西帝国站在一起。"

拿破仑这一解释是毫无说服力的。把梅特涅打发走的时候，拿破仑耍了个手段。这个手段就是威吓不成就来一番甜言蜜语，哄骗笼络。他拍了拍这位大臣的肩膀，语气平和地说："好啦，你知道事情会怎么样？你不会对我开战吧？"

梅特涅立即答道："陛下，我可以断定你是输了……现在我要走了。我认为你是输定了。"

第二次会见梅特涅时，拿破仑和蔼多了。他让奥地利相信有收复伊利里亚的希望，也接受了让奥地利充当调停人，并约定在布拉格召开会议，讨论全面和平问题。对于拿破仑的口头许诺，梅特涅虽然表面很高兴，但经验告诉他，拿破仑的抚爱和他的暴怒一样危险，所以他依然心存戒备。

果然，这位皇帝马上就暴露了他的真正意图，建议将停战延至8月20日。梅特涅对此表示异议，因为同盟国早已觉得停战时间拖得太长，对它们不利。最后商定停战延至8月10日，尽管这也曾遭到同盟军将领的极力反对，因为延长停战期限将给他们大大增加困难，但还是同意了。

拿破仑虽然早已得知西班牙军团惨败的消息，但他有意地掩饰法军彻底失败的真相。他命令官方刊物报道说，法军在维多利亚经过一场激战，正在阿拉贡集中，由于缺乏马匹而遗留在城里的大炮和车辆共约100件被英军缴获。他知道，如果真相暴露，要想吓倒东部各国，惩罚那个搞武装调停的奥地利的可能性将大大降低。直到这个时候，表面的形势似乎对法国依然有利：法国的军旗在易北河两岸和奥得河畔的所有要塞上飘扬，汉堡快要变为法国的大军营，而丹麦也站在法国这一边。

充当调停人的奥地利皇帝仍在犹豫摇摆。这位皇帝既想要和平，又想摆脱拿破仑对他的监控。在吕岑会战之前，他无疑是倾向于同盟国的，但是，同盟军的两战失利又使他来个 180 度转弯，逐渐倾向于拿破仑。

这时，一个重要人物使他最终改变了主意，也使得拿破仑与同盟国这场生死攸关的暗中对决，最后以同盟国获胜而告终。这个人就是巧妙周旋于法国和同盟国之间的谈判高手梅特涅。

梅特涅的策略是不惜成本、不择手段地为奥地利争取最大的好处，当然也是为他自己争取好处。

在停战开始的 6 个星期中，梅特涅的行动和正式公文几乎不带任何感情色彩，更恰当地说，是变色龙的面貌：在拿破仑总部德累斯顿，总体来说，他似乎是支持法国的；而在同盟军总部莱亨巴赫，经过施塔迪翁伯爵的渲染，他被认为是有意再来组织一次欧洲同盟的。

由于梅特涅表现出的态度让人捉摸不定，十分焦急的亚历山大使出了美人计，竟不惜利用妹妹（凯瑟琳）的姿色——她那时正当年，并被人称作"风流美人"。

素来风流的梅特涅此前曾与拿破仑的妹妹、缪拉的妻子卡罗利娜打得火热，现在又有美人主动投怀送抱，他哪有不受之理。尽管他知道凯瑟琳的言行是虚情假意的，但她美丽性感的身躯却是实实在在的，当他趴在这位贵妇柔软的肉体上时，心中不由得发出胜利者得意的窃笑。

在尽情享受了怀中的美人之后，7 月 2 日，梅特涅向俄国抛出了一些有利于奥地利的条件，坚持以此作为奥地利进行武装调停的基础。其条件是：废除华沙大公国；重建普鲁士，必须使其版图与 1805 年以前相当，并确保它收复但泽；把伊利里亚各省，包括达尔马提亚，归还奥地利；重新建立各个被撤的城市，并最终安排割让第 32 军事管区的其余部分（即 1810 年被拿破仑吞并的那一部分北德意志领土）。

乍看起来，这些条件似乎有利于同盟国，但比起 5 月中旬亚历山大所提的建议，就远没有那么广泛的意义了。所以，当这些条件拿到莱亨巴赫，摆到同盟国谈判桌上的时候，反应并不好。他们原先对奥地利的信任，被蒙上了怀疑和猜忌的阴影。后来经过施塔迪翁的周旋，梅特涅于7月7日在奥波特茨纳和沙皇会晤时又施展了圆滑的手腕，才消除了这种猜疑。

沙皇亚历山大问道："如果拿破仑接受你的调停，那我们结果会怎样？"梅特涅很有把握地回答说："如果他拒绝，停战就此告终，你会发现奥地利将站在同盟国这一边；如果他接受，和谈将证明拿破仑确实既不明智也不公正，结果也一样。"

亚历山大对拿破仑的性格有一定的了解，他已经看出了梅特涅计谋的高明之处。这样，普王和沙皇都同意了奥地利所提的条件。7月9日，三国代表在莱亨巴赫秘密签订了一项条约。奥地利保证：如果到停战期限时，拿破仑仍不同意它所提出的四项必不可少的条件，它就和俄、普结成积极的同盟。同时又外加一条：要求法军从波兰和普鲁士的所有要塞撤走。

随后，同盟国的几个首脑在布雷斯劳以北的特拉申贝格城齐聚一堂，共同研究对付拿破仑的行动方案。与会人员除亚历山大、威廉三世、弗兰西斯、贝尔纳多特和英国特使外，还包括两个法国的叛徒，一个是应贝尔纳多特邀请刚从美国归来的莫罗元帅，另一个则是刚刚脱离内伊军团的参谋长米尼将军。

7月12日，与会者经过讨价还价，签订了著名的《特拉契腾堡盟约》，瑞典正式加入了联军。盟约规定同盟国把主要力量转向打击拿破仑的主力军，不管它在什么地方。那些威胁拿破仑侧翼和交通线的同盟国军队，要在最直接插入他的后方路线上采取行动，特别点出：从波希米亚这块凸出的阵地进攻拿破仑的主力最为有利。这个盟约进一步规定：停战告终，立即派10万同盟军进入波希米亚，以便组成总数为20万人的大军。在北部，贝尔纳多特分遣一个军团直趋汉堡之后，应率领7万俄、普、瑞联军向易北河中游进发，目标是莱比锡。其余留在西里西亚的同盟军，应向托尔高进发，从而由东面威胁拿破仑在萨克森的各处阵地。盟约还规定：奥地利正式加入联军；如果拿破仑在7月20日仍不接受奥地利的条件，奥地利即公开对法宣战；三国都不单独对法媾和。

拿破仑很快得知 7 月 12 日同盟国秘密签订了英国同意支持奥地利和瑞典对法战争的《特拉契腾堡盟约》，但对具体内容并不是十分明确。7 月中旬，拿破仑突然传召玛丽亚皇后和大部分大臣在美因兹召开紧急会议。毫无疑问，举行这一紧急会议的原因之一是稳定莱茵同盟国各国首脑，他们大部分按照命令前来参加会议，但也有一部分"忠诚"的同盟者并没有与会。拿破仑与玛丽亚皇后之间常有书信来往，但他在信中对她的称呼往往是"尊敬的夫人"，每一封都好像商务信件一般，缺乏温柔和爱意。也许他感到他的妻子和她的祖国已背叛了他，正在背后密谋颠覆他的政权，拿破仑对她已产生怀疑。

危机正在逼近，战争一触即发，但和谈的戏码还得做下去。谈判者们仍在频频会晤，代表法国出面谈判的一直是拿破仑和科兰古。他们于 8 月 6 日在波希米亚首都进行了最后一次会晤，奥地利代表坚持要法国放弃华沙大公国，并重建汉堡、不来梅、卢贝克以及汉诺威等国，而且要求法国解散莱茵同盟，承认荷兰是个独立的国家，恢复昔日普鲁士王国属地，将伊利里亚省归还维也纳并从伊比利亚半岛撤军。简言之，这些要求的实质就是要法国归还领土，会谈的结果可想而知。

8 月 7 日，欧洲和平会议在布拉格开幕了。当时在场的只有俄国特使安斯德特和普鲁士特使洪堡。由于各方均无诚意，谈判成为战前游戏。在停战谈判问题上虽然出现了种种困难，但实际上对拿破仑而言还是有不少机会的。拿破仑却仍然目中无人，他在会上大叫："你们想抢劫我吗？我不会放弃，哪怕是一寸土地。"在这一命运的关键时刻，奥地利成为举足轻重的第三者。但在奥地利提出和平建议时，拿破仑过于蛮横，不肯做出一些必要的让步。他小看了梅特涅和奥地利，狂妄自大使他失去了洞悉形势的判断力，以至于在这命运攸关的 60 多天的停战中，他错失了盟友而增多了敌人。

8 月 10 日午夜，里森山顶上的烽火向西里西亚的同盟军发出喜讯：他们可以开始向波希米亚进军了。布拉格和谈会议破裂，战争仍将继续。

第二十三章　兵败如山倒

疲于追击

60 天的停战实际上只对同盟国有利，这一点甚至连同盟国阵营中的许多将领开始也没有意识到。他们在商讨对付拿破仑的战术计划时，听取了莫罗将军的一些建议，在 7 月底的莱亨巴赫会议上制定了对拿破仑作战的新战术：无论在何种环境下，都不冒险单独与拿破仑亲自率领的主力交战；若在战场上单独与拿破仑亲自率领的主力遭遇，应立即退却，直到联军兵力集中之后再来作战。这一战术的制定，使即将在莱比锡进行的大决战，演变成一场拉锯战。

1813 年 8 月中旬，拿破仑的主力部队已超过 20 万人，仍然控制着易北河沿岸的所有据点，包括马格德堡、包岑、威腾堡、德累斯顿及已被孤立的莱比锡，他的军队从德累斯顿北面新近构筑的营垒威胁着奥地利。主力的两翼是：一个独立集团由第四军、第七军、第十二军和第三骑兵军组成，共计 7.2 万人，在乌迪诺的指挥下，集中于易北河和斯普雷河之间的威腾堡至卢考地区，准备向柏林发起冲击；另一支由麦克唐纳指挥，包括第三军、第五军、第十一军和第二骑兵军，共计 10.2 万人，负责进攻布吕歇尔。同时，法国骑兵正在恢复过去的效能。缪拉元帅响应拿破仑的紧急召唤，于 8 月 14 日来到德累斯顿军中。尽管拿破仑手下的元帅们担心地提醒他，远离法国太危险，一旦奥地利对法宣战，就可以把他和莱茵河隔断，萨勒河甚至莱茵河才是更安全的防线，但拿破仑对这一劝说完全不加考虑。

8月12日，奥地利向法国宣战，加入反法同盟的军事行动，这就使联军在人数上占据了明显优势。沙皇、奥皇和普王成立了一个联军司令部，以协调战略方针。前线的最高指挥官是施瓦岑贝格亲王。联军组成了3个军团：西里西亚军团，共计9.5万人，由布吕歇尔指挥，从布雷斯劳向戈尔利茨前进，牵制法军右翼；波希米亚军团，共计23万人，由联军总司令施瓦岑贝格直接指挥，从布拉格向西北方向运动，跨过埃尔茨山，从南面进攻德累斯顿；北路军团，共计11万人，由瑞典王储贝尔纳多特指挥，威胁易北河下游威腾堡、马格德堡和汉堡附近的法军守卫部队，并掩护柏林。奥、普、俄、瑞四国联军总计43.5万人，在数量上超过了拿破仑的37.5万人。

8月15日，也就是休战的最后一天，根据德·欧德拉本的报告，拿破仑感到十分沮丧。因为敌方集中的兵力，远远超出了他于8月12日所做的估计，认为敌军主力不过20余万人。但他认为同盟军在这么长的战线上，不可能长期协同动作，如果他们在法军壁垒森严的易北河和莱茵河防线之间冒险挺进，他就进兵波希米亚，从背后攻打他们。因此，德累斯顿是个关键所在，他的一切行动将以此为中心。他的敌人分布在布拉格到柏林这一条圆周上，而他却居于圆心。他在内线较短的战线上作战，这样就跑得比他们快，可以出奇制胜。驻守在德累斯顿的20万主力就是他的拳头，随时可以对分布在外围弧线上的同盟军的任何一点实施重击。

然而，他忽略了法军的两翼像两只张开五指的巨手，若伸得太远，就有可能被敌人斩断。他的元帅们独立作战的能力实在令人担忧，而这一点早已被莫罗出卖给了联军。

8月17日，拿破仑率领他的近卫军离开德累斯顿前往包岑，得知布吕歇尔军团中已经有相当数量的俄军被分派出来，正在转往波希米亚途中。于是，他立即决定扑向布吕歇尔。他打算用一支队猛攻同盟军后卫，切断他们与波希米亚的联系。他只要能在柯尼希施泰因渡过易北河，就能收复皮尔纳的阵地，控制这以西的高原，截断施瓦岑贝格的退路。要实现这个计划，需要让疲乏的近卫军有一天的休息时间，还要确保能够在短期内守住德累斯顿。一旦将布吕歇尔击败，就分别扑向波希米亚和北面的两个敌军团，对其实行各个击破。为了达到这个目的，他命令旺达姆进到包岑，有两方面的意图：或者是把他移向兹塔——但如果敌人趁机威胁德累斯顿，则又可派他去支援圣西尔。他交给圣西尔的任务是"争取时间，放弃土地，但却坚守德累斯顿，与旺达姆和总司令部之间都确保进行积极的联系"。

8月18日在戈利茨，拿破仑获得情报，7.7万俄军和4.9万普鲁士军正从格拉茨和施魏德尼茨挺进波希米亚，他决定马上进到兹塔，以便侧击他们的行军路线。可是到了8月20日，他又得知布吕歇尔正在向第三军、第五军和第六军方向前进，于是把这个计划搁在一边，改向布吕歇尔进攻，并于8月21日越过易北河。但布吕歇尔知道他到来之后，就根据议定的计划立即撤退。

在重拳挥出、打向布吕歇尔的同时，拿破仑又命令乌迪诺、雷尼埃和贝特朗把贝尔纳多特那个分散了的军团赶离柏林，达武则要把贝尔纳多特与海上隔绝，并解救什切青和库斯特林的法国驻军。拿破仑打算对柏林方面的西里西亚军团采取合围攻势，而在德累斯顿和卢扎蒂亚山区则先采取守势，只要能坚持几天就行。马尔蒙劝拿破仑集中兵力，而不要委托副手们远离德累斯顿去执行重大任务。但看来拿破仑当时一定是想以狠狠打击布吕歇尔来打响这一战役，他没有考虑波希米亚方面的同盟军，还命令马尔蒙和维克多军随他一起行动。

8月22日，拿破仑从洛温堡写信给在巴黎的马里特说："我们最糟糕的方面就是我的将领们对自己缺乏信心。只要我本人在那里，他们就会故意夸大敌方的兵力。"这也许是指他曾经接到圣西尔从德累斯顿寄来的报告，因为圣西尔说他正前往波希米亚，然后在易北河上占领一个防御阵地。如果布吕歇尔想向德累斯顿或柏林进发，即可以侧击其行军路线。接着拿破仑又犯了一个错误，他突然想到有进行一个大迂回运动的可能性，遂忽视了圣西尔的危险情况，不派旺达姆直接去支援，反而命令他前进到斯托尔本。

这个所谓的大迂回运动是这样的：首先于8月25日集中近卫军、第一骑兵军和第一军、第二军、第六军等兵力于斯托尔本；第二天夜间，派10万人在肯尼格斯坦渡过易北河，占领佩尔拉，打击波希米亚军团的背面，把它歼灭之后，再前进至布拉格以迫使奥地利退出战争。

8月25日凌晨，拿破仑出发前往斯托尔本，从那里派戈尔哥德将军到德累斯顿去察看圣西尔的情况。上午11点，他听到一个谣言，说乌迪诺已经在大贝伦被贝尔纳多特和布洛击败，这个地点在柏林以南约数英里，现在法军正在向威腾堡退却中。下午，戈尔哥德回来报告说德累斯顿的圣西尔情况十分危急，因为他不敢冒险让德累斯顿失陷——这是他的主要补给基地——这个消息使拿破仑的迂回计划完全落空，于是他决定向这个萨克森的首府前进。8月26日上午，他命令近卫军和第一骑兵军全部出发返回德累斯顿，而旺达姆则继续向佩尔拉方向前进。

上午10点，近卫军冒着倾盆大雨折返德累斯顿，他们疲于奔命，在过去的四天里已经行走了120英里。

德累斯顿的危机，也是中途变计造成的。当时，联军总司令施瓦岑贝格正向莱比锡进攻，想要切断法军交通线。8月20日，他听到拿破仑前去兹塔的消息，担心他会向布拉格前进，便临时改变计划，指挥他的人马转向德累斯顿，于8月25日到达该城之下。

第二天，施瓦岑贝格决定在下午4点攻城——信号为3声炮响。8月26日上午，奥普俄三国的君主也都赶来看他准备。上午9点，从雾中传来"皇帝万岁"的呼声，使他们大吃一惊——拿破仑来了！他们立即召开战前会议，经过冗长的辩论，终于决定撤退。但下午那个号炮在没有进一步的指令下依然放响了信号，于是一场攻击自动开始了。

拿破仑手里只有7万人马，但是由于他亲自督战，法军很轻松地便击败了15万联军。当战斗在晚上9点结束之后，马尔蒙和维克多也赶到了。

8月29日上午6点，大雨仍然下个不停。同盟军的中路军驻扎在德累斯顿城南的山坡上，非常顽固，法军向这里进攻是难以取胜的。但拿破仑不打算强攻这里，而是以莫蒂埃军和南苏蒂的骑兵进攻同盟军右翼的俄军前锋，结果大获全胜。

沿着阵地中段，上千门大炮互相轰击。莫罗正在为联军指挥的无能而愤怒。片刻之后，一个法军的野战炮组突然向沙皇及其随从人员开火，一颗炮弹炸掉了莫罗的双腿。莫罗终于为贝尔纳多特的野心和自己的仇恨牺牲了双腿，这使亚历山大十分悲伤，他一直很敬重这位曾经的法国元帅。

正当亚历山大为莫罗叹息时，拿破仑对同盟军左翼发起了决定性的攻击。由奥军组成的这一军团，与主力相隔绝，中间是一道险要的普劳恩峡谷。拿破仑指示维克多率领2万人，包括各个兵种，与身穿白衣的奥军正面交战；又命令缪拉带领1万骑兵，偷偷地从易北河畔迂回过去，突击奥军侧翼和后卫。

接着是一场厮杀，联军左翼实际上被完全歼灭，法军俘获了联军1.2万人以上。拿破仑全身透湿地回到德累斯顿，认为会战在明天还要继续进行。

夜间，联军开始撤退。8月28日清晨，拿破仑亲自统率法军开始追击，到处都是被丢弃的兵器，还有许多其他情形足以使他确信敌军已经被击溃了。由于感到不舒服，他决定坐上马车回德累斯顿休息，并把追击的任务交给他的军长们去执行。

尽管拿破仑亲自赶往德累斯顿足以挽救他的主要基地，但他让旺达姆单独向联军后卫线前进的命令，却是一个不小的错误。8月27日，旺达姆在肯尼格斯坦渡过易北河，并且把沃尔顿堡的尤金亲王所指挥的联军支队逐回彼德森林。按拿破仑的计划是盯住敌人的中央部分，攻击其两翼，将他们逐入山地，而此时旺达姆则进向特普里兹以阻塞他们的退路。

8月29日，当拿破仑仍在德累斯顿时，旺达姆已经前进到库尔姆。

8月30日上午8点，旺达姆正向库尔姆后面的同盟军猛攻，普军从诺伦多夫山头蜂拥而下，从背后袭击他。这一战，法军被俘者达1.3万人之多，包括旺达姆本人在内。8月31日凌晨2点，拿破仑得知这一消息之后，无语地望着地图，心想这真是一个不该犯的错误。这个损失好比让他失去了一只小手指。

与此同时，乌迪诺等军正在对付柏林附近的贝尔纳多特北方军。当时大部分防务是由普鲁士人承担，他们放水淹没了平坦的沼泽地带，使乌迪诺进军延缓，并且不得不分兵两路。但是，贝尔纳多特似乎还是要撤离柏林，这引起了普遍的愤慨。这时，比洛将军抓住乌迪诺与另两个军团相距甚远的有利时机，在格罗斯贝伦猛攻雷尼埃的萨克森军团，取得了重大战果，迫使乌迪诺已经分散的队伍于8月23日迅速退回威腾堡。贝尔纳多特则小心提防地跟着比洛继续推进。

4天后，普鲁士后备军的一支纵队在哈格尔贝格与吉拉尔的法国新兵做殊死搏斗。他们凶狠地直扑新兵，又是刀刺，又是棒打。法军伤亡惨重，尸体堆满了这个镇的壕沟和街巷。吉拉尔部本来起着连接乌迪诺和达武两支部队的作用，这时却逃往马格德堡。

格罗斯贝伦和哈格尔贝格的败仗，对达武军的士气产生了影响。达武本来已向梅克伦堡进军，与联军的沃尔莫顿军团发生了小接触，但他一听说其他各路进攻柏林均告失败，就立即往后撤，只顾以防守为主。这使进攻柏林化为泡影。

现在拿破仑原计划的主战场上只剩下麦克唐纳军团，他在西里西亚对付布吕歇尔时，拿破仑命令他不限于钳制同盟军，只要一有可能就出击，把布吕歇尔驱逐到亚沃尔镇以外。

当时，布吕歇尔的军队驻扎在山区，其间是卡茨巴克河与咆哮的尼斯河深陷的河谷。

麦克唐纳希望趁同盟军的两部分被尼斯河深谷隔断时给予其打击。普鲁士军和萨肯率领的俄国军团在尼斯河以东的艾希霍尔茨村附近，这个村是亚沃尔以北的高原的中心点。麦克唐纳军的右翼就以这片高原为进攻目标。朗热隆的俄国军团则在这条湍急的河流以西的亨内斯多夫，距离艾希霍尔茨约 3 英里。

这天，乌云密布，景色暗淡无光，周围笼罩着阴森肃穆的气氛，暴风骤雨掩护着双方的行动。率领法军侧翼的苏阿姆一时疏忽，没有派出搜索队，无法得知附近敌军的情况，只顾向高地前进。而普鲁士军的参谋米夫林则骑马跑到法军队伍附近观察，回去报告主将说，可以趁法军还未在高原上充分展开时加以袭击。于是，当苏阿姆部还在艰苦行进之际，萨肯的炮兵就向他们轰击了。由于固执己见的萨肯将军坚持要慢条斯理地进行部署，使苏阿姆在高原上取得了立足之地，双方在高地展开了一场激战。此役当天不分胜负，双方都有较大损失。麦克唐纳见普鲁士军已跨过卡茨巴克河进犯，从背后威胁洛里斯托纳，便率领部队连夜撤退。

接下来的几天，同盟军不断追击疲惫不堪、士气低落的法军，打得他们大败而逃。8 月 29 日下午，拿破仑得到了两个坏消息：麦克唐纳在凯茨巴赫被布吕歇尔击溃，损失 1.5 万人和 100 多门炮。此外，乌迪诺失败的消息也被证实了，他已经损失了 3 000 人。达武军的退守成了必然的选择。

库尔姆的惨败，破坏了拿破仑的整个战役计划，但他仍没有放弃占领柏林的计划，这使他的战略受到牵制。此时拿破仑似乎放弃了他一向坚持的作战原则——集中优势兵力，无情地摧毁敌人的有生力量，他在思想上已迷恋上了地理目标——布拉格、柏林。因为急于阻止北面军团前进到易北河上，他命令内伊代替乌迪诺，并于 9 月 2 日命令内伊在 6 日前进到巴恩斯，而在那一天他自己也应该前进到路科考以支援他，然后再从巴恩斯前进到柏林，在 9 月 9 日或 10 日占领该地。但到了第二天，拿破仑又被迫放弃了这个计划，因为他接到麦克唐纳的紧急求助，麦克唐纳在波伯河上正遭受猛烈的攻击。

9 月 3 日，拿破仑从德累斯顿赶到包岑，催促麦克唐纳的残部向霍彻克赫前进，夹击布吕歇尔。但狡猾的布吕歇尔很快判断出拿破仑又在亲自指挥了，于是立即退走，这使拿破仑暴跳如雷。

就在夹击布吕歇尔的计划落空时，9月6日，圣西尔送来警报，施瓦岑贝格再次向德累斯顿进发，这使拿破仑不得不赶回德累斯顿。8月8日，他在德累斯顿又听到一个坏消息，说被他丢下的内伊军于6日在登纳维茨遭受了一次惨败，损失了2.2万人，其中有1.3万人被俘。

联军在取得几个战场上的胜利之后，蒂罗尔倒向奥地利，而巴伐利亚也决定背弃拿破仑。哥萨克部队也在汉诺威、阿尔兹、巴伐利亚等地大肆活动。整个日耳曼都起来反抗拿破仑。至此，只有德累斯顿成为拿破仑最后的堡垒。

同盟军仍按预先制订的计划行事，拿破仑亲自率领军队往哪里推进，他们就从哪里撤退。其后数周，在德累斯顿与埃尔茨之间的平原上，两军对峙，不时展开拉锯战。

决策失误

在与联军半个多月的激烈对抗中，拿破仑既想抱西瓜又想捡芝麻，结果顾此失彼，不仅一样未得，反而身心疲惫，兵力损失惨重。

9月14日，施瓦岑贝格再度前进，而拿破仑却前往佩尔拉，并在9月17日和18日亲自侦察联军阵地。这时，他又接到内伊的一份报告，说贝尔纳多特已经率领8万人在罗斯兰渡过了易北河。9月21日，拿破仑回到德累斯顿，于次日率领近卫军会合麦克唐纳，逐退了布吕歇尔，迫使其退到包岑附近既设的坚固阵地中。

由于未能打垮在德累斯顿与之列阵对抗的敌军，昔日从莫斯科撤退后所面临的战略问题，如今又摆在了拿破仑的面前。夏季眼看就要过去了，每个星期的消逝，都意味着更多增援的俄军到来。不过，到9月底，拿破仑还是可以在战场上集中起25.6万人马和784门火炮，只是其中有许多是未经训练的新兵。

贝尔纳多特在到达易北河之后，就在罗斯兰和威腾堡以下的地方架桥渡河。9月24日，他率领全军出现在威腾堡之前，布吕歇尔决定向北移动与他会合，施瓦岑贝格也决心放弃在德累斯顿作战而向莱比锡前进。10月3日，布吕歇尔率领6万人在威腾堡击败了贝特朗的1.5万人，并于次日渡过了易北河。同一天，贝尔纳多特率领7.6万人，也在罗斯兰和贝尔拜渡河，前进到了莫德河。这个行动迫使内伊退向德雷切希。

拿破仑现在已经完全看清了对手的意图，联军形成了巨大的钳形攻势，从三个方向直指莱比锡。从战略方面来看，处在钳口中的法军并没有真正被围住，拿破仑可以集中他的25万人向北面攻击布吕歇尔和贝尔纳多特的联合兵力14万人，也可以向南面攻击施瓦岑贝格的18万兵马。因为他占有内线的便利，所以他的确有逐个击破的希望。

拿破仑决定亲率主力向布吕歇尔和贝尔纳多特前进，在施瓦岑贝格到达莱比锡之前先把他们击溃，他首先不顾一切地将打击力量集中于迈森，迈森对面之敌似乎正在集结威胁着他通往莱比锡的主要退却线。10月6日，他离开德累斯顿，偕同萨克森国王与王后，前往迈森，但他表面上仍不肯承认正在放弃萨克森首都，因而留下圣西尔的第十四军防守该城。

10月8日，拿破仑在莱比锡以东集中了15万兵力。贝特朗在斯切尔丹构成他的右翼，马尔蒙与拉托尔则在杜加构成他的左翼。拿破仑认为布吕歇尔在杜本，而贝尔纳多特在拿骚，这个猜想并没有错，只是对他们的兵力估计过低。随即，拿破仑将大本营后移40英里，设在通往莱比锡的公路上的乌尔岑，在这里他又向部队发出了一系列矛盾百出的命令。此后，他再也没有返回德累斯顿。

10月9日，拿破仑向前攻击布吕歇尔，但当他的先头部队进入杜本时，布吕歇尔又溜走了。拿破仑还不知道，10月10日，布吕歇尔在哈里附近已经与贝尔纳多特会合。当天，拿破仑又将大本营移至莱比锡以北20英里的杜本，宣称他的意图是率主力在威腾堡渡过易北河，歼灭布吕歇尔的军队。

　　10 月 14 日，拿破仑将大本营从杜本移至莱比锡东北方不到 2 英里的一个小村庄罗伊德尼茨。他通知缪拉说他已经决定向莱比锡前进，并放弃了攻击布吕歇尔和贝尔纳多特的念头。缪拉奉命在该城东南的山丘上阻击施瓦岑贝格，内伊则退至东北方向陶哈附近阵地迎战布吕歇尔。拿破仑终于下决心集中全部兵力，在莱比锡进行一场决战。

　　10 月 15 日上午，在缪拉的陪伴下，拿破仑视察了整个战场。莱比锡是一个较繁华的商业城市，位于埃尔斯特河、普莱西河和帕尔他河交汇处的浅沼低洼地的中央。它的西面为普莱西河和埃尔斯特河，中间构成了水网，上面设有桥梁，最主要的桥梁在林登朗，道路由此通往梅西堡和威森维尔斯；北面有巴尔塔河，在帕芬多夫村与普莱西河汇合；南面为一连串的低缓山岭，地势最高的是加尔根堡。周围都是古老的要塞工事，工事外围就是郊区，从北面、东面、南面向莱比锡汇聚的七条大道均被联军封锁。西南方向还敞开着一条唯一的退路，经过一座石桥，穿过埃尔斯特沼泽地，沿着萨勒河谷可到达艾尔福特、哥达和美因茨。

　　到夜幕低垂时，法军的部署大致完成：贝特朗的第四军在恩特里塔希，马尔蒙的第六军在林登萨尔，维莱托的第八军在马克里堡和杜森，维克多的第二军在瓦赞，洛里斯通的第五军在列伯尔特 - 沃尔科维茨，奥热罗的第九军在茹克豪森，索汉的第三军在莫考和杜本，麦克唐纳的第十一军在杜加，列依尔的第七军在杜本侧面。近卫军作为总预备队，位于劳德尼兹和克罗顿多夫。赫利迪的第五骑兵军在南段正面右方，第一骑兵军、第四骑兵军两个骑兵军（拉特尔和克勒曼）在中央后方，而第二骑兵军（塞巴斯蒂亚尼）则在其左面。

　　在联军阵营中，布吕歇尔在哈里，贝尔纳多特则在他北面相距约 15 英里处，布吕歇尔希望在波希米亚军团从南面前进时，他们也从北面向拿破仑逼近。但贝尔纳多特害怕与拿破仑直接交锋，主张保护与柏林之间的交通线。布吕歇尔唯有单独前进，后来贝尔纳多特也只好勉强跟着走，两军在莱比锡西南面 9 英里处的马克兰斯塔特会合。施瓦岑贝格率领的波希米亚军团主力 16 万人于 10 月 14 日到达阿顿堡。在前一天，他接到布吕歇尔的通报说："现在三个军团已经如此接近，如果能够同时向敌人集中兵力进攻，则可能一举把敌人击溃。"于是，沙皇亲自指挥，派维特根施泰因率领大批骑兵搜索前进。另外有 3 支部队也从西面和南面向该城进攻。格莱率领 1.9 万人攻击利德斯瑙并切断法军的交通线。梅维尔德率领 2.8 万人向北前进到普莱西与埃尔斯特河之间的地区。维特肯率领 9.6 万人在左翼普莱西河上负责攻击缪拉于 10 月 14 日占领的阵地，其中央位置在瓦赞。

10 月 16 日上午 9 点，联军方面发出 3 声号炮，在炮兵的掩护之下，联军分为 4 个纵队，沿宽广的正面前进。这是一个要命的兵力分配，因为彼此都看不清楚，所以他们的攻击是毫不协调的。施瓦岑贝格在南面的进攻开始发展顺利，法军被逐出瓦肖和马克里堡等村庄。

面对联军凌厉的攻势，正面法军第一线部队几呈动摇之势。拿破仑本想等第三军团到达时再发动攻击，但已经来不及了，他急忙命令集中大量炮火，粉碎奥军的进攻。在炮兵火力的掩护下，缪拉带领 1.2 万名骑兵和紧紧跟随其后的步兵，从山脊后疾驰而上，以密集的队形直冲对方的中央阵地。联军一时陷入混乱，俄、奥、普三国君主惊得跨马就逃，以免被擒。就在这个紧要关头，北方远处传来轰鸣声，拿破仑立即转过马头朝莫克恩方向飞奔而去，他这一走，使一切都丧失了重心。缪拉的骑兵经过一阵狂风式的奔驰以后，很快就筋疲力尽，最终被联军的反击逐回。

与此同时，北面也发生了激战。在莫克恩，马尔蒙受到了约克军的猛烈攻击，这个村落一再易手。到下午 5 点，约克军在损失三分之一的兵力之后，终于在莫克恩村站稳了脚跟，马尔蒙退往哥里斯和欧特里希。

一天过去，胜负难分，傍晚时分，战斗暂时停止，双方各伤亡约 2 万人。

10 月 17 日，日出后不久，拿破仑与缪拉一同骑马来到加尔根堡。这一天只有零星的战斗，双方都在休养兵力，准备着明天的战事。此时联军方面，贝尔纳多特军和本尼格森的 11 万援军已朝莱比锡开来。拿破仑见联军已对法军形成合围之势，恐寡不敌众，决定撤退。但他又担心撤退会引起混乱，导致士气低落，于是改行缓兵之计，派人向联军提出休战条件，但遭到拒绝。这时，拿破仑又得到了一个坏消息：巴伐利亚脱离了与法国的同盟，倒向联军，其军队进至莱茵河畔，准备攻击法军在美因茨和法兰克福的交通线。经过长时间的犹豫，拿破仑决定撤退到萨勒河一线。但是，他还没来得及把自己的意图付诸实施，激战又起。施瓦岑贝格在 18 日的行动计划是准备把大军分为 6 个攻击纵队：黑森伯格亲王攻击罗斯尼格，巴克莱攻击普罗布斯希达，本尼格森攻击茹克豪森和霍兹豪森，布吕歇尔攻击莱比锡东北，格莱攻击利德斯瑙，贝尔纳多特则在他与布吕歇尔之间。

10 月 18 日，拂晓时分，拿破仑视察了战场的各个地段。这时，联军已增加到 29.5 万人，几乎比法军数量多一倍。

上午 8 点，敌方的火炮开始发射，拿破仑立即命令贝特朗向萨尔河上进发。直到下午 2 点为止，法军的前哨还只是缓缓地退却，联军极小心地前进，只有黑森伯格亲王率领的左面纵队，在多里茨和杜森经过了激烈战斗，并将两地攻占。接着他前进到孔尼维茨，但被波尼亚托夫斯基的波兰部队击退。巴克莱在前者右面等待本尼格森的到达，后者还落后很远，正在缓慢前进。但是仍没有贝尔纳多特到达的消息。此时在利德斯瑙，贝特朗已经完全击败了格莱，并挺进到了威森维尔斯。

下午 2 点，在罗斯尼格周围发生了激烈的战斗，但是奥热罗和波尼亚托夫斯基仍然坚守孔尼维茨，而在普罗布斯希达，维克多在洛里斯托纳支援之下，也一再击退巴克莱的纵队。巴克莱屡次突击都无法成功，随后奉施瓦岑贝格的命令改取守势。此时，本尼格森因为兵力比麦克唐纳占优，经过激烈战斗之后，占领了霍兹豪森和茹克豪森。他再前进又占领了柴维劳多夫，但在斯托特里兹还是被击退了。这时，贝尔纳多特终于在他的右方出现，二人合力攻下了莫尔考，随后又攻占了庞斯多夫。法军终因寡不敌众，逐渐被联军挤压到莱比锡城里及其近郊。内伊和另一名军长也负了伤，内伊把他的右翼撤到希勒尔豪森和斯图兹。

傍晚时分，拿破仑坐在郊外的营帐中，向贝尔蒂埃口述着作战命令。就在这时，两名炮兵指挥官前来报告：炮弹快打完了。拿破仑脸色苍白，意识到大势已去，指示贝尔蒂埃向部队下达撤退命令。撤军序列大致如下：老近卫军领先，接着是乌迪诺率领的两个师的青年近卫军，第四骑兵军，第一、二两军，最后是第二骑兵军。以上各部队在其余兵力的掩护下，应立即经过利德斯瑙开始撤退。也许是由于过度疲劳，拿破仑下达完命令后，竟躺在板凳上睡着了。将领们站在他的周围，默默地望着他，周围一片漆黑。战斗的呼喊声、伤员的呻吟声和军队撤退的车轮声混杂在一起，不断地传入拿破仑的营帐。一刻钟以后，他突然醒来，立即赶往莱比锡城内。

10月18日黄昏，施瓦岑贝格颁发次日作战命令，仍然是一个平行的攻击，仍然和过去的攻击命令一样，并没有企图集中在任何一点上。此外，除了布吕歇尔曾经采取前述步骤以外，也不再有任何切断法军交通线或准备追击的意图。

10月19日凌晨2点，法军留下前哨在孔尼维茨、普罗布斯希达和斯托特里兹等处，撤出了那些村落，麦克唐纳率领第七军、第十一军，共约3万人，奉命坚守莱比锡城，以掩护大军退却。同时，拿破仑也命令在德累斯顿的圣西尔设法自行撤离。

上午7点，联军继续展开攻势，不久又暂时停顿下来，以便谈判使这个城市投降，因为沙皇希望能兵不血刃地攻下该城。上午9点，拿破仑与他的盟友萨克森国王道了再会，在混乱之中策马走过利德斯瑙桥，在利德斯瑙的磨坊里下马，口授了一些命令之后就开始熟睡。此时，与沙皇的谈判也已破裂，莱比锡的战斗再次爆发，法军和波兰部队在绝望之中仍然死战不休。

下午不到1点的时候，拿破仑仍在熟睡之中，突然，一声巨响把他惊醒了。过了一会儿，缪拉跑进来报告，利德斯瑙桥被炸毁，麦克唐纳所率的后卫部队2万多人被阻隔在河对岸。这对法军的后方部队而言是一个惨重的打击，麦克唐纳、波尼亚托夫斯基和许多官兵都跳入河中。

麦克唐纳侥幸到了西岸，而英勇善战、刚刚晋升为法国元帅的波兰亲王却不幸淹死。不久，没来得及跳河的官兵，包括劳里斯登、雷尼埃两位军长在内，还有 260 门大炮、870 辆弹药车全都被联军俘获。埃尔斯特河东岸的战斗以法军的全面投降结束了。

拿破仑率残军继续退却，联军未做积极追击。10 月 20 日，法军主力在威森维尔斯渡过萨尔河，23 日进入埃尔弗特，在那里一直停留至 26 日以补充给养。在埃尔弗特，拿破仑知道维内德亲王率领 4 万巴伐利亚部队，在哈南挡住了他的退路。但他一点也不在乎，而是集中 50 门大炮朝敌人猛攻，巴伐利亚军大败而逃。法军通过法兰克福西撤，于 11 月 2 日到达马因斯，拿破仑在这里停留到 11 月 7 日，然后返回巴黎，于 11 月 9 日到了圣克劳德。两天之后，圣西尔在德累斯顿投降了。至此，这个被称为"民族大会战"的战役方告结束。

联军获得的战利品十分可观，包括 28 面军旗、325 门火炮、900 辆弹药车和 4 万支步枪。法国大将有 6 个战死、12 个负伤，将官被俘共 36 人，包括洛里斯托纳和列依尔在内。

拿破仑这位法兰西领袖在欧洲的中心，于众目睽睽之下被敌人击败了。换句话说，他已经丧失了一场决定性的会战。这次是一点借口都没有了，既没有波兰的烂泥，也没有俄罗斯的严冬。他已经输掉了第二个"特拉法尔加"之战，他的主动权已经丧失了。

这个致命的打击使拿破仑的元气永远也无法恢复，联军的胜利在欧洲历史上点燃了新的烛光，胜利之前与胜利之后是完全两种局面。欧洲大陆到处都是欢呼声，到处都展开了反对拿破仑的激烈宣传。

拿破仑的战略失败了，也许是因为他的工具不适当，也许是因为他的假设有错，但主要原因是他的政策已经不合乎这个时代的精神了。他的目的是想建立一个宇宙性的大帝国，仿照过去那些伟大征服者的足迹前进。但时代已经改变，欧洲不再是一盘散沙，许多民族都已团结起来，从而形成一个个结晶化的民族国家。拿破仑的军事天才最终为其政治野心所葬送。

第二十四章　奋战到最后

宁死不屈

当拿破仑在莱比锡与联军大会战的时候，威斯特伐利亚国王热罗姆也在与哥萨克人进行着激烈的战斗。虽然拿破仑在大会战前拒绝了热罗姆参战的要求，但 1813 年 8 月 12 日，拿破仑意识到了形势的严峻性，于是命令克拉尔克将军写信给热罗姆，要他准备保卫威斯特伐利亚首都卡塞尔。8 月 23 日，热罗姆在齐陶的威斯特伐利亚军被联军击败。9 月中旬，车尔尼雪夫将军率领俄军自东方向卡塞尔挺进。热罗姆关闭卡塞尔城门，设置了两门大炮守门。

9 月 30 日，车尔尼雪夫将军炮轰卡塞尔，热罗姆等待着增援，但到下午 3 点仍不见援军踪影，他只得逃命。傍晚 7 点，在卡塞尔城内孤军奋战的阿里克斯投降了。俄军攻占了威斯特伐利亚王国，宣布废除王国，剥夺热罗姆·波拿巴的王权。当天，热罗姆快马加鞭地逃命，竟将他的私人卫队、法国厨师和所有的财宝远远抛在身后，只身一人逃过了莱茵河。他那个野心勃勃的情人路文斯坦夫人也被抛弃了。

此后，热罗姆隐姓埋名，居无定所，先逃到科伦布茨，接着逃到科隆。11 月 3 日，热罗姆接到了拿破仑发来的急件，要求他在莱茵河岸住下并很快将他的夫人凯瑟琳送来，同时禁止他回法国。对于法国皇帝而言，弟弟热罗姆已经不复存在了。

11 月 2 日，在到达莱茵河后，拿破仑在美因茨停留了几天，并于

11 月 7 日最后一次离开那里，前往圣克鲁宫。

11 月 9 日，拿破仑披着征战的硝烟和尘埃踏进了圣克鲁宫。沿途没有以往欢呼的人群，没有鲜花和笑声，只有玛丽亚皇后在前厅焦急地等候着远方的战报。她一眼就看到了匆匆走入宫中的丈夫，惊诧地叫了一声，快步地扑到拿破仑的怀里。

几个月的分离和惨败后的忧伤，使刚毅的拿破仑增添了几分柔情。他紧紧地拥抱着亲爱的妻子，轻抚着她美丽的金发，喃喃地说："我终于回家了，最亲爱的，我又能和你在一起了。"

在一旁玩耍的小罗马王，也立刻认出了依然一身戎装的父亲，他迈着蹒跚的步子跑过来，大声叫："爸爸，爸爸!"拿破仑一把抱起小罗马王，两行热泪顺着脸颊慢慢地流淌下来——帝国的希望与未来，全部寄托在罗马王身上，所有的征战都是为了帝国的荣誉，为了帝国的基业永固。拿破仑还从没像爱罗马王那样爱过任何人。

再次见到妻儿使拿破仑内心的伤痛得到了暂时的平抚，但大败而归的他没有时间沉醉在与妻儿重逢的喜悦之中，整个欧洲的局面和国内形势已经使帝国到了生死存亡的危急关头。

现在，富歇和塔列朗又开始积极策划推翻拿破仑的行动。他们先是多次到德茜蕾家中频频献媚，为反法联盟打败法军后给自己铺条后路，而且在朝野上下四处游说，说法国目前四面楚歌的局面，全是拿破仑个人的罪责，是他战争狂妄的表现。他们和缪拉勾结在一起，暗地里与英国来往。对手中有权的朝野人员，他们或以金钱相诱，或以武力相胁，这使他们的党羽日渐增多。

军事上，法国已三面受敌，危在旦夕。英国和西班牙的大军坐守西南，北方的贝尔纳多特大军磨刀霍霍，东面的布吕歇尔和施瓦岑贝格军虎视眈眈。在西班牙，威灵顿已经封锁了潘普洛纳，攻占了圣塞瓦斯蒂安，在一连串拼死战斗中把苏尔特打得退到比利牛斯山，并于拿破仑在莱比锡被打垮前 11 天在法国土地上插了英国国旗。在荷兰，比洛将军在一支人数不多的英军援助下，于 11 月初侵入荷兰。荷兰人喊着昔日的口号"奥伦治复兴",扯下法国三色旗,迎回奥伦治亲王。在意大利,缪拉已与同盟国秘密接触,在金钱的诱惑下,正准备闻风而动。拿破仑在欧洲大陆仅剩下两个小小的孤岛——继子欧仁仍然忠于他,拒绝同盟国的一切诱降提议,把守着他的驻地;达武处在联军的重重包围之中,仍在汉堡孤军奋战。

要想保卫法兰西,重建一支强大的野战军已刻不容缓,然而,法国军队中的将官元帅也对拿破仑表露出不满的情绪。先前一次又一次的捷报频传,使他们在战场上捞得了大量财物,在法国人民发出的敬佩钦服中满足了军人的自尊心,但近几次战争接二连三的溃败,使他们开始担忧自己是否会像拉纳那样横尸异国,他们万分企盼一个和平稳定、歌舞升平的环境。

拿破仑感到自己正处于从未有过的危机之中。这次失败与一年前远征俄国的失败不同,那次他也损失了40万人,但其中一半是外籍兵,而这次在萨克森牺牲的几乎全是法国人,是法国全体作战兵员中的生力军。尽管如此,他还是召集内阁开了整整一天的紧急会议,决定务必采取非常措施招募新兵、扩充骑兵、打造武器装备等。他开始坦率地承认自己在前两次战争中表现出的过失和冒进。

现在最得意的莫过于奥地利,曾4次败于拿破仑之手的奥军终于借联军之手报仇雪耻了。不仅如此,他们还准备趁此机会再多捞点好处。一向贪婪狡诈的梅特涅又开始积极活动,谋划新的和平运动。

11月8日和9日,梅特涅在法兰克福两次会见了法国派驻魏玛的使节圣埃尼昂男爵。他依然奉行大国均势①原则,很不希望看到法国彻底失败。因为那样,最大的赢家将是俄国和英国,奥地利只能在它们吃剩的盘中分一杯残羹而已。他向圣埃尼昂保证,只要法国完全放弃对西班牙、意大利和德意志的控制,回到其自然疆界即莱茵河、阿尔卑斯山和

---

① 均势:指国际体系中的国家试图保持力量的平衡,以防止任何国家占据优势地位。最早推行这一政策的是英国。

比利牛斯山以内，那么实现和平不是没有可能的。

对此，拿破仑要外交大臣马雷给予其含糊其辞的答复，一是拖延时间，二是为了进一步探明梅特涅的态度。他一面派出代表在夏蒂荣与盟国谈判，一面进行紧张的征兵工作。他凭经验判断同盟国方面并没有什么诚意，因为奥、俄提出的条件虽然苛刻，但似乎比他想象的要好很多。

在同盟国中，普鲁士的态度较为复杂。事实上，普鲁士的态度如何在他们看来并不是很重要，他们相信，只要让普鲁士得到实惠，它就没有不赞成之理。受到轻视的普鲁士宰相哈登贝格倾向于更彻底地打败拿破仑，而普王的态度则模棱两可。用意最深的是沙皇亚历山大，他坚决不同意现在与法国媾和，渴望率领自己威风凛凛的近卫军到巴黎去，在那里大显其仁恕之道。

12 月 15 日，法国驻法兰克福的大使圣埃尼昂回到法国，带来了同盟国家的谈判建议。在大军压境的前提下，盟国向拿破仑提出的达成和平协议的条件是：法国应完全放弃德意志、意大利和西班牙，法国应以阿尔卑斯山、莱茵河和比利牛斯山脉为天然疆界，谈判不得妨碍战争进程。但是，拿破仑没有接受这项和平协议的条件，相反，他愤怒地革除了外交大臣马雷的职务，任命科兰古为新的外交大臣。科兰古希望拿破仑能够同意同盟国的条件，认真议和；但正如梅特涅所预言的，拿破仑根本不想接受这一不体面的和平。

拿破仑发出了征兵令并迅速集结军队。他下令征集一支庞大的国民自卫军，为正规军提供更多兵源，命令东方各省将适龄男子全体征召入伍。他以盖世无双的气魄，献身于这一艰巨事业。法国政府的军费已经在上次的萨克森战役中完全耗尽了。没有资金，就向四面八方索取。拿破仑自己也慷慨解囊，从积蓄中掏出 5 500 万法郎，而且连他母亲的积蓄也拿来用了。没有枪炮被服，就加紧生产。最先集结的约 12 万人被全部派去增援欧仁，帮其守住意大利；他同样决心不放弃荷兰，因为他一向重视这个航海勤劳的民族。

12 月下旬，拿破仑的立法委员会召开了一次特别会议讨论当前局势，并于 12 月 18 日提出了报告。"立法会议和参议院以压倒多数一致通过要求和平"，并要求废除独裁而执行保障民主自由的法律，包括享有自由的政治权利。拿破仑在国内的压力之下，无奈地同意接受和谈条件，但为时已晚，同盟国实际上已撤销原建议。

在政治上，反对党领导人趁机攻击拿破仑独裁政府。议员若阿香·莱内指责拿破仑对军队和行政首脑过于独裁，拿破仑一气之下就以解散议会作为报复。

总之，拿破仑拒接最后的橄榄枝。屈辱地接受如此苛刻的条件不是他的性格，其实，联军以亚历山大为首的强硬派本来决心即使和谈也不放慢军事行动，现在既然战事的发展依然对他们非常有利，那就用不着再等待什么了。1813 年 12 月，3 支主力军向法国进军。北面一路是英、普联军及由贝尔纳多特率领的另一支独立的北方军，其中俄将维岑格罗德和普将本尼格森的军队负责保卫马格德堡和汉堡（达武仍拒不投降）；第二路大军是普将布吕歇尔的西里西亚军，于 12 月 29 日渡过了莱茵河；第三路大军是奥将施瓦岑贝格率领的奥军，已于 1814 年 1 月 1 日离开巴塞尔向科尔马进军。

意大利的情况同样令人失望。1 月 11 日，那不勒斯国王缪拉与奥地利结盟，答应出动一个有 3 万名那不勒斯士兵的军团支援它，奥地利则保证他安享王位并获得一块罗马教皇的领土。3 天之后，丹麦国王弗里德里希六世也步其后尘。缪拉对法宣战让拿破仑忍无可忍，称其举动将"遗臭万年，王后也一样——他们的封号将不复存在！我希望能活到亲眼看到他们自食恶果的那天！"面对如此变局，拿破仑当即指示欧仁准备撤到阿尔卑斯山。在北部和东部，同盟军进展之快，使拿破仑十分惊愕。他习惯了同盟军的拉锯战，没想到它们在开春以前会大举进犯，这时才 1 月初，它们已经打来了。

荷兰失守，施瓦岑贝格分遣一个强大的军团南下，控制辛普朗山口和大圣伯纳德山口，威胁里昂，他自己则率领同盟国大军经巴塞尔、贝尔福和朗格勒进入法国本土。

孤掌难鸣

法国已经四面楚歌——陆路是俄、普、奥联军，海上则是强大的英国皇家海军。

1814 年 1 月，在法国南方，英国威灵顿的军队从西班牙越过比利牛斯山，侵入法国。1 月 20 日，施瓦岑贝格在朗格勒、肖蒙、奥布河上的巴尔之间陈兵 15 万；布吕歇尔则以大约 7.6 万兵力，在圣迪齐耶渡过马恩河，向布里埃纳靠拢。他们面前是马尔蒙、内伊、维克多和麦克唐纳率领的软弱无能的残兵败将，合起来共约 5 万人。加上近卫军，仅有不到 7 万人的拿破仑能干什么？奥热罗元帅打算在里昂新组建一支部队，但在大军压境的情况下，组建部队谈何容易！剩下的就是莫蒂埃元帅的大约 9 000 人的老年卫队以及约 3 万人的国民自卫队——总共就这么多人了。

联军仍在步步紧逼，此时巴黎尚无任何动静。拿破仑必须离开巴黎了，他要做最后的抗争。

1 月 17 日，当布吕歇尔的前卫进抵南锡时，在此据守前沿阵地的维克多撤离了该城，退至圣迪齐耶。拿破仑对此十分气愤，欲下令解除维克多的指挥职务。但因大战在即，指挥官奇缺，他不得不忍气吞声做出退让。同时，在北面的迈森军也要求从安特卫普撤到里尔，自然也遭到了拿破仑的申斥。到 1 月 23 日，施瓦岑贝格已经占领了朗格勒、肖蒙和塞纳河畔的夏蒂荣。

拿破仑极其害怕给已经不安的巴黎市民增加恐慌，他把希望寄托于波旁王朝时建筑的坚固城防要塞上。和过去一样，他留下皇后摄政，但指定约瑟夫辅政。1 月 23 日星期天，他在杜伊勒里宫大厅进行最后一次接见。他带着玛丽亚皇后和小罗马王出来，罗马王还是个头发淡黄、不到 3 岁的小孩。拿破仑拉着他走到围成一圈的人群正中，十分动情地说："诸位先生，我最为心爱的就是我的妻子和儿子，现在，为了法国人民的利益,我要奔赴前线去了,我把我最心爱的妻儿交给你们,希望你们不要分裂,保护他们的安全。我真诚地希望和请求各位,你们能做到吗?"接着,他把孩子抱到他的大臣和军官当中。在一阵阿谀奉承和欢呼声中,这些朝臣和军官都向这位法国革命的继承者表示了效忠的决心。

这位世界上最伟大的士兵,全然不顾未来可能发生什么,全神贯注于当前的问题,完成他作为法兰西军人的伟大使命。尽管法国到处是一片渴望和平的呼声,但拿破仑就好像一个赌红了眼的赌徒,不夺回损失,绝不罢休。他迅速赶往马恩河上的夏龙,他的大军正在那里集结。他一到夏龙,立即对集结的野战部队进行了整编,编制是:莫蒂埃的老近卫军、青年近卫军1.1万人,内伊的第二军1.6万人,维克多的第五军1.2万人,麦克唐纳的第六军8 000人,马尔蒙的第七军1.4万人,乌迪诺的第一骑兵军1.2万人,杜默克的第二骑兵军3 000人,埃克尔曼的第三骑兵军2 000人,阿里希的第五骑兵军2 300人,米豪德军5 000人。共计8.5万人。此外,在北部迈森的第一军1.6万人,还在试图阻止贝尔纳多特经由比利时进军。在南翼,有奥热罗组成的一个以新兵为主的2万人的里昂军团。为了获得更多的增援,拿破仑命令苏尔特从比利牛斯前线抽调了两个师,絮歇从加泰罗尼亚抽调了1万人。

拿破仑估计,到1月中旬联军可以调集的兵力有:比罗指挥的2万人,由比利时开进;布吕歇尔指挥的6万人,由洛林开进;施瓦岑贝格指挥的10万人,由阿尔萨斯和瑞士开进,共计18万人。他的作战计划是迅速向洛林和阿尔萨斯逼近,在普、奥联军会合前将它们各个击破,同时切断它们位于莱茵河对岸的军需供给线——他希望这样能将联军逐出法国。

拿破仑信心十足地准备在巴尔打好本土的第一场进攻性防御战。此时,布吕歇尔军约有5万人已到布里埃纳附近,在那里负责守卫的是维克多和麦克唐纳的余部。拿破仑现在手下约有4万人,而莫蒂埃在特鲁瓦有2万人,麦克唐纳有1万人。1月29日,拿破仑决定孤注一掷,出兵进攻此刻正在巴尔的布吕歇尔，以阻止联军主力的合围。但是，法军的进攻并没有实现，因为布吕歇尔避开了拿破仑的进攻，转而向南运动，力图与施瓦岑贝格取得联系。

拿破仑与联军的首次遭遇战发生在布里埃纳。当时布吕歇尔已进占布里埃纳，并计划 24 小时内与施瓦岑贝格会合。布里埃纳是拿破仑 35 年前的读书之地，他对布里埃纳十分熟悉。他将维克多和莫蒂埃部署在布里埃纳东南 4 英里的拉罗蒂埃的一道山脊上，其右翼以奥布河为依托，将布里埃纳镇三面包围。正当普鲁士人在为胜利频频举杯时，宴会厅的一扇窗户突然被炸飞了，餐桌上的吊灯也被炸成碎片。紧接着，炮轰阵阵如惊雷，枪击声声如暴雨，小镇遭到法军的猛烈袭击。布吕歇尔和他的军官们纷纷夺路而逃，当他们逃到宽阔的林荫大道时，恰巧撞上了急步冲来的法国步兵。布吕歇尔费了九牛二虎之力才得以脱身，但他身后的将领和副官或被生擒，或被击毙。黑夜来临，激战逐渐停止，法军占领了布里埃纳镇。

但是，刚刚逃出城外的布吕歇尔很快便与施瓦岑贝格会合了。会合的速度出乎拿破仑的意料，面对两倍于己的联军，他不得不将进攻转变为就地防御。2 月 1 日，联军以绝对优势兵力向法军发起进攻，拿破仑全力以赴，亲冒枪林弹雨，以激励士气。他站在拉罗蒂埃河前的阵地中心，泰然自若地指挥部队对大批进攻的敌人进行顽强的抵抗。

激战进行了一整天，夜幕降临时，法军已有 7 000 人战死或丧失战斗力，但拿破仑仍不认输，他死死守住这块似乎败局已定的战场，并期待着能有增援部队赶来，但援军来得极少，而且很慢。夜间，拿破仑将左翼撤至瓦里河后面的莱斯蒙特，右翼撤至特鲁瓦。联军也不敢贸然进攻。

首战失利，拿破仑产生了一种不祥之感。第二天一早，他离开布里埃纳城堡，动身前往特鲁瓦，沿途看到的都已不再是过去的英勇之师。天空灰暗阴沉，到处冰天雪地。拿破仑冒着漫天飞舞的鹅毛大雪，巡视着他那力量单薄的部队所防守的前线。马尔蒙带着不足 3 000 人的一个军团，在罗斯内顽强地顶住敌人，终于渡过了瓦河，并在延缓敌军追击之后，暂时坚守在奥布河上的阿尔西。

2月3日，拿破仑进入特鲁瓦时，可以御敌的精神力量和物质力量几乎耗尽。当地居民除非强行征派，否则都拒绝供应生活必需品。

此时，由于马恩河与奥布河之间没有设防，布吕歇尔的胜利之师如入无人之境，长驱直进，逼近巴黎市郊。普鲁士和俄罗斯的军官们又一次以为战争已告结束，相约一周之后在卢瓦尔宫宴饮。施瓦岑贝格满以为拿破仑已经一蹶不振，于是率领他的15万人马经由塞纳河河谷向巴黎进军。有俄军参加的布吕歇尔军则兵分三路进军巴黎。

然而，拿破仑现在可以指望的是守住特鲁瓦，以便直接拦截布吕歇尔军。他还有另一个打算，是预期在诺让找到他曾命苏尔特派遣北上的1.5万名久经考验的士兵。他决定以塞纳河道为凭靠，给联军以迎头痛击。

紧接着，在临时军事会议上，联军内部纷争不休，沙皇坚持一举摧毁法国，而普鲁士和奥地利则想让法国保持中等兵力以维持欧洲各国势力的均衡，并维持长期的和平。尤其是奥地利，对俄罗斯和普鲁士日益增长的势力怕得要命，他们不愿欧洲再像以前那样被一两个霸主主宰。

另外，在法国未来的政体和疆界问题上，联军也吵得不可开交。当时主要分成两派：一派只想剪掉拿破仑的羽翼，另一派则企图使法国恢复旧疆界。奥皇仍然愿意让拿破仑保有"自然疆界"，只要他放弃对德意志、荷兰和意大利的一切控制。站在反对方面的，是沙皇以及普鲁士爱国者的急进派。

这时，英国外交大臣卡斯尔雷的到来使得一些问题似乎得到了解决。这位英国大臣认识到，只要拿破仑还统治着一个大法兰西，持久和平就不可能实现；和平的唯一可靠保证，就是使这个国家恢复旧时疆界，最好是恢复以往的王朝。

沙皇决意搞垮拿破仑，但他不同意让波旁王朝复辟，他讨厌这个王室。2月5日，联军在夏蒂荣召开会议，两天后通过科兰古向法国提出了他们的要求：法军从各地撤军，退回到1792年时的边境。沙皇还要求扶持贝尔纳多特为法国的新君主，但遭到了联军各方的反对。

法国全权代表科兰古在夏蒂荣会议听了联军的要求后，提醒说，他们在法兰克福曾提出让法国以莱茵河和阿尔卑斯山为界；他还追问，如果英国把法国禁锢于其欧洲旧疆界内，究竟打算牺牲哪些殖民地。对此，英国全权代表阿伯丁、卡斯卡特和斯图尔特拒绝答复，于是科兰古拒绝这个条件，并决定请示拿破仑。

2月8日，拿破仑收到科兰古的公文，说同盟国现在坚持法国恢复到1792年时的疆界，这对他来讲简直是难以置信。他回信给科兰古说："我被你送来的卑劣的和约草案激怒了，我认为我已被他们提出的东西玷污了。"在危难中继续支持拿破仑的约瑟夫，知道拿破仑还没有清醒地意识到目前形势的严峻性，也于2月9日写信劝告拿破仑接受和谈条件，因为法国目前已经到了山穷水尽的地步。

但拿破仑仍然要求保留瑞士西部以及莱茵河左岸和比利时至荷兰边境一带的领土权。拿破仑表示："我早就决定不是征服就是灭亡……再一次用战斗阻止联军对首都的威胁……我将把这场胜利的荣誉归于帝国和我个人，再为持久的和平进行谈判。"

2月9日拂晓，马雷将自己连夜起草的谈判公文送给拿破仑审阅，但拿破仑看也不看公文一眼，愤怒和绝望终于让位于孤注一掷打击布吕歇尔侧翼这个坚定不移的决心。他对马雷说："现在完全是另一回事了。不是和谈，而是怎样打赢战争。"他再次下决心做最后的抗争，这是他最后的机会。

力不从心

1814年2月9日，由萨肯的俄军组成的前卫到达离巴黎仅60英里的蒙米赖，拿破仑命令马尔蒙摸清敌情。

马尔蒙在2月8日抵达塞赞，报告萨肯已于6日通过该城，正向蒙米赖进发，随萨肯跟进的是奥尔苏费耶夫师和克莱斯将军，而在北面的约克则已将麦克唐纳从埃佩尔内撵到马恩河谷的夏托蒂埃。2月9日，布吕歇尔军第三梯队到达尚波贝尔。施瓦岑贝格此时位于塞纳河以南，布吕歇尔位于塞纳河与马恩河之间，而拿破仑则处在施瓦岑贝格与布吕歇尔的中间。

拿破仑获悉联军的位置后，立即抓住战机，将莫蒂埃、内伊、马尔蒙的3个步兵军和近1万名骑兵全部集中起来，迅速开向尚波贝尔。

2月10日上午9点，拿破仑亲率4.5万人突然发起进攻，迅猛地扑向布吕歇尔的中间梯队奥尔苏费耶夫军。在法军优势兵力的突然打击下，这个只有5 000人的中间梯队很快就全军覆没，奥尔苏费耶夫本人也成了俘虏。过去多次危急关头，拿破仑都证明了沿大河布阵很有效。从利沃里到弗里德兰，他的军事生涯中有很多利用河流作战的范例。当天晚上，拿破仑在与元帅们共进晚餐时说："如果明天我和今天一样幸运的话，那么我在15天当中就会把敌人赶到莱茵河，而从莱茵河到维斯瓦河只有一步之遥。"但元帅们没有他那么乐观，他们以沉默回应拿破仑。在他们看来，这场战争如同荒野上一只饥饿的狮子在与疯狂的狼群搏斗，但是，再威猛的狮子也阻挡不了密集的恶狼群的进攻。

在行军和战斗间隙，拿破仑仍频频写信给玛丽亚皇后，除了教导她如何处理政务，让她和儿子分享自己胜利的喜悦外，还特意让她拉拢奥地利国王。

奥尔苏费耶夫师被歼灭后，布吕歇尔的行军队列就被切成了两半。他自己跟着最后一支纵队在维尔杜，萨肯率领的先头部队在蒙米赖以西，约克则在这个村子北面很远的地方，监视着麦克唐纳在通向梯埃里城的公路一带的活动。因此，拿破仑带着2万兵力，希望可以一一击败这些队伍。他留下马尔蒙和格鲁希①的骑兵在东边钳制布吕歇尔，自己则向西进击蒙米赖附近萨肯率领的俄军。2月11日上午，拿破仑发挥

---

① 格鲁希：世袭侯爵，法国元帅。百日王朝期间，因镇压保王党叛乱有功，被授予法国元帅权杖，指挥北方军团的骑兵军。波旁王朝复辟后，他流亡美国，1821年大赦回国，1831年恢复元帅军衔，1832年进入贵族院。

连续作战的勇猛精神，开始攻击已经孤立的第一梯队萨肯军。

萨肯的纵队原来已西进至拉费尔，离巴黎仅 40 英里，但是在马恩河右岸的麦克唐纳军拼命在马恩桥上对其阻截。萨肯只得又折回蒙米赖，在该镇以西 4 英里处与莫蒂埃的前卫遭遇。法军决心灭绝蹂躏他们家园的野蛮侵略者，俄军则拼命守住阵地，等待约克率领的普军从北面来援。直到天快入黑，内伊和莫蒂埃带近卫军攻下左面的一间大农舍，萨肯军才狼狈地向西北越过田野撤走，这时约克磨蹭了半天也终于到达，使萨肯军免遭覆没之灾。

拿破仑和莫蒂埃追击这两支同盟国部队，直到梯埃里城，经过激烈的巷战，2 月 12 日，拿破仑一口气将萨肯残军向北赶过了马恩河。当地居民欢呼雀跃，迎接皇帝。接连的胜利使拿破仑容光焕发，脸上忧虑和焦急的神情一扫而光，他那微胖、似乎有些倦怠的身体又焕发出青春的活力。

2 月 14 日，拿破仑赶到蒙米赖以东 4 英里的沃尚，去支援马尔蒙军。这天，寒风刺骨，道路泥泞，积雪难行。此时马尔蒙正经受着布吕歇尔的三面压力。拿破仑于上午 8 点赶到，他一面命令马尔蒙军继续坚守阵地，一面开始进行紧张的军事部署。经过近 4 个小时的准备之后，中午，拿破仑命令炮兵开始射击。近 100 门炮同时开火，很快就在敌军方阵中打开了一个缺口。接着，骑兵蜂拥而上，扩大那些可怕的缺口。同盟军开始经过开阔的原野退却。拿破仑命令格鲁希率部分骑兵迂回到敌人的侧后，切断敌人的退路。在法军的前后夹击下，联军大部分溃散，其余兵马好不容易杀开一条血路，逃出包围圈。这样，拿破仑以 4 万兵力，往来驰杀，连续作战，击败了布吕歇尔军团的 5 万余人，使其损失近 2 万人的兵力。

当晚，拿破仑兴奋不已，又给在巴黎主政的皇后写了一封信，同时去函责备康巴塞雷斯行为懦弱。康巴塞雷斯在挨骂后又恢复了一点信心，给拿破仑派出了国民自卫军。

拿破仑在左冲右突、阻截布吕歇尔的三路纵队的时候，发现了施瓦岑贝格沿塞纳河谷经由枫丹白露威胁巴黎的意图，于是又赶紧调集力量对付施瓦岑贝格，在吉涅、南吉斯、蒙特罗、梅里打得施瓦岑贝格军团抱头鼠窜。

2月18日，麦克唐纳和乌迪诺进军诺让，威胁施瓦岑贝格右翼。拿破仑在蒙特罗对面、塞纳河北岸进攻符腾堡王储，用近卫军的炮火压垮他，帕若的骑兵随即来了一次漂亮的冲锋，从这些南德意志人手里夺取了桥梁，拿破仑渡河所必需的一座桥又回到自己手上。拿破仑在当天的工作量十分惊人：他书写和口授了11份公文，有6份是在拂晓前完成的；他对一个派去给欧仁打气、要他坚守意大利的官员发了指示；打了一仗；校正了好几门炮的目标。这样，在这个短短的冬日，他既是皇帝，又是组织者、兵法家、炮手和军法官，末了还严厉斥责维克多元帅和两名将军最近的过失。

布吕歇尔和施瓦岑贝格那支训练有素的部队被打得晕头转向，联军害怕了，他们向拿破仑提出停战要求。这一连串的胜利表明拿破仑正处于最佳状态，在辉煌胜利顶点的他拒绝了联军的停战要求。

3月1日，联军在肖蒙开会，签订了一个为期20年的共同对付法国的条约。根据协定，英国、俄国、奥地利和普鲁士保证不单独与法国媾和，直到把法国赶回其旧时边界之内，使德意志、荷兰、瑞士和西班牙获得完全独立，方才罢休。同时，联军做出了一个冒险的决定：利用拿破仑征战在外的机会，直接进攻巴黎。

就在联军绞尽脑汁想办法对付拿破仑时，拿破仑一个大胆的军事行动给联军提供了机会。为了重点打击联军的急先锋布吕歇尔军，在取得一系列胜利以后，拿破仑命令马尔蒙和莫蒂埃指挥1.7万人正面阻击敌人，自己亲率法军主力近4万人直插联军后方，进攻联军与莱茵河的交通线，迫使布吕歇尔军向莱茵河撤退。"我十分期待这次行动能迷惑敌军的后卫部队。"他从埃佩尔内写信给约瑟夫说。但这封有着详细作战计划的信被联军截获，使沙皇得以说服目前已减弱攻势的施瓦岑贝格快速和布吕歇尔联合行动。施瓦岑贝格在沙皇的逼迫下，以两个纵队从特鲁瓦向巴黎推进：一个纵队已夺取布雷的塞纳河大桥，从诺让往下游走，行军到布雷只要一天；另一个纵队正接近枫丹白露。拿破仑对乌迪诺没有守住布雷桥，暴跳如雷。

当时，布吕歇尔的处境非常危险：马尔蒙尾随不舍，拿破仑则带领3.5万名勇士准备包抄他的右翼。事实上，假如他没有在儒阿尔堡把马恩河上的桥梁拆毁，从而使法军受阻36小时，他很可能过不了埃纳河就被打垮了。

同一天，拿破仑在儒阿尔堡受阻的时候，又想出一个大胆的主意：第二天追击"在泥泞中行动十分困难"的布吕歇尔，然后进军洛林，解救凡尔登、士尔和梅斯的守军，并号召法国东部的农民来抵抗侵略者。施瓦岑贝格趁拿破仑一走开，就在奥布河上的巴尔严重挫败了乌迪诺和热拉尔。拿破仑则弃之不顾，全力追击布吕歇尔。

3月3日，突然降临了一场霜冻，使原本泥泞的道路变得好走了，这加快了布吕歇尔撤退的速度。这天下午，处于布吕歇尔和比洛之间的法国要塞苏瓦松的守军向温青格罗的军队投降，这使布吕歇尔与比洛很快会师，也使拿破仑彻底击败布吕歇尔的计划化为泡影。布吕歇尔和比洛会师后，军队增加到10万人，但他仍然从苏瓦松向后撤往拉昂这个天然堡垒，途中他获悉拿破仑已在贝里奥坝渡过埃纳河，正向克拉纳推进，于是命令他的俄国军团去占领俯临该镇的一条狭长山脊或高地。

3月7日，布吕歇尔将主力布阵于高地周围。在拉昂以南9英里，有一片显著隆起的陡峻山脊，长20英里，东西走向，与埃纳河平行，距河北岸4英里，这就是著名的"贵妇之路"。布吕歇尔将俄国的沃隆佐夫军部署在山脊之上，其左翼以克朗村为依托，同时将1万骑兵、60门炮迂回到法军背后，给予打击。但是，由于这支侧翼包抄部队弄错了行军路线，导致计划失败，这场恶仗变成了短兵相接的战斗。

当天上午，内伊指挥法军前卫，对高地坚固阵地发起正面攻击，双方展开了一场你死我活的搏斗。第二天，拿破仑来到前沿，亲自指挥战斗。近卫军的骑兵和炮兵进行了第六次进攻，突破了防线。布吕歇尔得知侧翼运动已经失败，便下令撤向拉昂。这场拼死的混战使双方都损失了约 7 000 人，几乎占参战人数的四分之一，维克多、格鲁希和 6 名法国将军也负了伤。尽管如此，拿破仑依然继续奋斗。他调集马尔蒙和莫蒂埃，扬言即将得到大批增援部队，并命令驻守比利时和洛林的法军袭击敌人后方。布吕歇尔和比洛据守拉昂这个坚固的天然堡垒，拿破仑于 3 月 9 日和 10 日奋力猛攻南面，但始终无法夺取那几条进城的路。

3 月 10 日傍晚，疲倦的法军后撤了，普军决定对远离主力的马尔蒙军进行一次夜袭。马尔蒙军毫无戒备，骑兵和步兵一片混乱，仓皇逃命。约克率领的普军大获全胜，俘虏 2 500 人，缴获大炮 45 门。

马尔蒙惨败后，拿破仑很快撤往苏瓦松，在那里战胜了一个俄国师后，计划去救援洛林各处守军，但他在 3 月 17 日得知施瓦岑贝格又开始直接向巴黎进军，于是决定再次南下。

施瓦岑贝格一接到拿破仑扑向其右翼的消息，又退缩了。他正准备撤往布里埃纳，得知拿破仑的大军不到 3 万人，于是原路折回，以 10 万之众袭击这支疲惫之师，将其赶进河里。但同盟军一向拖拉，所以，当他开始调集正在撤退的队伍准备战斗时，全军都感到惊异。拿破仑也以为同盟国大军正在全面撤退，因此打算直扑维特里和凡尔登，趁联军处于分散状态，把麦克唐纳和乌迪诺两个军调上来。

双方在阿尔西城后方进行了你死我活的战斗。为了夺取胜利，拿破仑不顾危险，冒着枪林弹雨率部队冲锋。有一次，一颗炮弹在他跟前爆炸，参谋人员看见他的身影消失在弥漫的烟尘之中，不禁心惊胆战。但是，拿破仑安然无恙，他站起来骑上另一匹战马，继续督战。

然而，战局终究无法挽回，3 月 20 日，拿破仑不得不把队伍撤回城里。第二天，趁施瓦岑贝格犹豫不决之机，他摆出一副勇猛攻击的架势，唬住了这位奥地利主将，使其不敢出战，随后他将法军撤过河，往北撤入饱受蹂躏的塞赞纳平原，但殿后部队遭到同盟军的进攻，损失了 4 000 人。

3 月 25 日黎明，几支联军一起掉转头来向巴黎进发。施瓦岑贝格从维特里出发，布吕歇尔从马恩出发，两军会同约克和克莱斯特的军队向西面的利齐进军；而另外的普鲁士军队则在苏瓦松和贡比涅对法军形成了包围。他们只留下 1 万名骑兵，用来监视拿破仑主力的行动。

3 月 28 日，巴黎沉浸在不安的气氛中。当晚，杜伊勒里宫召开了紧急会议，议题只有一个：玛丽亚皇后和罗马王是留在巴黎还是离开。尽管很多人不赞成玛丽亚皇后此时离开，但最后还是决定，玛丽亚皇后于次日早晨离开巴黎。3 月 29 日拂晓，玛丽亚皇后带着年幼的皇储罗马王，离开巴黎到布卢瓦去了。

3 月 30 日，巴黎市民被隆隆的炮声惊醒了，联军如潮水般从各个方向涌进巴黎。同日，俄国和奥地利的骑兵以铺天盖地之势击溃了马尔蒙和莫蒂埃两个军团，马尔蒙和莫蒂埃的军队被迫向巴黎撤退。

与此同时，布吕歇尔的哥萨克骑兵闪击一个只有 4 500 人的法军师，其中多数是法国国民自卫军的人。该师正护送一支庞大的辎重队。法军英勇顽强，列成方阵，一次又一次地把联军击退。赫德森·洛上校到巴伐利亚搬来的援兵也同样不能击破那些不屈不挠的法国步兵。这时，沙皇来到了战场，下令把炮兵调上来，用炮弹对法军猛轰。法军指挥官帕克托德仍然拒绝投降，沙皇扬言要出动他的近卫军骑兵去摧毁已被打得七零八落的方阵，帕克托德这才命令他的方阵投降。

马尔蒙和莫蒂埃到达首都后，约瑟夫将其余部队部署在蒙马山下，欲在那里展开巴黎的最后保卫战。约瑟夫带着弟弟热罗姆将指挥部设在山顶，克拉尔克及其统率的 1.2 万国民自卫军半数武装起来，马尔蒙和莫蒂埃的部队，连同守备部队和国民自卫军，共有 4.2 万人左右。但法国人仅凭英勇已无法挡住蜂拥而来的敌人，经过几个小时的顽强抵抗后，巴黎守军终因寡不敌众，于下午 5 点宣布投降。

第二十五章　别了法兰西

法国失陷

1814 年 3 月 27 日，在巴黎陷落前夕，拿破仑在特鲁瓦得知联军突袭的消息后，立即策马向巴黎飞奔而去。3 月 30 日晚上，他赶到枫丹白露，得知巴黎郊区发生了战斗，贝利亚尔将军说："已经太晚了，巴黎已经投降了！"拿破仑勃然大怒，但很快又恢复了往日的镇定自若，他委派科兰古，授予全权，立即前往巴黎与联军议和，以拖延时间，自己则迅速把留在联军后方的所有军队调集前来，准备对巴黎的敌军进行大胆的一击。

这一夜，他一直仔细研究地图到天亮，指望他的近卫军凭着赤胆忠心尽快赶到。现在他距离巴黎不过 10 英里，看见北边的天空被敌人的营火照得一片通红。他坚信只要科兰古的谈判使联军在三四天内不采取任何决定性的政治措施，他还是可以拯救巴黎的。马尔蒙来信警告他说，自从皇后出走，约瑟夫、路易和热罗姆接着也撤离巴黎之后，民意已大不相同。布吕歇尔现已在蒙马特尔高地上架起 80 门大炮，如果巴黎胆敢继续抵抗的话，他是不会手下留情的。

第二天，同盟国君主进入巴黎。保王党人欢天喜地，在大街上游行，不断高呼"打倒波拿巴""波旁王室万世不绝"等口号，一些妇女还扑上去亲吻沙皇这个解救者的皮靴。而巴黎的绝大多数市民表现出来的则是冷淡和顺从。每个人的脸上都流露出焦虑不安和恐惧的神色，但巴黎并没有出现强奸、抢劫和屠杀的场面。

3月31日，沙皇亚历山大发表宣言："各国君主宣告不再同拿破仑或他的家族的任何成员打交道，他们尊重法国在合法君主政体下存在的领土完整，并将承认和保证法兰西国家可能选用的任何宪法。因此，要求参议院尽快任命一个临时政府处理国家事务并准备符合人民愿望的宪法。"此时沙皇还没有对波旁王朝复辟下最后的决心，他对这个王室的成员没有多少好感。他知道英国和普鲁士都愿意这样做，但奥地利并不太同意。当科兰古前来谈判时，盟国君主拒绝与他谈判。

科兰古立即赶回枫丹白露，劝说拿破仑让位给儿子。拿破仑对这个建议不屑一顾：与其那样，宁可冒险再战。4月1日，他收到了沙皇亚历山大的一份口头照会，声称除有关他私人和家庭的事务之外，同盟国绝不再与他谈判，他根本就没有谈判的余地了。

4月2日，拿破仑向身边的将领们传达了巴黎的事态，并嘱咐大家暂时保密，以免扰乱军心。就在同一天，已被拿破仑宣布解散的参议院发布了一项法令，宣称拿破仑被剥夺帝位，废除过去确立的拿破仑家族的继承权。以塔列朗为首，在巴黎成立了特别委员会，成员包括塔列朗、伯农维尔将军、帕伯格公爵、若古参议员以及孟德斯鸠等人，取代已经垮台的帝国政权。塔列朗还说服沙皇和普王拒绝与拿破仑或波拿巴家族中的任何一个成员进行和谈。英国很快就对塔列朗以及参议院的决定表示了支持。特别委员会还根据参议院法令发表告法国军队书。这篇文告通知部队，他们不再是拿破仑的士兵，因为参议院已经解除了他们对拿破仑的誓词。

4月4日，拿破仑在枫丹白露皇宫大院检阅了他的军队，并发表了讲话。士兵们群情激昂，高呼："打到巴黎去！"发誓愿葬身于一片废墟之中。但拿破仑的元帅们对这一决定忧心忡忡，他们认为用这样一支小部队去攻击庞大的联军，无异于以卵击石。他们指责拿破仑向巴黎进军是愚蠢的，气得拿破仑最后说："军队将服从我。""不！"冲动的内伊反驳道，"从现在起军队将只服从它的将领。"科兰古和元帅们坚定地向他指出这不过是一种无谓的牺牲。当天，元帅们纷纷聚集在麦克唐纳周围，请求他前去阻止拿破仑的决定。

麦克唐纳在元帅们的一再恳求下，只得硬着头皮去了枫丹白露宫。当拿破仑发完他的牢骚并讲完他众多的打算之后，麦克唐纳平静地说："那么看来您还不知道巴黎发生了什么事，议会已废除了您的帝位，除了我们少数几个人，军队已经不是您的了。新的特别委员会正在拉拢和瓦解您的军队，我们已经无能为力了。"

拿破仑听了，面部急剧地抽搐着，愤怒得说不出话来。他沉默了好一会儿，但仍坚持进军巴黎，还建议马尔蒙元帅渡过塞纳河袭击同盟军，他忘记了前面有条马恩河拦路，而河上的所有桥梁都在同盟军手中。马尔蒙思想敏锐，冷峻尖刻，早已看出拿破仑是沉迷于幻想，除非亲眼看见，否则绝不相信困难存在。他力劝拿破仑面对现实。

拿破仑终于让步，同意退位，但他告诉科兰古：如果他不能保住自己皇位的话，至少应尽力以皇后玛丽亚·路易丝的名义为他的儿子罗马王保有一块领地，并由皇后摄政。联军拒绝了这一条件。

几天后，被长久围困的苏尔特也在图卢兹向威灵顿投降了。

具有钢铁般意志的拿破仑第一次体味到了穷途末路的苍凉，他终于拟就了退位公告："联盟各国既已宣告拿破仑皇帝为重建欧洲和平的唯一障碍，忠于其誓词的拿破仑皇帝宣布愿意退位，离开法国，甚至献出他的生命。这是为了国家的利益，而国家的利益又是同他的儿子、摄政政体以及皇后的权利和帝国法律的维持不可分的。"

细心阅读这份文件，再看看拿破仑的言行，就会发现这不是下诏退位，只是表示愿意在一定条件下退位，为的是使那些不懂外交奥妙的武将满意并赢得时间。

盟国君主并不敢十分坚决地反对摄政政体，对他们来说，拿破仑始终是一个令人畏惧的人物，一旦把他逼急了，他是什么事都干得出来的。但是，盟国君主周围的保王党坚决反对摄政，塔列朗一面说服亚历山大恢复波旁王朝，一面召集议员，让他们投票表示推翻拿破仑皇朝，恢复波旁王朝。

拿破仑也知道沙皇已倾向于让波旁王朝复辟。那是在 3 月 31 日，就在沙皇踌躇满志地进入巴黎的当晚，已召开过一次秘密会议。沙皇在这次会议中提出了三个方案：一是与拿破仑讲和，让其继续统治；二是让玛丽亚为小罗马王摄政；三是召回波旁王室。但是最终会是什么结果，一时还不好抉择。

4 月 6 日凌晨 1 点，天降倾盆大雨，内伊、麦克唐纳和科兰古回到枫丹白露，向拿破仑汇报了出使巴黎的经过和结果。

前一天（5 日）下午，科兰古、内伊、麦克唐纳等匆匆赶往巴黎，见到了沙皇亚历山大。他们似乎给沙皇留下了深刻的印象，特别是当他们提醒沙皇，他曾经许诺不把任何政府强加于法国，而且一旦波旁王朝复辟，忠于拿破仑的军队就会起而反抗，内战不可避免。沙皇似乎也觉得这样安排有一定的道理，让小罗马王继位，玛丽亚摄政，既排除了拿破仑，又避免新的流血。至于路易十八，尽管有保王党的鼓噪，王位也不见得非他莫属。但就在这时，一位侍从武官悄悄进入大厅对沙皇一阵耳语，沙皇听到的新消息令他改变了主意，即苏哈姆和马尔蒙弃主易帜，看来法国军队并非全体忠于拿破仑。在这种情况下，亚历山大认为让步是荒谬的。盟国君主们停止了动摇，决定把王位给予波旁王朝。于是，64 名元老院议员即刻仓促集会，选举产生以塔列朗为首的临时政府。在市政厅内，省议会和市议会同声谴责拿破仑的所作所为，并投票通过下述决议："省、市议会宣布正式拒绝服从拿破仑·波拿巴，并表示最热烈地期望由路易十八恢复君主政府。"

拿破仑似乎已预料到了这样的结果，他听完元帅们的报告后既没有震怒也没有悲哀，只是颇动感情地说："元帅们，你们跟随我出生入死，冲锋陷阵数年，我很感激你们为法国所做的一切，我也完全体会到你们为我所做的一切以及你们为我儿子请命的热情。他们要我完全而无条件地退位，很好。我再次授权你们代表我行事，以后的一切都拜托你们了。"

天刚放亮，拿破仑就把元帅们召集到身旁，对他们说自己将正式退位。科兰古随即火速赶回巴黎，这次是了解谈判、起草并签订必要的文件。

1814年4月6日，拿破仑宣告退位，元老院召唤路易十八归国即位，参议院已经宣布路易十八为法国国王。4月24日，路易十八到达加来。5月2日，他在圣多昂发表了一项宣言，允诺尊重民主宪政。6月4日，宪法在两院中宣读。至此，波旁王朝复辟了。

英雄悲壮

1814年4月11日，也就是复活节后的星期一，麦克唐纳和科兰古一起带着条约来到枫丹白露宫。他们轻轻地走进房间，发现拿破仑正坐在壁炉前的一张小扶手椅上发呆。似乎一下子苍老了10岁的拿破仑，身穿白色灯芯绒晨衣，赤脚蹬着拖鞋，两肘搁在膝上，双手捧着头。他的头脑和世界都一片混乱，他需要好好理清一下思绪——其实他最需要的是停止思考，因为他想的问题太多了。他对麦克唐纳和科兰古的进入一点也没有察觉，直到科兰古接连不断地叫了几声"皇帝陛下"，他才慢慢抬起头来，直愣愣地望着他们。

得知同盟国的最后条件时，他心里更加痛苦了。他们把厄尔巴岛划给他；把巴马、皮亚琴察和瓜斯塔拉3个公国划给他的皇后及其后嗣；拨给200万法郎作为年金，夫妻各半。他们将保留皇帝和皇后的称号，但是他们的儿子将被称为巴马公爵。波拿巴家族的其他成员则分享250万法郎的年金。这一笔和前一笔款项均由法国支付。他的妻儿将不能与他同行，只允许400名士兵跟随他前往厄尔巴岛。对丁欧仁，将在法国以外给予其"适当的基业"。这就是著名的《枫丹白露条约》。

拿破仑拖延了数小时，不肯签署这个协定，但这种反抗已毫无意义，无奈之下，一身傲骨的他终于在这个金钱交易的协定上默默地签上了自己的名字。为了酬报麦克唐纳最后几次效劳，拿破仑赠给他一把在埃及得到的马刀，然后两人紧紧拥抱，含泪告别。

次日，联军公布了拿破仑在枫丹白露签署的正式退位文告：

> 由于同盟国宣布拿破仑皇帝已经成为重建欧洲和平的唯一障碍，所以忠实于自己誓言的拿破仑皇帝宣布他自己和他的后代都放弃他在法国、意大利的王位，因为，为了法国的利益，他不惜牺牲个人的任何利益乃至生命。
>
> ——拿破仑·波拿巴

此后，拿破仑又和科兰古进行了一次长谈，谈话中表现出一向使他判断英明的那种洞察力。他对科兰古说，玛丽亚皇后应该得到托斯卡纳，巴马与她的尊贵身份不相称。而且，如果她要通过别的国境才能到他那里，她会来吗？这很难说。接着，他又谈到他的那些元帅和将军。老元帅马塞纳的功绩最大；絮歇在打仗和行政两个方面都表现得最有头脑；苏尔特是能干的，但野心太大；贝尔蒂埃是诚实的，通情达理，是参谋长的典范，"但现在他使我十分痛苦"。不知出于什么原因，他没有提到现在仍在汉堡英勇奋战的达武，或许是他觉得有愧于这位最勇敢、坚强的元帅。他还抱怨大臣们没有一个从布卢瓦前来向他告别。接着他又谈到了他的头号敌人——英国："毫无疑问，它给我带来了许多祸害，但我也在它身上留下了一支毒箭。是我造成了这笔债，子孙后代即使不至于被压垮，也要永远受累。"

科兰古几年来一直陪伴在拿破仑身边，拿破仑自然忘不了这位忠实耿直的重臣，他有想不通的问题，总要问问科兰古。他又把话题转到那个可恨的协定上，他问，他怎么能够从同盟国手里接受钱财呢？怎么能够眼看着伟大的法兰西在他手上变得这样渺小？这些问题，科兰古不好回答，只有拿破仑自己才能找到需要的答案。

此时，拿破仑身边已经没有昔日风光时的千军万马和高官仆役，只有波兰皇家骑兵和老年卫队的一些人。他的大臣、将军纷纷投靠波旁家族。他希望与妻子、儿子团圆，并在厄尔巴岛或在意大利过着显贵般的生活。他在枫丹白露等待着妻子，但有消息传来说，按照他的旨意从布卢瓦赶到奥尔良的玛丽亚皇后和罗马王发现他们的珠宝和现金被联军没收了，而且联军命令她和她的儿子前往朗布伊埃。拿破仑知道玛丽亚皇后十分软弱，估计她不久就会被奥地利控制。恐怕从今以后，他再也无法见到自己的妻子和儿子。一想到这些，他就伤心不已。

4月12日下午，拿破仑问年老的贝尔蒂埃是否愿意和他一同前往厄尔巴岛，但被拒绝了；拿破仑又问康斯坦是否愿意，也被拒绝了。拿破仑咒骂了他的贴身男仆，如同当年咒骂弃他而去的布列纳一样。他对自己的处境感慨万分，每过一天，总有一个幻想要破灭，有生以来他第一次开始自暴自弃。

自从俄国大撤退后，他就做了准备，为了避免沦为敌军俘虏的厄运，他脖子上的项链中一直带着一颗小黑药丸，那是他身边的军医伊万用鸦片、颠茄和嚏根草制成的毒药丸。4月12日傍晚，他独自一人待在房间里，把药丸拌入水中，饮后上床睡觉，他以为再也不会醒来了。

4月13日凌晨，拿破仑把科兰古叫来，交给他一只红色的小摩洛哥皮包，里面装着玛丽亚皇后写给他的全部信件。拿破仑要科兰古发誓一定要将他刚写完的书信亲手交给他的妻子。这封绝命书是这样写的：

我亲爱的玛丽亚，我已经接到了你的来信。我同意你到朗布伊埃去，到时候，你的父亲会去接你的，这是你在目前情况下最好的选择。一周以来，我一直在盼着这个时刻。你的父亲拆散了我们，对我们不仁；尽管如此，对于你和你的儿子来说，他还是慈爱的。科兰古已回到这里。昨天我给你寄出了一套他表示同意并代表你和你儿子签署的文件的副本。再见了，亲爱的玛丽亚。我爱你胜过爱这世界上的任何人。我的不幸之所以使我痛心，只是因为这一切给你带来了痛苦。永远爱你最温情的丈夫吧，替我亲吻我的儿子。再见，亲爱的玛丽亚。愿你一切安好！

　　拿破仑声音微弱地对科兰古嘱托着，不时发出几声哀叹。油灯发出微弱昏暗的光，科兰古几乎辨不清他的面孔。"祝愿您幸福，我亲爱的科兰古，您应该得到幸福。"拿破仑的声音哽咽、断断续续，"请您告诉约瑟芬，让她给我写信。"他随后又添加一句，"我一直很想她。"接着嘱咐科兰古将他的生活用品送给欧仁亲王留作纪念。正说着，他全身痛苦地痉挛起来，四肢发硬。

　　科兰古发现情况不对，立刻叫来了伊万医生。但拿破仑拒绝服用任何解毒剂，手按着胃，好像疼痛难忍。不一会儿，他便昏睡过去了。伊万医生和科兰古一连几个小时守在他的床边，药性深入内脏，几乎无望。但最后，毒药丸没有产生更大效力，可能是变质失效了。天亮时分，拿破仑终于度过了危险期。数日后，他慢慢恢复了正常。他要求左右的人不要透露夜里发生的这件事。自杀未遂，对他名声不好，也可能给他的儿子带来麻烦。"命运已定，"他喊道，"我必须笑着活下去，等待上天为我安排的一切。"

　　近几个月来，瓦莱夫斯卡夫人一直在为拿破仑感到担心，在她眼中，他不只是皇帝，更是一个令她时常牵挂的情人。在他最痛苦的这天晚上，她悄悄来到枫丹白露。当贡斯当把她领进房间时，拿破仑已经十分疲倦，几乎连眼睛都快睁不开了。她披着大衣，在沉寂无声的宫殿里默默地注视着他。拿破仑很快沉沉地睡去了，她陪在他身边，用一只手轻轻地拥着他。

　　拂晓时，拿破仑还在睡梦中。瓦莱夫斯卡夫人带着内心的忧伤和发僵的躯体起身告别，趁天未大亮钻进自己的车子离去了。她刚走不久，拿破仑醒了，突然又想起了她，得知她已经离开，他显然有些懊恼。当天上午，他给她写了一封饱含深情的信，信中说，如果她要去卢卡或比萨，他很希望在她行前跟她和她的儿子见上最后一面。

　　随后，他收到了玛丽亚的来信，信中的语句字字饱含深情，这是拿破仑与她众多的书信往来中少有的，使他对生活重新燃起了希望。玛丽亚在信中写道："我所希望的，是能保护你免遭不幸，对你有所帮助。我与你相隔千里之远，深感痛苦，只要不见到你，我的悲痛就不会消失。我时刻想念你。一想到你目前悲伤的处境，我的心都碎了。尽管我们现在都在经受苦难的煎熬，但我们都要好好地活下去。求你永远不要怀疑你忠诚的伴侣对你的一片真心。"

玛丽亚是一个在温室里长大、从未经历过风雨的花朵，她太娇嫩、太软弱了。在最绝望、最痛苦的时刻，拿破仑还要一再安慰这个软弱的女人，希望她"快乐起来""坚强起来"，但这一个月来，他还是失望了。当他在枫丹白露试图最后一搏时，玛丽亚皇后却在布卢瓦。当时她的确想回到丈夫身边，但她终究没有鼓起勇气来。她已经习惯于从丈夫那里得到荣耀和安慰，根本不懂得自己也应该为丈夫的命运承担一份责任。作为一个真正的战士和男人，拿破仑从不曾想过像当年普鲁士国王那样以妻子的眼泪换取敌人的同情，决不会让她为挽救自己的命运做出任何牺牲，哪怕是非常非常小的伤害，他也不愿意。他只希望妻子和他一样在敌人面前永远不低下高昂的头颅！

含恨离乡

在巴黎最后的日子里，拿破仑始终没有等来他的妻子。玛丽亚遵照父亲的意旨，从布卢瓦前往朗布依埃，先后晋见了弗兰西斯、亚历山大和弗里德里希·威廉。拿破仑在 4 月 23 日起程前往维也纳，再从那里去到巴马。这令他想起了两个人——德茜蕾及其丈夫贝尔纳多特。他想，这辈子恐怕再也见不到她了，她现在是在为自己的丧权辱国而怨恨难过，还是在为贝尔纳多特的胜利而欢呼雀跃呢？是不是应该默默地跟她说声再见？

不过说到底，在这场民族存亡的战斗中以及盟国大获全胜的结果中，贝尔纳多特并没有捞到任何实际的好处。相反，他既失去了祖国的荣耀，成了法国的敌人，也失去了盟国君主们的信任，最后竹篮打水一场空。德茜蕾眼看着拿破仑时代结束，她可以想象出拿破仑这个视权力为永恒情人的皇帝和军人，在一连串战斗中失去统摄大权后会是怎样的痛不欲生，也可以想象出丈夫终于击败了拿破仑这个一直耿耿于怀的对手后又会是怎样的欢欣无比。对拿破仑多年来一直未曾改变过的关怀牵挂和对贝尔纳多特发自内心的爱慕与相思，像团乱麻一样纠缠在德茜蕾的心里。

她深爱着贝尔纳多特，但她终究还是认清了他的真面目。他那庄重严肃、似乎一丝不苟的军人外表下隐藏着多么可怕的勃勃野心，他那冠冕堂皇的言辞不过是他个人对拿破仑的病态仇视心理的一种粉饰。他既要报复拿破仑，毁灭法兰西帝国，又要实现自己统治法国的野心，在这种矛盾冲突中，他不得不采取两面派手法，唆使莫罗在前面冲锋陷阵，而他自己则鬼鬼祟祟地躲在背后，小心翼翼，瞻前顾后。他那不可告人的目的和缩头缩尾的行为引起了同盟国的普遍不满，连亚历山大也不再支持他了。于是，他只好暂时收起野心，与塔列朗一道为波旁王朝擂鼓助威，这样至少可以狠狠地报复一下自己的情敌。

拿破仑一直在想，朋友变为敌人，在复杂的政治斗争中是很常见的事情，其中最值得痛骂的就是奥地利。它耍阴谋，趁火打劫，使他妻离子散。

令他感到寒心的还有波拿巴家族薄情寡义的兄弟姊妹们。尤其是热罗姆，他对拿破仑宣布退位以及自杀未遂的反应是十分典型的，他说："皇帝在给我们制造了一大堆麻烦之后，居然侥幸活了下来！"拿破仑挣扎着在枫丹白露生活期间，他的母亲被费舍拉着去了罗马。约瑟夫、热罗姆、波利娜和奥坦丝都把他忘了。他的仆人贡斯当趁机偷走了他的财物。他的元帅和将军们也都抛弃了他，虽然他后来原谅了他们之中的一些人。自俄国战役后，身体状况急剧恶化的贝尔蒂埃仿佛变了一个人似的，现在他已经60多岁了，但看上去更要苍老得多，他最后的希望就是远离士兵和战场，远离拿破仑日复一日、漫无休止的谩骂，只和他的德意志老婆及孩子度过余生。麦克唐纳一直坚持到了最后，没有步那些"叛徒"的后尘。拿破仑身边还留下了几位忠心耿耿的知己：马雷、科兰古、德鲁奥、贝特朗、康布罗纳。

1814年4月20日，在枫丹白露宫的正厅里，拿破仑和追随他10多年的近卫军举行了庄严的告别仪式。当拿破仑从宫中出来时，排列整齐的士兵们举枪敬礼，旗手把老卫队的旗帜放在他的面前。拿破仑的眼泪顺着苍白消瘦的脸颊滚落下来。他拥抱和吻别了旗手和军旗，然后慢慢走下台阶，一一拥抱着将士们，将士们用"皇帝万岁"的呼声和同样哽咽的泪脸拥抱了他们心目中的英雄。许多老近卫军泣不成声。

拿破仑最后凝视了一眼鹰徽旗，匆匆转身，迈着坚定的步伐，登上了四轮马车，在这些未被征服的英雄们的呜咽声中出发，前往地中海。

1 200名近卫军骑兵护送着拿破仑的车队前往厄尔巴岛，拿破仑在流放途中乘坐一辆六匹马拉的"卧车"。他身后紧跟着13辆马车，车上有德鲁奥、贝特朗、波兰少校热尔兹马诺弗斯基、财务官帕吕斯，一名医生，一名药剂师，一名秘书，一名财产管理人，两名宫廷军需官，两名随身男仆，两名厨师，一名铁匠，六名仆人，以及跟班和马车夫，还有四名负责把他送往厄尔巴岛的外国代表：奥地利陆军元帅科莱、俄国将军苏瓦洛夫、普鲁士将军瓦尔德布·特吕卡瑟斯和英国上校尼尔·坎贝尔爵士。按盟国规定，他们只能送到纳韦尔，其后便由奥地利和哥萨克骑兵部队护送。

前往厄尔巴岛的头几天，近卫军中"皇帝万岁"的口号不绝于耳，沿途遇到的军队也都举枪向拿破仑致敬，田野里响起阵阵鼓声。善良的人们一看见皇帝的车队，纷纷收起波旁王朝的百合花徽旗，藏起他们的白色帽徽，以免让身遭厄运的皇帝感到悲伤。4月21日晚上，车队到了纳韦尔，奥地利和哥萨克骑兵换下了近卫军，拿破仑再也听不到"皇帝万岁"的呼声，听到的只是"联盟各国万岁"。

4月23日夜里，车队穿过里昂城。里昂过后气氛迥然，越走近普罗旺斯，敌意越大，人们大声辱骂着这个使自己失去丈夫、儿子和朋友的专制皇帝。

　　4 月 25 日黎明，在阿维尼翁驿站，一帮手持武器的人群守候在拿破仑途经的路上，高呼着"打倒暴君！打倒波拿巴！"的口号，企图阻止车队前进。尽管如此，拿破仑及其随行人员还是顺利通过了阿维尼翁。上午 8 点，车队抵达奥尔贡，愤怒的人群蜂拥而上，用石头和木棍敲打着拿破仑的车厢，护卫部队急忙出动，车队才得以继续赶路。

　　拿破仑预感到前面仍会有暴力骚扰，于是利用小憩，脱下那件引人注目的外套和帽子，换上一件肥大的蓝色宽袖长外套和一顶饰有白色帽徽的圆帽。他离开自己的马车，让贝特朗将军坐在自己的车子里，然后跨上一匹小驿马，扬鞭上路，扮演起驿夫的角色，身边只跟随着一名驿站马车夫。

　　4 月 26 日晚，拿破仑到达了离吕克不远的布伊杜城堡，拿破仑对这座城堡十分熟悉，他从埃及凯旋时曾在此逗留。在这里，他见到了妹妹波利娜。波利娜对拿破仑感情深厚，她哭泣着拥抱了哥哥，亲吻他的双手。整个下午，他们都待在一起。波利娜坚持要和他一起去厄尔巴岛，拿破仑犹豫了一下就同意了。第二天早晨，在波利娜的要求下，拿破仑脱下伪装服，出发前往圣拉斐埃尔。

第二十六章 流亡厄尔巴

放逐生活

1814年4月29日，拿破仑一行告别了法国，登上英国三桅船。也就在这一天，路易十八将到达法国的贡比涅，准备他那盛大的巴黎入城仪式。

在海上航行了4天多，5月4日，拿破仑一行在厄尔巴岛的波托费拉约港上岸。

厄尔巴岛是意大利中部托斯卡纳大区西边海域的一个岛屿，面积达200多平方公里，人口约1.13万人。1814年4月以前，该岛属于托斯卡纳公国，而此公国又是拿破仑在意大利的领地，是意大利的第三大岛，仅次于西西里岛和撒丁岛。它距离陆地约10余英里，与意大利皮翁比诺市遥遥相对。岛上群山巍峨，奇峰林立，气势颇为壮观。

拿破仑及随行队伍到达岛首府波托费拉约时，厄尔巴岛上的所有地方官员都前来迎接，并将城镇的钥匙交给他，以表示欢迎的诚意。拿破仑告知岛上的法国总督，他之所以选择厄尔巴岛是因为"它的气候宜人"，并没有提到自己已经遭到放逐一事。当地老百姓也热烈地欢迎他们的新主人、这个被放逐的战犯的到来，并高呼"皇帝万岁"。拿破仑对这个小岛的第一印象非常好，他的到来使原本名不见经传的厄尔巴岛成为全欧洲关注的中心。

根据《枫丹白露条约》，拿破仑保留了帝号，但其活动范围及主权之地仅限于这个小岛，他成了这个小小领地的最高统治者。这个岛上没有任何类似宫廷的建筑，整个岛在地图上也就是一个小黑点而已。拿破仑看中了首府的"铁港镇"原海岛守备军驻地的一幢房子，并称它为"磨坊"。这就是他的新"皇宫"——雄踞在波托费拉约港1 000英尺的上方，可俯瞰第勒尼安海。宫殿很小，楼上楼下加起来只有十来间房，实际上只能作为他自己和家人居住的别墅。拿破仑从法国带来的木工、泥瓦匠、画家和装饰匠，把它整修成了名副其实的别墅"宫殿"，住在里面既舒适又安全。他将自己的客厅、图书室、卧室等安排在一楼，留下楼上的房间等待妹妹和母亲来后居住。在离此地约4英里处的圣马尔蒂诺，还有另外一幢别墅，那是拿破仑的乡下住处。这幢别墅原先是一个仓库，像一幢中世纪的古堡。拿破仑让那些从外国请来的能工巧匠对其进行了修建，也使它成了富丽堂皇的"宫殿"。由于它坐落在圣马尔蒂诺山脚下，故称为"圣马尔蒂诺别墅"。

拿破仑被允许保留500名士兵的武装力量。伴随拿破仑而来的贝特朗代替原来的迪罗克被任命为"宫廷侍卫队长"，佩鲁斯任财务大臣，德鲁奥任陆军大臣并取代即将动身离去的法国总督，康布罗纳被任命为近1 100人军队的司令官（大约有600名老近卫军士兵也自愿行军到达厄尔巴岛，使军队的实际人数超出了条约允许的范围），拉比负责管理岛上的土地和财产，埃拉特负责管理岛上的铁矿（这是岛上的主要经济来源，联军虽然口头答应每年为拿破仑提供200万法郎，实际上分文没给），弗洛·德·博勒加尔为首席医生。拿破仑还下令组成一个参议院，参议员由跟随他来岛的两位将军及岛上代表组成，开会时他自己任主席，讨论一切重大事情。英国政府信守诺言，派了脾气温和的坎贝尔上校和拿破仑一起待在岛上，以防止任何暗杀拿破仑的企图，并向联军报告拿破仑的情况。联军尽力截获拿破仑给欧洲的通信，包括他的家信。

拿破仑将其全部精力和热情倾注在这个小小的王国上。他修筑道路，奖励农桑，改善环境卫生，振兴凋敝的铁矿业；他建立船队，进行海上捕鱼等活动，以其惊人的能力来彻底复兴该岛的经济。他像以往那样，结合具体事务向部下断断续续地发出明确具体的指示，心醉神迷地运用着他还掌握的那一点权力。从一切迹象来看，他似乎已经毫无重返法国领兵作战或干预欧洲政治的野心了。

不及数月，拿破仑的辛勤劳动就结出了丰硕的成果：岛上的道路四通八达，广阔的山坡上种满了美丽的果树，沿海的堤岸修筑得整齐而漫长，学校教育普及全岛。这年夏天，拿破仑的母亲和妹妹都来岛上看望他，并准备与他长期生活在一起。拿破仑尽量创造出一番昔日皇廷的气派，以取悦母亲和妹妹波利娜，并借此驱逐心中的烦闷。

8月2日，太夫人从利沃诺来到波托费拉约，拿破仑十分高兴，对她体贴入微。她在身边对拿破仑是个安慰。这位面容严肃、双目一动不动的老人是唯一能理解他的亲人，遗憾的是，她不能给他带来他十分需要的活动和欢乐。她终日沉默寡言，很少走动，仿佛成了沉默的俘虏。

波利娜，这位在整个帝国时代风骚轻浮、放荡不羁的"珠光宝气的王后"，竟然放弃意大利的奢华享乐，来到波托费拉约甘受寂寞。她疼爱并崇拜哥哥，这足以驱使她前来分担他的苦难，并且重新置于他那有时相当严厉的管束之下。她在这里组织上流社会的喜剧演出或化装舞会，在舞会上极尽疯狂，通宵达旦地玩乐。她挑逗德鲁奥和其他许多男人，以致拿破仑不得不把她训斥一顿。但是，他心底对妹妹很是满意，她使他摆脱了孤寂之苦，是他流放期间真正的慰藉。

在厄尔巴岛上，拿破仑身边没有女人，直到波利娜到来。在这个新的小小的王国里，拿破仑也有过几次小小的艳遇，满足了他短暂的冲动。一位来厄尔巴岛服役的意大利少校的妻子科隆巴尼夫人首先得到他的垂青。这位美丽的少妇并不太轻佻，但她的眼睛有些狐媚。拿破仑让她当波利娜的女伴，她与拿破仑之间的私情既不深厚也不明朗，时间也不长。他们几次交往后又自然分开。接着，拿破仑皇帝又看上了西班牙的贝利尼夫人。虽然她长得一点也不漂亮，但她的眼睛大而生动，顾盼生辉，摄人心魄；她的凡丹戈舞和霍塔舞跳得出神入化，每当她起舞时，仿佛在向男人发出召唤。

岛上苦闷孤寂的生活，让拿破仑无比思念他的妻子和儿子。"我急切盼望你来。"他在每一封信中都这样说,渴望着与玛丽亚团聚。但是,由于梅特涅的坚持,玛丽亚被遣返维也纳,并作为重犯被软禁在肖恩布鲁恩宫。而且,没有任何国家愿意让"波拿巴的人"继续留在他们的领土上,包括玛丽亚在内的波拿巴家族已支离破碎。玛丽亚被获准在洛桑居住,但处于秘密警察的监视之下;大名鼎鼎的塞维利亚大公约瑟夫住在俯瞰日内瓦湖的普拉津斯城堡附近;热罗姆和凯瑟琳夫妇则被他的岳父逐出符腾堡,暂时居住在奥地利的格拉茨;埃莉兹更加可怜,四处漂泊,暂时居住在的里雅斯特。卡罗利娜与缪拉被允许暂时留在那不勒斯王宫中,直到次年春天,缪拉突然对奥地利宣战,企图占领整个意大利,最后以失败告终。至于吕西安和他的妻子,由于曾受到拿破仑的排斥,英国政府允许他们从希罗普郡的蜗居迁到意大利的豪华别墅中。暂时留在法国、有着圣勒女公爵封号的奥坦丝最后被迫离开法国,前往瑞士北部。欧仁则得到其岳父巴伐利亚国王的永久性庇护。

8月中旬,拿破仑得到一个好消息,瓦莱夫斯卡夫人派弟弟拉辛斯基前来请求皇帝允许她来厄尔巴岛。拿破仑对她的要求深为感动,而且他一直后悔临行前没有在枫丹白露和她见面。为了掩人耳目,他于8月21日来到马西亚纳山村的临时住所居住,准备在山庄接待她。

9月1日晚上10点,瓦莱夫斯卡夫人带着弟弟、妹妹和小亚历山大在岛东边港口的海滩上登陆。宫廷侍卫队长贝特朗领着一辆马车和几匹马来接她。那天月光皎洁,在迷人的夜色中,他们踏上了山路。在普洛西奥山口,拿破仑骑着一匹高大的白马前来迎接她。

拿破仑望着她,眼前又幻化出5年前那个争着给他献花的小姑娘的形象,她那时是多么天真,一脸的羞怯。如今这位波兰妇人变了,她已经很成熟了,变得更加坚强。她俊秀的脸庞饱满了,显示出一副自信的神态。拿破仑每每见到这个愿意为波兰的独立自由而做出巨大牺牲的女人,心里就有着说不出的惭愧,波兰现在还在盟国的瓜分和统治之中,波兰人谁也记不起曾有这样一个女人了。她现在更加沉默寡言了,对拿破仑的感情却与往昔有所不同,温情中带有深深的怜悯。在他荣耀之日,她的心不完全属于他,但在他落难之时,她的心反而与他贴得更紧了。她忘记了自己的存在，甚至忘记了波兰，心中只有被打倒的英雄。

玛丽亚要来岛上的消息还是只有雷声不见雨滴，但拿破仑与瓦莱夫斯卡夫人还是很小心谨慎，很少单独相见。她一再表示要留在他身边，但他说服她放弃这一念头，她在岛上会引起谣言，他想尽快将她送离该岛。

瓦莱夫斯卡夫人上岛时带来了她全部的首饰，有的极其贵重，临别时她想把首饰留给拿破仑。拿破仑坚决拒绝，说他并不像她想象的那么贫穷；相反，他要求她带走一张 6.1 万法郎的票据，供路上开销。她开始也不想收，但后来还是收下了，因为她希望不久再来岛上。

那天晚上 9 点，夜幕降临了，他们下山去马西亚纳海滩。快到山底的村寨时，拿破仑与瓦莱夫斯卡夫人告别。他久久地把孩子抱在怀里，说道："再见了，亲爱的孩子，我的心肝。"他沉思着又踏上山路，他的眼睛可以在夜间看得很远，他凝望着海岸。

刚才仍然星光灿烂的夜空突然乌云密布，下起了一场暴雨。拿破仑为早早催促瓦莱夫斯卡夫人离去而后悔，连忙派副官去请她等一等。但当军官到达海岸时，忠实地执行他命令的波兰女人已经下海航行。10 多天后，她托人向他禀报她已平安抵达目的地，他才真正放下了那颗始终悬着的心。

瓦莱夫斯卡夫人及其儿子离开后，拿破仑在岛上的生活更加平静、无聊。尽管波利娜在岛上举行了一次又一次的假面舞会，但每个人都是强颜欢笑，欢笑过后是无尽的空虚，是对昔日风光的痛苦回忆。

思念成疾

在岛上如一潭死水的生活中，拿破仑一直盼望着妻子和儿子小罗马王的到来。一到岛上，他就立即写信到奥地利，请玛丽亚前来厄尔巴岛，并告诉她自己已为她布置了新居。尽管没有得到她的肯定答复，但他仍不断地将这种复杂的情感与思念倾注于纸上，他的内心充满了巨大的痛苦和无限的希望。

护送拿破仑来厄尔巴岛的奥地利专员冯·科勒将军，派人在波托费拉约为拿破仑建造了一处都市房屋，并按拿破仑的授意，在圣马尔蒂诺乡间建造了一所漂亮的别墅。在那座看得到海景的西班牙式古堡中，有六间凉爽、漂亮的房间是拿破仑留给妻子和儿子的。

拿破仑多次催促玛丽亚早日动身，前往厄尔巴岛。他劝玛丽亚到托斯卡纳温泉治疗，那里有出海口，到厄尔巴岛很方便。他要她在收获葡萄的季节里来，好教她如何做苦艾酒，但其间他只收到过她的两封短信。

此时的玛丽亚虽然有时还会想起远在厄尔巴岛的丈夫，仍例行公事般给他回信，但间隔的时间越来越长。为了消遣时日，拿破仑整天骑马远游，每个礼拜天在"磨坊"做弥撒，如同在杜伊勒里宫时一样。他为数不多的廷臣和夫人们偶尔也身着盛装参加"国宴"，他们晚上多半是和军官夫人一起玩牌、演剧。

但拿破仑无论做什么事，都无法排遣内心的思念与忧伤。得不到妻儿更确切的情况，他感到这个世界太残酷了。他请英军特派员坎贝尔上校向伦敦转达他的抗议，但他的抗议没有带来任何结果。日子依然非常枯燥，这种枯燥在拿破仑的脸上流露出来，坎贝尔越来越担心，因为拿破仑神经紧张，脾气越来越暴躁。

那么，玛丽亚现在的处境究竟如何呢？

尽管奥地利背叛了法国，但玛丽亚的父亲"并不想让他的女儿和外孙沦为平民"。很长一段时间，由于梅特涅的坚持，玛丽亚被遣返维也纳，并作为重犯被软禁在肖恩布鲁恩宫。拿破仑曾写信一再建议玛丽亚去托斯卡纳温泉沐浴，但维也纳方面不同意，他们想叫拿破仑承受孤寂之苦。根据科维扎尔的医嘱，他们要玛丽亚和德·布里尼奥尔夫人一起去萨瓦省的埃克斯。玛丽亚被他们提出来的一些借口说服了，她把孩子托付给梅特涅，先去了埃克斯，然后去日内瓦。她依然怀着友好而惋惜的心情思念着拿破仑，同时认为以后再去找他也不迟。

在埃克斯，奈珀克伯爵总是在玛丽亚身边乱转，后来他被指定为她的荣誉骑士——贴身侍卫，到日内瓦去服侍玛丽亚。奈珀克伯爵是名军人，屡经沙场，因受伤而失去了右眼。他能言善辩，懂音乐，有一副好嗓子，颇得女人的喜爱。他曾向人吹嘘："6个月内我将成为娇艳如玫瑰的玛丽亚的情人。"正是因为这一点，梅特涅才于1814年4月中旬派他充任玛丽亚的侍卫和监护人。

在奈珀克伯爵发起进攻之初，玛丽亚尚能冷静对待，姿态高傲，对他冷若冰霜。但作为情场老手，奈珀克懂得怎样频频进攻，他的机智、和蔼、殷勤与耐心使他获得了成功。不谙世事与诡计的玛丽亚不知不觉中成了他的俘虏，做了他的情妇。而维也纳宫廷也正异常"热情"地要把小小的罗马王变成仇视拿破仑的奥地利人。

此刻，拿破仑对玛丽亚的出轨毫无所知。直到 8 月 15 日，他才收到她通过博塞送到厄尔巴岛上的一尊罗马王的小半身塑像，算是给他的生日礼物。拿破仑第一次见到这来之不易的礼物，他的表现达到了癫痴的地步。他把浮雕蒙在脸上，仿佛在吻它。"我的儿子！"他一连叫了几遍，几乎声泪俱下。他深深地沉默了一会儿之后，走进书房，闭门待了半个小时。一连好几天，他愁眉不展，面无笑容，沉默寡言。

拿破仑一再催玛丽亚到自己身边来，不仅没有唤醒她的恩爱关怀之情，反而使沉迷于欢愉之中的她感到不快。尤其是在德·索贝上尉受拿破仑派遣前去敦促她尽快来厄尔巴岛时，更使她感到了一种威胁，因而觉得十分反感。在奈珀克的帮助下，她不仅将信使拒之门外，还在当天叫德·布里尼奥尔夫人向警察局局长告发，警察将索贝上尉抓捕，把他押送到了巴黎。

1815 年元旦，拿破仑收到了玛丽亚的一封信，这是一封冷若冰霜、令人失望至极的信。拿破仑见信后心灰意冷，但他没有怀疑她居心不良或行为不忠，而是以为她被梅特涅看管得太严，脱不了身。不过，自从收到她的信后，他的脑海里出现了一个主意，越来越坚定，渐渐地打消了当初来岛时下定的老老实实过日子的决心。

以常情而论，拿破仑的两个妻子都不值得他爱，她们都没有操守，都没有给拿破仑带来过完美的感情。

在拿破仑帝国轰然倒塌后，拿破仑仍没有忘记给约瑟芬争得一份不菲的财产，作为自己对往日情怀的珍重。但是，此时的约瑟芬已渐渐把拿破仑抛出自己的记忆。盟国军队进驻巴黎后，约瑟芬终日忧心忡忡，担心离婚后享有的优厚年俸会随着帝国的灭亡而取消，担心复辟的波旁王朝会收回她所拥有的城堡，使她无处栖身、无法生存，她更惧怕自己在某个济贫院里凄然地结束余生。

但事情并没有她想象的那么糟糕，由于她遭到拿破仑的抛弃，她作为受害者反而得到了波旁王朝和联军的宽恕与供养。前来马尔梅松城堡拜访她的人络绎不绝。沙皇亚历山大还特意到马尔梅松拜访了她。随后，普鲁士国王、普鲁士王子、英国王子、俄国王子、德国王子等纷至沓来。波旁王朝的人也前来向她献殷勤，告诉她可以一辈子保留纳瓦尔城堡，并允许她继续住在马尔梅松宫。她在有权有势时期曾帮助过的一些流亡贵族、保王党人，对她依然感恩戴德，也纷纷上门拜望她。

反法同盟国的统治者给了她另一种荣耀和新生活。她爱慕虚荣的心被重新激活了，她向各国首脑大献殷勤，想方设法使所有人都为她神魂颠倒，无论是皇帝、国王、王子，还是流亡归来的绅士们。她的客厅中经常宾朋满座，她的沙龙又恢复了往昔热闹的宫廷气氛，任何人都望尘莫及。约瑟芬施展出女人所有的魅力和花招，来讨拿破仑最大的敌人亚历山大的欢心，因为她精明地知道，亚历山大可以成为她强有力的庇护人与靠山。在沙皇的庇护下，约瑟芬正一步接一步地实现她一个又一个的愿望。然而，就像命中注定一样，她始终没有能够回到杜伊勒里宫。

1814 年 5 月 29 日，约瑟芬因病撒手尘寰，终年 50 岁。这具安享过多少欢乐情欲和奢华的肉躯，被安葬在吕埃小教堂的墓穴中，一抔黄土掩了风流。

6 月中旬，拿破仑得知约瑟芬去世的噩耗，非常震惊。这个女人在他一生中占有独一无二的位置，他将永远深切地怀念她，直至生命的最后一刻。

6 月 14 日至 15 日，整整两天，拿破仑一直沉默不语，闭门不出，除了贝特朗夫妇外，不见任何人。当贝特朗夫妇向他表示哀悼时，他对他们痴痴地说："可怜的约瑟芬，她现在算是解脱了！"接着又补充道，"一个人的私生活是一面反光镜，人们从中可以懂得许多并受到教益。"他也许是在回忆跟他狂热眷念过的女人一起度过的幸福时光和从私生活中寻求的教益吧。

第二十七章　傲返法兰西

卷土重来

历史是上帝的神秘作坊，无情地挑逗着人们承受造化弄人的极限。在外人看来，拿破仑似乎已十分安心于岛上的生活，他自己也不止一次对坎贝尔上校说：现在除了他的小岛，什么东西都不能使他感兴趣。人们万万没有想到，这个被囚禁在厄尔巴岛的失败者，竟然在几个月后创造出令整个欧洲大陆为之震惊的奇迹。

1814 年 6 月 4 日，在盟国的干预、安排下，路易十八这位身躯硕大、走路都要倚靠一支拐杖的王位继承人，穿着一件蓝色翻领大袍，胸前挂着一个旧式金牌，步履蹒跚地进入了杜伊勒里宫。他在法国大革命时一直流亡国外，四处乞怜，希望有朝一日能再次成为杜伊勒里宫的主人。当同盟国的军队长驱直入法国时，他的党羽们在旺代省发动了叛乱，并抛出了《波尔多宣言》，但这份宣言的内容就连沙皇亚历山大也不完全同意。

沙皇亚历山大并不醉心于法国的政体，这个好大喜功的专制沙皇对人民主权一类的事并不感兴趣，重要的是他想好好地享受一下作为征服者漫步巴黎街头的醉人感受。联军进入巴黎，他的虚荣心得到满足之后，他就不再反对波旁王朝的复辟了，但他很快便发现，对他这一天大的恩赐，波旁王室实际上并不领情。他受到的接待极为冷淡，但他仍然必须与路易十八周旋。亚历山大提出了一个条件：返回巴黎以前，路易十八必须接受经元老院投票通过并且规定实行英国式的议会君主制宪法。路易十八便于 5 月 2 日在圣多昂发表声明，允诺赐予国家以基本自由、全国代议制①以及法律面前的平等。

圣多昂声明一经发表，路易十八于次日，即 5 月 3 日进入饰有白旗和纸制的百合纹章牌的巴黎。拿破仑的铜像终于被从旺多姆圆柱上取了下来，暂时换上一面白旗。

但是，这个素来娇生惯养的亡命贵族所盼望的只是恢复他自己革命前的种种特权，享受不劳而获的幸福，除此之外便是对革命党人进行疯狂的报复。他并不准备兑现忠于君主制宪法的诺言，很快便把 1 万多名军官免职，将无能的贵族安排在高官显位上，领取厚薪。老近卫军已被撤销，他重新建立了一支旧贵族警卫军。宫廷里又重新过上了革命前骄奢淫逸、浮华成风的生活。他免除教会学校的一切租税，并使教会不受政府管辖，继续向人民苛收"综合消费税"。他还给被枪杀的保王党分子树碑立传，追封因谋杀拿破仑而被处死的卡杜达尔为贵族。越来越多的消息开始表明波旁政权正日益丧失民心，尤其是遭到冷遇的将军们，更加怀念旧日的主子拿破仑。

1815 年春，维也纳会议谋求恢复欧洲旧秩序，以前的同盟国因利益冲突而几乎到了剑拔弩张的地步，维也纳的和平会议丑剧连台，滑稽至极。当亚历山大得意扬扬地提出自己对波兰领土的野心时，马上遭到奥地利和英国的反对，而战败国法国居然也通过塔列朗之口来反对他。

这次维也纳和平会议，各国几乎都带来了如花似玉的美人，随时准备施展美人计，似乎他们在这里要比试的不是谈判的技巧，而是床上功夫。很快，出席维也纳会议的四强形成了两个对立阵营，即俄、普为一方，英、奥为另一方。法国代表塔列朗权衡利弊，决定加入英、奥一方。

联盟各国代表沉溺在政治和交际活动中，第六次反法同盟已经悄然

---

① 代议制：指公民通过选举代表，组成代议机关行使国家权力的制度，是间接民主的形式。

瓦解。而现在还有一个共同的担忧，那就是被放逐至岛上的拿破仑。塔列朗一直要求把拿破仑赶出地中海地区，建议将他拘禁在亚速尔群岛，威灵顿也同意他的主张。但梅特涅仍把拿破仑当作一张牌来用，主张应等待被废黜的皇帝行为不端，为更换流放地点提供口实以后再行商议。沙皇也反对重新考虑拘押他旧日敌人的地点，他认为拿破仑至少是一个正派的敌人，比他周围的那些阴谋家要好。

然而，他们谁也没有料到，此时那位法力无边的战神正准备悄悄离开厄尔巴岛，重新创造奇迹。

1814 年 12 月底，有人向拿破仑报告塔列朗正在策划绑架并暗杀拿破仑的行动。拿破仑对岛上唯一负责监视自己的同盟国特派员坎贝尔上校说："我是个士兵，假使他们要来杀害我，我也会挺起胸膛，但要将我流放到更远的地方的话，我决不答应。"

1815 年 2 月 13 日，拿破仑在厄尔巴岛上会见了一名来访的青年文官，这位不速之客煽起了他心中郁积的满腔怒火。此人是法国国内包括忠实的巴萨诺公爵马雷在内的拿破仑的支持者派来的密使，名叫弗勒里·德·夏布隆。他乔装成意大利水手，在波托费拉约上岸，向拿破仑详细地报告了国内对波旁王朝的不满情绪和贵族强取豪夺的行径，告诉拿破仑军队都盼着他回去。拿破仑重返法国的雄心被激发起来了，他决定立即行动。

2 月 26 日，拿破仑在住处的小花园里与母亲进行了一番谈话。他的母亲在岛上一直沉默寡言，但她对儿子的心思还是很了解的。当拿破仑把这个大胆的决定告诉母亲时，母亲十分惊愕，她沉默良久，终于坚定地说："出发吧，我的儿子，愿上帝指引你去肩负你的使命。我看到这种情况就十分悲哀，未来也没有人能看清楚，也许你会遭到失败而马上丧失生命，但是你不能留在这里，你要去尝试一下新的命运。但愿幸运之神再一次保佑你。"说完，她紧紧地拥抱了自己的儿子，激动得流下了眼泪。

拿破仑周密地考虑回国之事后，向康布罗纳、贝特朗和德鲁奥这 3

个忠诚的助手透露了计划。贝特朗表示赞同，德鲁奥则更有心计，觉得这样轻举妄动，对拿破仑和法国来说都很危险。拿破仑表示，他不是以武力去征服法国，只是想在法国出现，在海岸上登陆，宣布自己的目的，应人民的要求恢复自己的王位。他们几个人忠心耿耿，很快便被拿破仑说服，开始行动起来。

拿破仑下令将自己的双桅船"无常"号油漆成英国船的样子。幸运的是，恰好坎贝尔上校在 2 月 16 日乘坐小战舰"鹧鸪"号离开厄尔巴岛，前往佛罗伦萨"去疗养和处理私事"两个星期。

在这期间，厄尔巴岛上进行各项准备的消息使坎贝尔警惕起来，他连忙向热那亚发出公函，请求增派一艘英舰前来挫败那个"蠢蠢欲动的坏蛋"的计划，但已经太迟了。

2 月 26 日夜里，拿破仑告别母亲和波利娜，在波托费拉约登上"无常"号，率领 1 050 名还蒙在鼓里的全副武装的士兵，分乘 7 艘小帆船，船上载着几门大炮，悄无声息地离开了厄尔巴岛，揭开了再度征服法国的惊心动魄的一幕。

当时，拿破仑已经避过法国监视舰"百合花"号，下令他的船只分散行驶。绕过科西嘉北部后，他遇到了另一艘法国巡洋舰"西风"号，该舰向他的双桅船打招呼，还向他们打听拿破仑的近况。船长根据拿破仑的示意回答说："好极了。"这艘波旁王室的巡洋舰就满意地驶过去了。直到 2 月 28 日，坎贝尔才发现这只雄鹰已经远走高飞。

3 月 1 日凌晨 3 点，拿破仑的船队在茫茫的大海上航行了 5 个昼夜，终于在戛纳附近的儒昂港登陆。海关卫兵见登陆的是拿破仑，立即向他脱帽致敬。拿破仑热血沸腾，他知道这次行动是以生命为赌本，一旦输了，他再也没有分毫的资本。他以惯有的洪亮声音向当地士兵发表了激情高昂的演说，士兵们热烈欢呼，并很快加入了他的行列。拿破仑把从厄尔巴岛带来的 4 门大炮扔在海岸上，率领队伍沿着阿尔卑斯山脚地带向北挺进。

"我不放一枪就能到达巴黎。"这是拿破仑在接近普罗旺斯海岸时对将信将疑的部下所做的预言。当时似乎是痴人说梦。他一年前被流放路过此地时，差点儿被阿维尼翁和奥尔贡的暴徒杀害，如今能指望平安无事地通过这个保王势力强大的省份吗？纵使他能够到达民众对他比较爱戴的中部地区，军队敢不敢违抗新任陆军大臣苏尔特的命令，敢不敢违抗内伊、贝尔蒂埃、麦克唐纳、圣西尔、絮歇、奥热罗以及许多现在效忠波旁王朝的将领的命令呢？

由于兵力有限，拿破仑不得不认真制订进军计划，精心选择行走路线。他没有骑兵，没有重炮，也没有大兵团的步兵，他甚至无力攻打昂蒂的小小的沃邦要塞，更不用说攻打土伦和马赛了。在那里，马塞纳元帅正以波旁王朝的名义统领着第八军区。为了争取马塞纳，拿破仑已派了一艘船前去通知马塞纳他的到来以及他的打算，并派另一艘船到那不勒斯通知缪拉，要求他给予支持。

拿破仑每经过一个城镇，就向市民和士兵发表演说，告诉大家他的唯一使命就是恢复法国的秩序，给同胞们一个适合民情的民主宪法。他向大家保证不再用战争来赢取光荣，不再以武力来支配欧洲任何国家，法国要与欧洲各国和平相处。他所经过的城市，都悬挂起三色旗，各地驻军纷纷奔向他的怀抱，他的队伍像滚雪球一样越滚越大。

但是，拿破仑诱降驻守昂蒂的官兵时，遭到了拒绝，他派到那里的小分队成员被抓了起来。这一挫折没有使他畏缩不前，他决定取道格纳斯赶往格勒诺布尔，这样既可以赶在他一开头就失败的消息传开之前到达，又可以避开罗讷河下游保王势力强大的地区。

3月7日早晨，拿破仑的队伍来到了格勒诺布尔附近的拉米尔村，远远地就看见王室军队已排成战斗行列，截断了道路。他当机立断，命令士兵左手持枪，枪口朝下，跟着他前进。这支保王队伍看到拿破仑近卫军的熊皮帽，不禁乱了阵脚，转身退却。

保王军有个军官看见拿破仑走在前面，大喊："就是他，开枪！"但是，一枪也没有响，只听一个熟悉的声音说："第五团的士兵们，你们不认识我了吗？你们当中有哪一个想杀死自己的皇帝的话，可以这样做，我就在这里。"

他还没说完，"皇帝万岁"的欢呼声当即迸发，保王军全团士兵涌向这个军队的偶像。他们把拿破仑团团围住，吻他的手，吻他的膝，有的竟像孩子似的哭了起来。保王党派来保卫格勒诺布尔的第七步兵团加入了拿破仑的阵营。傍晚，拿破仑的数千人的军队手持火把，踏着厚厚的积雪下了山，浩浩荡荡地开进了城里。

此后，拿破仑的队伍迅速扩大，人数达到了7 000人，火炮已有30门，同时还有几千名闻讯赶来的农民。这些农民自觉地护送队伍一程后，到达前面一站便自动交给另一批农民，他们沿路为部队提供给养。事态急剧地发展着，真正地形成了一股卷土重来之势。拿破仑沿途发布命令，派出使者，搜集情报，为不断增加的军队任命指挥官，委派地方官吏。

3月9日，这支队伍直奔里昂城下。国王的兄弟阿图瓦伯爵自告奋勇去了里昂，幻想用效忠波旁王朝的情感来鼓动里昂工人截断拿破仑的前进道路。但拿破仑仍坚信他可以不费一枪一弹就拿下里昂。在他看来，法国根本就没有什么王室军队，有的只是拿破仑军队。

里昂的士兵们无精打采地工作着，甚至有个士兵到元帅面前直截了当地说："最好你把我们带到拿破仑皇帝那里去。"这位曾受宠于拿破仑的元帅无言以对，只得听由士兵自行行动。

拿破仑面对着狂欢的士兵们，不禁心潮澎湃地说："士兵们！你们一直是法国人民最英勇的护卫者。我也跟你们一样，为了法国的利益，冲破了重重险阻，现在终于又能跟你们一道并肩效力于法国人民。是你们在过去的岁月中维护了法国人民的民族尊严和利益，今天我依然呼唤你们，人民也依然盼着你们重新聚集在鹰徽旗帜下，为法国的自由和民主而努力。今天，我们能在一起消灭干预我们民族自主的敌人；将来，我们就可以自豪地说——是我们捍卫了法国的利益，是我们洗清了法国的耻辱，是我们完成了法国帝业的最后辉煌！这辉煌将永远记在法国士兵的功劳簿上，永远铭记在法国人民的心中！"

士兵和工人们以狂热的欢呼声迎接他们的领袖，在这异常的呼声中，可以听到一些吓人的叫喊声："把波旁王室送上断头台！""自由万岁！""打倒教士！"

朝不保夕的波旁王朝惊恐万分，急忙派遣内伊元帅率领大军前去对付拿破仑。3月12日，内伊元帅来到里昂以北的夏尼附近，给部队做了慷慨激昂的动员，但他得到的只是一片沉默和白眼。

拿破仑回来了，无产者欢呼，有产者发抖，每一个有头脑的人都知道这意味着又要跟欧洲打仗了。拿破仑看出单靠依赖不满分子是危险的，因而力图唤起真正的民族感情。3月13日，他在里昂颁布了一系列顺应民心的敕令，宣布波旁王朝统治告终，解散元老院和咨议院，召集帝国"选民代表团"到巴黎开大会，叫作"五月棱场大会"。他还宣布白旗为非法，命令佩戴三色帽花，解散众人痛恨的"王室卫队"，废除封建头衔，没收波旁王侯的领地。随后，他率领1.4万人向巴黎进发。

3月14日，内伊集合所部，宣布拥护拿破仑，这使士兵们欢喜雀跃。拿破仑兑现了他的诺言，对于法军的官佐，无论是当即投诚的，还是效忠路易十八、最后才降顺的，他都一律宽恕接纳。这种宽宏大量，犹如和煦的太阳，光照所及，波旁王室的最后希望如薄冰般破灭了。拿破仑这个大众倾心的人物，在各地都受到士兵和农民的欢迎，直趋巴黎。路易十八及其朝臣仓皇离都，向里尔遁逃。

3月20日晚上9点，拿破仑在随从人员和骑兵的前呼后拥下进入巴黎。从枫丹白露到巴黎的大路上，成群结队的农民夹道欢迎，围得水泄不通，大家都想瞻仰一下这个穿着灰大衣的人。

天黑以前，巴黎的杜伊勒里宫撕下了白旗，升起了三色旗，王宫地毯上的波旁王朝的百合花图案换上了帝国的金色蜂图案。拿破仑的车驾一到杜伊勒里宫前，群集该处的官兵们顿时发出一阵响亮的欢呼声。拿破仑刚走进宫门，就几乎被抬起来，拥上大楼梯。

面对这场狂飙，不少贵族们躲在一旁暗暗叹息："魔力——拿破仑有魔鬼般的魅力，人们几乎无法抗拒他的号召，只要他举起旗帜，人们马上就走火入魔般地跟他挥戈跃马。"

拿破仑也颇为自豪地说："我是凭着法国人民和军队士兵的信任被重新迎来的。我没有动用一枪一炮，没有依靠缪拉的帮助。我知道人民和军队没有忘记我，依然敞开胸怀来拥抱我。"

重新掌权

拿破仑这次最为辉煌的胜利进军，几乎无人可加以评论。但是，从理性上看，波旁王朝复辟本来就毫无基础，王室贵族手段拙劣，保王派又贪得无厌，就会觉得沙皇和塔列朗搭起来的这个沙滩上的"宫殿"竟然维持了 11 个月反倒是奇怪之事了。

拿破仑在"无常"号船上曾对战友们说过这样一番话："并非历史上有什么先例诱使我冒险采取这一大胆的行动，但我考虑到出其不意，会使人惊奇；考虑到民众的情绪，对同盟国的愤恨，士兵对我的爱戴。总之，考虑到在我们美丽的法国仍在滋长的一切有利于拿破仑的因素。"这里面蕴含了历史的必然。

在经历了阴郁的 11 个月后，拿破仑的东山再起正如一轮喷薄而出的红日，使阴霾笼罩的法国仿佛又看到了晴空万里的过去时光，于是，一场席卷法国冲决一切的拿破仑风暴自然就不可避免地发生了！

拿破仑在巴黎的再现，震惊了整个欧洲。维也纳会议迅速召开。1815 年 3 月 13 日，7 个成员国（包括英国、普鲁士、奥地利、俄国、西班牙、葡萄牙和瑞典）联合签署了宣布拿破仑政权非法的"声明"。盟国内部虽然出现大的分歧，但他们还是立即放弃彼此间的争吵，迅速组成了第七次同盟——塔列朗瓦解反法同盟的计划破产了。3 月 25 日，英国、奥地利、普鲁士、俄国签署了《维也纳公约》，同意联合各自的军队直到拿破仑"被完全镇压下去，没有任何再次制造麻烦的可能"为止。5 天后，奥地利、英国、普鲁士、俄国同意各自出兵 15 万人，共同对付这个从厄尔巴岛潜回的科西嘉怪物。

战争已不可避免，在短期内重建一支能够抵抗联军入侵的大军已成为当务之急。拿破仑深知同盟国绝不会袖手旁观，因而抓紧时间恢复权势以及赖以安身立命的军事力量。在波旁王朝统治的 11 个月里，由于经济原因，军队被大幅裁减，大批军官只得到一半薪水，数以千计的军士和士兵复员回乡。拿破仑重新掌权以后，也不敢贸然恢复征兵制，只是命令把受过军事训练的人员重新征召入伍，估计组成 20 万人的大军不成问题，最为缺乏的还是有能力的指挥官。当时有一批富有作战经验的将军和元帅已向路易十八宣誓效忠，其中包括圣西尔、麦克唐纳、乌迪诺、维克多、马尔蒙和奥热罗等。4 月 10 日，拿破仑下令将这些人从元帅名单上清除出去。回到巴黎当天，他任命忠诚的达武为陆军大臣。缪拉虽响应拿破仑的号召，并于 5 月化装成水手前去谒见拿破仑，但因 1814 年的背叛，拿破仑拒绝再用他。所以，现在只剩下苏尔特、内伊、莫蒂埃、絮歇和布律纳可作为战场指挥官。4 月 15 日，拿破仑将一柄元帅官杖授予格鲁希将军。格鲁希时年 48 岁，是一名优秀的骑兵将领，在俄国和 1814 年战役中表现不俗。目前，他正在法国南部镇压保王党人的叛乱，因迫使昂古莱姆公爵投降而被封为元帅。

拿破仑组建军队，不仅缺乏高级将官，武器、装备和马匹也均显不足。在波旁政府的统治下，武器弹药储备消耗殆尽。3 月 23 日，拿破仑下令兵工厂立即生产步枪 15 万支，同时向国外购买武器。4 月 30 日，他颁令组建 4 个新军团（北方军团、摩泽尔军团、莱茵军团和阿尔卑斯军团），并组建 3 个"观测军"保卫侏罗、瓦尔和比利牛斯边境。其中以北方军团为主力军团，由拿破仑亲自指挥。它由 4 个军（第一军、第二军、第三军、第六军）和 3 个骑兵师及近卫军组成，计 12.45 万余人，拥有 340 门火炮。至 5 月底，拿破仑征集的正规部队已达到 28.4 万人。

拿破仑在重整军队的同时，也开始重建帝国皇朝，建立新政权。他首先组织起政府和各主要部门的领导人。他任命科兰古为外交大臣，卡尔诺担任内务大臣，德克雷负责海军，戈丹主管财政，莫利昂执掌国库。同时，他恢复了拉瓦莱特的邮政大臣一职，再次起用富歇担任警察总监。富歇曾经出卖过拿破仑，但是他掌握着别人不知道的保王党人的情况，可以作为拿破仑与雅各宾派之间的联系，拿破仑也需要用他去对付国内的反对派。达武被任命为陆军大臣，留守巴黎，具体筹办军队事务。与此同时，拿破仑还进行了广泛的政治和社会改革。他曾多次声明重建的帝国与过去不一样，它的主要任务是保证法国人民的和平与自由，法国再也不谋求对欧洲的任何霸权，但坚决反对外国对法国的任何形式的干涉。

拿破仑命令所有的保王党人离开巴黎，而富歇签署了通缉塔列朗、拉罗什富科、孟德斯鸠、林奇、贝利亚尔、若古以及马尔蒙和高度危险的布列纳等人的逮捕令，并宣布没收他们的房产和财物。

尽管4月初一些地方的报告称"西部对于内战的恐惧已彻底消失""各地人民都很高兴"——事实上，不安的情绪正在到处蔓延。保王党人的总部设在位于奥班的家族城堡。布列塔尼半岛到旺代这一带是暴乱的温床，而保王党已全副武装准备起义，在他们身后支持他们起义的是广大民众。但拿破仑过于相信人民是完全支持他的，因此下令让绝大部分队伍从这些地区撤离以组建新军。普罗旺斯、马赛、马莱纳、凡尔赛和亚眠等各地政府机构全部瘫痪，保王党人十分猖獗。在布伦，波旁王朝的白旗挑衅地高高飘扬。直到5月底，拿破仑才承认他对西部和南部情况的估计错误。接着，他命令拉马奎将军组成新的特别部队，包括青年近卫军团、25个步兵营、8支骑兵队，火速前去营救被包围的各要塞，扑灭各地的起义之火。

杜伊勒里宫空空荡荡，拿破仑自感孤单，于是移居爱丽舍宫。他对自己的内宫也进行了一番整理。在拿破仑昔日的情人中，迪夏泰尔夫人捷足先登，重任宫廷贵妇。朱莉和奥坦丝也前来拜访，但他对这两个人很不热情，尤其对奥坦丝更是冷若冰霜。他怨恨她行为怯懦，抛弃了他，在他流放期间对他不闻不问。直到第二天，他才同意接见她。登门时，她担心受辱，带来了两个孩子为她保驾。之后，拿破仑让奥坦丝为他主持内宫。

最让拿破仑痛苦与失望的是妻子玛丽亚。3月19日，他写信请她回来，但被维也纳驱逐出来的梅纳瓦尔向他透露，玛丽亚皇后自觉自愿地投到盟国君主的保护伞下，把孩子托给父亲，一心一意地与奈珀克伯爵甜蜜相处。他还告诉拿破仑，这位奥地利女人撵他走时，还请他代她向拿破仑请求，希望拿破仑同意和和气气地分手，因为这已经势在必行。拿破仑听了不禁气急败坏，面如土色。他把妻子的背叛行为深深地埋藏在心底，开始重建帝国。

4月23日，他颁布了一个《帝国宪法补充条款》，扩大了两院对政府的控制权，准许新闻自由，扩大公民权，重新树立帝国形象。事实上，拿破仑反复申明"我是大革命的产物"，他的纲领是君主立宪制加上恢复一些大革命时期的原则而已；而正是这个拿破仑，曾以皇帝的身份清除过大革命所留下的一切痕迹。

约瑟夫和热罗姆也回到了巴黎，但已经丧失了王权，只是普通的亲王。接着，拿破仑继续进行装点门面的工作，召集并选举了代表议院的下院议员，吕西安被重新安排进议会主持大政。

当时法国国库中只有5 000万法郎，为此，拿破仑采取了各种筹资措施。他将全法国的舰队封存，只留下5艘船负责运送他的军队，而将海军预算省下来投到陆军预算中。同时通过用"爱国捐献"的方法筹集资金。

6月1日举行的五月棱场大会，就其显示军心振奋的景象来说，使人回想起过去的帝国全盛时期。当拿破仑说了几句鼓舞人心的话，授予军队鹰旗时，老兵新兵都喜极而呼，向他们的领袖致敬，但棱场外围的民众并没有太高的热情。他们原本希望给法国一部宪法，但现在他们只是作为见证人，看拿破仑宣誓恪守他原来的宪法罢了。因此，尽管旗帜飘扬，拿破仑几兄弟服装华丽，也不足以炫人，无法激励起人们对帝国新的希望。6天后，两院开幕，普遍不满的情绪就借这个机会发泄出来了。拿破仑一时也无暇顾及这些，因为同盟军已从四面八方向法国涌来，他必须再次为法国和他自己拔剑应战。

雄狮再起

就在拿破仑初步做好战争准备的同时，反法联盟近 70 万大军分成五路，以铺天盖地之势向法国压来。英将威灵顿带领 9.23 万人经由蒙斯南下，布吕歇尔率领 13.02 万名普军从东面穿过沙勒罗瓦和莫伯日而来，约 16.8 万名俄军穿越摩泽尔以及梅斯东面防线向南锡进军，最后是由施瓦岑贝格率领的约 22.5 万名奥军在俄军阵营与莱茵河之间待命。联军其余的部队则兵分两路，从瑞典（3.7 万人）和意大利方向（6 万人）出发，进军法国。同盟国经过协商决定，要在 6 月 27 日到 7 月 1 日之间越过法国边界发起进攻。届时，威灵顿、布吕歇尔和施瓦岑贝格的 3 个军团直接进攻巴黎，巴克莱军团作为第二梯队，随上述 3 个军团之后行动，准备随时接替他们之中任何一个进攻失利和损失严重的军团，继续向巴黎发起进攻。弗里蒙特的奥、意军团负责进攻法国中南部的重镇里昂。联军计划以绝对优势的兵力实行四面围攻，一举压垮刚刚组建起来的法军。

这一次，拿破仑考虑到法军兵力不足，决定先发制人，以快制敌，对最近的两个敌手——布吕歇尔和威灵顿轮流实施打击。为了隐蔽自己的意图，达到迷惑或麻痹敌人的目的，他指示陆军大臣达武于 5 月 1 日在巴黎周围建筑要塞地带，他自己也尽量拖延离开巴黎的时间，以给敌人造成他准备在巴黎附近打一场防御战的错觉。与此同时，他秘密地向比利时边界集中兵力。当时，北方军团正面的联军，出于给养上的考虑，散布在整个比利时境内。布吕歇尔的莱茵军团占据着比利时的东半部，以马斯特里赫特和亚琛为基地；威灵顿的尼德兰军团以奥斯坦德为基地，驻守西半部。从北到南，经布鲁塞尔和沙勒罗瓦的一条分界线将两部分开。

6 月 12 日凌晨，拿破仑离开巴黎，于中午时分到达拉昂。他发现由于参谋长苏尔特的疏忽，骑兵军的 4 个师没有接到行动命令，还安闲地留在驻地。拿破仑找到了正努力组建骑兵预备队的格鲁希，命令骑兵全速赶往法军的集中地区。威灵顿和布吕歇尔对法军的行动一无所知，拿破仑决定乘两军没有备战之机，将主力插入敌人的两个军团之间，打进一个楔子将其分割开来，然后占领布鲁塞尔。

6月14日，拿破仑将其大本营前移，放置在法、比边境附近的博蒙特。他下令在翌日拂晓前越过边界，向布吕歇尔军发起进攻，压迫布吕歇尔军团后退，再围歼孤立突出的威灵顿军团。他要求部队切实加强营火管制，以免被敌人发现，每个人都应携带50发子弹、4天的面包和半磅米。4个骑兵军先行，担任前卫。

秘密集中在前线的法军部队，与对面普军仅隔一片密林。拿破仑来到前沿，颁布了一份详细命令，要求每个军于次日拂晓开始行动，夺取沙勒罗瓦和特万之间的桑布尔河上的桥梁。雷耶的第二军和戴尔隆的第一军在左侧于马西耶纳和特万过河，其余部队包括四个骑兵军预计在沙勒罗瓦过河。

6月13日夜间，普军前哨发现前面有许多营火在闪动，立即向布吕歇尔做了报告，但布吕歇尔不以为意。

6月15日清晨，法军第四军中一个叫包弗蒙特的师长带着部分参谋人员叛逃到普军，将拿破仑的实力和计划和盘托出，布吕歇尔这才认识到自己的处境极其危险。但他并不惊慌，他相信凭普军的实力和威灵顿军团的支援，完全能够对付拿破仑的进攻。

下午，内伊元帅来到沙勒罗瓦向拿破仑汇报，拿破仑随即口头命令内伊指挥部队左翼，向北进至哥西里斯，扫荡驻于该地的普军后卫；命令格鲁希元帅指挥右翼兵力，包括旺达姆的第三军、吉拉德的第四军和一支庞大的骑兵。下午3点，拿破仑下令发起攻击，一场大战开始了。内伊的左翼法军进展神速，很快就占领了哥西里斯。之后，内伊不敢全力冒进，仅以一个骑兵师的兵力继续向卡特尔布拉斯进攻。

而格鲁希的右翼却进展缓慢，仅推到吉里一线，左翼法军显得有些孤立突出。普军的近程炮火使法军损失惨重，布吕歇尔亲自指挥战场上的7万大军。最后，拿破仑把青年近卫军拉上去增援业已精疲力竭的格鲁希部队，因为根本看不到内伊来援的迹象。下午7点30分，青年近卫军终于以强大的进攻突破了利尼的普军中央。布吕歇尔亲自率领普军骑兵不顾一切地数度发起冲击，企图挽回颓势，但是部队的战斗力已经彻底衰竭了。

与此同时，西北6英里处内伊指挥下的法军左翼正忙于作战。拿破仑曾口头指示内伊扫除卡特尔布拉斯的一切敌对力量，向布鲁塞尔挺进。这时，天色已晚，内伊见自己的部队已突进到敌人两个军团之间，而且士兵经过一天的行军和战斗已疲惫不堪，决定暂停进攻，就地宿营。

晚上9点左右，拿破仑拖着极度疲惫的身体回到设在沙勒罗瓦的大本营。午夜时分，刚睡了几个小时的拿破仑被内伊叫醒，内伊向他解释了白天没能按计划占领卡特尔布拉斯的原因。拿破仑向他反复说明自己总体战略设想和夺占卡特尔布拉斯的重要性，要他务必在6月16日早晨占领此地。

6月16日凌晨2点，在布鲁塞尔的威灵顿收到了蒙斯部队送来的一份报告，说蒙斯正面的法军已全部转移到沙勒罗瓦方向。至此，威灵顿才如梦初醒，当即命令部队向卡特尔布拉斯方向行动，抢占该村的公路交叉口，阻止法军的进攻。

凌晨4点，拿破仑向全军下达命令：内伊指挥原辖兵力继续向卡特尔布拉斯进攻，近卫军和骑兵预备队随后跟进，随时准备支援。占领该地后，随即向布鲁塞尔发起进攻，争取在6月16日夜间或17日凌晨攻占布鲁塞尔，从侧后包围威灵顿军团。格鲁希指挥右翼原有部队，继续向当面的普军进攻，占领桑布里费，迫使敌人向耿布劳斯方向撤退，从而拉大布吕歇尔与威灵顿军团之间的距离。但是，由于前一天傍晚和夜间敌增援部队赶到，威灵顿本人也于上午10点从布鲁塞尔赶来亲自指挥，普军这时已有3个军约8万人集中到利尼村及其附近地区。拿破仑见布吕歇尔将主力集中于此，当即决定改变原先歼灭威灵顿军团的计划，迅速集中现有的5万兵力转攻布吕歇尔军。他计划用两个骑兵师攻击普军左翼，牵制其行动；以主力猛攻普军的右翼和中央，迫使布吕歇尔逐渐消耗完他的预备队；同时将内伊指挥的左翼兵力从卡特尔布拉斯调过来，攻击普军的右翼；最后投入近卫军，从普军中央实施突破。

下午2点30分，向利尼普军的进攻准时开始。战斗进行得异常激烈，第四军的三次冲击都被守军的排炮打退，直到第四次冲锋才勉强占领利尼村，但很快又被普军预备队的反冲击赶了出来；第三军也遇到了顽强的抵抗。这时，拿破仑急切盼望内伊赶来支援，但现在内伊的第二军已被威灵顿军团的2万人死死缠住，困在卡特尔布拉斯以南地区不能脱身。拿破仑见内伊军迟迟不到，非常焦急，再一次给内伊下令，叫他留下第二军和一个骑兵师去对付英、荷军团，抽出戴尔隆的第一军迅速攻击普军右翼。同时，他还命令作为总预备队的第六军立即从沙勒罗瓦赶到利尼前线。

拿破仑亲自督促法军发起一次又一次的冲锋，普军8万余人被拖得精疲力竭。下午5点左右，布吕歇尔的预备队已全部投入战斗。拿破仑估计从内伊那里抽调来的第一军最迟能在6点之前到达，于是决定出动近卫军进行最后的冲击，与即将到来的第一军共同歼灭利尼的普军。

下午5点30分，援军总算来了。但这支突然而至的援军，在距离前线只有3英里的地方，又莫名其妙地掉头朝内伊所在方向返回了。这时离天黑已不到一个小时，拿破仑决定不再等待，随即发起最后的进攻。近卫军冒着大雨发起冲击，很快占领了利尼村。天黑前，布吕歇尔亲自率领32个骑兵中队，向近卫军发起了反冲击，企图夺回利尼村。但他因坐骑中弹倒毙而负伤，普军在夜幕的掩护下开始全线撤退。利尼一战以法军胜利而告终，普军死伤22万余人。

6月17日上午10点至11点，搜索普军部队、侦察英军动向的骑兵先后回来报告：普军正在耿布劳斯集中，英军仍留在卡特尔布拉斯没有撤退。拿破仑立即命令格鲁希率领右翼兵力约3.3万人向耿布劳斯方向搜索，追击普军。拿破仑犯了一生中又一次灾难性的战略错误，他虽然知道布吕歇尔的军队已被击败，正向莱茵河撤退，但他仍然单纯地为了侦察敌情而派出3万余人和96门火炮，几乎占其可动用兵力的三分之一。他本人则率领近卫军和第六军向马尔拜斯前进，从左翼攻击英、荷联军，配合内伊部队歼灭该敌。实际上，普军正向华费里退却，在耿布劳斯集中的只是普军的第三军，而且这一军也于当天下午撤往华费里，位于列日的第四军也奉命赶往华费里集中。而威灵顿在当天凌晨2点得到布吕歇尔战败的消息之后，知道自己的左翼已完全暴露，当即决定向布鲁塞尔南面的滑铁卢地区撤退。拿破仑的意图是以其左翼追击并摧垮威灵顿的军队，但内伊在6月17日整个上午没有按计划的时间解决战斗，使拿破仑这一意图大大落空。

内伊接到拿破仑要他拖住英、荷联军的命令后，因没有发现英、荷联军有撤退迹象，故只派小股部队出击，以此缠住敌人。中午时分，他又收到苏尔特的书面命令，苏尔特告诉他皇帝正率军向马尔拜斯进发，这支军队可支援他作战，要他立即进攻防守卡特尔布拉斯的敌军。但直到下午2点，拿破仑已抵近卡特尔布拉斯时，内伊的部队依然停在弗拉斯尼斯附近的宿营地。

眼看到手的猎物从身边溜走，拿破仑不禁大发雷霆，狠狠地斥责了戴尔隆，说他毁了法国。随后，他率领两个骑兵师，朝英、荷联军的殿后部队追击，直奔卡特尔布拉斯。突然天降大雨，地面顿成泽国。英军骑兵开展后卫战阻滞尾追的法军，半个小时以后，暴风雨停止了。英、荷联军的殿后部队尽管跑得丢盔弃甲，狼狈不堪，但还是成功地撤走了，并在滑铁卢以南进入主力已占领的阵地。

当晚，拿破仑在距威灵顿的前沿约2英里的勒凯卢农庄过夜。6月18日凌晨，拿破仑企图利用敌人仓促占领阵地的时机，一举突破其防御阵地。他下令把4个炮兵连从后面调上来，以火力压制敌军；同时命令第四骑兵师发起冲击。但在英军居高临下的炮火打击下，法军很快败下阵来。这时，奉命追击、侦察的格鲁希派人送了一份报告到拿破仑的大本营，说一部分普军已向华费里方向撤退，可能是要与威灵顿军会合，布吕歇尔率领的主力正向列日方向撤退。拿破仑综合分析了所有情报，最后断定：普军主力正向华费里集中，企图与威灵顿军会合。8个小时后，拿破仑才指示格鲁希，要求他插入华费里与滑铁卢之间，监视普军主力的行动。

第二十八章　兵败滑铁卢

决一死战

拿破仑与盟军在利尼的交锋虽然取得了胜利，但在这一战役中，法军统帅过分谨慎，没有给盟军造成重大打击，使盟军得以顺利撤退。加上苏尔特的迟钝、内伊的缺乏锐气、戴尔隆的呆板、格鲁希的憨直机械等因素，注定了有一场更惨烈的战斗正等待着他们。这就是永载史册的滑铁卢战役。

1815 年 6 月 17 日晚上，一直在下雨，双方军队只能在圣拉埃农庄附近露天宿营。士兵们浑身湿透，苦不堪言，许多人难以入眠，寻找篝火取暖。拿破仑也睡不着，凌晨 1 点，他又爬起来，和贝特朗一起来到前沿阵地。他们再次侧耳倾听，想听出淅沥的雨声中有没有敌人悄悄撤退的动静。远处是乌古蒙的一片树林，四周一片寂静。

这就是说，威灵顿和布吕歇尔都没有走远，所有关于盟军撤退的情报都值得怀疑。事实的确如此，威灵顿英盟军队的主力驻扎在沙勒罗瓦至布鲁塞尔公路边一个东西走向的高地上。沙勒罗瓦至布鲁塞尔公路将整个战场一分为二，三军集结于此。这一带，拿破仑是很熟悉的，因此他并没有进一步对威灵顿的阵地进行周密的侦察。

布鲁塞尔公路多为洼地，四周树林环绕，公路经过高地顶部。在高地南脚下的公路旁就是圣拉埃农庄，四周围墙高耸。在高地南面约 4 英里处，有一座更高的高地，也是东西走向，拿破仑的法军驻扎在那里。

两个高地间是一块很窄的低地，高地的斜坡很平缓，从北面坡顶到最低
处也不过 50 英尺。公路东侧，低地斜向一条小溪，小溪往东北方向流
去，沿岸是巴比洛特农场、圣拉埃农场和斯莫安村庄。公路西侧，是乌
古蒙城堡，城堡壁垒坚固，城内有花园、果园和树林，四周围墙高耸，
易守难攻，是英军的一道天然屏障。离此地半英里，是布莱纳 – 拉吕德
村。低地东南面，即离法军右后方 1 英里处，是布兰拉勒村，位于拉斯
尼河沿岸。从威灵顿高地的顶部，只能看到普朗科埃村教堂的尖顶。

　　威灵顿把瑟斯率领的比利时 – 荷兰师（两个旅）部署在布莱纳 –
拉吕德村，这是英军最右翼的防线。希尔第二军的米切尔旅驻扎在瑟斯
左翼，克灵顿师的 3 个旅作为其后备军。米切尔左翼是第一军的艾尔特
师（3 个旅）和库克的禁卫军师（两个旅），由布伦瑞克师和克罗塞的
纳索旅作为其后备军。库克前方 500 码处正是乌古蒙城堡。拿破仑对盟
军的左翼几乎不加注意，因为威灵顿的薄弱环节显然是在中央和右部，
其兵力主要集中在那里，特别是在中间横亘着的隆起地带附近。因此，
英军从库克部队抽调出两个连，加上纳索军的一个营，共 4 个连的兵力
驻守乌古蒙城堡。艾尔特师的一个英王德意志团的营部署在位于高地脚
下的阿易 – 桑特农庄，这是英军阵线的中心所在。夏塞率领的比利时 –
荷兰部队则部署在布兰拉勒村，使威灵顿的右翼更有保障。

　　在公路对面高地脚下有一个采沙场，英军第一营驻扎在此地。再往
东面，在高地背面是皮克顿师（3 个旅）和科尔师的贝斯特旅，科尔师
的兰博特旅为其后备军。普博切尔师的比朗德旅部署在科尔师的高地前
坡，即采沙场的东面。普博切尔师的纳索旅镇守巴比洛特农场、圣拉埃
农场和斯莫安村庄。纳索旅后面高地背面是冯德路和魏维安的两个轻型
骑兵旅。其余骑兵部队作为后备军，被部署在前线的后方。普瑟比的重
型骑兵旅驻扎在公路东侧，比利时 – 荷兰部队的秦尼骑兵旅在其后方。
公路西侧是屈普和莫兰的两个比利时 – 荷兰骑兵旅，索莫特的重型骑兵
旅在其后方。再往西是阿朗希尔德、多伯格和格兰特的 3 个轻型骑兵
旅。威灵顿保留一部分炮兵作为后备军，但是炮兵主力被调往前线。英

军骑兵部队的主力位于高地背面，法军无法看到，所以他们将免遭法军炮火的直接攻击。

拿破仑的意图是，北面主战场在圣拉埃后面、同盟军防线薄弱处实行中央突破。但他不知道高地背后有一条低层的横路，非常有利于掩蔽，而向威灵顿后方倾斜的那个地段又遮住了英军的第二线和后备部队。

此时，威灵顿在滑铁卢战场上的兵力约有6.8万人、大炮156门，英盟军队主力部署在右翼防线。但是，威灵顿仍然担心法军突破其右翼防线，切断他与英吉利海峡的联系，于是在西面10英里外的蒂比兹和哈尔近郊部署了第二军的主力部队（约有6个旅），这支1.7万人的部队是威灵顿的第五支力量。

法军方面，拿破仑加强了内伊一翼以迎战英盟军队。法军的整个战线约有3英里长，比英军的战线短些。戴尔隆的第一军（包括一个骑兵师和4个步兵师）位于布鲁塞尔公路的东侧，米豪德的骑兵军（两个师）为其后备军。在戴尔隆前方，即高地的前坡，是有80门大炮的炮兵阵地。瑞利第二军（一个骑兵师和3个步兵师）位于公路西侧的前方阵地，克里曼的第三骑兵军为其后备军。而拿破仑在阵线中部地区部署的后备军，包括处于前方的洛鲍军的两个师，处于后方的（老、新）近卫军的3个师以及4个骑兵师（包括近卫军的两个骑兵师）。

拿破仑对此战充满必胜的信心，因为法军此时在战场上的兵力约有7.2万人及246门大炮。他认为以这些兵力对付英军绰绰有余。在战列骑兵方面，法军同样占有很大优势。尤其重要的是，拿破仑有近卫军步兵1.3万人，以4 000骑兵为左右翼，这就构成了强大的突击力量。

拿破仑没有采取从侧面进攻的战术（这是英军最为担心的），而是命令戴尔隆军在右路正面进攻，瑞利军则在左路进行牵制（两个军已经归内伊直接指挥）。虽然拿破仑一早就收到格鲁希元帅的急件，称普军在瓦夫尔（蒙圣让高地东面8英里处），但他并没有放在心上。

由于昨天的大雨，法军士兵在晚上为了寻找食宿，走得较为分散，还未全部集中，加上地面湿滑，拿破仑想等地面变干后再发动进攻，整个上午双方均毫无动静。

拿破仑曾经说过："我宁愿丢失一场战役，也决不浪费一分钟。"他作战时，指挥的军队在耐力和速度上常常胜过对方，能够在敌军集结前先集结自己的兵力。但是，在滑铁卢，他没有坚持这一原则，这使他丧失了打垮威灵顿所需要的足够的时间。相反，布吕歇尔的普鲁士军队正向西推进，靠近滑铁卢战场。布吕歇尔此时兵力约有7.5万人，约有一半可以及时赶到滑铁卢，攻击法军右翼，形势相当危险。

拿破仑的判断再次出现错误，他认为普军尚未从利尼战役中恢复元气，格鲁希的3.3万人能成功将其阻击。但是，6月18日上午，格鲁希的军队太靠近东南侧，无法有效牵制普军的所有兵力。

在滑铁卢主战场，上午11点30分开始了第一轮炮轰，掩护雷耶军团属下由热罗姆亲王率领的一个师向乌古蒙的树林进攻。在猛烈的炮火掩护下，法军取得了一个立足点，进而逐步把守军赶出矮树丛。拿破仑计划以此对英军进行牵制，后来历史上把这一战称为"战中之战"。

乌古蒙围墙高耸的谷仓、教堂和果园为英军提供了一道天然屏障，给驻守的英军以安全感。英军士兵誓死守卫城堡，不愿将其拱手相让，威灵顿还特意调集精兵镇守。城堡正东面是花园，四周有6英尺高的砖墙。花园东面是果园，花园和建筑物的南面是树林。所有地方都有英军把守。经过激战，法军击退英军，占领树林。在法军继续推进到花园时，他们受到阻击。英军从250码长的围墙上通过洞眼向法军射击，法军只得后撤。雷耶当时已传令不要进攻庄园，但没有多少军事头脑的热罗姆和他的士兵竟向那巍然屹立的壁垒再次冲去，结果遭到迎头痛击，伤亡惨重，又败退下来。雷耶军团最后又以1.2万人左右的兵力从三面进攻这座大屋，但英国近卫军得到增援以后，凭借工事优势一次又一次地击退了几乎10倍于己的法军的进攻。

乌古蒙城堡的战斗越来越激烈，双方都投入了更多的兵力。威灵顿前后共投入3500名士兵，包括禁卫军的两个营。整个战斗期间，英军守住了有围墙保护的花园和建筑物。同时，英军的炮兵在城堡北面的高地上对法军实施了有效打击。拿破仑原本决定下午1点由兵力近2万人的戴尔隆军团向圣拉埃大举进攻，但这次进攻因故推迟了。法军到下午才动用了大炮。中路军80门大炮猛烈开火，他们使用了燃烧弹，干草堆和建筑物迅速着火，顿时硝烟弥漫，看不见对方的状况。拿破仑用望远镜观察敌情，发现6英里外的圣朗贝树林边缘有一片黑压压的东西。

就在众人胡乱猜测之时，马尔博的侦察兵押来了一名普军骠骑军官。在拿破仑的讯问下，这个骠骑上尉供出，比洛军团已全数出动，但他很机智，没有提到紧跟在比洛之后的另外两个军团。这意味着天黑前盟军的兵力将大大超过法军兵力。此时，拿破仑面临两种选择：一是停止进攻，但这样就把主动权交给了对方；二是冒一次险，在普军对自己的侧翼形成压力前，一举拿下英军。拿破仑听说敌人只有比洛军团增援后并不着慌，既然比洛要进攻法军侧翼，格鲁希就必然趁其行进之际，从侧面进击之。下午1点，他给格鲁希发出指示，大意是紧跟增援之敌予以侧击。不久，他又要求格鲁希增援右翼，并阻截所有普军增援部队。但格鲁希在下午5点才收到指示，这就太晚了，当时他还在进攻瓦夫尔。

下午1点30分，拿破仑招来热罗姆。城堡久攻不下，他知道有必要节省兵力了，因为法军的中右部出乎意料地遭到惨重损失。拿破仑派多芒和絮贝维的轻骑兵往弗里谢蒙方向监视普军。部署在中间隆起地段的80门大炮继续轰击，造成英军重大伤亡。在猛烈炮火的掩护下，下午1点45分左右，戴尔隆军发起总攻。奎因特师位于左前方，其他3个师（多泽洛特师、马格里特师、德鲁特师）在其右后方按梯形摆成战斗队形。纵深仅2~4排的英军部队，在法军的强大压力下，防线随时有崩溃的可能。而且，法军的两个胸甲骑兵旅（杜波依斯旅和特拉维旅）配合步兵冲击英军阵线，而瑞利军的巴瑟卢师随时准备增援奎因特所处的左路。

奎因特师的目标是占领拉埃－桑特农庄和采沙场。右路旅攻克了采沙场，左路旅将农庄南面的英王德意志步枪营赶出了果园，但没能拿下建筑。威灵顿这时位于农庄北面，紧靠一棵大榆树，从那里一看到法军进攻，就立即派汉诺威部队一个营去增援。但增援的部队在横过大路时，被米约部的胸甲骑兵冲散，一直追上山坡，到集合号响了才停下来。

部队右翼的德鲁特师在斯莫汉村遭遇萨克森－魏玛的纳索旅，推进速度缓慢。中路法军各纵队现已登上山脊，开始改变队形，成一列横队，做最后冲锋时，威灵顿埋伏的一支强大的英军部队突然出现在他们前面的树丛里，英军的皮克顿将军刚发出还击命令，便头部中弹身亡。但英军没有因此撤退，而是继续还击。

当获胜的法军阿利克斯师通过山脊，进入后面的横路时，掩蔽在低坡后的英国皇家龙骑兵团（普瑟比旅）发动冲锋，与索莫特旅对拉埃－桑特农庄实行两面夹击，击退了法军的步兵队伍，与特拉维的骑兵旅陷入恶战。公路东侧，普瑟比旅重创了法军奎因特师。

与此同时，在联合旅的左方，范德勒尔的骑兵和一部分比利时－荷兰龙骑兵把法军迪吕特的部队赶到帕佩洛特村以外。在这个旅的右方，法军胸甲骑兵由于横路地势突然下陷而乱了阵势，英王近卫骑兵第二团乘机冲过去，把他们打得七零八落，纷纷弃枪投降。更往西一点，第一近卫龙骑兵团和英王近卫骑兵第一团在高地边缘迎击法军胸甲骑兵，和普瑟比旅一起，气势汹汹地压过来，砍断了法军40门大炮的拖索，劈倒了那些炮手。拿破仑一直在伺机反击，这时派出了一支强大的枪骑兵和龙骑兵，以雷霆万钧之势扑向队形已乱的英军，杀得他们人仰马翻。英勇的普瑟比和部下几百人马在这里阵亡。这一战，埃布里奇伯爵的2 500名重型骑兵损失1 000人，付出了巨大的代价。然而，法军方面的损失更为惨重，共损失5 000人，其中3 000人被俘。只有德鲁特师在受到冯德路轻骑兵旅追击的情况下，比较完整地撤回己方阵地。

下午3点左右，战场暂时恢复平静。双方都需要喘息一下，重整阵线。威灵顿调集兵力增援了拉埃－桑特农庄的英王德意志部队，第一营奉命重新夺回采沙场。同时，威灵顿命令当天早上才赶到的兰伯特旅的2 200名士兵上阵，填补左翼的空缺。

事实上，在整个战役期间，威灵顿始终坚持在第一线。他和他的参谋部以及通信兵，在前沿阵地上下联络，不断调整部署，对战事做出迅速反应。相反，拿破仑始终待在后方，更像一名观望者，而不是指挥官。他把前线的指挥权交给内伊，但是内伊更适合在局部范围带领士兵冲锋陷阵，并不适合担任控制全线作战的指挥者的角色。

得知戴尔隆军进攻失败后，拿破仑焦虑不安。这时他又收到了格鲁希部队无法很快到达的报告，于是命令炮兵再次打击英军阵线，大量杀伤敌人，同时猛轰乌古蒙，内伊则带领戴尔隆军两个损失最小的旅再次向拉埃－桑特农庄发起进攻。但他们又一次被据守农舍的德意志人挫败，因为威灵顿已及时派兵增援他们。

下午4点左右，戴尔隆军的两个旅在进行整编后再次越过低地，向英军阵线推进。双方在围墙四周短兵相接，展开肉搏。不久谷仓着火，英军扑灭大火，坚守住农庄。英军的炮兵部队在高地上一起向法军开火，法军后撤。内伊此时在英军阵地附近，发现部分英国士兵开始后撤，认为英军开始全线撤退，于是下令米豪德的胸甲骑兵旅前往侦察。

此后，法军相继行动——在没有其他支援和进一步摸清敌情的情况下，内伊草率地率领骑兵向威灵顿中部阵线再次发起冲锋。经过半小时前所未有的激烈炮轰，法军骑兵排山倒海而来，威灵顿的亲信部队立即进入"棋盘格"阵式。5 000名法国骑兵向乌古蒙城堡和拉埃－桑特农庄之间的一段英盟防线推进。米豪德的胸甲骑兵昂首在前，戴斯诺特率领的近卫军枪骑兵师则紧随其后。

英盟军队（即内伊攻击的目标）已做好准备迎战法军。在高地背面，20个步兵方队分成前后两排，以加强火力的控制范围。步兵后面，几个旅的骑兵部队随时待命出击。威灵顿对拿破仑不在其侧翼采取灵活的包抄战术，一味采取正面进攻而深感震惊，他惊呼道："见鬼，这家伙一点常识都没有，只是个蠢蛋！"

当法国骑兵逼近时，盟军的炮兵暂时丢下大炮，撤退到最近的步兵方队中。法军到了岗顶，盟军的炮火朝着他们直射，尽管损失惨重，但他们还是疾驰而上，冲过英军炮兵阵地，沿着背面斜坡杀向盟军的步兵方阵。这时，盟军步兵的方队中发出密集的子弹，打得法军骑兵纷纷摔下战马。第二横队、第三横队的冲锋，并不比第一横队的遭遇好多少。因此，英军虽然有所伤亡，但要比内伊的骑兵少多了。

不久，拿破仑获悉内伊已率领骑兵对英军中部阵线发起冲锋。他说："这早了一个小时，但既然已经发生，我们就必须坚持下去。"

下午5点左右，拿破仑命令克里曼骑兵军和古伊的近卫军重型骑兵师前去增援内伊。1万余名法国骑兵一次又一次地发起冲锋，内伊一马当先，带着这支威风凛凛的队伍又一次登上山坡。但英军的方阵一个都没有被攻破，因为威灵顿也调来了生力军，加强了防线；同时还把默塞尔指挥的6门发射9磅重弹的大炮调了上来，以支援布伦瑞克部的两个团。继续汹涌前来的法军骑兵，遭到了英军炮兵和步兵的密集射击，始终无法冲破那些顽强的步兵方阵。

拿破仑极目远望，希望发现英军开始溃退的迹象。事实上，后退的是法军骑兵，他们伤亡枕藉，尸体和在地上呻吟的伤兵挡住了冲到前面的幸存者的退路。此时，正准备增援内伊的洛鲍军团7 800人，因后防线（右翼）吃紧，正在转到右边去阻击盟军比洛的援军。下午5点左右，普军大炮又对多芒和絮贝维的骑兵开火，这些骑兵也很快就退回到洛鲍那边去了。

下午5点30分以后，瑞利第二军的三个旅才赶到。但战局已经无法扭转，威灵顿在乌古蒙城堡北面埋伏了亚当旅，对增援部队的侧翼进行了伏击。法国骑兵的进攻已被彻底瓦解，瑞利的增援部队也损失了1 500人，只能撤退。威灵顿的队伍成功瓦解了法军的最后一击。布吕歇尔的援军也已赶到，并与法军右翼的洛鲍军激烈交战。

拿破仑命令内伊不惜一切代价，攻占圣拉埃（仍然是盟军的正面）。内伊欣然受命，这一次他以最快速度执行了这一不太明智的命令。

下午6点前，内伊调集步兵、骑兵、炮兵多个兵种，对拉埃－桑特农庄再一次发起进攻。在骑兵和炮兵的配合下，巴瑟卢师和多泽洛特师向农庄推进。内伊声嘶力竭，对几乎灰心丧气的士兵拼命鼓动，以激发他们的战斗热情。此时，英军方面由巴令少校负责农庄的防务。由于补给线被法军切断，巴令的第二英王德意志营一整天都没有得到弹药补充，每人只剩四发子弹。法军不久便占领了农庄，随后将轻型火炮部署在离英军阵地仅几百码远的农庄北面的花园。

拉埃－桑特农庄失守，使威灵顿中部防线吃紧。随着伤亡人数的不断增加，军官们不断要求撤换自己在前线的部队，但威灵顿实在是缺乏人手，军队只有誓死一搏。步兵不够了，炮兵奉命出击。最后，威灵顿从布莱纳－拉吕德村调集瑟斯的荷兰师援助中部靠右的防线，又从后备军调集布伦瑞克步兵部队增援公路西侧防线。维克旅奉命加强防线正中央。荷兰亲王把克罗塞的纳索旅也调动到前线作战，但亲王肩部中弹，被抬出战场。此时，英军的骑兵部队也消耗殆尽——整整两个重型骑兵旅所剩无几。剩余骑兵只能排成横队，以壮声势，激励步兵坚守阵地。

所幸布吕歇尔部的齐森第一军已经从东南面推进到战场附近。由于普军的援助，晚上7点左右，威灵顿最终得以将防线最左翼的维维安和冯德路的两个轻型骑兵旅调集到中部的防线。

法军方面，内伊在前几次冲击中已经将后备骑兵部队、步兵部队消耗殆尽，无力再组织一次有效的攻击。下午6点30分左右，内伊曾派遣一名上校到南面寻找拿破仑，寻求更多的支援，但却遭到了拒绝。

拿破仑的确已经没有多余兵力可以增援内伊，因为法军阵线的右后方（南面）面临着巨大压力，盟军比洛的部队正在进攻普朗尚努瓦。拿破仑只好再次转过来对付他们。东边格鲁希部队的炮声隐约可闻，尽管格鲁希已发来报告说天黑以前无法赶到，但拿破仑还是相信他会赶到，并鼓舞士气说，格鲁希的部队就快到了。

内伊不清楚法军的右后方遭到布吕歇尔的普军攻击，同样，拿破仑也不清楚内伊正面战斗只差最后一击。但不管是什么原因，就在内伊急需援军一举击溃英军的关键时刻，拿破仑没有及时派人增援内伊（此时将预备队用上可能是最佳时机）。

拿破仑望眼欲穿却迟迟未见援军踪影的紧张心情，此时达到了顶点。正是这紧张的期盼，使滑铁卢之役在战争史上独具特色。英、法双方激战已达 8 个小时，英军认为普军必将赶到，法军则认为格鲁希一定会来。

那么，援军到底是怎么回事，它们在哪里？

正当法军猛攻英军主阵地之时，即下午 4 点 30 分左右，盟军的援军前锋布罗瓦军突然出现在法军右翼。此时，法军的洛鲍军已奉命驻守在戴尔隆军右翼，横向排开，与法军阵线保持成"丁"字形，以阻止普军靠近威灵顿。拿破仑希望在布吕歇尔军后面看到格鲁希的部队，但格鲁希军始终未见踪影。洛鲍军只有两个步兵师和两个骑兵师，但防线却很长。不久，法军难以抵挡人数众多的普军的攻击，开始后撤。布吕歇尔命令布罗瓦军和齐森军向洛鲍的正面施加压力，同时绕到法军右路威胁普朗科埃。在此之前，普朗科埃村毫无战略价值，但它现在却至关重要。因为普朗科埃离布鲁塞尔公路不到 1 000 码，而布鲁塞尔公路乃法军重要的运输线。一旦普军占领普朗科埃，他们将截断布鲁塞尔公路，在法军后方切断法军撤退的必经之路。

为挽救右翼（南面），拿破仑不得不命令后备军中由都厄姆指挥的青年近卫军师前往普朗科埃，协助洛鲍军。都厄姆赶到普朗科埃时，普军已推进到村子附近，近卫军迅速投入战斗。他们一枪不放，进行白刃格斗，仅用 20 多分钟就收复了普朗科埃。洛鲍军以及杜门和塞布里伊的骑兵守住村子东北面，其左翼与戴尔隆军的德鲁特师相连。因此，德鲁特师也掉转阵线，面向东面以抵御普军的进攻。这边整条阵线上，根本没有可能抽出兵力支援内伊的中线进攻。

经过一场血战，普军重新进入普朗科埃村，普军的炮弹甚至越过了布鲁塞尔公路。随后，青年近卫军师重整旗鼓，再次占领村子。此时已是晚上 7 点，拿破仑没多少时间了。

　　滑铁卢正面战场已到了最后关头，戴尔隆和雷耶的部队，或在圣拉埃后面岗顶，或在乌古蒙庄园墙下，又一次奋力争取胜利。拿破仑的后备军只有近卫军的两个师，这是他保留的最后预备力量。他把这8个近卫军营全部交给内伊指挥，要求他做好最后一次冲击（实际上时机已过去了）。戴尔隆军和瑞利军的士兵对近卫军的到来和所谓的格鲁希部队的接近欢欣鼓舞。在以往的战斗中，只要近卫军投入战斗，意味着胜利就在他们眼前。

　　晚上7点30分，内伊刚准备发起最后冲击，法军的一名炮兵军官却叛逃投敌，将法军的兵力情况和进攻计划和盘托出，威灵顿立即重新部署兵力，以对付即将到来的正面进攻。由于法军近卫军的参战，威灵顿在自己第一卫队的保护下指挥战斗。在法军进行炮击时，他们躲在高地背面卧倒隐蔽。战斗开始了，法军分三路纵队攻击前进。战场上出现了一幅最为壮观的景象：大约4 000名身经百战的近卫军官兵组成了一个排列极为严密的进攻方阵，与内伊的部队一起，在猛烈的炮火掩护下，向敌军阵地挺进。

　　这时，英军博尔顿和比恩指挥的炮组向法军领头的纵队倾泻葡萄弹和榴霰弹，打得他们四处溃散，老近卫军司令弗里昂受了重伤。内伊的战马在冲锋中再次被击毙，他本人被掀翻在地，但他爬起来继续随军步行，并指挥士兵前进。

　　不久，法军近卫军的右路纵队首先登上高地，布伦瑞克军防线被突破，英军的科林旅也开始后撤。这时，埋伏在法军侧翼的德特莫尔的比利时－荷兰旅向法军发起攻击，并对法军队伍发射霰弹，造成法军重大伤亡，法军右路纵队的攻击也随即被瓦解。很快，法军中路纵队也登上高地。威灵顿第一卫队的第一排士兵在离法军不到50码的地方向法军纵队开火，后排的士兵则为他们装弹药。法军中路纵队在枪林弹雨下，不敢继续向前。法军左路纵队则遭到了亚当旅第五十二团第一营的伏击。近卫军损失惨重，不得不再次退却。英军趁机杀到了圣拉埃果园。

　　拿破仑看到自己这张王牌也在退却，一时乱了方寸。本来，多泽洛特的进攻，一度使英军霍尔基特旅阵脚动摇，近卫军的冲锋和格鲁希即将到达的消息也曾给法军带来一些希望。但是，现在连久经战阵的近卫军也败退了。法军其他队伍正密切关注着战局，对近卫军的失败惊慌失措。几乎同时，戴尔隆军的士兵发现，位于他们东面的军队原来是普军，格鲁希部根本没有来。晚上8点左右，消息传遍了整条法军战线，士兵们开始溃败，对军官们的命令一概不理。

在靠近布鲁塞尔公路一侧的英军高地上，威灵顿注意到法军大乱，败退迹象明显，于是摘下帽子，向英军挥挥手，发出了反攻的信号。

在惨败的退潮中，像磐石一样岿然不动的只有三个营，它们是先前被击退，后来又在圣拉埃南面高地上集结在拿破仑周围的近卫军。英军亚当斯旅3个团进到它们面前，停下来重整队伍。

这时，夕阳残照下，战场一片昏暗，只见英军骑兵刀光闪闪，奋力砍杀，毫不留情。这一招马上见效，法军的退却变成溃逃，残兵败将拔足狂奔，在近卫军最后几个方阵周围乱窜。拿破仑躲在一个方队中看到整个局势，在确认队伍无法马上重新集结的情况下，沿着公路往南奔去。

晚上9点刚过，从普朗尚努瓦村传来了普军终于打破法军顽强抵抗的胜利欢呼声，敲响了法军的丧钟。因为南面的阻击战和北面主战场的进攻战都失利了。南面剩下的几个老近卫军营大都以自己的鲜血和生命实现了战死不退的誓言，他们坚定的荣誉感和视死如归的勇气，给拿破仑帝国的最后一幕平添了许多悲壮与崇高。最终，普军击退法军青年近卫军师，占领普朗科埃。

拿破仑并没有坚持到最后，苏尔特强迫他离开了战场，这极大地加重了法军的灾难。拿破仑退到热那普，还想在那里抵抗一下，但那里挤满车辆，士兵成群，争先恐后要通过一道窄桥。普军的呐喊声越来越近，拿破仑只好下车乘马而走。那一夜，法军7次扎营，7次都被敌人赶上，不得不弃营逃跑。

晚上10点左右，威灵顿与布吕歇尔会晤。布吕歇尔建议把这次会战称为"好联盟"战役，认为这恰好表明战役的胜利是英军与普军合作的结果,但威灵顿称这一战为"滑铁卢战役"。双方讨论后决定,由普军继续往南追击法军,格内塞尔将军奉命率领 4 000 名骑兵连夜追击法军。

拿破仑本想重新集结一些部队,但他还没来得及这样做,普军骑兵就追上来了,他只得继续奔逃,在暗淡的晨光中跑过一个又一个尸横遍野、怪影憧憧的战场。

滑铁卢一战双方伤亡惨重:英盟军队伤亡 1.5 万人,普鲁士军队伤亡 7 000 余人;而法军伤亡人员总数达到 2.5 万人,还有近 1.7 万人被俘或失踪。至此,飘扬了 20 年之久,几乎插遍欧洲大陆每一角落的拿破仑军旗,终于在滑铁卢的夜色中永远地消失了。

百日王朝

在滑铁卢战败后,法国军队在撤退时丢弃了全部大炮,而且人心涣散。1815 年 6 月 19 日早上,拿破仑把残余部队的指挥权交给总参谋长苏尔特元帅,他本人则动身返回巴黎。在滑铁卢战役进行的过程中,格鲁希元帅率部与盟军的齐森(普军)在瓦夫尔附近展开激战,直到获悉拿破仑落败的消息才停止战斗。随后,格鲁希打破普军想要包围他的企图,率领队伍成功撤退,他带领的 3 万兵力成为苏尔特重新整编军队的重要基础。然而,威灵顿与布吕歇尔已经展开行动,他们带领队伍,挟胜利之余威,以最快的速度攻向巴黎。

6 月 21 日,拿破仑在一名随从的护送下回到巴黎。他根本不承认滑铁卢战役是对他的决定性打击,仍不愿意就此罢休。在返回巴黎的途中,他在菲利普维尔写信给约瑟夫说:他要赶紧调集 30 万兵力,准备保卫法国;他要调用拉车的马匹去拖大炮,征集 10 万新兵,用那些从保王党和心怀不满的国民自卫军手中拿过来的枪支武装他们。但是,巴黎人民已经获悉法军战败的消息。议会宣布无限期开会,以防止拿破仑解散议会的企图,同时还颁布了《战争法》。法国临时政府议会知道,只要拿破仑在位一天，盟军就不会接受他们停战的请求。这时，两院已经背叛了皇帝，宣布国家处于危险中，拿破仑必须退位，方能保证国家的安全与和平。

科兰古在拿破仑到达爱丽舍宫的时候见到他，科兰古坚持认为军队仍是拿破仑力量和安全的唯一依靠。现在一切都结束了，太晚了——再也没有军队，再也无法招募新兵。

众议院正在采取强有力的行动。拿破仑接到了议会给他的一份急件，信中宣布议会的永存性，并警告拿破仑任何试图解散议会的企图都将被视为"叛国罪"。议员们听到伤兵们传出来的惨败消息，深感痛心，因此毫不迟疑地赞成拉法耶特①的提案：议会无限期开会。

拿破仑看到政变无望，他从革命得来的物质和精神财富已经挥霍殆尽；革命的军队已经葬身于西班牙、俄罗斯、德意志和比利时，化为一抔黄土；卢梭关于军事专政的理论本来很有用场，但由于他野心勃勃，把征战与个人的权力紧紧联系在一起，因此，他的军事才华被权欲所蒙蔽，10 年光景就把他搞得声名狼藉。精疲力竭的法国，正离开他而转向国民的意愿——自由的本源。

正当议会逼迫拿破仑退位的时候，在工人区，人们却在大声疾呼：坚决反对皇帝退位，坚决保卫巴黎。6 月 21 日和 22 日两天，不断有游行队伍高呼："皇帝万岁！打倒议会！打倒叛变者！拥护皇帝或者死亡！不需要退位！要皇帝和国防！"拿破仑和吕西安、卡尔诺在爱丽舍宫御花园中来回踱步时，听到联盟党人和工人们狂热的欢呼声，他报之以微笑。卡尔诺也要求拿破仑实行专政和发动人民战争以应付危急局面。拿破仑却说："我的时代已经过去。"他不愿意把平民大众与资产阶级对立起来，不希望看到自己的国家发生内战。议员们已牢牢掌握政权，而且有巴黎的国民自卫军保护他们。

---

① 拉法耶特（1757—1834）：法国贵族，第一个志愿参加美国革命，最终使英国失去美洲殖民地，1789 年出任法国国民军总司令，提出《人权宣言》，制定三色国旗，成为立宪派的首脑。

当晚，卡尔诺和吕西安分赴上、下两院，吁请举国团结一致，齐心协力抵抗反法同盟。议员拉法耶特拍案而起，历数法国为了拿破仑的赫赫功业而做出的巨大牺牲，最后说："我们为他效劳已经够多了，现在的责任是拯救祖国。"

第二天，消息传来，格鲁希已经摆脱普军，拿破仑大军的残部正在拉昂集结。而6.6万名普军及另外5.2万名士兵在威灵顿的指挥下，正越过法国国境直奔巴黎。议会决定立即采取行动。拿破仑必须退位，否则议会就废黜他。议会给爱丽舍宫发出了书面通知，但他们在采取行动前，给了拿破仑一小时宽限，让他做出决断。拿破仑迫于内外压力，只能再次宣布退位。

6月22日，拿破仑再次签署了退位诏令。下议院为了对退位皇帝保持应有的敬意，派了一个委员会前去答谢拿破仑。拿破仑最后一次身穿皇袍，接见了前来致谢的委员会，各位国民大臣随侍左右。他看上去苍白而凄惨，然而坚定自若。他在答词中建议举国一致迅速准备防务。拿破仑再度登位建立的"百日政权"到此终结。

6月25日，拿破仑接到富歇的命令，要他离开巴黎。随后，拿破仑悄悄地驱车来到吕埃转至马尔梅松住下。尽管贝特朗、蒙托隆、古尔戈以及阿尔曼两兄弟仍然待在他身边，但他现在已是马尔梅松的囚徒了。

为了迎接他的到来，奥坦丝特意整理了约瑟芬生前住的房子。第一天，许多忠心耿耿的亲友簇拥在他的身旁，其中有母亲莱蒂齐亚、兄弟约瑟夫、吕西安、热罗姆。晚上，马尔梅松宫里挤满了贵妇人。瓦莱夫斯卡伯爵夫人和埃米莉·佩拉普拉先后受到接见。

在马尔梅松宫，科维扎尔向拿破仑介绍了自己的弟子曼戈。拿破仑觉得只有到新大陆美洲去才能安全、活动自由，曼戈准备随他去美洲。接见完毕回到房间后，拿破仑将马尔尚喊进来，交给他一个装有红黑色液体的小瓶子，吩咐道："请你想办法放在我随手可得的地方，比如放在我的外衣或其他衣装的口袋里，反正只要好拿就行。"这位忠诚而精明的内侍把小瓶子放进一个小皮袋里，系在皇帝的左裤带上。这是拿破仑第一次自杀失败用的那种毒药。贝克尔发现这位前皇帝情绪变化无常，他的言辞随着情绪高低而变动不定，一会儿说要投身于法国人民之中，战斗到底；一会儿又说要去罗什福尔，只带贝特朗和萨瓦里，乘船偷越英国舰队。但当贝特朗夫人大吵大嚷，说未免对她太残忍的时候，他又马上打消了这个主意。

拿破仑下台之后，富歇任首席执政，组建了新的临时政府。盟军已迫近巴黎。拿破仑屡次写信给富歇，表示愿意指挥士兵防卫巴黎，但得到的回答是请他赶快离开法国。布吕歇尔派出一支别动队，去夺取马尔梅松附近横跨塞纳河的夏图大桥，打算劫走拿破仑。达武元帅为了让拿破仑免遭危险，把塞纳河上最靠近马尔梅松的几座桥梁统统堵死或者焚毁了。

拿破仑加快了离开法国的行前准备工作。他已经与司库佩鲁斯和诺埃尔商谈过，诺埃尔接替著名的拉吉多成了他的公证人，差人将300万金币从杜伊勒里宫转移到拉菲特处，并亲手交给这位银行家80万法郎的纸币和他存放纪念章的大柜子。

这时，拿破仑仍尽可能地给亲人们多留一点钱。约瑟夫得到了70万法郎；吕西安得到了25万法郎的实物和200万法郎的证券；热罗姆得到10万法郎；母亲也得了10万法郎，外加两份运河股份。奥坦丝比她自己说的要富有得多，她默默地交给拿破仑一件礼物，那是他许久以前送给她的价值20万法郎的钻石项链。拿破仑坚持要在记名期票上记下这串项链的等价，并把一个令人心碎的纪念品——约瑟芬的结婚戒指赠给了她。

6月29日清晨，普军到达阿让特伊。富歇于6月28日夜间令拿破仑马上起程到罗什福尔，再由两艘快舰送他出海。尽管当时还未收到英国的通行证，但拿破仑毫无怨言又不失尊严地顺从了他的命运。6月29日下午6点，拿破仑迅速起程前往罗什福尔。这样，普军晚了几个小时，使他们要捕获的对象逃脱了。

第二十九章　时代的结束

阶下之囚

滑铁卢战役不仅是一次告别英雄的战役，而且也是结束一个王朝、结束一个时代的战役。

1815 年 6 月 23 日，以富歇为首的法国临时政府（五人执政委员会），与盟军开始和平谈判，以"拯救国家"。富歇在给盟军的信中写道，"既然同盟国的目的是除掉拿破仑，6 月 22 日，拿破仑退位已经自动使法国和其他国家重修旧好"，现在盟军必须"毫无保留地放弃任何恢复波旁王朝的计划"，将拿破仑的儿子扶上王位。同时要求盟军"在拿破仑离开法国后要保证他的安全和不可侵犯"，让拿破仑自己选择他的流放地。但是，这些要求被普鲁士人一口拒绝，新任法国代理外交大臣比农不得不提出新的方案，而富歇个人则表示同意将路易十八扶上王位。

现在，临时政府又试图像 1794 年那样唤起士兵的抗战热情，但没有成功，士兵们拒绝打仗，"因为他们没有了皇帝"。6 月底，约 11 万盟军包围了巴黎，另外还有数万人正行进在路上，苏尔特和格鲁希的残军被赶到巴黎城下。陆军大臣达武知道法军已全无招架之力。7 月 1 日，军政首脑在维莱特举行了军事会议，法国同意投降。次日一早，富歇召开了紧急会议，准备了 18 项巴黎和约的条款，该和约于 7 月 3 日签字生效。达武亲自带着这份和约于 7 月 4 日早上 6 点到达位于纳伊桥的盟军处，各方都在和约上签了字。法国军队撤往卢瓦河以南。联盟各国随即通知临时政府，他们的职权已告结束，路易十八数日内即将重掌王权，临时政府自行解散。

7月8日，大腹便便的路易十八再次住进了他祖先的王宫。7月24日，路易十八下令逮捕的政府官员约57人，包括19名元帅和将军——他们的罪名均为叛国，逮捕令已经签发。达武秘密写信给这些人，要他们保全性命，尽快设法逃走。最后只有5人被捕，并被处死，另有14名将军和政客被缺席判处死刑，其余的人则被革职，包括巴沙诺、梅里泰、康巴塞雷斯、卡尔诺、德福蒙、富歇、马塞纳、德昂热利、梅兰、基内特、蒂博多，当然还有苏尔特。

拿破仑离开马尔梅松后，一路上小心翼翼，途经奥尔，于7月3日到达罗什福尔，陪同他的有贝特朗、萨瓦里、古尔高和贝克尔。军民对他热烈欢呼，这再次激起了他的战斗本能，只是他已经没有了军队。

原海军大臣德克里斯对拿破仑的逃亡问题极为谨慎，命令"沙阿列"号和"美杜莎"号两艘巡洋舰在罗什福尔附近待命，准备将拿破仑护送至新大陆。次日晚上10点，拿破仑一行从富拉划船前去登上"沙阿列"号，在那儿受到了舰长菲里伯特将军冷冰冰的接待。然而，"沙阿列"号未能起锚，因为以英国炮舰"伯雷勒芬"号为首的英国舰队拦住了他们的去路。舰队长官梅特兰已经被授权将拿破仑一行送往英国。7月8日，拿破仑悄悄登上一艘巡洋舰，来到罗什福尔城西北的一个叫埃克斯的大岛上。

这时，巴黎发来通知，告诫他们只有当邻近海面上没有英国舰队时才能出海。拿破仑无奈，只得派人前去会见英国舰队的梅特兰，希望梅特兰舰长能准许他去美洲的两艘巡洋舰通过。梅特兰表示只能保证把拿破仑安全地送到英国，并进一步说明这位前皇帝将完全由英国政府处置。

拿破仑在焦虑不安中度过了漫长的4天。7月13日，约瑟夫来到埃克斯岛，建议由自己假扮拿破仑登上"伯雷勒芬"号，以让拿破仑乘

"沙阿列"号偷偷潜入大西洋，但拿破仑没有同意，他对任何拖延和计策都已经厌倦了。巡洋舰上的法国官兵得知自己的皇帝有可能落入英国人之手，都义愤填膺，准备以"美杜莎"号舰去攻击英军的"伯雷勒芬"号舰，掩护拿破仑逃走，但拿破仑谢绝了他们的好意。他不愿意为了拯救自己而牺牲法国巡洋舰及舰上的全体士兵。他已经决定顺从自己的命运，准备去英国度过余生。

7月15日天亮不久，英国霍瑟姆海军将军的旗舰"雄伟"号到来了，拿破仑逃脱的最后一线希望也终于破灭了，他同意随英国舰队前往英国。

7月26日，"伯雷勒芬"号奉命驶往普利茅斯，海军基地司令长官凯兹勋爵向拿破仑递交了英国政府的书面决定，内称：为防止欧洲和平再受扰乱，决定限制他的自由，"至何种程度，视需要而定，务必达到上述首要目的"；不得在英国登岸，除了将军的身份之外，不承认他有其他称号；决定以圣赫勒拿岛为其居留地，因该岛既有益于健康，又比其他地方可以实行较小程度的限制。

对于这个决定，拿破仑愤怒地提出了长篇大论的抗议，声明自己并非战俘，而是"经与舰长事先磋商"，作为乘客乘坐"伯雷勒芬"号前来的。他要求获得英国公民的权利，并愿在远离海滨的乡间住宅定居。但无论他如何抗议，也无济于事。

根据英国政府的决定，在这次流放中，拿破仑最多只能带3名随员和12名侍者同行。8月7日，拿破仑在贝特朗将军和夫人、蒙托隆伯爵、古尔戈将军、拉斯加斯伯爵父子等人的陪同下，从"伯雷勒芬"号转移到巡洋舰"诺森伯伦"号上。

8月8日，旭日东升，英吉利海峡上刮起了强劲的海风。悬挂着英国皇家海军白色旗的"诺森伯伦"号旗舰，在低垂的苍穹下，扬起风帆，破浪前进。这艘驶向南半球的"挪亚方舟"开始了76天的漫长航程。

8月27日，拿破仑对身边的人滔滔不绝地谈起布里埃纳之战和法国大革命，并萌发了撰写回忆录的念头。从此，人们每天都看到博学多才的拉斯加斯伯爵胳膊下面夹着一沓稿纸朝拿破仑的舱房走去，拿破仑口述着那个辉煌时代所发生的每一件事，这一切都将成为法国革命历史。

孤岛余生

从皇帝到俘虏，拿破仑已默默地屈从了他的命运，他再也不想制订什么东山再起的计划。然而，流放生活是如此无聊，令人难以忍受。

在这艘配备有74门舰炮的英国战舰上，他们住的舱室既没有上锁，也没有守卫，所以他们在舰上的生活可以说是自由的。然而，不管在甲板上还是在船舱里，他们随时都面对着几百名身穿红外套、手持毛瑟枪的英国士兵站在岗位上，防止他们逃跑。

现在，人们称拿破仑为"波拿巴将军"。这是一个令拿破仑颇为痛恨的头衔，他认为，那些与法国作战的其他国家的君主，可以把他关进监牢，甚至把他杀掉，但是他们无权把他的皇冠摘掉，只有法国人民才能做到这一点。

在这条战舰上，最好的舱房也好不到哪里去。拿破仑的侍从长路易·马尔尚，已经在舱房里为拿破仑搭好了行军铁床。拿破仑有两张配有波纹绸蚊帐的行军铁床，每次行军都是随军携带的。舱房里其余的设备，包括一个配有洗脸架的梳妆台、一张桌子和一把扶手椅。马尔尚自己则睡在舱房地板的一床地毯上。大海上单调枯燥的航程让拿破仑心烦气躁，他不时地埋怨道："我生来就是要工作的，无所事事是对我最残酷的刑罚。"所以，他在舰上总想找点事做。他有一个"行军图书馆"，里面包括600卷图书，由6个桃花心木的书箱装着。这个"图书馆"和那两张行军铁床一样，在他出征时总是伴随着他。每当拿破仑躺在铁床上借着烛光读书和记笔记的时候，他的侍者就睁着眼躺在地毯上。

上午，拿破仑大部分时间都待在舱房里，他时常派马尔尚去把他的某位官员唤来。他从自己巨大的记忆宝库中，搜寻历年来战场上和权力场上发生的各种往事进行口述，直到他觉得满意为止。

下午，拿破仑心不在焉地跟他的一位官员下了两个小时左右的国际象棋。有时候，他也玩惠斯特，或者玩"二十一点"。正餐过后，拿破仑照例会到甲板上去散步，然后又回到军官休息室去，跟一伙人玩纸牌。这样，一天的时间就被打发了。

1815年10月15日清晨，海平面上突然出现了一小块黑乎乎的弹丸小岛，当太阳升起的时候，圣赫勒拿岛的最高山峰终于从云缝里露了出来。随后，一座戒备森严、带有雉堞的堡垒涌出海面，它险峻陡峭，巍峨高耸，瞭望塔和城墙插向大海。圣赫勒拿岛是南大西洋中一个十分荒凉的孤岛，1502年由葡萄牙人发现并占有，现在归英国东印度公司管理。它距离南非的开普敦1 750英里，距离南美洲1 800英里，距离英国4 000英里，离它最近的陆地，是700英里外的亚森欧岛——也是空阔的大西洋上另一个属于英国的火山岩小岛。岛上有居民4 000人，其中包括1 000名驻军。现在，由于拿破仑的到来，驻军的人数增加了三倍。在岛上的居民中，欧洲人不到800人，其余都是黑人、中国人和东印度水手，而黑人中有四分之三是奴隶。当地人的主要食物是薯类。这座海岛的地理位置，正好在英国通往南非和印度的航线上。来往远东的船只，都要到圣赫勒拿岛来补充淡水，在这里逗留几天。因此，开酒店便成了詹姆斯敦居民的主要营生。由于燃料、工业品、肉类都要从海外运来，岛上的生活费用高昂。

拿破仑用望远镜仔细观察了这个令人生畏的海岛，然后说道："这不是什么好地方。当初，我留在埃及就好了，现在已是整个东方的皇帝了。"

10月17日晚上，船在詹姆斯敦海港抛锚。圣赫勒拿人已经听说了最近几个月发生的重大事件，对于拿破仑的到来，他们的心情既好奇又恐惧，他被岛上的人称为"蜂妖"。这些传闻足以吓倒一个很顽皮的孩子。

但是，当拿破仑一行终于乘着一条小船登岸，走上这个小码头的石阶时，所有见到拿破仑的人都大失所望。拿破仑在一群人中间再普通不过了。他们上岸以后，走在狂风呼啸的山路上时，天色已经很暗。士兵们端着刺刀尽量把拥挤的群众向后推开。岛民们高举着灯笼，都极力想将他看个清楚。拿破仑走在英国海军少将和贝特朗将军中间，全身裹在他的紧身长外套里边，除了戴在他胸口上的一颗宝石星徽闪闪发光之外，人们没有看出他有任何与众不同的地方。

天还在下着雨。他们费了很大的劲才来到离詹姆斯敦4英里的居住地。在那里，拿破仑一行受到了斯克尔顿（该岛的代理总督）一家的热情欢迎，并被请到烧着炉火的客厅里取暖。之后，斯克尔顿夫人带着她的"贵客"参观了他们将要居住的房屋——朗伍德别墅。

朗伍德别墅很宽敞，花园十分漂亮，但它几乎无法完全容纳拿破仑的随行人员，当然，他似乎并无不快之感。离朗伍德别墅约50码的地方有一座山间别墅叫"荆园"，就在这里，拿破仑结识了一位调皮的英国小姑娘贝特西，她是荆园的小主人。贝特西的父亲威廉·巴尔坎是英国海军代理人和东印度公司的承办商，是圣赫勒拿岛上一个小小的高阶层人士。

听说拿破仑要来自己家附近居住，贝特西内心十分激动，她怀着急切的心情等待着这位传奇式的人物，当时她年仅14岁。拿破仑所见到的这位姑娘，是一位金发红颜的美丽少女，她身材苗条，刚开始出现少女青春的曲线；她的胸脯微凸，含苞欲放；在她卷曲的头发上面，戴着一顶遮阳帽；上身穿着一件饰有花边的宽罩衫，脚着平底鞋，一条短裙套在一条长齐脚踝的骑马裤上。拿破仑一点也不喜欢她这种装束，他后来对她说，如果他统治这座海岛的话，他一定要禁止这种装扮。在这个姑娘的蓝眼睛里，也流露出一种率直的、探索的神色。

贝特西的活泼让拿破仑觉得很快乐。她发现有一个大人对她的恶作剧不但不惩罚（像她父亲那样），反而表示赞赏，觉得很高兴。对他开的每一个玩笑或恶作剧，她总能找到报复的方法。拿破仑发觉，当他威吓她说，他要把她嫁给拉·卡色那个与她同龄的、文静的孩子时，倒可以把她惹恼。在她看来，这个孩子只不过是个小把戏罢了。没有什么事比这个提议更令贝特西恼火的了。

在这位离滑铁卢之败只有 4 个月的落难皇帝与这位岛国的妙龄女郎之间，很快便建立起一种特殊的友谊。在拿破仑成年之后，这是他第一次享有悠闲的时光：既没有帝国的政务需要处理，也没有军队需要带领。他跟贝特西在一起时，似乎找回了他从未有过的少年时光。

囚禁生活

两个多月后，拿破仑搬进了一所名叫"长村"的新住宅，这里被称为"龙坞宫"。现在，拿破仑这个帝国只剩下 27 名由男人、女人和孩子组成的臣民，但他还是他们的"皇帝"。

在这些臣民中，有 3 个原朝廷官员。一个是贝特朗。贝特朗沉默寡言，性情急躁，常为一些鸡毛蒜皮的小事而生气，但他对拿破仑却绝对忠诚。从拿破仑远征埃及起，他就立志终身为拿破仑效劳。他已经跟着他的主子在厄尔巴岛度过了第一次流放生活，当他再次自愿跟随拿破仑到圣赫勒拿岛时，他的妻子芳妮·贝特朗却很不情愿。这个身材高挑的黑眼金发女人是个英国人，自从她在厄尔巴岛失去了一个孩子之后，她很想回英国去，贝特朗也准备跟着拿破仑到英国去改变一下命运。当芳妮获悉要去圣赫勒拿岛时，她不待通报就闯进拿破仑的舱房，扑倒在拿破仑的脚下哇哇地哭着，恳求拿破仑答应让她的丈夫别去。拿破仑只是说，贝特朗完全有自由决定他的去留。芳妮不顾一切地想钻出舱房的侧窗跳到海里去，拿破仑微笑着问道："你认为，她当真会跳海吗？"结果，贝特朗夫妻还是带着 3 个孩子来到了圣赫勒拿岛。

还有一个是特里斯坦·蒙托隆伯爵。蒙托隆现年 32 岁，温文尔雅，颇有廷臣之风。凭借着家族的渊源，他曾经在拿破仑政府里担任过一系列的军职和外交职务。但是，蒙托隆才能平庸，也从未参加过一场战斗。滑铁卢战后，蒙托隆穿着一套宫廷侍者的制服重新出现，并宣布效忠于拿破仑。他在"伯雷勒芬"号上成功地赢得了拿破仑的欢心，于是带着妻儿跟拿破仑一起到圣赫勒拿岛来了。

最后一个是拉·卡色侯爵。他出身于一个旧贵族家庭，英语说得很流利，文章也写得很好。所以，当拿破仑与英国人打交道，并准备写传记的时候，拉·卡色自然就派上了用场。他带着 14 岁的儿子小拉·卡色跟拿破仑一起来到了圣赫勒拿岛。

现年 32 岁的加斯帕·古尔戈也应该算是一名官员，只因名额所限，他不得不受点委屈。古尔戈是路易十六宫廷小提琴师的儿子，他的母亲是宫中的化妆师。他是一位勇敢的炮兵军官，在远征俄罗斯的时候曾救过拿破仑的命，受封为男爵。他也参加了滑铁卢的战斗。当他得悉随行官员的名单中没有他的名字时，不禁大发雷霆，涕泪交加。拿破仑只好答应在名单上加上他的名字，身份是拉·卡色的秘书。

侍从长路易·马尔尚目前最受拿破仑信任，他是拿破仑的贴身保镖，以 12 名侍从领班的资格来到圣赫勒拿岛。侍从中有一位皮肤黝黑、沉默寡言的人，叫弗朗西斯·西伯里阿尼，他跟随拿破仑的时间比其他人都长。

同行的医生是 24 岁的巴利·奥默阿拉。他是一位爱尔兰天主教徒，能很流利地讲拿破仑的母语意大利语，而且在拿破仑远征埃及之后曾到埃及服务过。奥默阿拉接受了拿破仑的邀请，愿意跟他到圣赫勒拿岛来。

有人传言，拿破仑在岛上的生活环境很糟糕。法国人因此决定告诉欧洲公众，英国对这位伟人所施加的折磨：居住条件极为恶劣，房间狭小且被狂风吹得摇摇欲坠，残暴的英国人还让他们挨饿，对他们十分冷酷。

事实上，拿破仑的岛上生活除了行动受到英国士兵的监视外，还算比较自在。他的两个房间，单独坐落于龙坞宫的一个角落里。这座建筑物在过去的 70 年间曾有过各种不同的用途。最初是用作牛栏和仓库，后来是作为本岛副总督避暑的住地，最近才被指定作为拿破仑及其随员的居住地。英国人又增加了一个侧翼的建筑，并将原来的仓库改建为住房。拿破仑有属于自己的马匹，其下属亦然，并且可以在龙坞宫方圆12英里（后减至8英里）的范围内任意驰骋。拿破仑有家具、仆役，甚至有自己的法国厨子。他不但没有挨饿，相反，他们每天能得到70磅的牛肉、羊肉和7只鸡，而且还有自己的酒窖。

当然，龙坞宫的确算不上一个舒适的居住地，在这片海岛的高地上，雨水特别多，甚至当阳光已在附近的山谷里照耀的时候，高地上仍然雨水绵绵。龙坞宫没有地下室，所以房间经常是潮湿的，衣服很容易发霉，墙壁上长满了青苔。那些匆忙建起来的附属建筑，屋顶盖得太薄，下雨时屋里滴漏不停。更糟糕的是，龙坞宫里的老鼠十分猖獗。高地上的草木很难生长，只能见到疏疏落落的几棵耐旱的野草。在这片荒凉的高地周围，耸立着黑色的、起起伏伏的山峰，在其中一座峰顶上有一个"报警台"，每当日出日落和有船只到达的时候，英国人便在上面开炮为号。

放眼四望，拿破仑可以看到一个以他的监禁地为中心的圆圈景象，在他的正前方是一处名为"死坞"的兵营，驻扎着英国第五十三集团军的500名士兵。穿着红外套的哨兵，在视野所及的距离内，分布在一堵长达4英里、包围着龙坞宫及其周围地区的石头围墙上，这些站在围墙高处的哨兵，互相用旗语传达着龙坞宫内俘虏们的活动情况。英国已经向这个海岛派来了大约3 000名士兵，岛上的每条大路都设有岗哨，任何人在夜晚9点外出都要遭到逮捕。4个可能的登陆地点都建有海岸的炮台，以防备来自海上的袭击。海岛的水域有5艘军舰，其中一艘经常向上风方向巡航，另一艘则向下风方向巡航。

作为一名将军，拿破仑对此似乎已失去了兴趣。有时候，他会在上午骑马出去溜达。在那些穿红外套的哨兵警戒的龙坞高地周围的地区以及龙坞高地后面几个富饶的山谷里，他可以自由活动。如果超出这些指定的地区，必须由一位英国官员陪同，但拿破仑拒绝了这个条件。出门跑马的时候，拿破仑偶尔也会心血来潮，走进某一家岛民的屋里去。就在一次短暂的访问中，他遇见了玛丽·爱丽斯·罗宾逊——一位动人的、年仅17岁的佃农的女儿。拿破仑给她起了个外号，称她是"尼芙神"，每隔十天半月他就会来看望她一次。没过多久，绕着一个被限定了范围的圆圈跑马的活动，很快就使拿破仑厌烦了，他出门骑马的次数越来越少。

拿破仑的医生奥默阿拉常常在拿破仑洗完澡时被召来。在流放初期，拿破仑觉得用不到奥默阿拉的医术。除了偶染小疾之外，他的身体状况还不错。

拿破仑详细地给每个随行人员分配了任务，但工作量毕竟少得可怜，以致他们有大量时间去追逐这座流亡宫廷外一些并不重要的荣誉，为了在拿破仑面前争宠而相互不和。只有拉·卡色仍然被拿破仑口述往事的劲头支撑着，整天忙个不停。古尔戈、贝特朗和蒙托隆争吵不休，而蒙托隆对他们两个都十分鄙视。龙坞宫的内务由蒙托隆代理，贝特朗越来越清闲，因此他终日愁眉苦脸，鲜言寡语，只要有可能，便跟自己的家人待在一起。他的妻子芳妮坚持要跟拿破仑离得远些，所以贝特朗把家眷搬到了龙坞宫外围去住。拿破仑为此很生气，便把龙坞宫的内务管理交给蒙托隆。官员之中感到最无聊的，要算加斯帕·古尔戈。这位壮实的、黑黝黝的汉子全身充满了用不完的精力和感情。为了不让这位年轻人无所事事，拿破仑分配古尔戈负责管理龙坞宫马厩里的10匹战马，检查马夫们是否做了分内的工作，但这项任务并没有花去他多少时间和精力。他经常愤愤地骑着马在龙坞高地范围内奔跑，很想去征服英国前任总督的女儿劳拉·威尔克斯的芳心，但却难得见她一面，更别说追求她了。

拿破仑更多的时候是口述自己的历史，让拉·卡色记录。他口述的速度很快，一边讲一边在房间里踱步，有时候他突然话锋一转就扯到别的事情上去了。有时他停下来摸摸那个大型的地球仪，在上面指点着他的军队曾经到达的地方，指点着地球仪上大西洋南部代表圣赫勒拿岛的那个小小的斑点。

在被流放的那段日子里，来访的人很多，拿破仑要利用客人之口，使他本人的形象树立在欧洲人面前。这些来访的客人，通常是殖民地的一些知名人士，他们在乘船回国途中顺道访问圣赫勒拿岛，都乐于花点时间去结识这位他们那个时代最著名的人物。他们中有许多人一回到英国，就发表他们的访问印象，完全不出拿破仑所料。拿破仑在这些访问者面前，依然摆起他在杜伊勒里宫那套烦琐的礼仪架子，使来访者觉得他仍然是那位法国皇帝。

接见客人时，拿破仑通常手里握着帽子，站在壁炉前面，拉·卡色则站在他身边充当翻译。在整个接见过程中，拿破仑一直站着，目的是强迫那些访问者站在法国皇帝的面前。他经常以询问客人的背景和兴趣开始。在谈话过程中，拿破仑经常向客人炫耀他那不屈不挠的精神力量，最主要的是向来访者夸耀，他远不是孤家寡人，而是一个天生的统治者，是一位帝王！这就是拿破仑想要通过他的访问者传达给欧洲的信息。

第三十章　辉煌成过往

不甘受困

被流放到圣赫勒拿岛的拿破仑虽然顺从天命，但事实上，他内心深处是不甘心受困于该岛的。初到岛上时，他阅读过大量报纸，除了有阅读的习惯外，应该说他还有了解欧洲大陆形势的动机。每当他看到英国发生骚动和保王党分子在法国任意妄为的报道时，他就觉得有了希望，以为会天下大乱，到处爆发革命，从而使他重返欧洲。他希望听到法国人民要求他回去的呼声，他依然坚信"只有我才能驾驭他们"。有一段时间，他甚至把希望寄托在夏洛特公主身上。夏洛特公主是英国王位的继承人，也是拿破仑的一位仰慕者。一旦夏洛特公主登上英国王位，她肯定会结束拿破仑的流放生涯。他始终处于安于天命和奋起反抗的矛盾中，完全不像从前那样宁可在抗争中死亡也不甘心沉默。

但是，拿破仑确实不希望就这样默默无闻地死去，甚至担心有人会谋杀他。他曾经考虑过英国人向他投毒的可能性，他说，医生和化学家们都警告过他，对酒类和咖啡要特别小心。他对蒙托隆说："在美国，不出半年我肯定会遭到阿尔特瓦伯爵的代理人的暗算。我明白，在美国，我除了被暗杀或被人忘却之外，是没有其他前途的，因此我宁可待在圣赫勒拿岛。"

拿破仑现在能做的，是使他这个一度统治过欧洲大陆的名字不至于被人们忘记。为此，他需要与外界保持各种联系，尤其是要设法渗透管制龙坞宫对外的通信检查制度，不断通过书信向外传递消息。

拿破仑本人极少离开龙坞宫，而且从来不到詹姆斯敦港去，但机智勇敢的侍从西伯里阿尼能以替龙坞宫办事的名义出入詹姆斯敦，为拿破仑执行秘密的使命。

在欧洲大陆，人们会定期收到来自圣赫勒拿逃过英国人检查的信件，他们也定期听到来自海船上的、未经英国人检查的消息。这些信件，或者经由一位本地商人，或者通过一位水手走私出去。表面上无所事事的拿破仑，力图使人们把他重返欧洲的可能性记在心里。

英国当然不会让拿破仑有这些不安分的举动，科伯恩总督采取了必要的措施。他来到岛上后，第一步便是把 75 名不宜留在当地的外国人送去好望角。他还派遣"智利"号军舰到 700 英里外荒无人烟的亚森松岛升起英国旗，以防有不良企图的人在那里安营扎寨，杜绝任何接应拿破仑实行逃跑的可能。在圣赫勒拿岛常驻的军舰有四艘，除了东印度公司的商船以外，其他商船非因天气所迫或需要补充淡水，均不得在此停靠。对此，贝特朗受命写了措辞严厉的抗议书，但是科伯恩拒不放松制度，只表示愿意使他们的处境"尽可能不太难堪"。因此，拿破仑与这位代总督的关系很不融洽。

1816 年 4 月 14 日，新总督哈德森·洛爵士抵达圣赫勒拿岛，接管了科伯恩和威尔克斯两人行使的权力。哈德森·洛现年 47 岁，参加过多次战役。1813 年，他被派往俄国，任布吕歇尔的军事联络官，目睹了普军与拿破仑之间的数次战役，对拿破仑卓越的军事才能敬佩不已。他还参加了滑铁卢战役。哈德森是个细心而宽宏大量的公仆，他要执行英国政府给他下达的各项严厉而烦琐的命令，处境十分困难。

这位新总督上任后，对拿破仑管护的措施更为严密，而且他参与了打败拿破仑的滑铁卢战役，拿破仑因此对他充满了憎恨。

哈德森非常担心厄尔巴岛事件会重演，所以处处小心谨慎，对岛上的每一个人都慎加提防。但他并不知道，若干年前曾使他蒙羞的一个人，现在正在圣赫勒拿岛上为拿破仑料理着家务。那件事发生在 1808

年，当时哈德森是英国驻守伊比利亚半岛部队的指挥官，为了摸清法军在大陆上的动向，他雇用了苏乍勒利和弗朗西斯奇作为他的代理人。弗朗西斯奇原来是拿破仑的代理人，他收买苏乍勒利，让他当了一名双重间谍。他们一起向哈德森提供了大量的虚假情报。结果，法军只用一支小部队就占领了那座易守难攻的海岛。这个弗朗西斯奇，就是在圣赫勒拿的詹姆斯敦码头上拍卖拿破仑的银器的西伯里阿尼。哈德森永远也不会明白，昔日那个欺骗了他从而使他受辱的人，如今仍然在给他制造麻烦。

哈德森最担心的是拿破仑逃出海岛，重新在欧洲燃起战火来。如果这样，他一生的事业也就完蛋了。他来到岛上的头几个月，便制定了一些新的规章制度。他骑着马来到龙坞高地贝特朗的家里，宣布说，所有的流放者（包括官员和仆人）都必须签署一项声明，声明各人在拿破仑被羁押期间，愿意留在圣赫勒拿岛，否则将马上被驱逐出岛。这个要求在那群法国人中引起了一阵骚乱。后来，所有官员都在他们写得含含糊糊的声明上签了字。这件事本不是伦敦所要求的，而这位总督的报复心也像他做其他事一样犹豫不决，因此很快便草草收场。

哈德森向龙坞宫发出的禁令，通常写成一封信，由一位副官送给贝特朗，目的无非是要限制拿破仑与岛民交谈及跟外界通信。但是，拿破仑还是想出了办法。当哈德森把一个名叫桑提尼的仆人递解出岛时，拿破仑把一封反对英国人的特别信件夹带出去了。他将信写在一块从衣服上割下来的白缎布上，然后缝在桑提尼的大衣里子里。这封信后来在英国公开发表，标题就叫作"来自圣赫勒拿岛的抗议"。

哈德森还缩小了拿破仑跑马时自由活动的范围，有段时间，拿破仑干脆待在龙坞宫内的两间小卧室里闭门不出，以此作为一种反抗。

于是有谣言说，拿破仑有逃跑的企图，圣赫勒拿岛上有一个波拿巴主义的代理人——美国人卡彭特，正在为拿破仑准备一些船只。因此，哈德森接二连三地派出使者去对贝特朗传话：拿破仑必须开门见客，否则他的人就要破门而入了。

　　最后，拿破仑把医生奥默阿拉叫到自己房里，告诉这位英国医生，他已在房里预备好了两把上了膛的手枪。拿破仑说："任何胆敢强行进入我房间里的人，在他们进门的时候就会变成一具死尸。如果他还能活着出去，我就不叫拿破仑。我知道，这样做的结局是我将被杀死，但是对一位军人来说，除了这样之外，又有什么办法呢？我已经与死神打过多次交道了。"拿破仑明白，对哈德森来说，如果拿破仑被英国士兵杀死，正如让他逃出海岛一样令人可怕。但如果他们不进来，每天查看拿破仑两次的制度，就变成了纸上谈兵。

　　在两难的情况下，哈德森取消了这个规定，但并没有废弃一些规章制度。拿破仑跑马的范围还是被缩小了，来访的客人日渐减少。不过，从访问圣赫勒拿岛的海船上来的旅行者的访问，仍然是拿破仑与外界联系的渠道，也是龙坞宫内难得的消遣之一。6月，从法国、奥地利和俄国派来的3位监督官到达了圣赫勒拿岛，并将日后可能发生的情况做出报告。拿破仑想利用他们探听一些消息，但他们没有带来任何消息。相反，这几位使者只要求见见拿破仑，确认他仍住在龙坞便算完成了使命。拿破仑拒绝他们以官方代表的资格与他会见，只愿意他们以个人身份与他私下见面，但是他的提议遭到了拒绝，于是双方都没有见面，一条本可互相接触的渠道被关闭了。

　　1816年6月，约瑟夫曾预谋带领六只装有近300名外国雇佣兵的船前来营救拿破仑。这一消息使伦敦方面加强了圣赫勒拿岛驻军的力量，约瑟夫的这一企图未能得逞。

　　8月，拿破仑与哈德森之间的冲突已经达到顶峰。之前，哈德森跟贝特朗吵了一场，哈德森下令卫兵把这位前大元帅的屋子团团围住，不让一个人出入，连一名领着奥默阿拉医生进屋给一个仆人看病的英国士兵也被逮捕了。

　　哈德森和拿破仑的最后两次会晤是在8月17日和18日，拿破仑在会晤时继续为自己在岛上受到的种种限制以及食物匮乏等问题对总督大发牢骚。

"您令我发笑，阁下。"个子高大的哈德森低头看着矮个子的拿破仑说。

"有什么可笑的，先生？"拿破仑追问道。

"你逼得我不得不笑，由于你对我为人的曲解以及你言谈的粗俗，激起了我对你的怜悯。我希望你今天过得好。"说完，哈德森转身离开了。拿破仑气得满脸通红，咬牙切齿地对拉·卡色说："我不愿再接见这个官员了，他使我丧失了耐性，这是与我的尊严不相容的。如果是在杜伊勒里宫，对我说这些话真是不可原谅的。如果现在能找到一个借口来辩解的话，那就是我发觉自己已落在他的权力的掌握之中。"

从那以后，拿破仑再也没有见哈德森，他们通过各自的中间人指挥着一场"游击战争"。在必须沟通的时候，他们就采用书信的方式，这样谁也见不到谁发怒。

10月，拿破仑想出了最后一个打击哈德森的办法，决定让西伯里阿尼去卖他们的银器。拿破仑另将一些银盘送到哈德森处，要他帮忙变卖。哈德森将银盘收藏起来，然后从自己的口袋里掏了250英镑给拿破仑，但没有告诉拿破仑这是他自己的钱。

哈德森的不动声色，让拿破仑更为愤慨，他对拉·卡色说道："我们只有精神武器，为了充分发挥其作用，就必须使我们的举止、言谈、情绪，甚至困苦形成一整套做法，借以激起欧洲一大部分人的强烈关心，并使英国的反对党不会忘记抓住内阁对我们的粗暴行为而加以攻击。我们仍然是为不朽的事业而受难的义士，千百万人为我们哭泣，祖国为我们叹息，光荣之魂为我们哀伤。我们在这里与诸神的压迫做斗争，各民族所向往的是我们。我过去未经忧患。如果我在无上权威的云霞缝隙中寿终于帝位，对许多人来说，我就始终是个难以理解的人物。"

最后，拉·卡色记录下了这样一句话：一个新的普罗米修斯[①]被国

---

　　①　普罗米修斯：希腊神话中最具智慧的神明之一，最早的泰坦巨神后代，名字有"先见之明"的意思。他不仅创造了人类，给人类带来了火，还很负责地教会了他们许多知识。

王们用铁链锁在岩石上，每天被凶残的秃鹫撕啄。

这个不朽的神话经过加工后，通过秘密的渠道传播出去，从而唤起世人对一代枭雄的同情，让人们永远不要遗忘被锁在荒岛上的雄狮。

银器计谋

1816 年 10 月的一天，拿破仑龙坞宫的事务总管西伯里阿尼提着一只篮子，准备到港口去卖银器。他来到詹姆斯敦的港口码头等待着，一直等到他四周围了 10 多个在巴尔坎·柯尔联合公司和在总督衙门工作的工作人员以及乡下人的时候，他才采取行动。很快，围观的人越来越多。在围观的官方人员中，有一些从停泊在港外的快船上登岸，准备下午上船返回英国的官员。西伯里阿尼满意地打开篮子，把里面的东西拿了出来，并请他的副手掌秤。一大堆乱七八糟的银盘、银碟呈现在旁观者眼前。这些盘碟上帝国之鹰的徽记已被凿掉，使它们的价值大大降低，但这并不重要，重要的是让人们看到事实本身——拿破仑在岛上受到不公正的待遇，穷困潦倒，走投无路了。

拿破仑抓住这个机会向英国当局表达了无声的抗议。实际上他有大笔的金钱存在欧洲的银行里，随时都可以取用，但是，他盼望的是此举能产生的效果。拿破仑很少过问银器的事，实际上，他对预算本身并不关心，正如他对龙坞宫的财务也很少关心一样。他也不责备蒙托隆对龙坞宫的财政管理不善，特别是他可以利用预算这件事来博取英国公众同情的时候。他的真正目的是要劝说英国政府让他离开这座荒凉的远方的孤岛。他已经在这里被关了整整一年，这里的一切都使他厌烦。

这个策略，马上收到了良好的效果。

1816 年圣诞节那天，西伯里阿尼再次骑着马带了 4 篮子打碎了的价值 290 多英镑的银器到这个海港去出卖。

经过一连几次的卖银器事件，英国政府的当权者终于取消了削减龙坞宫生活预算的计划，因为那些卖出去的破碎银器已经传到了伦敦，引起了公众的不满。这是一次小小的胜利，一次属于某种特殊形式的战役的胜利。

不过，哈德森很快识破了拿破仑的计谋，随之而来的就是一次暗中报复。

1817 年的一天，拉·卡色父子被英国人逮捕了，罪名是进行秘密通信——所谓"秘密通信"，就是指不经哈德森许可的其他联系方式，不论是书面的还是口头的。有一个名叫詹姆斯·史各特的年轻黑白混血儿，他是一个自由的奴隶，不久前被指派到龙坞宫充当拉·卡色的仆人。他坦白说，拉·卡色叫他带一些信件到英国去，因为他将跟他的新主人乘下一班船前往英国。这些信写在一幅白色的缎布上，藏在史各特的衣服里。史各特的父亲知道了这个内情，便把儿子出卖给了总督。拉·卡色父子被关在龙坞高地外围的一所小屋子里。他的手稿（由拿破仑口述，大部分由拉·卡色执笔的 100 多页手稿）也都落入了哈德森之手。

拿破仑的医生、英国海军军医奥默阿拉，后来也因同样的原因被哈德森革职并被遣送回国——因为他收了拿破仑的钱，给哈德森送假医疗报告，并暗中为法国人向海外传送信件。奥默阿拉回国后，在他写的《来自圣赫勒拿岛的声音》一书中又添了一笔对哈德森的攻击和指责。

这件事令拿破仑非常恼火，他不仅失去了一位书记官，而且龙坞宫的秘密也被泄露了。几天以前，当拉·卡色提议通过史各特送出这批信件时，拿破仑就对他说，他这个想法是"不安全的"，并否决了这个提议。早在两个星期以前，拉·卡色通过史各特传递的另一个不重要的纸条已经被英国人截获，为此哈德森已经给拉·卡色下了驱逐出境的警告，并命令史各特离开龙坞宫。奇怪的是，接着史各特又以某种冒险的方式，在一天夜里溜过哨兵的封锁线，潜进龙坞宫，带出了第二次的一批信件。他把一封信藏在岩石下面，又把全部事情告诉给他的父亲。拉·卡色在监狱里写了一封信，说他显然落入了哈德森安排好的一个圈套，哈德森的目的是要削减拿破仑的随从人员。但拿破仑认为这只是拉·卡色的个人目的。

拉·卡色被捕后，对他即将被逐出圣赫勒拿岛的处分似乎觉得相当满意，他极力避免接受哈德森可能答应让他继续留下来的恩惠。他有足够的理由要求离开这座海岛。一个月后，拉·卡色父子被送到好望角。他们要在那里等待 8 个月的时间，才能搭上一艘开往欧洲的轮船。哈德森已经把拉·卡色的手稿封存起来，不久就送往伦敦。

拉·卡色秘密通信事件，对拿破仑是一个不小的打击。这种与外界秘密联络的方式，看来不值得继续进行下去了。而且，拉·卡色为了实现其个人目的的良苦用心，已经开始动摇龙坞宫的人心，拿破仑不得不想出新的对策来。

现在，拿破仑极少跟剩下来的官员一起共进晚餐，偶尔为之，通常也只有 3 个人在场：古尔戈和蒙托隆夫妇。有几个晚上，拿破仑独自与阿尔贝一起用餐，贝特朗夫妇晚上难得到龙坞宫来，他们跟拿破仑之间的关系越来越冷淡了。

拿破仑觉得很少需要用到奥默阿拉的医术，即使他偶尔也会感到身体不适。

1817 年上半年，他的健康状况相对来说还是比较好的。在各种不同的场合，他曾抱怨说双脚浮肿不消，头痛，牙龈肿痛；更多的时间，他因腹泻而卧床不起。奥默阿拉诊断说是得了赤痢。和平时一样，拿破仑习惯于发表意见。他对奥默阿拉谈起了海军上将马尔柯姆夫妇。马尔柯姆在就任圣赫勒拿的海军指挥官一年之后，就要离任回英国去了。拿破仑喜欢这位海军上将的热情，正如他厌恶哈德森一样深刻。马尔柯姆夫人身材瘦削，浓妆艳抹，只是有一点驼背。她公开对拿破仑这位落难皇帝表示同情，因为拿破仑曾救过她的弟弟——她的弟弟是易尔菲斯东上尉，在滑铁卢大战前夕受了重伤，是拿破仑命令军医把他的伤治好的。两个星期前，马尔柯姆到龙坞宫做告别访问，拿破仑得意地将他儿子的半身像拿给马尔柯姆夫人看，并借此机会大发牢骚，目的是通过马尔柯姆夫妇之口传到伦敦去。他又说，英国政府对他的这种虐待，只不过更增加了他的名气而已。

拿破仑在与奥默阿拉谈话时还特别提到了一件有趣的事：

不久前，有一位英国旅行家新近从中国来到圣赫勒拿岛，带来了一盒送给拿破仑的礼物。这盒礼物中有一副用象牙雕成的国际象棋，在事先送到殖民厅让总督检查的时候，并没有发现什么秘密，但让哈德森感到苦恼的是，这副国际象棋的棋子都戴着一顶皇冠，皇冠上还刻了表示拿破仑名字的一个大写字母 N。哈德森拿不准是否要把这些戴着皇冠的棋子送到龙坞宫去。如果送去了，是否意味着他以及他所代表的英国政府，都承认拿破仑是一个皇帝？

哈德森就此事与马尔柯姆的继任者罗伯特·普兰平海军上将商量。"如果皇冠上的字母 N 使您不安的话，那么您只要闭上眼睛不去看它就行了。"普兰平劝他道。后来，当这件事在圣赫勒拿岛到处传扬的时候，哈德森才派人把这副国际象棋送到龙坞宫去。里面还附了一封写给贝特朗的信，解释说他之所以这么久未把礼物送还，是因为按照他们本国法律的严格解释，是禁止外界给龙坞宫送礼物的。

哈德森时常担心拿破仑有趁机潜逃的可能，3 月里的一天，他来到龙坞宫，宣称要筑一道栅栏把龙坞宫围起来，供进出的大门将在夜间上锁，钥匙由他亲自保管，要到天亮时才准开锁。不过，拿破仑本人似乎从未认真考虑过逃跑的问题，有两次他甚至拒绝了一位英国船长要把他偷渡出岛的提议，最近的这一次，就发生在他跟奥默阿拉共进晚餐的前几天。

在研究第二次逃跑的提议时，拿破仑曾跟古尔戈、蒙托隆对一张摊开在桌子上的海岛地图讨论了几分钟。"趁大白天通过詹姆斯敦是最安全的。沿着这个海滩走下去，我们用猎枪就可以容易地对付 10 个前哨点。我将装作睡在床上，只有马尔尚知道我并不在床上。"但他突然转换话题说，"这是一个很吸引人的方案，不过也是一个疯狂的方案。我要不是死在这里，就是死在法兰西，二者必居其一。"

拿破仑对一个以各种方式传到圣赫勒拿岛来的谣言也同样不抱太大

的希望。这个谣言说，西班牙在美国的殖民地将举行起义，并邀请约瑟夫·波拿巴到费城当他们的国王。到那时，约瑟夫当然会与英国进行会谈，谈判释放他弟弟的问题。但拿破仑对这个说法持怀疑态度，因为他曾经两次扶持他的哥哥当国王，但是结果都使他失望了。他认为约瑟夫缺乏当一个统治者的魄力。

不管拿破仑有过什么样的想法，他对于重新取得权力的憧憬谈得越来越少了。随着时间的推移，他逐渐对生活没有了激情。当他谈起他垮台后的法国政局的时候，他通常接触的话题只是对那些当权者的政绩的评论而已。可以说，他是因为对自己的前途无望而产生了一种悲观情绪，这种情绪影响了他的思维和信心。

各奔东西

随着拉·卡色用计离开圣赫勒拿岛后，奥默阿拉大夫也因哈德森的阴谋报复而被解职，之后也离开了。

这以后，拿破仑的随员继续因争宠而钩心斗角。蒙托隆成功地排挤了中心人物贝特朗，成为拿破仑的参谋长和心腹之人，这当然使得一头雾水的贝特朗、歇斯底里的古尔戈以及愤愤不平的拉斯加斯心怀嫉妒。蒙托隆夫人嫉妒贝特朗夫人在龙坞宫之外有自己单独的住宅，而她和家人却要在拿破仑的屋檐下栖身。

古尔戈与蒙托隆、贝特朗等人的争斗甚至从登上英国人战舰那一天就开始了。最初，贝特朗夫人是矛盾的焦点。这个自命不凡，带有英国血统的高个子女人有时也使拿破仑难堪，因此，一搬进龙坞宫，贝特朗一家就与这个小朝廷呈现出明显的不协调。

但贝特朗一家并没有住进龙坞宫，贝特朗也无意过多地在这个小朝廷里争风吃醋，因而矛盾的焦点又转向了古尔戈。自从拉·卡色走后，古尔戈受到贝特朗和蒙托隆更猛烈的攻击，他现在常常喃喃自语"走了，走吧"。这个敏感的年轻人生性慷慨，但自视甚高，一旦自以为遭到冷遇，便满怀抑郁。

只要拿破仑对蒙托隆夫妇稍表关心，就会惹得古尔戈大动肝火或彻夜不眠，就算第二天拿破仑加以抚慰，邀他下棋或玩纸牌，或帮忙整理滑铁卢战役的手稿，都难以消除他的怨气。拿破仑再三试图向他讲明蒙托隆夫妇的地位理应比他优先，也无济于事。

龙坞宫的环境长期阴雨多风，拿破仑经常对这寒冷、死气沉沉的天气反应过度，因为这只会加重他的孤独感，让他与詹姆斯敦甚至岛上的居民越来越疏远。自从拿破仑命令全体随员与英国人保持距离后，在自我封闭的环境中，每个人都备感神经紧张。

有一天，矛盾终于爆发了。蒙托隆又拿古尔戈曾在布里埃纳救过拿破仑之事对他揶揄取笑。自从这位将军在布里埃纳保驾，使拿破仑免遭哥萨克骑兵的长矛刺杀，至今已有 4 年多了，想起这件事，他对目前的"屈辱"就无法忍受。古尔戈向蒙托隆挑战，表示要进行决斗。拿破仑对此严加禁止，并批评了古尔戈，但没有批评蒙托隆，这使古尔戈更感屈辱。

当古尔戈抱怨说他没有女人，而蒙托隆和贝特朗都有妻子在身边的时候，拿破仑就说："什么女人！没有女人，世界一样完整存在。当你不去想她们的时候，你就不需要什么女人，就像我一样。"但是古尔戈并不认为他的皇帝没有女人，他认为阿尔贝夫人就是拿破仑的情妇——他有足够的证据证明这一点。

1818 年 2 月初，拿破仑有事找古尔戈，发现他正跟贝特朗在弹子房中下国际象棋。"你到底想干什么？"拿破仑问道。古尔戈回答说，他觉得自己越来越受人虐待，因此打算告辞了。拿破仑说，他想怎么对待蒙托隆就怎么对待蒙托隆，还说："如果我想跟她在一起睡觉，又怎么样呢？"古尔戈说，他已经估计到"皇帝陛下的胃口并未丧失"。于是，拿破仑便叫他滚蛋。

2 月 13 日，古尔戈离开了龙坞宫，在总督官邸附近的一间农舍里待了几个星期，等下一艘船到来。拿破仑拒绝支付他按理应该给的钱，使古尔戈身无分文、窘迫万分，直到哈德森自掏腰包给了他 100 英镑……不过，古尔戈在离开海岛之前，并没有向那几位外国监督官报告拿破仑随时都想逃跑的企图，只是说拿破仑宁愿在这里受监禁，也不愿意到自由的美洲去。但他在给他母亲的信件中将岛上的生活说得很好，说哈德森给他们的待遇十分慷慨。其中一些信件落入巴黎官员的手中，这些描述与此前拿破仑对岛上的描写截然不同，引起哗然。

拉·卡色走了，古尔戈又走了，现在，跟随拿破仑来圣赫勒拿岛的 4 名官员中只剩下了贝特朗和蒙托隆。

不久，阿尔贝夫人也提出要离开拿破仑。她的离开给人们留下了许多猜不透的谜：她是不是拿破仑的情妇？她在岛上出生的女儿拿破里奥尼是不是拿破仑的孩子？但有一点似乎已经得到公认，那就是阿尔贝正与拿破仑共享床第之乐的说法，这不仅在圣赫勒拿岛传得相当广泛，而且也见诸那些外国监督官给他们的政府所做的报告中。

不管阿尔贝夫人是不是拿破仑的情妇，可以肯定的是，这里确实有过快乐的日子。现在，阿尔贝夫人及其孩子们的离开，使本来就慢悠悠的日子变得更加空虚漫长。她要丈夫和她一起走，但蒙托隆拒绝了。不久，沉默寡言、忠实的工兵军官贝特朗，也开始愁眉苦脸地议论起了离开圣赫勒拿岛的计划。

这时又发生了一件很意外的事：拿破仑的科西嘉男管家西伯里阿尼，这个从未得过感冒的身体强壮的人，在 1818 年 2 月 24 日突然全身发冷，腹痛难忍、呕吐。48 小时后，他死了。龙坞宫对其死因提出了疑问，要求做尸体解剖，但尸体不见了。数周后，另一位年轻女仆也死了，死亡症状相同，接着另一个用人的孩子也是如此。在西伯里阿尼死后的一段日子里，拿破仑显得非常沮丧。

现在，仆人们也一个个离开了，去年已经走掉了 13 人，其中包括厨师勒巴兹，他找了一个借口回老家。剩下来的人也在寻找各种借口，只要有可能便设法离开。

最令拿破仑难受的是贝特西一家的离去。哈德森自从与拿破仑的矛盾公开化后，就一直处心积虑地想找到各种口实，把所有跟拿破仑亲近的人驱逐出圣赫勒拿岛。

3月的一天，贝特西和拿破仑一起在龙坞宫的花园里散步，时近黄昏，拿破仑用手指着那片灰色的海面说道："你很快就要渡海回英国去了，留下我死在这个悲惨的石头荒岛上。你看那些死寂的石头，它们就是我的牢房的墙壁。你很快就会听到拿破仑皇帝死亡的消息。"贝特西禁不住泪如泉涌。拿破仑摸出自己的手帕，擦掉她的眼泪，并叫她把手帕收下，作为他们分别的纪念品。对拿破仑来说，失去威廉·巴尔坎，就等于失去了他与外部世界进行联系的最有价值的渠道；而失去巴尔坎家庭，则使他失去了在圣赫勒拿岛上结交的仅有的几位最值得信赖的朋友。这是拿破仑在1818年所受的一连串打击中最后和最严重的一次。

不论是在拿破仑得意时还是落魄时，在龙坞宫的臣民中，自始至终只有侍从长路易·马尔尚以同样的忠诚精神侍候着他。这个帅气的精力旺盛的年轻人，甚至在他的主子阻挠他与一位当地妇女结婚的情况下，也没有抱怨。马尔尚和蒙托隆，一个是侍从，一个是贵族，他们已日益成为拿破仑得力的忠实伙伴。拿破仑总是单独跟他们两人中的一个消磨着日子：早上他可能跟蒙托隆在花园里散步，下午则让马尔尚记录他口授的历史，晚上或是在许多难眠的深夜里，这两个人总有一个会被他唤去给他大声读书。在这个早已倾败的流放宫廷中，已不再举行什么帝国晚宴了，拿破仑不是单独用餐，就是跟蒙托隆一起进餐。贝特朗每天都会到龙坞宫来，但因为他住在这座建筑物的外围，而且受到妻子的管制，当拿破仑需要他时，他总是无法及时应命。于是，拿破仑与这位交情最久的伙伴也越来越疏远了。

现在龙坞宫的小朝廷已不可避免地解体了，但远在罗马的波拿巴家族还是及时派来了一支小小的分队。

费舍舅舅送了3个科西嘉人到圣赫勒拿岛来——两位牧师和一位医生安托马奇，但这也不能改善龙坞宫凝重沉闷的气氛。他们带来了波拿巴家族的一些情况：波拿巴家族成员在滑铁卢之战后，大多居住在罗马。母亲和她的兄弟，即红衣主教费舍一同住在斯特拉达·吉里亚宫中。奢侈、放荡的波利娜也住在罗马，嫁给了波格斯王子，但她本性难移，常跟一群情人混日子。玛丽亚和吕西安有时也来罗马走走，母亲则定期与其余的儿女保持着通信联系。

贝特朗的夫人芳妮越来越迫切地想要离开这个孤岛。1820 年年初，当她最后打算带儿女离开时，贝特朗宣布他将在同一年内回国与自己的妻儿团聚。但拿破仑不允许，愤怒的芳妮扔下行李，最终留了下来。

生活变得更加单调压抑，更加令人无法忍受。拿破仑又开始思考一些宗教问题。在圣赫勒拿岛的最初岁月里，他曾向古尔戈谈论起宗教问题。他说，物质无所不在，寓于一切事物；生命、思想和灵魂本身都不过是物质的属性，人死则一切完结。当古尔戈用宇宙的宏伟安排来证明有造物主的时候，拿破仑承认他相信有"超凡之灵"的存在。他断言，如果基督教是最原始的普遍信仰的话，他会信奉的。

但看起来，他仍习惯于从政治功能的角度来评论宗教。他说，伊斯兰教徒"信奉的宗教比我们的更朴素，更适合他们的道德"。他们的创始人，10 年间就征服了半个世界，而基督教搞了 300 年才做到这一点。此外，他还提到，拉普拉斯、蒙日、贝托莱和拉格朗热都是无神论者，虽然他们没有公开宣称；至于他自己，他觉得上帝这个概念是很自然的，向来存在于一切时代和一切民族的精神之中。有一次，他问马尔尚："你说上帝到底是什么？"根本不懂宗教的马尔尚笑着说："上帝就是让人说话吃饭的神。"是啊，人类只有一点是真实的，那就是呼吸、吃饭，实实在在地活着。拿破仑最后说："上帝是什么，上帝是人内心的欲望。"顿悟后的他又感慨地说："虚荣本是虚幻。"

第三十一章 魂丧龙坞宫

抱恨黄泉

到了1818年下半年，拿破仑的健康状况每况愈下，不止一次病倒。他周围的人已记不清他重病的征兆首次出现是在何时，只知道一些重病的征兆已经非常明显。拿破仑不时抱怨胃部剧烈疼痛，按他的说法是"如火烧般"难受，并且不断发冷、恶心、食欲不振，但他的体重仍在增加。他知道自己病了，而且病得很严重。偶尔会来看望拿破仑的威廉·巴尔坎认为，这和1818年西伯里阿尼等人的中毒事件几乎一样。

拿破仑明白，他现在这种闲散的生活方式，对健康毫无益处。但是，他绝不容许让身体的需要凌驾于他的野心之上。当权的时候，他曾经练就了一副超人的体魄：征战时白天可以马不下鞍，夜晚可以头不靠枕，在杜伊勒里宫一天可以工作24小时。如今，他的处境从逻辑上要求他的身体应付另一种情况：没日没夜地躺在这个既潮湿又狭窄的房间里，除了面对一个冒烟的火炉，看不到一个来访的客人。事实上，拿破仑的健康，在流放的第一年就开始折磨他了。

早在1816年5月，他就觉得身体很不适应海岛的环境，于是派马尔尚去把奥默阿拉医生请来。在正常情况下，他只在精神很好时才会见奥默阿拉，目的是跟他谈天。要是病了，他宁可单独留在房里，喝点大麦茶，或者长时间地泡在浴盆里，作为一种自我治疗的方法。他向奥默阿拉抱怨说他犯了风湿痛，又对拉·卡色说："我的双腿拒绝为我服务了。"他一直畏冷，但一晒太阳又会头痛，他的牙龈也老是肿痛。奥默阿拉发现，拿破仑的牙龈"浮肿、苍白，稍一按压便会出血"。奥默阿拉把它们归之于"气候引起的疾病"，但没有足够的理由说明诊断是准确的。和往常一样，拿破仑拒绝服食奥默阿拉提议的药物，尽管这些分明都是"专供老年人服用"的药性平和的药物。拿破仑承认，缺乏锻炼是他的身体垮下去的原因。但他对奥默阿拉说，与其出门去跑马，承认自己是总督的犯人，倒不如待在房子里更好受些。奥默阿拉怎么劝说也没用。奥默阿拉走后，拿破仑的日常生活更散漫了。

1819 年，拿破仑 50 岁，他那曾经健壮坚强的体魄已经被病痛严重地腐蚀了。3 年懒散的生活和反复发作的疾病，已经使他的身体发胖、软弱无力、毫无生气。有时候，他徘徊着通过这些空寂的房间，心中生起一股无名火，便用一根弹子竿狠狠地敲打着那些家具。他对贝特朗和马尔尚说，他希望自己快点死去。

哈德森要求他早晚两次向英国驻军签到，说这样就可以给他更多的自由。但是，拿破仑不肯用政治的代价接受这个条件。照他看来，接受总督提出的条件，就意味着承认自己是个囚犯，而且也将意味着放弃他作为法兰西的民选帝王的地位。

拿破仑的双腿经常敷着热毛巾，因为他总感到脚部冰冷。有时他对马尔尚说，他感到腋下疼痛，好像刀子割着一样。拿破仑生病的时候，总是由马尔尚侍候。因为哈德森认为奥默阿拉对拿破仑可能比对他更加忠实，而且奥默阿拉认为拿破仑得的是肝炎。哈德森认为这个观点简直是不可容忍的，因为肝病正好证明了圣赫勒拿岛的恶劣气候，而这正是英国政府忌讳的。

奥默阿拉离开龙坞宫后，马尔尚发现了一批他原本打算给拿破仑服用的药膏和药品。拿破仑表示，他虽然愿意使用那些药膏，"但是对于任何准备进入我肠胃的药物，你可以把它们都丢进火炉里"。

基于拿破仑和哈德森之间的相互猜疑，双方都力图找一个医生来代替奥默阿拉的位置。他们都想要一个能单独忠实于自己的医生。哈德森曾推荐了两位英国医生，但都被拿破仑拒绝了。英国海军"占领"号的外科医生约翰·斯托克，则处于这两个敌手的交叉火力点上，他以前到龙坞宫去看望奥默阿拉时曾见过拿破仑。1819 年 1 月，拿破仑在病情严重时曾口授了一封紧急信件，由贝特朗派人送给斯托克，请他到龙坞宫来给自己看病。医生征得总督的同意后来了，后来，蒙托隆向他转达了拿破仑要他到龙坞宫当拿破仑的长驻医生的建议。但现在哈德森却转过来反对斯托克去，因为斯托克也认为拿破仑正受着肝炎的折磨，这是哈德森绝对不能承认的。后来，斯托克还因这一诊断结论受到军事法庭的审判。

8 月，蒙托隆在写给哈德森的信件中，特别强调龙坞宫需要一名医生的急迫性。罗马来的消息说，一些身份未明的人员现在正动身到圣赫勒拿岛来，其中包括医生安托马奇。拿破仑对安托马奇开始还是有不错的印象，他接受其劝告，决定向日益严重的病情宣战。

拿破仑试图用体操来治愈疾病，每天 5 点便从床上起来，身穿晨衣，足踏摩洛哥拖鞋，头戴种植工人的阔边帽，不耐烦地等待着日出。他想运动运动身体，但发现自己力不从心，体力已不复往昔。当太阳从海面上慢慢升起时，看守的英国士兵就能见到拿破仑笨重的身躯在小院子里晃动，他们的岗哨也就可以下班了。

贝特朗仍继续来龙坞宫谒见，只是没有以前那样准时、频繁，待的时间也越来越短。拿破仑的贴身侍从马尔尚仍在这儿，但他只在每天早晚帮拿破仑更衣、剃胡子时才和拿破仑说说话。

1820 年春天来临的时候，拿破仑心血来潮，想在龙坞宫的后院里多添几棵树，这样他一天无聊的生活又有了具体的工作。他每天早晨起床做完第一件事——叫醒龙坞宫所有的人后，就开始栽树。

花园里的劳动，按拿破仑的命令在 11 点左右停止，然后吃饭。他的午餐和晚餐变成了一件充满痛苦的事，所有的椅子都空着，只有蒙托隆与拿破仑两个人；而拿破仑只能吃流食，再也不能吃面包、肉类和蔬菜，连见到食物都感到厌烦。当这个一天中最燥热的时刻来临，他便坐下来艰难地吃一顿午餐，多数时候是喝完半瓶标准的开普敦葡萄酒。为了防止拿破仑将吃下的那么点东西全部吐出来，他的食物里被加了些甘汞。安托马奇医生严格要求，每次只准加四分之一粒，因为这种东西是有毒性的（含有氯化汞）。餐后小睡一会儿，拿破仑便认真地向蒙托隆或马尔尚口述他的回忆。

下午，拿破仑在心气平和的时候，也会花大部分时间和安托马奇交谈，而安托马奇在日记本上记录着拿破仑的谈话，就像他观察病人的病情一样，记下他对拿破仑的印象。

1820 年末，拿破仑的病情加重，精神状况越来越差。他往往几个小时都沉默不语，忍受着来自胃部的剧烈疼痛。

1821 年 1 月，安托马奇医生允许拿破仑食用含催吐剂的柠檬饮料。这种饮料可以缓解患者难忍的干渴，同时也可以治疗严重的便秘，但是，这种催吐剂的原料是一种高毒性物质。因此，拿破仑受到了两种药剂的合力作用：砷和催吐剂。后来，医生又让他喝一种新的果汁饮料——杏仁糖浆，其中加入了苦杏仁油。这样一来，拿破仑便吸收了 4 种（包括甘汞在内）有毒物质，因为砷仍然在秘密地（虽然是不规则地）加入他的饮料中，使他感到干渴，导致他喝下更多有毒的杏仁糖浆，从而使有毒的化学物化合生成氰化汞。在服用了大量甘汞后，呕吐被止住了，但是氰化汞却残留在了他的体内。

病痛发作越来越频繁，发烧、呕吐、胃部及肩部疼痛使拿破仑苦不堪言。他开始意识到自己活不了多久了，便对身边的人说："在过去的那些日子里，我是拿破仑。但是，现在我一无所有，我的体力、智力都离开了我，我不能再活下去了。"他拒绝服用英国医生给他开的药，他大叫着："我不吃药，既然英国要我的尸体，我不愿让它久等，我现在用不着毒药就可以死去。"

3 月 27 日，安托马奇建议并劝说拿破仑让他与其他的医生进行会诊。在他的日志中有这样的记载——

皇帝说："会诊！它有什么好处呢？你完全是在无的放矢。别的医生也不会在我的身上看到比你见到的更多的东西。如果他宣称他比你更加高明，他必定是个骗子，那么，我从希波克拉底的门人所得到的一点点信心也将丢得精光。另外，又让谁来会诊我的病呢？让那些听从哈德森摆布的英国医生来会诊吗？"皇帝说得很激动，我也就不再坚持我的意见，等到他更安静的时候，我又试着再提出这个意见来。"你真是个顽固派，"他温和地说，"好吧，就这么办吧，我同意了。你就在这个岛上挑选你认为最高明的医生来会诊吧。"我将这事告诉了阿奇波尔·阿诺特——英军第二集团军的外科医生，我描述了拿破仑的病状以及他居住的生活环境等情况，他的意见是我们必须采取下面的措施：

第一，采用大量的起泡剂（一种使皮肤起泡的药物）涂抹整个腹部皮肤；

第二，服用泻药；

第三，用醋经常敷贴头。

但无论怎么治疗，拿破仑已知道，自己将不久于人世了。4月13日，他开始口述他的遗嘱。尽管病痛在不断地折磨着他，他还是对遗嘱字斟句酌，反复推敲。他认为君主的遗嘱首先应是一份政治文件。这份遗嘱中有评论，有解释，还有谴责。他在遗嘱中写道：

50多年前，我生于罗马教会的怀抱，死也属于这个教会。我希望将我的遗体安葬在塞纳河畔，在我如此热爱的法兰西人民中间安息。

我对于我最亲爱的妻子玛丽亚·路易丝是感到满意的，直到临终时刻，都对她怀有最深厚的感情。我请她悉心保护我的儿子，他从孩提时代起，身边就布满了陷阱。

我嘱咐我的儿子，千万不要忘记，他生为法兰西皇太子，决不能成为压迫欧洲人民的执政者手中的工具，也永远不要以任何方式对抗和损害法兰西。他应当牢记我的座右铭————一切为了法国人民。

我因遭受英国寡头政治及其雇用的刽子手谋害而过早地死去，法国人民迟早会为我报仇。

我之所以会失败，乃是由于我的部属马尔蒙、塔列朗等背叛所致，但我决意宽恕他们，愿法兰西的后代子孙也和我一样宽恕他们。……

4月14日和15日，拿破仑继续口述遗嘱，他决定将他的2亿法郎财产分成两半，一半留给从1792年到1815年间曾在他的旗帜下战斗过的军官，另一半则捐给1814年和1815年遭受入侵的法国各省市。

4月16日，拿破仑勉强起床执笔，将这份遗嘱抄写了一遍。

在病情严重恶化之后，他仍拒绝刚来的英国医生阿诺特为他治疗，并不断地指责英国政府。

4月22日，他的病情又进一步恶化，连发牢骚的劲儿也没有了。由于多种毒素的作用，他的身体已完全崩坏，安托马奇医生束手无策，只好从总督官邸叫来阿诺特医生。经过长时间的会诊后，他们同意加大甘汞的剂量。"这是最后的尝试了，"贝特朗记录道，"因为皇帝已生命垂危，我们不能给世人留下一个见死不救的骂名。"

这个星期内，拿破仑受了几次呕吐的打击，每次都使他被迫停下口授的内容，马尔尚无法说出什么时候他会突然停止口授他那么重要的遗嘱。"我太累了，"他说，"但是我剩下的时间不多了，我必须把这件事做完。给我一点拉·卡色送来的康斯坦萨葡萄酒。"这次，马尔尚第一次大胆提醒他注意几天前他因喝了酒而产生的后果。他嘘了一声，说："喝一口不要紧。"他喝了康斯坦萨葡萄酒后很快又引起呕吐，但呕吐也不能阻止他继续口授遗嘱，一直到贝特朗和两位医生进来时他才住口。

拿破仑告诉贝特朗说，他立有三份遗嘱：第一份遗嘱只有在巴黎才能拆开，这份遗嘱已经由布拿维塔带往欧洲，因此英国无法发现这份遗嘱；第二份遗嘱是一份遗嘱附件，它是在这里拆开的，目的是让英国人看到，在这份遗嘱里，他将他留在这里的一切财物都做了安排，不让英国人得到它们；第三份遗嘱是专为皇后立下的。在第三份遗嘱里，他宣称他是带着天主教徒的信仰去世的——正如他是作为一个天主教徒出世的一样。因为这种说法是可以为公众舆论所接受的。他进一步提出愿意葬在巴黎拉雪兹神父公墓。

4月28日，拿破仑给了安托马奇如下指示："在我死后——我的死已为期不远了，我要你剖开我的尸体；我也要求你——这是我的愿望——不要让一个英国医生的手碰到我的躯体。不过，如果你非有一两个助手不可的话，只要雇请阿诺特医生就可以了。我要你取下我的心脏，把它浸在酒精里，带到巴马，交给我亲爱的玛丽亚·路易丝。我委托你特别要仔细检查我的胃部，写出一个精确、详细的解剖报告，交给我的儿子。我委托你在尸检中别漏掉任何可疑之处。等我死了以后，你就可以回罗马去，到我的母亲、我的家属那里去，告诉他们，我在最后几个月留给各国统治集团的是恐怖和耻辱。"

5月2日凌晨2点，拿破仑的体温又升高了，嘴里不停地发着呓语。他突然起床，要出门到花园里散步，安托马奇走过去想把他抱住，但他的双脚已经移动了，还没等安托马奇走到他面前，他就跌倒在地上。中午，他又恢复了意识，频频地打嗝，服了一份拌了几滴鸦片和醚的橘子水。他再也不能忍受灯光的刺激，他们不得不在完全漆黑的房内扶他起床，改变着他的卧床姿势，按他的要求使他躺得更舒服点。

在5月3日下午5点30分服用大剂量药物以前，拿破仑偶尔还能说几个字，除了"约瑟芬"和"我的儿子"以外，大都含糊不清。他拒绝了一切给他服食的药物，继续饮用加了葡萄酒或橘子水的糖水——这是他唯一同意饮用的饮料。每次马尔尚把这种饮料端给他喝的时候，他总是说："这东西太好啦，我的孩子。"

5月4日，拿破仑的神志已经不再清醒，仍然说着胡话。安托马奇、贝特朗、蒙托隆都听到他说出的最后几个词是："首脑""军队""法兰西""约瑟芬""儿子"。整个夜里，呻吟声多于打嗝声，有时呻吟声大得把在病房里打瞌睡的人都惊醒了。

5月4日夜里，一场强劲的风暴狂烈地袭击了这个南半球海岛，满天的乌云像黑妖魔一般在空中奔跑，雷、电和小石子似的雨点相互撞击着。巨大的气流卷起冲天的海浪，从四面八方向岛上涌来，凶猛地撞击着岸边的岩石，震动了龙坞宫。岛上的居民都感到似乎是世界末日来临了。似乎正是这股强劲的狂风带走了拿破仑的英魂。风雨中来，风雨中去，也许正预示着拿破仑那疾风暴雨式的传奇一生。

5月5日早晨，拿破仑的魂魄已离开他的肉体而去，他直挺挺地躺在床上，只剩最后一丝气息。

上午7点，贝特朗的夫人再次出现在龙坞宫，最后一次看望拿破仑，她在拿破仑的床脚处拉了张椅子坐下来。随后，所有在附近的法国官员也都来到他的卧室，在场的16个人中，有12个是法国人。他们的"眼光都盯在那颗尊严的头上，他生命的元气已经完全耗尽了"。

傍晚5点49分，拿破仑停止了呼吸。数分钟后，一声炮响将其死讯告知了总督哈德森及全岛居民——欧洲历史上最具毁灭力的人被死神带走了。

一代英魂

拿破仑去世后，忠诚的贝特朗首先走到床边，跪了下来，亲吻他主人的手。哭泣着的侍从马尔尚把一件拿破仑曾在马伦哥战役中穿过的大氅盖在他的身上。阿诺特医生带了一位军官来验证其死亡。然后，总督哈德森和军官们走了进来，向死者低头致哀。

按照他们的指示，遗嘱宣布人宣读了拿破仑的遗嘱。拿破仑将约600万法郎留给了他的银行代理人拉菲特。贝特朗和马尔尚分得了数万法郎，妻子玛丽亚以及拿破仑的兄弟们一分也没有得到，拿破仑的儿子得到了他在阿雅克肖城的财产。最令众人吃惊的是，大部分遗产中约有200万法郎留给了蒙托隆。

随后，哈德森又派来了另外几位医生。由 7 名医生组成的官方验尸团发现拿破仑的胃已严重溃烂，他们分别交出了 4 份解剖报告。他们一致同意的只有一点：在拿破仑的胃部靠近幽门处（也就是胃的张开部分与内脏接触的地方）发现有一处溃疡，安托马奇医生称这个地方为"致癌性的溃疡"，那些英国医生则认为是"硬性癌引起的癌症"。这个说法导致了日后流行的一个见解：拿破仑是因胃癌或幽门癌而去世，因为拿破仑的父亲就是死于幽门癌。在切除心脏和胃以后，拿破仑的胃被送往英国做进一步的医学研究，尸身被清洗干净，穿上了一件白色的衬衣，戴上一条穆斯林的白色领带，并在领带上套了一条黑色的丝质衣领，用扣子在背后把衣领扣紧，他的脚上穿了白色的丝袜，身上穿了齐膝深的白色开丝米的骑马裤和一件同样质料的背心，外面套上整齐的帝国卫队轻骑兵制服，制服上缀满了各种荣誉勋章——这些勋章都是拿破仑在世时设置的，其中有"铁十字勋章""联合勋章"，脚上套着骑马靴，头上戴着有三色徽章的礼帽。

1821 年 5 月 9 日，告别仪式结束后，拿破仑的遗体被放入四层相套的棺材里，两层是金属的，两层是红木的，且全部用铅密封。在维格纳里寺院做了弥撒之后，当 12 名穿着制服的英国掷弹兵将灵枢抬到朗伍德的花园里并将它放在灵车上时，贝特朗将拿破仑曾在马伦哥战役中穿破的蓝色斗篷和他的剑放在了灵枢上。2 000 名身穿绯红色制服的英军士兵神色严肃地站在一旁，英国军乐队奏响了哀乐。哈德森身着制服，携其妻子及女儿为拿破仑送葬；一位海军少将和法国政府的一名代表站在新挖成的 11 英尺深、6 英尺宽的石穴边。在礼炮的轰鸣声中，棺木徐徐下葬在圣赫勒拿岛上的托贝特山泉旁。法国政府坚持要在其墓碑上刻上"皇帝拿破仑"，但英国政府不承认这个头衔，建议刻上"N. 波拿巴将军"。

曾经震撼欧洲的雄狮总算安息了，欧洲也可以松口气了。在确信拿破仑已经死去之后，哈德森和当时在圣赫勒拿岛日夜监视拿破仑的各国代表纷纷向自己的国家报告了这一消息。

马尔尚、贝特朗、蒙托隆等人按照拿破仑的生前吩咐为他办理了丧事，于5月27日离开圣赫勒拿岛，搭乘英国"骆驼"号返回欧洲。他们肩负着执行拿破仑遗嘱的使命。马尔尚决心不辜负主人赋予他的责任，他将像听从生时的拿破仑的命令一样服从他的遗训。

"骆驼"号经过两个月的航行，于8月2日在普利茅斯下锚。10天后，马尔尚和3个从圣赫勒拿岛回来的助手，带着他的几只箱子，乘船前往加来。3天后，马尔尚回到巴黎，幸福地与全部健在的家人团聚了。

当流放者们回到他们的故国时，看到的却是一个沉默的法兰西。拿破仑在统治法国的15年中，曾经把法兰西的荣誉推到顶峰，后来又一败涂地。当时，法兰西对拿破仑的感情可以说是有点狂热，但此刻却不是人们表达感情的时候。拿破仑被囚禁在圣赫勒拿岛期间，波旁王朝一直对波拿巴主义的活动家们进行清查。大多数波拿巴主义者，只能在梦幻里才能意识到自己的存在。如今，拿破仑的死讯使波旁王朝的统治得到了最后的保证。尽管波旁王朝私下里享有了如释重负的快乐，但是他们并不敢公开表露出来。官方的《警戒者报》在第二版发表了一条不起眼的官方新闻："据英国报纸消息，波拿巴已经死去。"

除了对自己的友人之外，法国人民都害怕公开表露自己对拿破仑的感情。凡是敢于公开表示对拿破仑的悼念之情的人，都遇到了麻烦。一位叫柯里尔的宝石商，在他出售的一种小首饰上刻了这么一句话："哭泣吧，法兰西人，那位伟人已经不在了。"结果他被判处3个月的监禁。他为自己抗辩的理由是：他哀悼的那位"伟人"，指的是一年多以前被暗杀的国王的侄子贝利公爵。许多人——特别是乡下人，根本不相信拿破仑已经死了。6年来，各种各样的谣传真是应有尽有：有的说拿破仑被枪毙了，被绞死了，被闷死了，被推下峭壁摔死了，等等；有的说他已经逃出了圣赫勒拿岛，现在住在美国，正带领着一支土耳其军队跟法兰西开战。

在巴马，玛丽亚从报纸上获悉丈夫逝世的消息，决定举行悼念仪式。她甚至不顾情人的劝告，一定要在追悼仪式上宣布死者的名字。她选在 8 月 15 日奈珀克的孩子生日这一天举行悼念仪式，因为这一天也正好是拿破仑 52 岁的生日。拿破仑 10 岁的儿子和继承人——世人熟知的那只雏鹰小罗马王，听到父亲逝世的消息，无声地饮泣着。

在罗马，拿破仑的母亲起初并不相信这个消息。几年前，一位消息灵通的人士使她相信了这样一个说法：她的儿子根本就不在圣赫勒拿岛，他已经被诱骗到一处不知名的地方去了。当她确信儿子的死讯是确实无疑时，她昏了过去。沉默了两个星期之后，她给英国外交部部长卡斯尔雷爵士写了一封信，要求将她儿子的尸体送回来，但卡斯尔雷对此置之不理。拿破仑最疼爱的妹妹、漂亮而任性的波利娜，听到哥哥的死讯后，便写信给英国政府，要求准许她到圣赫勒拿岛去，"跟皇帝在一起，听一声他最后的叹息"。她的信是 7 月 11 日写的，但这距离拿破仑逝世已经两个多月了。

波拿巴家族的运势，因拿破仑的去世而迅速衰微。不久，约瑟夫、埃利兹、波利娜相继去世。最长寿的母亲莱蒂齐亚于 1836 年 2 月 2 日在罗马谢世，终年 86 岁，临终时她说道："所有人皆称我为世界上最幸福的人，谁知毕生饱经沧桑，备受痛苦。我从不看重宫廷的威严与豪华。如果我的儿子能稍微听取我的意见，就不至于落到如此地步！"

拿破仑的侍从马尔尚在奥色尔定居下来，仍然继续为他的主子效劳。他那几只箱子里，保存着他从死后的拿破仑头上剃下来的头发。按照拿破仑的吩咐，马尔尚用这些头发为玛丽亚织了一只手镯，又为拿破仑的儿子编了一条表链。他还用这些头发缠着一个个金质大奖章，分寄给波拿巴家族的许多成员，包括拿破仑的母亲、叔伯、舅氏、兄弟姐妹以及侄儿侄女们。他等待着给伟大皇帝恢复荣誉的那一天。

果然，在拿破仑死后三年零四个月，幸灾乐祸的波旁王朝便寿终正寝了，取而代之的是"七月王朝"国王路易·菲利普①，他与波旁王室虽有血亲关系，但在政见上并不那么一致。这位自称"平等"的国王决定不再阻挡那看来不可抗拒的波拿巴洪流，下令在旺多姆圆柱顶上重新竖立了拿破仑像，一股前所未有的拿破仑热以铺天盖地之势席卷了法国。

19 年后，路易·菲利普国王派儿子儒安维尔亲王到圣赫勒拿岛迎回了拿破仑的遗骸。

1840 年 9 月 15 日上午，圣赫勒拿岛上 4 匹马拉的灵车载着盖上饰有银十字和金蜜蜂的丝绒布的灵柩，在儒安维尔、贝特朗等人的护送下，徐徐向码头驶去。街上鸦雀无声，岛民肃立两旁，目送拿破仑的遗体回归故里。炮台、军舰上枪炮轰鸣，向昔日的皇帝致意。12 月 15 日，巴黎人民满腔热情地举行了隆重的接灵仪式。数不尽的人群冒着严寒，迎着风雪，护送灵柩前往塞纳河畔的荣军院。至此，拿破仑的遗愿得到了实现，他以一个老兵的身份安息在塞纳河畔，安息在他热爱的法国人民中间。

后来，第一次世界大战时期的法国元帅斐迪南·福煦②，在拿破仑墓前发表演说，对拿 破 仑 传奇伟大的一生做出了极为公正客观的评价：

只要想一想，1796 年，拿破仑年仅 27 岁已经崭露头角，就不难知道他天赋非凡的资质。他把自己的天才不断地用于一生的丰功伟业之中。

由于禀赋这种天才，他在人类军事史上走出了一条光辉的道路。他高举战无不胜的鹰旗从阿尔卑斯山进军到埃及的金字塔，从塔古斯河之

---

① 路易·菲利普：法国国王（1830—1848），法国奥尔良王朝唯一的君主。1830 年，资产阶级对被剥夺选举权大为不满，因而发动七月革命，法国国王查理十世退位。奥尔良公爵路易·菲利普依靠资产阶级的支持登上王位，史称奥尔良王朝，又称七月王朝。

② 斐迪南·福煦（1851—1929）：法国元帅，第一次世界大战最后几个月协约国军总司令，被公认为使协约国获胜的最主要领导人。

滨到莫斯科河两岸。在飞舞的军旗下，他建立的赫赫战功超越亚历山大大帝、汉尼拔大将和恺撒大帝。他以惊人的天才、不甘守成和好大喜功的本性成为胜过一切其他人的最伟大的领袖人物。这种本性，有利于战争，但对维持和平的均势却很危险。

他把战争艺术提高到了从未有过的高度，而这样就把他推到了岌岌可危的巅峰。他把国家的荣耀和个人的荣耀视为一体，他要以武力控制各国的命运。他以为一个人能够以惨痛的牺牲为代价得到一系列的胜利，换来本民族的繁荣；以为这个民族可以靠光荣而不是靠劳动获得生存；以为那些被征服而失去独立的国家不会一朝奋起，列出阵容强大、士气高昂、战无不胜的义师，推翻武力统治，重新赢得独立；以为在文明世界里，道德公理不应比完全靠武力形成的力量更为强大，不管这支武力有多强大。由于这样的企图，拿破仑走了下坡路。他不是缺乏天才，而是由于他想做到不可能的事。他想以当时财枯力竭的法国使整个欧洲屈膝，岂知当时欧洲已经总结了失败的教训，很快就全面武装起来。

当然，每个人都有自己的责任。但是，比指挥军队克敌制胜更重要的是，按照祖国的需要为祖国服务，使正义在一切地方受到尊重。和平高于战争。

的确，在处理个人问题时，如果只依赖个人的见识才智，歪曲为尊重个人而制定的道德法律，歪曲作为我们文明基础和基督教本质的自由、平等、博爱的原则，那么，即使最天才的人，也肯定会犯错误。

陛下，请安息吧。你英灵未泯，你的精神仍然在为法兰西服务。每一次国家危难的时刻，我们的鹰旗依然迎风招展。如果我们的军队能在你建造的凯旋门下胜利归来，那是因为奥斯特里茨的宝剑为他们指引了方向，教导他们如何团结起来带领军队取得胜利。你深刻的教诲，你坚毅的努力，永远是我们不可磨灭的榜样。我们研究你的言行，战争的技艺便日益发展。只有恭谨地、认真地学习你不朽的光辉思想，我们的后世子孙才能成功地掌握作战的知识和统军的策略，以完成保卫我们祖国的神圣事业。

死亡之谜

伟大人物的逝世，总会受到众人的关注。拿破仑的死因，更是人们长期关注的焦点，也是历史学家争论的焦点。

根据拿破仑死后的解剖结果，倾向于认为拿破仑是因胃癌而去世。这样一种见解，正好开脱了哈德森和英国人的责任，拿破仑将被认为是死于一种遗传性的胃癌，因此，圣赫勒拿岛的气候、他使用的药物等不必对他的死负什么责任。

但是，在参与解剖的 6 位英国医生中，有一位叫托马斯·索特的医生发现了死者的肝"肿大"。这正是哈德森平日所猜忌的，也是他不愿听到的消息——因为肝病正好支持了这样一种理论：拿破仑的死是由圣赫勒拿岛的气候引起的肝病造成的。他命令索特把报告中与官方意图相抵触的部分删掉，索特勉强同意了。但是，当他平安地离开圣赫勒拿岛后，他又把当时发现的情况如实地说了出来。安托马奇医生也发现拿破仑的肝脏异常肿大，尽管他并没有在肝脏中发现什么毛病，但他认为，英国人对拿破仑的死是负有责任的，因为海岛的气候太恶劣了。

100 余年后，即 20 世纪 60 年代，瑞典牙医、毒药专家佛舒伍德发现了一本重要日记。这本日记是马尔尚写的。他在日记中写道，拿破仑去世前"经常失眠，腿部肿胀无力，掉头发，偶尔抽搐，总是觉得口渴"。专家在对日记进行仔细研究后认定，以上症状均与人服食砒霜后的症状相似。随后，佛舒伍德对自己的结论进行了验证。1957 年 11 月，佛舒伍德在哥德堡的图书馆里，读到了一篇新奇的论文，文中说只需用一根头发就能分析出砒霜含量。3 年后，他专程去巴黎，向拿破仑侍从的后裔索取拿破仑的头发。经过 23 年的努力，佛舒伍德用现代技术鉴定了拿破仑头发的化学成分，发现越是接近头发根部，所含的砷就越多。拿破仑头发中的含砷量比正常人头发的含量高出 20 倍甚至 30 倍。后来，美国联邦调查局和法国巴斯德大学也对拿破仑的一根头发进行分析，从中发现了相当数量的砒霜。这一结果再次证实了拿破仑"中毒"的说法。

但是也有专家对此说法表示怀疑，据历史记载，拿破仑是个非常谨慎的人，时刻保持着高度的戒备心理，甚至在去圣赫勒拿岛的船上，也拒绝随意享用自己喜欢的食品。他要让大臣们亲口吃过一个小时后，才开始品尝。如此小心谨慎的拿破仑怎么会轻易中毒呢？而且究竟是谁下的毒？由此又演绎出多种扑朔迷离的版本。

猜测一，谋财害命说。

人们把矛头对准了蒙托隆。

在许多情况下，砷是投毒者的一种理想工具。它无色无味，很容易混在各种食物和饮料中。只要五分之一克，就可以在 24 小时内使人丧生。若反复使用更小的剂量，就可以使人缓慢中毒，时间可以持续几个月或者几年，这也是它的一种普通特性。对拿破仑头发的检测，使佛舒伍德等人确信拿破仑死于砷中毒，而且中毒的时间竟长达 6 年之久！

佛舒伍德确信这位阴险的投毒者一定具备以下条件：第一，他必须自始至终留在圣赫勒拿岛，这样才能长期作案；第二，他必须能够接近拿破仑，长期负责拿破仑的起居饮食，了解拿破仑的一切生活细节；第三，了解砷的习性，有熟练的投毒技巧。

佛舒伍德等人认为，从对头发检测的结果来看，在食物和饮料这两项中，饮料——葡萄酒是最有可能的投毒对象。因为拿破仑对饭菜没有固定的食量，如果在饭菜中下毒，拿破仑摄入砷的分量就无法控制在一个适当的比例，这样头发中的砷含量就不会那样有规则地分布。另外，饭菜是做给大家吃的——拿破仑经常要其他人和他一同吃饭。如果在饭菜中投毒，大家就会一同中毒，这样会引起广泛的重视。

唯一的可能就是葡萄酒，拿破仑喝酒很有节制，每次吃饭只喝一杯，更重要的是拿破仑喝的酒只供应给他一个人，其他人喝的是另外一种酒。这种酒在运来时都是装在大桶里，由龙坞宫的人将它们倒在瓶中，这就给投毒者提供了方便。

确定了酒是投毒对象，便基本上排除了厨师比隆的嫌疑。比隆有在饭菜中投毒的条件，但他并不接近酒。而且做好食物之后，他根本不知道这些食物最后到底由谁来享用，拿破仑很少单独向厨师索要食物。

贝特朗这位宫廷大元帅在圣赫勒拿岛上已经失宠，住在龙坞宫外，不再负责宫廷内部的管理，在拿破仑身边的时间也不太多。

而马尔尚为拿破仑服务了十几年，他的母亲也在服侍拿破仑的母亲，他个人对拿破仑忠心耿耿，从无怨言。更重要的是，他们的家庭与保王党没有任何联系，他没有动机谋杀拿破仑。

人们几乎完全认定蒙托隆就是投毒者。他们认为这一看法的理由是充分的。

第一，蒙托隆个人似乎没有到圣赫勒拿岛与拿破仑共患难的理由。他出身旧贵族，没有什么军事才能，拿破仑曾拒绝提升他。拿破仑第一次退位后，蒙托隆毫不犹豫地投奔了波旁王朝。这说明他对拿破仑不是很忠诚。值得注意的是，蒙托隆不是一个喜欢吃苦的人，相反有点唯利是图，在任波旁王朝的将军时曾贪污过 6 000 万法郎的军饷。贪图享受的他没有理由抛弃巴黎的优裕生活而去圣赫勒拿岛。

第二，蒙托隆与波旁王室的联系十分密切，他的继父与路易十八之弟德·阿尔特瓦关系密切，正是因为这个关系，蒙托隆在波旁王朝第一次复辟时得到了将军军衔，而且他在侵吞军饷之后并没有遭受牢狱之灾，很可能是得到了阿尔特瓦的帮助，但这种帮助的代价，就是要求他作为一名杀手重新潜回拿破仑的宫廷。后来蒙托隆回到巴黎后，又投身军界而成为波旁王室的将军，并且曾受到已成为国王（查理十世）的阿尔特瓦的秘密召见。

第三，蒙托隆在圣赫勒拿岛的表现很反常，岛上的枯燥生活使贝特朗这位拿破仑的老臣感到痛苦不已，但蒙托隆却一直毫无怨言，甚至还把自己漂亮的妻子送上了拿破仑的龙床，从而为自己争得了事务总管的职务。

第四，作为事务总管和拿破仑的好友，蒙托隆完全可以神不知鬼不觉地在拿破仑饮用的酒里放砒霜。据当时的文件记载，拿破仑在遗嘱中为蒙托隆留下了价值200万法郎的金币。回到巴黎后，蒙托隆的200万法郎很快就不知去向。英国史学家钱德勒认为，蒙托隆当时已经陷入严重的财务困境，所以产生了"提前获得拿破仑遗产"的想法。

猜测二，政治谋杀说。

一些历史学家宣称，蒙托隆是法国保王党和英国的"走狗"，这两派力量都希望他能"尽早除掉拿破仑"。当年为了防止拿破仑从南大西洋逃跑，英国派遣了一支舰队和3 000名士兵来监视圣赫勒拿岛，每年光军费开支就高达800万英镑。有人称，在法国国王路易十八的兄弟德·阿尔特瓦公爵的指使下，蒙托隆多次阴谋杀害拿破仑。这位公爵作为王室继承人，担心拿破仑复出推翻君主政体，所以非常支持暗杀他的行动。

猜测三，为"爱"中毒说。

提出这一说法的历史学家是蒙托隆的后人——弗朗索瓦·德·蒙托隆。弗朗索瓦对拿破仑在圣赫勒拿岛上度过的最后日子进行了潜心研究。他提出这种说法的依据是一本手记，这本手记记载了他的先祖和拿破仑在圣赫勒拿岛生活的情景。

手记中说，蒙托隆在圣赫勒拿岛上经常给拿破仑吃含有小剂量砷的药，但这样做不是为了暗杀拿破仑，而是出于"爱"。他希望通过给拿破仑服食毒药，使"伟大的皇帝"发病，身体日渐衰弱，从而最终促使狱卒允许拿破仑返回欧洲大陆接受治疗。这个伟大的计谋为什么最终没能实现呢？弗朗索瓦推测，拿破仑一直认为自己胃部有肿瘤，为了减轻胃部疼痛而经常服用止痛药，从而使止痛药与砷发生了致命的"化学效应"，最终使他命丧黄泉。

猜测四，恐怖壁纸说。

拿破仑在圣赫勒拿岛所住的卧室里贴了一种特殊的壁纸，这张壁纸不到 1 米长，其成分中有一种绿色涂剂，富含高浓度砒霜。

一些专家指出，岛上气候非常潮湿，含有砒霜的壁纸在受潮后蒸发出水汽，水汽中充满了高浓度的剧毒砷化物，使整个卧室空气受到污染，拿破仑因长期呼吸这种有毒物质，导致慢性中毒死亡。

英国文献专家理查德认为，这张壁纸里所含的砒霜或许能证明砒霜是导致拿破仑死亡的真正原因。理查德还认为，即使拿破仑真的死于胃癌，这种有毒壁纸也加速了他的死亡。

此外还有两种科学的结论：

第一种，拿破仑死于胃癌。

一位叫科斯坦的专家在研究拿破仑生前的病历后，提出了一种新的观点，认为拿破仑死于胃癌。

病历中记载说，拿破仑死前上腹部剧痛难忍，打嗝呼出的气味非常难闻，他还有慢性神经衰弱和厌食迹象。此外，拿破仑患有慢性泌尿系统疾病，夜里经常咳嗽，出冷汗。科斯坦说，这些症状很像胃癌病人。科斯坦还表示，他是迄今为止第一个详细分析验尸报告的人。据悉，报告中用医疗术语暗示，医生在拿破仑体内发现了一个胃瘤，这就是胃癌最有力的证据。这一说法在遗传学上也有解释，因为拿破仑的父亲也是死于胃癌。

2002 年，法国 3 位权威人士利用同步加速器射线对拿破仑遗留下来的头发进行了细致分析，结果显示：无论是在 1821 年拿破仑死后取下的头发里，还是在 1805 年和 1814 年拿破仑在世时保留下来的头发里，砒霜的含量都超出正常值 5~33 倍。专家们由此断定，拿破仑不是死于砒霜中毒，因为这些头发的取留时间相距 16 年，而在长达 16 年的时间里，这些头发中的砒霜含量几乎一致，并均匀分布在整根头发上，这表明头发上的砒霜不是拿破仑摄食到体内的，而是来自外部环境。专家们推测可能是来自木材取暖、放置老鼠药、摆弄含砒霜的子弹等，最可能的是来自某种防腐剂，因为在 19 世纪，法国非常流行用砒霜保存头发。

这一研究结果显示拿破仑死于胃癌，而非有关专家推测的砒霜中毒，从而为长达40多年的拿破仑死因之争画上了句号，这也为官方一贯坚持的"拿破仑死于胃癌"说提供了强有力的证据。

第二种，拿破仑死于灌肠。

史蒂文·卡奇是旧金山法医检验部的法医病理学家，他认为，拿破仑生前出现胃部不适及肠痉挛等症状，而他的医生工作热情"过高"，天天用灌肠的方法为其缓解症状，导致拿破仑体内水电解质平衡紊乱，引起心律失常而亡。最终将拿破仑送上绝路的是去世前两天医生开的一剂泻药，这剂药中含有600毫克的氯化汞，是正常剂量的5倍。这一剂药可能使拿破仑体内的钾进一步缺乏，诱发了脑溢血或心肌梗死。

卡奇分析说，医生当时使用了非常不卫生、像大注射器一类的器械，把通常用来引发呕吐的酒石酸氧锑钾注入拿破仑口中。拿破仑因经常呕吐，体液中的钙离子大量丢失，出现水电解质平衡紊乱。

医生又给拿破仑使用了600毫克大剂量的氯酸汞导泻剂，使其本已偏低的体内钙离子水平再次"一落千丈"。

在这种"野蛮"的治疗下，叱咤一时的法兰西第一帝国皇帝仅两天时间就一命呜呼了。

卡奇这一说法遭到了一些支持官方论调的人的反对，美国康涅狄格州退休医生菲尔·科尔索便是其中一位。

研究人员根据记载发现，拿破仑平时总喜欢把右手插在马甲中，这个细微的生活习惯正反映了他一直遭受严重胃溃疡的折磨：恶性胃溃疡很可能发展成胃癌。

瑞士科学家们测量了拿破仑流放期间穿过的12条裤子的腰围变化，然后又研究了一些活着的胃癌病人的腰围变化，结果发现，拿破仑的腰围变化和胃癌病人的腰围变化完全一致。拿破仑穿的最大号裤子的腰围尺寸是110厘米，而到他1821年去世前，裤子腰围已缩小到98厘米。参与研究的巴塞尔大学医院专家艾利桑德罗·鲁格里说："我们相信尸检报告的说法，拿破仑的确是死于胃癌。"

附录　拿破仑大事年表

1769 年 8 月，生于科西嘉阿雅克肖城。

1779 年，进奥顿中学。5 月，进布里埃纳军校。

1784 年 10 月，进巴黎皇家军官学校。

1785 年 2 月，丧父。

1785 年 9 月，从军校毕业，被授予炮兵少尉军官的军衔。

1789 年 7 月，巴黎人民攻克巴士底狱，法国大革命开始。

1792 年 4 月，任科西嘉国民自卫队中校。

1793 年 2 月，以远征军炮兵指挥官的身份参加马达莱纳岛远征。

1793 年 9 月，接任围攻土伦的炮兵指挥，参加土伦战役。10 月，升任少校营长。12 月，升任炮兵旅长（准将衔）。

1794 年 2 月，接任意大利军团炮兵司令。7 月，以嫌疑叛国罪被捕。

1795 年 5—8 月，因拒绝接受步兵旅长职务而被军队除名，闲居巴黎。

1795 年 10 月，受命镇压葡月 13 日叛乱。10 月 25 日，升任少将，担任巴黎卫戍（内防军）司令。

1796 年 3 月，任意大利军团总司令。

1796 年 3 月，与约瑟芬·德·博阿尔内结婚。

1796 年 4 月，参加皮埃蒙特战役（包括蒙特诺特、代戈之战）。4 月 28 日，在凯拉斯科与撒丁王国签订停战协定。

1796 年 5 月，参加洛迪战役（包括皮亚琴察与佛姆比奥之战），击溃奥军。5 月 14 日，进入米兰。

1796 年 8—12 月，参加卡斯奇里恩、阿尔科拉、曼图亚战役。

1797 年 1 月，参加利沃里战役。4 月，在累欧本与奥地利签订和约初步条款。10 月，签订《坎波福米奥和约》。

1798 年 4 月，被任命为东方远征军总司令。6 月，占领马耳他。

1798 年 7 月，金字塔之战。7 月 24 日，占领开罗。

1798 年 8 月，英、法两国舰队在阿布基尔湾开战，法国舰队惨败。

1799 年 2 月，开始远征叙利亚（包括雅法、阿克城、阿布基尔之战）。

1799 年 8 月，把远征军交给克莱贝尔，率亲信冒险返回法国。

1799 年 11 月，发动雾月政变，建立执政府，被选为第一执政。

1800 年 5—12 月，指挥第二次意大利战役。5 月，率预备军团越过阿尔卑斯大圣伯纳德山口。6 月，芒提贝洛之战，马伦哥会战。

1800 年 6 月，法、奥两国签订《亚历山大里亚条约》。

1801 年 2 月，与奥地利签订《吕内维尔和约》。3 月，与那不勒斯缔结《佛罗伦萨和约》。10 月，与英国签订伦敦和约初步条款。10 月 8 日，与俄国签订协议。

1802 年 3 月，英、法签订《亚眠和约》。

1802 年 8 月，被任命为终身执政。

1803 年 3 月—1804 年 8 月，命令成立两支侵英舰队，并筹建完成。

1803 年 5 月，英国向法国宣战。

1804 年 2 月，保王党分子暗杀拿破仑阴谋失败。3 月，处决当甘公爵。

1804 年 3 月，颁布《拿破仑法典》。

1804 年 5 月，元老院宣布拿破仑为皇帝。

1804 年 12 月，在巴黎圣母院加冕。

1805 年 5 月 26 日，加冕为意大利国王。6 月，兼并热那亚。任命欧仁·博阿尔内为意大利副王。

1805 年 10 月，乌尔姆大捷。10 月 21 日，英舰队在特拉法尔加海角歼灭法国舰队。

1805 年 12 月，奥斯特里茨大会战。12 月，法、奥签订《普莱斯堡和约》。

1806 年 3 月，立约瑟夫·波拿巴为那不勒斯国王。6 月，封路易·波拿巴为荷兰国王。7 月，任莱茵联盟保护人。

1806 年 10 月，法军侵入普鲁士和萨克森。10 月 14 日，耶拿－奥尔斯泰特会战。10 月 27 日，进入柏林。11 月 22 日，颁布柏林敕令，宣布对英国实行大陆封锁。

1806 年 12 月，法军进入波兰华沙。

1807 年 2—6 月，艾劳会战（弗里德兰之战）。

1807 年 6—7 月，和沙皇亚历山大一世在提尔希特会晤。7 月，法、俄、普三国签订和约。8 月，封热罗姆·波拿巴为威斯特伐利亚国王。

1807 年 10 月，与西班牙国王签订密约。11 月，朱诺率军占领葡萄牙里斯本。

1808 年 3 月，缪拉率军进入西班牙马德里。5 月，立约瑟夫·波拿巴为西班牙国王，缪拉为那不勒斯国王。

1808 年 9—10 月，与沙皇亚历山大一世在艾尔福特会晤。

1808 年 11 月—1809 年 1 月，去西班牙督战。

1809 年 4—10 月，再战奥地利。5 月，埃斯林会战。7 月，瓦格拉姆会战。10 月，法、奥两国签订《肖恩布鲁恩和约》。

1809 年 12 月，宣布与约瑟芬离婚。

1810 年 4 月，与奥地利公主玛丽亚·路易丝结婚。

1810 年 7 月，宣布荷兰并入法国。

1811 年 3 月，儿子罗马王诞生。

1812 年 2 月，法、普两国缔结同盟。3 月，法、奥两国缔结同盟。

1812 年 6—12 月，法、俄宣战。8 月 18 日，进占斯摩棱斯克。9 月 5—7 日，博罗迪诺会战。9 月 14 日，进入莫斯科；10 月 19 日，撤出莫斯科。

1812 年 7 月，威灵顿在西班牙击败马尔蒙。

1812 年 10 月，巴黎发生马莱政变。

1813 年 3—6 月，普鲁士对法国宣战。5 月 2 日，吕岑之战。5 月 20 日，包岑之战。

1813 年 6 月 4 日，与联军签订停战协定。7 月 4 日—8 月 10 日，布拉格会议。

1813 年 8 月 12 日，奥地利向法国宣战。

1813 年 8 月 26 日，德累斯顿之战。10 月 16—19 日，莱比锡大会战。

1814 年 1 月，圣迪齐耶战役。

1814 年 3 月 31 日，反法联军进入巴黎。

1814 年 4 月 2 日，元老院宣布拿破仑退位。4 月 6 日，拿破仑宣布退位。4 月 11 日，签订《枫丹白露条约》。

1814 年 4 月 26 日，路易十八宣布即位。

1814 年 5 月 4 日，拿破仑抵达厄尔巴岛。

1814 年 11 月，第一次维也纳会议召开。

1815 年 2 月 26 日，逃离厄尔巴岛。

1815 年 3 月 20 日，进入巴黎，建立百日政权。

1815 年 6 月 16 日，利尼之战。

1815 年 6 月 18 日，滑铁卢会战。

1815 年 6 月 22 日，第二次退位。

1815 年 7 月 7 日，反法联军第二次进入巴黎。

1815 年 7 月 8 日，路易十八第二次即位。

1815 年 10 月 16 日，拿破仑到达圣赫勒拿岛。

1815 年 11 月 20 日，第二次巴黎和约签订，成立四国同盟。

1821 年 5 月 5 日，拿破仑在圣赫勒拿岛逝世。

1840 年 12 月 15 日，拿破仑的遗体被运回巴黎安葬。

后 记

　　拿破仑·波拿巴去世后，200多年来世界各地有许多拿破仑的崇拜者，也随处可见为纪念这位伟大的军事天才和政治家而建立的雕像、展览馆以及为他画的肖像、出版的图书。

　　笔者也是拿破仑的崇拜者，少年时期因家里穷困，为了能读上一些世界名著，尤其是伟人传记，天没亮就起床并带上一点干粮，翻过几座大山再步行十几公里到县城的图书馆去借阅，饿了就用干粮充饥，华灯初上时才返村。为了躲避父母的责骂，就坐在村东头的一棵老槐树下回味白天书中的精彩内容，等父母熟睡后，才偷偷溜到厨房吃点剩下的食物，再蹑手蹑脚地倒在床上去见周公。

　　参加工作后，一个偶然的机会与几位笔友讨论拿破仑，最后聊起约翰·霍兰·罗斯的《拿破仑一世传》、埃米尔·路德维希的《拿破仑大传》等作品，笔友们与笔者有一个相同的观点，那就是这些国外作家在叙述上语言晦涩难懂，内容情节跳跃无序，其中有很大篇幅都是作者对拿破仑心理活动的描述，表现手法不大符合中国读者的阅读、欣赏习惯。另外，由于各种译本编译上的差异，造成一些人名、地名，甚至描述的许多细节都有很大不同，容易让读者在阅读时产生模糊和混淆。因此，笔者决定编写一部适合中国人阅读的《拿破仑传》。

　　本书以珍贵的档案、大量的史料为基础，正本清源，力求准确、翔实地讲述拿破仑辉煌而传奇的一生。然而，历史上对于拿破仑的评价褒贬不一，无论是作为"军事天才"的拿破仑，还是作为资产阶级革命家和政治家的拿破仑，都有许多值得探讨的功绩与过失。能否客观、公正地定下褒贬抑扬的基调，如何从中进行取舍成了写作中的一个难题。

众所周知，亚历山大、恺撒和拿破仑是 3 位颇具代表性的军事征服者，尽管拿破仑在时间上排列第三，但他指挥的战役总数却比两位前人的总和还要多。作为一个伟大的军人，拿破仑一生中指挥过大大小小 60 多场战役，在军事上创造了震惊世界的奇迹。他几乎征服了整个欧洲，使法兰西民族大放光彩。同时，他也是一个悲剧人物。在法国大革命中，他推翻了封建王朝，建立了资产阶级共和国，成为共和国的第一执政官。但不久他又称帝，建立法兰西第一帝国，自己当上了皇帝，被人们斥责为倒行逆施。这位皇帝在欧洲发动了前所未有的侵略战争，将法国人民和欧洲人民陷入了战争的深渊。这些行径最终使他个人和法兰西民族都承受了失败的痛苦。但是，他为法兰西民族和法国的国家利益做出了巨大的贡献，也改写了一个时代的历史。因此，这位皇帝也被法国民众所认可，并且受到了极大的尊敬。同时，人们也被他的军事天才以及传奇的奋斗历程所折服。

基于这样的理解和认识，本书试图达到以下几个方面的效果：体现文学欣赏价值、传播历史知识和发挥励志作用。

其一，以史实为基础，公平公正地剖析拿破仑个人生平。他是个独裁者、侵略者，也是个革命者，他代表了欧洲的一个时代。本书力求将这个时代的神韵和拿破仑的文治武功客观地展现在读者面前。

其二，用细腻的笔触，从文学角度描写拿破仑的情感、人性、价值观和处世态度，表现他的人格魅力。

其三，客观地再现拿破仑果敢坚毅和不屈不挠的奋斗精神。拿破仑是意志如铁、洞穿人性的"荒野雄狮"，他的事迹激励了十几代人，他的奋斗史正是一部难得的励志传奇。